CANAL DU DANUBE

PAGES 106-111
*Atlas des rues
plans 1, 2 et 5*

PAGES 68-87
*Atlas des rues
plans 2, 4, 5 et 6*

Le quartier du
Stephansdom

Le quartier de
la Hofburg

PAGES 88–105
*Atlas des rues
plans 3, 4 et 5*

Le quartier
du Belvédère

PAGES 140-155
*Atlas des rues
plan 4*

GUIDES ✪ VOIR

VIENNE

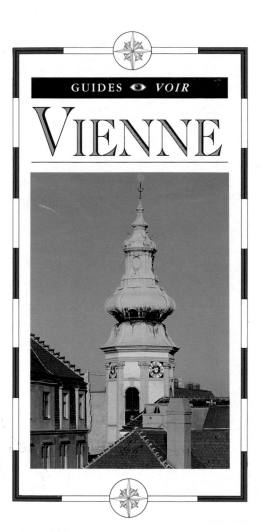

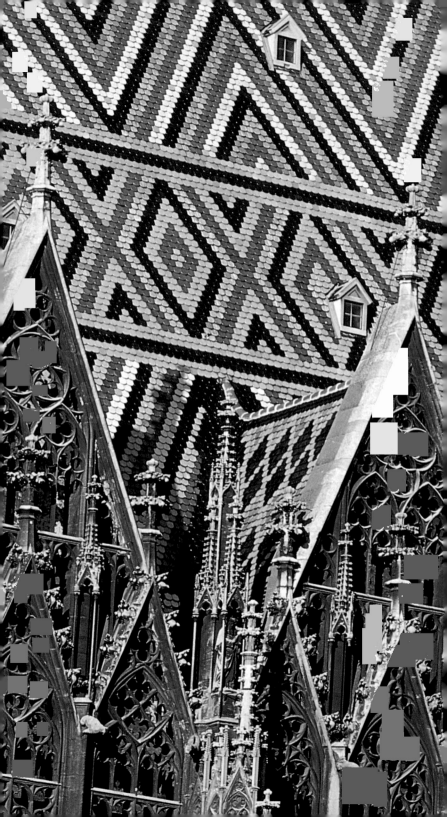

GUIDES ◉ VOIR

VIENNE

HACHETTE

CE GUIDE VOIR A ÉTÉ ÉTABLI PAR :
Stephen Brook

GUIDES DE VOYAGE HACHETTE
43, quai de Grenelle, 75905 Paris Cedex 15

DIRECTION :
Isabelle Jeuge-Maynart

DIRECTION ÉDITORIALE :
Catherine Marquet

ÉDITION :
Catherine Blanchet-Laussucq
Marguerite Cardoso
Hélène Gédouin

TRADUIT ET ADAPTÉ DE L'ANGLAIS PAR :
Dominique Brotot

LECTURE-CORRECTION :
Yolande Le Douarin

MISE EN PAGES (P.A.O.) :
Anne-Marie Le Fur
Ivan Rubinstein

Publié pour la première fois en Grande-Bretagne en 1994,
sous le titre : *Eyewitness Travel Guide : Vienna*
© Dorling Kindersley Limited, London 1997
© Hachette Livre (Hachette Tourisme)
1998 pour la traduction et l'adaptation française.
Cartographie © Dorling Kindersley 1997

Imprimé en Italie par G. Canale & C.S.P.A. (Turin).

DÉPÔT LÉGAL : 4702 mars 1998
ISBN : 2-01-242806-1
ISSN : 1246-8134
Collection 18 – Édition 01
Nº DE CODIFICATION : 24-2806-8

Aussi soigneusement qu'il ait été établi, ce guide
n'est pas à l'abri des changements de dernière heure.
Faites-nous part de vos remarques, informez-nous
de vos découvertes personnelles : nous accordons
la plus grande attention au courrier de nos lecteurs.

SOMMAIRE

Charles Quint, empereur
germanique de 1519 à 1556
(p. 24)

PRÉSENTATION DE VIENNE

L'Ankeruhr, horloge Art nouveau
du Hoher Markt *(p. 84)*

Façade du château de Schönbrunn *(p. 170-173)*

Restaurant à Grinzing *(p. 215-217)*

LES BONNES ADRESSES

Sachertorte *(p. 207)*

RENSEIGNEMENTS PRATIQUES

Petits Chanteurs de Vienne *(p. 39)*

—PLAN
DES TRANSPORTS PUBLICS
couverture intérieure en dernière page

Karlskirche dans le
quartier du Belvédère
(p. 146-147)

COMMENT UTILISER CE GUIDE

Ce guide a pour but de vous aider à profiter au mieux de votre séjour à Vienne. L'introduction, *Présentation de Vienne*, situe la ville dans son contexte géographique et historique, et explique comment la vie y évolue au fil des saisons, tandis que *Vienne d'un coup d'œil* offre un condensé de ses merveilles. *Vienne quartier par quartier*, qui commence page 66, est la partie la plus importante de ce livre car elle présente

Suivre le guide

en détail tous les principaux sites et monuments, y compris hors du centre, et propose *Quatre promenades à pied* dans des endroits que vous auriez pu manquer.

Les Bonnes adresses vous fourniront des informations sur les hôtels, les marchés, les restaurants ou les théâtres, et les *Renseignements pratiques* vous donneront des conseils utiles, dans tous les domaines de la vie quotidienne.

VIENNE QUARTIER PAR QUARTIER

Le centre historique de la ville est divisé en six quartiers. Chaque chapitre débute par un portrait du quartier et une liste des monuments présentés que des numéros situent clairement sur le plan *Le quartier d'un coup d'œil*. Un

plan « pas à pas » développe ensuite la partie du quartier la plus intéressante. La numérotation des monuments reste constante de page en page et elle correspond à l'ordre dans lequel ils sont décrits en détail.

Des repères colorés aident à trouver le quartier dans le guide.

Carte de situation

Une carte de situation indique où se trouve le quartier dans la ville.

Un itinéraire de promenade emprunte les rues les plus intéressantes.

1 Plan général du quartier
Les principaux centres d'intérêt du quartier y sont classés par catégories (églises, musées, places et rues historiques, parcs et jardins) et signalés par des numéros sur le plan Le quartier d'un coup d'œil. *Celui-ci indique aussi les stations de métro, les gares et les parcs de stationnement.*

La zone détaillée dans le plan pas à pas est ombrée de rose.

2 Plan du quartier pas à pas
Il offre une vue aérienne du cœur de chaque quartier. La numérotation des monuments correspond à celle du plan Le quartier d'un coup d'œil *et des descriptions détaillées des pages suivantes.*

Une liste recense les sites à ne pas manquer.

PLAN GÉNÉRAL DE VIENNE

Chacune des zones colorées de ce plan *(voir couverture intérieure en première page)* correspond à l'un des six quartiers décrits chacun en détail dans un chapitre de *Vienne quartier par quartier (p. 66-177)*. Elles apparaissent sur d'autres plans tout au long de ce guide. Ces couleurs aident, par exemple, à repérer les monuments les plus importants dans le chapitre *Vienne d'un coup d'œil (p. 40-61)*, ou encore à choisir un itinéraire de promenade à pied *(p. 178-187)*.

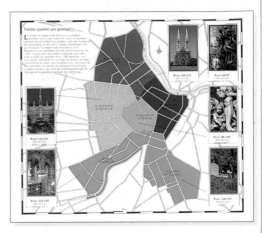

Le **numéro** correspond à celui situant le monument sur les plans.

Chaque rubrique donne **les informations pratiques** nécessaires à l'organisation d'une visite ainsi qu'une référence aux plans de l'*Atlas des rues (p. 262-267)*.

Le Mode d'emploi vous aide à organiser votre visite.

3 Renseignements détaillés
Les monuments sont décrits individuellement dans l'ordre correspondant à leur numérotation sur le plan Le quartier d'un coup d'œil. *Chaque chapitre donne également tous les renseignements pratiques tels que références cartographiques, heures d'ouverture ou services disponibles. Une table des symboles se trouve sur le rabat de la dernière page.*

Des étoiles signalent les œuvres ou éléments remarquables.

4 Les principaux monuments de Vienne
Deux pleines pages, ou plus, leur sont réservées. La représentation des bâtiments historiques en dévoile l'intérieur. Les plans détaillés des musées vous aident à localiser les plus belles expositions.

Une chronologie résume l'histoire de l'édifice.

PRÉSENTATION
DE VIENNE

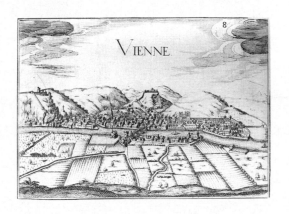

VIENNE.

Vienne dans son environnement

Capitale de la République fédérale d'Autriche dont elle constitue un des neuf États et dont elle est le centre politique, économique, culturel et administratif, Vienne compte un peu plus de 1,5 million d'habitants sur une superficie de 415 km². Le canal du Danube en traverse le centre que le fleuve lui-même contourne. Sa position au cœur de l'Europe centrale en fait une base idéale d'où partir à la découverte du reste du pays mais aussi de grandes villes comme Bratislava, Prague, Budapest, Zagreb, Salzbourg et Munich.

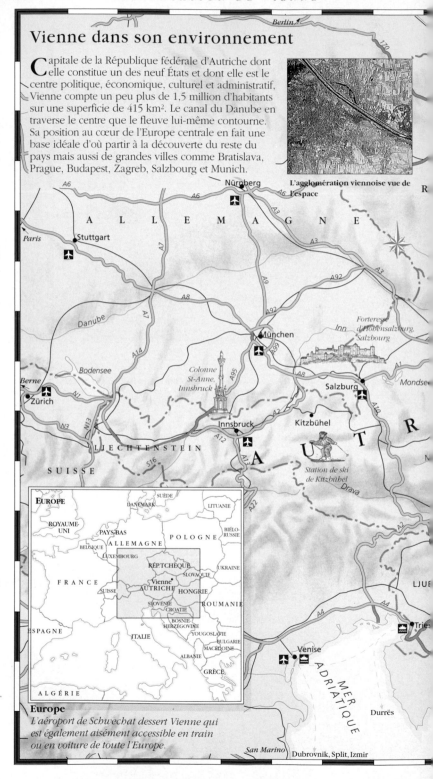

L'agglomération viennoise vue de l'espace

Europe

L'aéroport de Schwechat dessert Vienne qui est également aisément accessible en train ou en voiture de toute l'Europe.

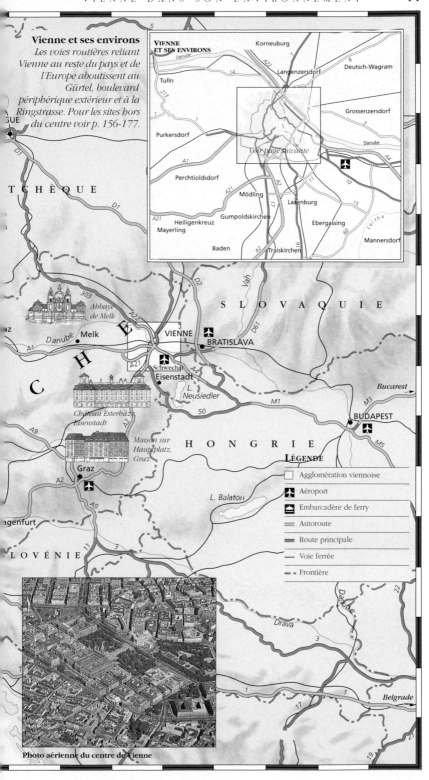

Vienne et ses environs

Les voies routières reliant Vienne au reste du pays et de l'Europe aboutissent au Gürtel, boulevard périphérique extérieur et à la Ringstrasse. Pour les sites hors du centre voir p. 156-177.

VIENNE ET SES ENVIRONS

Korneuburg

Deutsch-Wagram

Langenzersdorf

Tulln

Danube

Grossenzersdorf

Danube

Purkersdorf

Voir page suivante

Perchtoldsdorf

Mödling

Laxenburg

Heiligenkreuz

Gumpoldskirchen

Ebergassing

Mayerling

Mannersdorf

Baden

Traiskirchen

Leitha

SLOVAQUIE

Abbaye de Melk

Danube   Melk

VIENNE

BRATISLAVA

Schwechat

Eisenstadt

L. Neusiedler

Bucarest

Château Esterházy, Eisenstadt

BUDAPEST

Maison sur Hauptplatz, Graz

HONGRIE

Graz

L. Balaton

agenfurt

LÉGENDE

□ Agglomération viennoise

Aéroport

Embarcadère de ferry

Autoroute

Route principale

Voie ferrée

Frontière

SLOVÉNIE

Drava

Danube

Belgrade

Photo aérienne du centre de Vienne

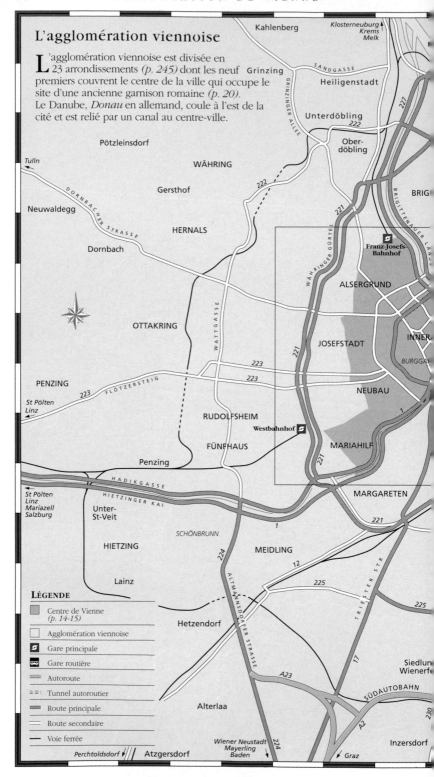

L'agglomération viennoise

L'agglomération viennoise est divisée en 23 arrondissements *(p. 245)* dont les neuf premiers couvrent le centre de la ville qui occupe le site d'une ancienne garnison romaine *(p. 20)*. Le Danube, *Donau* en allemand, coule à l'est de la cité et est relié par un canal au centre-ville.

Kahlenberg

Klosterneuburg ▸
Krems
Melk

Grinzing

SANDGASSE

Heiligenstadt

GRINZINGER ALLEE

227

Unterdöbling
222

Ober-
döbling

Pötzleinsdorf

BRIGITTENAUER LÄNDE

BRIG

Tulln

WÄHRING

222

Gersthof

221

Neuwaldegg

DORNBACHER STRASSE

HERNALS

WÄHRINGER GÜRTEL

Franz-Josefs-
Bahnhof

Dornbach

ALSERGRUND

WATTGASSE

221

OTTAKRING

JOSEFSTADT

INNER

BURGGA

223

PENZING

223

FLÖTZERSTEIG

223

NEUBAU

St Pölten
Linz

RUDOLFSHEIM

221

Westbahnhof

FÜNFHAUS

MARIAHILF

Penzing

HADIKGASSE

MARGARETEN

St Pölten
Linz
Mariazell
Salzburg

HIETZINGER KAI

Unter-
St-Veit

221

SCHÖNBRUNN

224

HIETZING

MEIDLING

12

Lainz

225

225

TRIESTER STR

Légende

▨	Centre de Vienne *(p. 14-15)*
▢	Agglomération viennoise
⑤	Gare principale
🚌	Gare routière
▬	Autoroute
▪▪▪	Tunnel autoroutier
▬	Route principale
—	Route secondaire
—	Voie ferrée

Hetzendorf

ALTMANNSDORFER STRASSE

Siedlun
Wienerfe

A23

SÜDAUTOBAHN

Alterlaa

Wiener Neustadt
Mayerling
Baden

Graz

Inzersdorf

230

A2

Perchtoldsdorf ▸ Atzgersdorf

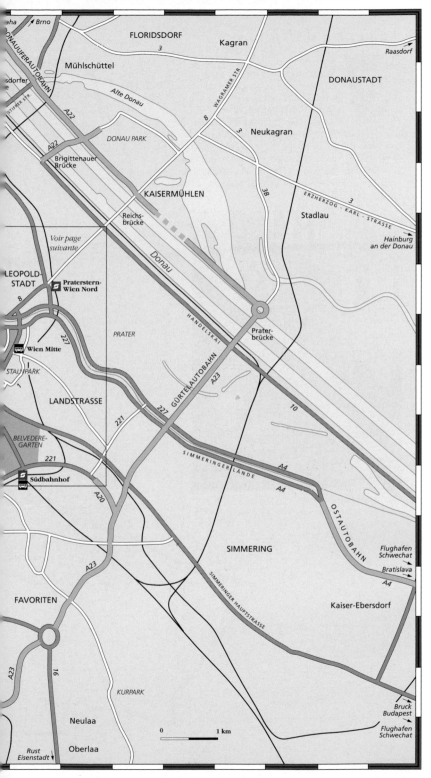

Voir page suivante

0   1 km

Le centre de Vienne

Ce guide divise le centre de la ville en six quartiers. Il propose également des visites et des itinéraires d'excursions en dehors du centre et comprend en outre deux importants chapitres pratiques : *Les Bonnes adresses et Renseignements pratiques.* Chacun des six quartiers du centre fait l'objet d'un chapitre où il est décrit au travers de ses sites et monuments les plus caractéristiques, comme les bâtiments impériaux du quartier de la Hofburg ou le Stephansdom dans le quartier du même nom.

Détail de la porte du palais Pallavicini (1784) sur la Josefsplatz

Bars sur la Sterngasse
Les bars animés qui se serrent dans cette rue du quartier juif (p. 84) débordent sur la chaussée (Restaurants, cafés et bars p. 217).

LÉGENDE

▪	Site important
Ⓤ	Station de métro
🚋	Arrêt de la Badner Bahn
🅿	Parc de stationnement
ℹ	Information touristique
🚓	Poste de police
✝	Église

0   500 m

Vue sur les toits depuis Am Hof
Des maisons intéressantes entourent la plus vaste place fermée de Vienne. Certains toits et frontons sont ornés de statues (p. 87).

Façade de la Rathauskeller
Vienne compte de nombreuses caves à vin - souvent associées à d'anciens vignobles - qui servent également de la bière et des plats simples. Celle-ci se trouve sous l'hôtel de ville (p. 128 et 213).

Fontaine d'Athéna
L'immense statue (1902) de Karl Kundmann se dresse en son centre devant le Parlement (p. 125).

HISTOIRE DE VIENNE

Dès le Ier siècle, la garnison romaine de Vindobona succède à une colonie celte sur ce site privilégié, placé sur la grande voie de communication qui traverse l'Europe en longeant le Danube. Gardant les confins de l'Empire, elle ne peut résister toutefois aux invasions des Barbares ; les Avars dominent la région du VIe au VIIIe siècle. Mais Charlemagne les soumet et crée la Marche de l'Est, l' « Ostarrichi » qu'acquiert la dynastie allemande des Babenberg en 976.

Écu de
Maximilien Ier

Cependant en 1273, Rodolphe de Habsbourg, élu Saint Empereur germanique, réclame l'Autriche comme fief. Ses successeurs s'emploieront à agrandir leur domaine, créant un puissant empire héréditaire. Bouclier de l'Occident face aux Ottomans, cet empire subit plusieurs invasions au XVIe siècle et si Vienne résiste aux sièges, elle doit attendre la défaite finale des Ottomans en 1683 pour se développer pleinement. La ville voit alors fleurir d'immenses palais et devient une grande capitale culturelle. Malgré son occupation par Napoléon, puis la sanglante révolution de 1848, Italiens, Hongrois, Tchèques, Serbes et Croates y affluent. Sa population dépasse les deux millions d'habitants en 1914.

La Première Guerre mondiale sera fatale à l'Empire et en 1918, son ancienne capitale n'est plus que celle d'un pays de 6 millions d'habitants. La pénurie sévit. Une municipalité socialiste, qui vaut à la ville le surnom de « Vienne la Rouge », tente d'affronter les problèmes sociaux que pose la crise économique mais l'antisémitisme puis le national-socialisme gagnent du terrain. En 1938, l'Anschluss annexe l'Autriche à l'Allemagne nazie. Après la chute de celle-ci en 1945, Vienne restera sous contrôle allié jusqu'en 1955.

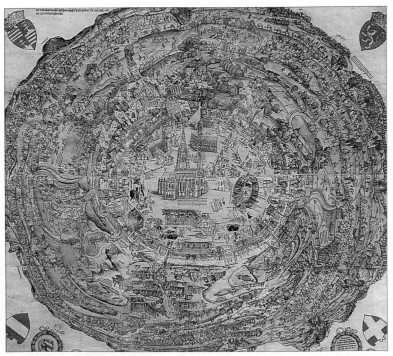

Plan du siège ottoman de 1529

◁ Mariage de Joseph II et d'Isabelle de Parme en 1760, école de Martin van Meytens

Les souverains de Vienne

L a dynastie des Babenberg, du Xᵉ au XIIᵉ siècle, apporta à Vienne une grande prospérité mais le décès du dernier membre en 1246 ouvrit une période troublée, l'interrègne, pendant lequel le roi de Bohême, Ottokar II, tente de s'imposer. Vienne passe finalement sous le contrôle des Habsbourg et elle restera le pivot de leurs conquêtes jusqu'à leur chute en 1918. Élus presque invariablement Saints Empereurs romains germaniques de 1452 à 1806, ils lui donneront la splendeur d'une capitale impériale.

1278-1282 Rodolphe Iᵉʳ de Habsbourg, régent d'Autriche

Frédéric II avec un fauconnier

1246-1250 Interrègne du margrave Hermann de Baden après la mort de Frédéric II

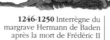

900	1000	1100	1200	1300	140
BABENBERG				**HABSBOURG**	
900	1000	1100	1200	1300	140

976 Léopold de Babenberg

1198-1230 Duc Léopold VI

1177-1194 Duc Léopold V

1358-1365 Duc Rodolphe IV

1141-1177 Duc Henri II Jasomirgott

1251-1276 Interrègne d'Ottokar II

1637-1657 Empereur
Ferdinand III

1452-1493 Frédéric V
empereur germanique
(Frédéric III)

1485-1490 Matthias Ier
Corvin, roi de Hongrie,
occupe Vienne

1493-1519 Empereur
Maximilien Ier

1612-1619
Empereur Matthias

1576-1612
Empereur
Rodolphe II

1657-1705 Empereur Léopold Ier

1705-1711 Empereur
Joseph Ier

1711-1740
Empereur Charles VI

L'empereur
François-
Joseph Ier

1835-1848
Empereur
Ferdinand Ier
d'Autriche

1848-1916 Empereur
François-Joseph Ier

| 1500 | 1600 | 1700 | 1800 | 1900 |

| 1500 | 1600 | 1700 | 1800 | 1900 |

1619-1637 Empereur
Ferdinand II

1564-1576 Empereur Maximilien II

1556-1564 Empereur
Ferdinand Ier

1519-1556
Empereur
Charles Quint

1792-1835 Empereur
François II (devient
François Ier d'Autriche
en 1806)

1918 Les
Habsbourg
sont exilés

1916-1918
Empereur Charles Ier

1790-1792 Empereur
Léopold II

1780-1790 Empereur
Joseph II

1740-1780 Impératrice Marie-Thérèse

Les origines de Vienne

L es environs de Vienne étaient déjà habités il y a plus de 25 000 ans et une colonie de l'âge du bronze s'installa sur le site lui-même en 800 av. J.-C. Des Celtes lui succèdent quatre siècles plus tard, puis les Romains conquièrent la région, incorporée à la province de Pannonie, et établissent la garnison de Vindobona au

Urne romaine

Ier siècle apr. J.-C. Envahi par des tribus barbares du Ve au VIIIe siècle, le territoire ne retrouvera un semblant de stabilité qu'après son incorporation à l'Empire romain d'Occident de Charlemagne.

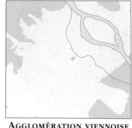

AGGLOMÉRATION VIENNOISE

☐ *150 apr. J.-C.* ☐ *Aujourd'hui*

Idole de l'âge du fer
La civilisation dite de Hallstatt s'épanouit autour de Vienne de 750 à 400 av. J.-C.

Rempart principal

VINDOBONA
Établie vers 100 apr. J.-C., la garnison de Vindobona défendait la ville de Carnuntum.

Vindobona   Carnuntum

Vénus de Willendorf
Le musée d'Histoire naturelle (p. 126) présente cette figurine préhistorique trouvée à Willendorf près de Vienne en 1906.

Carte romaine
Cette carte de Pannonie montre la position des villes et forts romains du Danube.

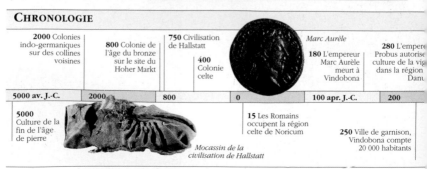

CHRONOLOGIE

2000 Colonies indo-germaniques sur des collines voisines

800 Colonie de l'âge du bronze sur le site du Hoher Markt

750 Civilisation de Hallstatt

400 Colonie celte

Marc Aurèle

180 L'empereur Marc Aurèle meurt à Vindobona

280 L'empere Probus autorise culture de la vig dans la région Danu

5000 av. J.-C.	2000	800	0	100 apr. J.-C.	200

5000 Culture de la fin de l'âge de pierre

15 Les Romains occupent la région celte de Noricum

250 Ville de garnison, Vindobona compte 20 000 habitants

Mocassin de la civilisation de Hallstatt

☐ **Les origines de Vienne**

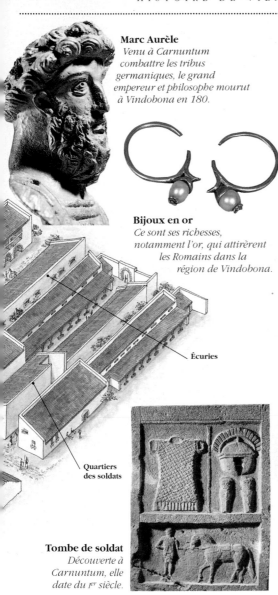

Marc Aurèle
Venu à Carnuntum combattre les tribus germaniques, le grand empereur et philosophe mourut à Vindobona en 180.

Bijoux en or
Ce sont ses richesses, notamment l'or, qui attirèrent les Romains dans la région de Vindobona.

Écuries

Quartiers des soldats

Tombe de soldat
Découverte à Carnuntum, elle date du Ier siècle.

OÙ VOIR LA VIENNE DES ORIGINES ?

Bien que les murs et fossés romains aient laissé leur empreinte sur la structure de la ville, les fouilles archéologiques sont restées rares. Les vestiges les plus marquants se trouvent au Hoher Markt *(p. 84)*, au n° 10 d'Am Hof *(p. 87)* et sur la Michaelerplatz *(p. 92)*.
À 40 km à l'est de Vienne, Carnuntum présente toutefois des ruines plus intéressantes, notamment celles de deux amphithéâtres.

Sur le Hoher Markt, *au cœur de Vienne, des fouilles ont mis au jour des vestiges de la garnison de Vindobona.*

Ce relief romain *représentant la Gorgone Méduse provient des fouilles du Hoher Markt.*

395 Incursions barbares en vue de Vindobona

405 Les Romains se retirent de Vindobona

500-650 Invasions par les Langobards, les Goths, les Avars et des tribus slaves

300	400	500	600	700	800

433 Les Huns détruisent Vindobona

Cavalier barbare

883 Première mention de Wenia (Vienne) aux frontières de la Marche de l'Est fondée par Charlemagne

La Vienne médiévale

En 955, Otton le Grand, premier empereur du Saint Empire romain germanique, repoussa les tribus magyares qui occupaient la Marche de l'Est *(p. 20)*, l' « Ostarrichi » qu'il confie en 976 à une dynastie franco-bavaroise, les Babenberg. Ils développent Vienne qui devient un grand centre commercial mais s'éteignent en 1246. Après un interrègne troublé *(p. 18)*, les Habsbourg prennent le contrôle du territoire. Centre de leur pouvoir, Vienne devient une des cités les plus importantes d'Europe.

AGGLOMÉRATION VIENNOISE
▪ *1400*   ☐ *Aujourd'hui*

Saint Rupert
La statue du patron des marchands qui convoyaient, sur le Danube, le sel extrait des mines d'Autriche occidentale veille aujourd'hui sur le canal du Danube.

LA MORT DE FRÉDÉRIC II

Dernier des Babenberg à régner sur Vienne, le duc Frédéric II mourut en la défendant contre une incursion magyare en 1246.

Stephansdom

La noblesse
Souvent élus empereurs germaniques, les Habsbourg attiraient des aristocrates issus de tout l'Empire.

Le duc
Frédéric II

Manteau du couronnement
Insigne du Saint Empire romain germanique, il fut brodé à Palerme en 1133.

CHRONOLOGIE

900	1000	1100
	955 Otton Ier défait les Magyars et rétablit la chrétienté dans la Marche de l'Est (l' « Ostarrichi »)	**1030** Les Magyars assiègent Vienne	**1147** Consécration du Stephansdom
			1136 Mort du margrave Léopold III
900 Des Magyars envahissent la Marche de l'Est	**976** Otton Ier concède le margraviat de la Marche de l'Est à Léopold de Babenberg		**1137** Vienne devient une ville fortifiée
			1156 Henri II Jasomirgott installe sa cour à Vienne, à Am Hof *(p. 87)*

Couronne de Léopold Ier

Richard Cœur de Lion
En 1192, le duc Léopold V captura Richard Ier d'Angleterre à son retour de croisade et obtint une fabuleuse rançon.

OÙ VOIR LA VIENNE MÉDIÉVALE ?

Sur la Schönlaterngasse, la Basiliskenhaus *(p. 74)* date du Moyen Âge, à l'instar de sanctuaires gothiques comme le Stephansdom *(p. 76-79)*, Maria am Gestade *(p. 85)*, la Burgkapelle, la Minoritenkirche *(p. 103)*, la Ruprechtskirche *(p. 81)* et l'Augustinerkirche *(p. 102)*. La Michaelerkirche *(p. 92)* renferme quelques sculptures gothiques.

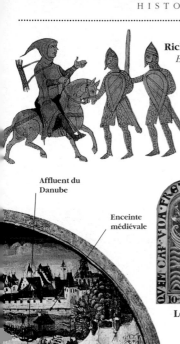

Affluent du Danube

Enceinte médiévale

Le retable de Verdun
Nicolas de Verdun acheva en 1181 les 51 panneaux de ce chef-d'œuvre qui appartient au trésor de la grande abbaye de Klosterneuburg (p. 159) consacrée en 1136.

Vitrail (v. 1340) au Musée archiépiscopal (p. 74).

Camp magyar

L'université
Le duc Rodolphe IV fonda l'université de Vienne en 1365. Cette miniature (v. 1400) en montre les bâtiments médiévaux et certains des professeurs avec leurs élèves.

Sceau de Premysl Ottokar II

1278-1282 Ayant vaincu Ottokar II, Rodolphe Ier inaugure 640 ans de règne des Habsbourg	**1359** Rodolphe IV pose la 1re pierre de la tour du Stephansdom	**1477** Fils de Frédéric III, Maximilien Ier épouse Marie de Bourgogne, héritière des Pays-Bas
1288 Rodolphe Ier écrase une révolte de Vienne	**1365** Fondation de l'université	

1200		1300		1400	
1246 Mort de Frédéric II. Pendant l'interrègne, Ottokar II s'empare de Vienne	**1273** Le comte Rodolphe de Habsbourg est sacré roi des Romains	**1278** Charte municipale de Vienne		**1438** Élu empereur, Albert V fait de Vienne la capitale de l'Empire	**1485** Matthias Corvin, roi de Hongrie, occupe Vienne
		1330 Construction de la 1re partie gothique de Maria am Gestade		**1452** Frédéric V devient l'empereur Frédéric III	

La Vienne de la Renaissance

A u début du XVIᵉ siècle, Maximilien Iᵉʳ transforme
Vienne en capitale des arts et la richesse de la cité
ne cesse de croître, les Habsbourg étant régulièrement
élus à la tête d'un Empire qui s'étend de l'Espagne à la
Bohême et la Hongrie. Mais celui-ci est constamment
menacé : par les Ottomans, la peste et les luttes
intestines. Les conflits entre protestants et catholiques
déchirent la ville jusqu'à la fin du XVIᵉ siècle et le
triomphe de la Contre-Réforme menée par
les jésuites.

AGGLOMÉRATION VIENNOISE

▨ *1600*   ☐ *Aujourd'hui*

**Char de bataille
(1512)**
*Maximilien Iᵉʳ
collectionnait les recueils
de gravures et
d'illustrations.*

Maximilien Iᵉʳ épouse
Marie de Bourgogne en
1477 et acquiert ses
domaines.

Coffret émaillé
*Ce coffret mariant émail et
cristal est caractéristique de
l'artisanat d'art pratiqué à
Vienne au XVIᵉ siècle.*

Couronne impériale
*Le trésor de la couronne de la
Hofburg (p. 100-101) comprend
cette pièce réalisée en 1602
pour Rodolphe II par
des artisans pragois.*

Ferdinand Iᵉʳ, mari d'Anne de
Bohême et de Hongrie, hérita en
1526 de la Bohême. Les Habsbou
la garderont jusqu'en 1918.

CHRONOLOGIE

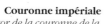

1516 Charles Quint
hérite de l'Espagne

1519 Charles Quint hérite des domaines des
ducs de Bourgogne et est élu empereur : son
frère, Ferdinand Iᵉʳ, devient archiduc d'Autriche

1533 Ferdinand Iᵉʳ s'installe
dans la Hofburg de Vienne

1556 Philippe II
hérite de l'Espagne,
Ferdinand Iᵉʳ prend
la Bohême,
l'Autriche, la Hongrie
et le titre impérial

1571 Maximilien
accorde la liberté
de culte ; Vienne
compte 80 % de
protestants

1500	1520	1540	1560	158

1498 Maximilien Iᵉʳ fonde
la chorale des Petits
Chanteurs de Vienne

*Soliman le
Magnifique*

1540 Peste

1572 Création de
l'École d'équitation
espagnole

1493 Maximilien Iᵉʳ
repousse les
Magyars

1529 Le comte
Salm défait
les Ottomans
assiégeant Vienne

1551 Début
de la Contre-
Réforme

1577 Rodolphe II
interdit les services
protestants

☐ **Vienne de la Renaissance**

Arc de triomphe de Maximilien Ier

L'Allemand Albrecht Dürer (1471-1528) rendit hommage à Maximilien Ier dans un célèbre recueil de gravures qui comprenait ce projet d'arc de triomphe.

Philippe Ier épousa Jeanne de Castille et d'Aragon en 1496 et obtint l'Espagne.

Charles Quint, fils de Jeanne de Castille, hérita de l'Espagne en 1516.

LA FAMILLE DE MAXIMILIEN Ier

En peignant ce tableau vers 1520, Bernhard Strigel nous a laissé un document résumant l'habile politique de mariages qui donna aux Habsbourg le contrôle de près de la moitié de l'Europe.

Marie de Bourgogne, en épousant Maximilien Ier, lui apporta les Pays-Bas et la Franche-Comté.

OÙ VOIR LA VIENNE DE LA RENAISSANCE ?

De beaux édifices Renaissance subsistent dans la Hofburg, notamment la Stallburg *(p. 93)* et la Schweizertor *(p. 97)*, la plus caractéristique, mais ils n'égalent pas en élégance le portail de la Salvatorkapelle *(p. 85)*. En ville, le Landesmuseum *(p. 94)* et quelques cours intérieures, comme au n° 7 de la Bäckerstrasse *(p. 75)*, gardent des traits Renaissance.

La Schweizertor, construite au XVIe siècle, commande l'accès à la Schweizerhof de la Hofburg (p. 97).

Alte Burg

Cette gravure montre l'aspect au XVe siècle du cœur médiéval de la Hofburg avant sa reconstruction par Ferdinand Ier dans les années 1550.

Médaille à effigie de Maximilien II

1618 La révolte de la Bohème déclenche la guerre de Trente Ans	**1629** La peste fait 30 000 victimes	**1643** Des forces suédoises menacent Vienne		**1673-1679** Guerre contre la France pour le contrôle des Pays-Bas
1600	**1620**	**1640**		**1660**
1598-1618 Protestantisme interdit	**1621** Les juifs chassés de la ville intérieure			
1620 Ferdinand II bat la noblesse protestante de Bohème ; la Contre-Réforme s'étend à tous les territoires des Habsbourg	*Fantassins français, XVIIe siècle*			

La Vienne baroque

J. B. Fischer von Erlach

L a défaite de l'armée de Kara Mustapha, en 1683, marque la fin de la menace ottomane. Vienne peut alors se parer des édifices dignes d'une capitale impériale. Charles VI fonde la Karlskirche et les familles nobles commandent de somptueux palais à des architectes tels que Johann Bernhard Fischer von Erlach *(p. 147)* et Johann Lukas von Hildebrandt *(p. 150)*. Aucun n'égale toutefois en luxe ceux du Belvédère construits pour le prince Eugène.

AGGLOMÉRATION VIENNOISE

▪ *1700* ☐ *Aujourd'hui*

LE PALAIS D'HIVER DU PRINCE EUGÈNE

À partir de 1697, J. B. Fischer von Erlach puis Johann Lukas von Hildebrandt édifièrent cette luxueuse résidence *(p. 80)* pour le héros des campagnes contre les Ottomans.

La peste
L'épidémie de 1679 emporta près de 30 000 Viennois.

Lit ottoman
Cette couche ornée d'emblèmes martiaux fut réalisée en 1707 pour le prince Eugène.

Cafés
Selon la légende, le premier café viennois ouvrit grâce aux grains laissés par les Ottomans (1683).

L'architecture baroque
La grande époque du baroque à Vienne fut le début du XVIIIᵉ siècle. **Palais Trautson *(p. 117)***

CHRONOLOGIE

1683 200 000 Ottomans commandés par Kara Mustapha assiègent Vienne du 14 juillet au 12 septembre

1700-1714 Guerre de la Succession d'Espagne

1680	1690	1700

1679 La peste à Vienne

1683-1736 Victoires du prince Eugène de Savoie sur les Ottomans et les Français

Kara Mustapha

Guerre de la Succession d'Espagne : bataille de Blenheim

☐ **La Vienne baroque**

Siège ottoman
La victoire de 1683 fut d'une importance cruciale non seulement pour Vienne mais pour toute l'Europe centrale que menaçaient les Ottomans.

Statues baroques

OÙ VOIR LA VIENNE BAROQUE ?

Pratiquement toutes les rues du centre de Vienne renferment au moins une église ou une maison baroque mais certaines, comme la Naglergasse (p. 94) et la Kurrentgasse (p. 86), s'avèrent particulièrement riches. Parmi les plus beaux exemples de ce style figurent les palais du Belvédère (p. 150-155), la Prunksaal (p. 102), la Karlskirche (p. 146-147), la Leopoldinischertrakt de la Hofburg (p. 96-97), le Manège d'hiver (p. 98-99) et l'ancienne chancellerie de Bohême (p. 84).

La Prunksaal (1721-1726) est de J. B. Fischer von Erlach

Frontons de fenêtre ouvragés

Portiques baroques

Entourage du prince Eugène

Ornement du dôme de la Karlskirche (p. 146-147)

Le prince Eugène
S'il est resté dans les mémoires pour ses victoires contre les Ottomans, Eugène de Savoie en remporta bien d'autres avant de mourir, chargé d'honneurs, en 1736.

Fronton de fenêtre de la Zwölf Apostel Keller (p. 74)

1713 Charles VI proclame la Pragmatique Sanction

1719 1re pierre de la Karlskirche

Statue de Marie-Thérèse tenant la Pragmatique Sanction

1720	1730

1716 Achèvement du Belvédère inférieur

1722 Vienne devient un archevêché

1724-1726 Achèvement de la Prunksaal et du Belvédère supérieur

1713-1714 Dernière épidémie de peste à Vienne

Belvédère supérieur

La Vienne de Marie-Thérèse

G râce au sens de l'État de Marie-Thérèse, Vienne connut malgré plusieurs guerres une période de sérénité et d'opulence pendant son long règne. La souveraine acheva le vaste château de Schönbrunn et fit de sa capitale celle de la musique en Europe. Joseph II, qui lui succéda, lança un vaste programme de réformes, diminuant les privilèges du clergé et abolissant le servage et la corvée. Cette politique se heurta toutefois aux réticences de nombre de ses sujets, notamment dans l'aristocratie et l'administration impériale qui en limitèrent la portée sociale.

L'impératrice Marie-Thérèse

AGGLOMÉRATION VIENNOISE
☐ *1775*   ☐ *Aujourd'hui*

Table rococo
Marie-Thérèse employa plusieurs artistes rococo, dont Wilhelm Martitz qui lui dessina cette table en 1769.

Karlskirche   Stephansdom

Mozart jeune
Mozart joua souvent pour les Habsbourg très sensibles à son génie.

Programme du Burgtheater
Ce programme fut imprimé en 1786 pour la première des Noces de Figaro de Mozart qui eut lieu dans le Burgtheater original, sur la Michaelerplatz.

CHRONOLOGIE

Christoph von Gluck

1744-1749 Nicolas Pacassi, architecte de la cour de Marie-Thérèse, remanie le château de Schönbrunn

1754 Vienne compte 175 000 habitants à son 1er recensement

1740	1750	1760

1740 Sacre de Marie-Thérèse ; guerre de la Succession d'Autriche

Le château de Schönbrunn

1762 Première d'*Orphée*, opéra de Christoph von Gluck (*p. 38*), au Burgtheater

1766 Joseph II ouvre au public le Prater, ancienne réserve de chasse de la cour

☐ **La Vienne de Marie-Thérèse**

Damenkarussel
Cette peinture par Martin van Meytens représente le carrousel des dames (1743) organisé au Manège d'hiver (p. 98-99) pour fêter la défaite de l'armée française à Prague.

VUE DEPUIS LE BELVÉDÈRE
Ce paysage par Bernardo Bellotto (1759-1761) donne un aperçu de la prospérité de Vienne, et de ses habitants que l'on voit ici flâner dans les jardins du Belvédère, pendant le règne de Marie-Thérèse.

Jardins du Belvédère

Visite du pape
Pie VI vint à Vienne en 1782 pour tenter de convaincre Joseph II de renoncer à ses réformes religieuses.

OÙ VOIR LA VIENNE DE MARIE-THÉRÈSE ?
Les trésors de la Hofburg *(p. 100-101)* comprennent de l'argenterie ayant appartenu à Marie-Thérèse. Le château de Schönbrunn *(p. 172-173)* et le Theresianum *(p. 149)* datent de son règne. Joseph II commanda le Josephinum *(p. 111)* et la Narrenturm *(p. 111)*, et ouvrit au public l'Augarten *(p. 162)* et le Prater *(p. 160-161)*. La Michaelerkirche *(p. 92)* possède un orgue rococo.

Le château de Schönbrunn *est plein d'intérieurs rococo commandés par Marie-Thérèse.*

Ce maître-autel rococo *de la Michaelerkirche date d'environ 1750.*

1781 Édit de Tolérance de Joseph II | *L'Allgemeines Krankenhaus*

1784 Joseph II fonde l'Allgemeines Krankenhaus et la Narrenturm *(p. 111)*

1770 | **1780** | **1790**

1775 Joseph II ouvre l'Augarten au public

1782 Pie VI à Vienne

1789 Première des *Noces de Figaro* de Mozart au Burgtheater

1790-1792 Léopold II empereur

1791 Première de *La Flûte enchantée* de Mozart

La Vienne Biedermeier

Vaincu par Napoléon qui s'installe brièvement au château de Schönbrunn et épouse sa fille Marie-Louise, François II réussit, avec l'aide du chancelier Metternich, à raffermir son pouvoir lors du congrès de Vienne (1814-1815). Tout rôle politique leur étant interdit, les classes moyennes se tournent alors vers les joies du confort bourgeois que symbolise un personnage imaginaire : monsieur Biedermeier.

Tenue du début du XIXᵉ siècle

La révolution de 1848 oblige Ferdinand Iᵉʳ, successeur de François II, à abdiquer mais ouvre ainsi la voie à l'autoritarisme de François-Joseph.

AGGLOMÉRATION VIENNOISE

☐ 1830   ☐ Aujourd'hui

LE CONGRÈS DE VIENNE

Après la défaite de Napoléon en 1814, les puissances européennes victorieuses se réunirent à Vienne pour rétablir un ordre que les conquêtes françaises avait sérieusement bouleversé. Souverains héréditaires ou élus et diplomates passèrent un an dans la ville où la cour et la noblesse organisèrent tant de fêtes pour les distraire que l'on finit par dire que le congrès ne marchait pas, il dansait. Au terme des négociations, les participants s'étaient partagés l'Europe sans se soucier des aspirations des peuples mais l'équilibre qu'ils avaient établi maintint la paix jusqu'à la vague de révolutions de 1848.

Le prince Metternich
Artisan du congrès de Vienne, il assura la suprématie de l'Autriche pendant quatre décennies. La révolution de 1848 le chassa de Vienne.

Le chanteur Michael Vogl

Franz Schubert au piano

CHRONOLOGIE

1800 232 000 habitants à Vienne

1806 Fin de l'Empire germanique. François II devient l'empereur d'Autriche François Iᵉʳ

1811 Déroute économique de l'Autriche et banqueroute de l'État

1812-1814 Napoléon vaincu par la Russie, la Prusse, l'Angleterre et l'Autriche

Franz Grillparzer

1800

1810

1820

1805 Première de la *Symphonie héroïque* et de *Fidélio* de Beethoven au Theater an der Wien. Victoire de Napoléon à Austerlitz

1809 Napoléon s'installe au château de Schönbrunn et épouse Marie-Louise, fille de François Iᵉʳ

Napoléon Bonaparte

1815-1848 Le Vormärz : pas de libertés politiques

1814-1815 Metternich préside le congrès de Vienne. L'Autriche perd la Belgique mais s'étend en Italie du Nord

1825 Johann Strauss (père) forme l'1ᵉʳ orchestre de vals

☐ **La Vienne Biedermeier**

La Révolution de 1848
*Ce tableau peint en 1848 par Anton
Ziegler montre le soulèvement des
classes moyennes et populaires contre
Metternich et les Habsbourg.*

Chaise Biedermeier
*Le mobilier des
années 1820 répondit
aux aspirations
bourgeoises des
classes moyennes
viennoises.*

OÙ VOIR LA VIENNE BIEDERMEIER ?

Le début du XIXᵉ siècle vit la
création du Burggarten
(p. 102) et du Volksgarten
(p. 104) mais c'est dans les
arts appliqués *(p. 82-83)* et
des maisons comme le
Geymüller Schlössl *(p. 158)*
et la Dreimäderlhaus
(p. 129) que s'exprime le
mieux l'esprit Biedermeier.

*Le Geymüller Schlössl, qui
date de 1802, abrite le musée
Biedermeier de Vienne.*

FRANZ SCHUBERT

Ce compositeur *(p. 38)* écrivit plus de 600 Lieder
qu'il présentait souvent lors de soirées musicales telle
celle dépeinte par *Une soirée chez le baron von Spaun*
de Moritz von Schwind (1804-1871).

Galop
*Johann Strauss père (p. 38) ne
composa pas que des valses mais
aussi polkas et galops.*

1827 Mort de
Beethoven

1828 Mort
de Schubert

1831 Le dramaturge
Franz Grillparzer
achève *Des Meeres
und der Liebe Wellen*

1830 318 000 habitants à
Vienne

1831-1832 Épidémie
de choléra

1830

1837 1ʳᵉ ligne
de chemin de
fer

1844 Johann Strauss (fils)
forme son 1ᵉʳ orchestre

1850 431 000 habitants
à Vienne

1840

1845 Début de
l'éclairage au gaz

1848 La révolution chasse
Metternich de Vienne.
Ferdinand Iᵉʳ abdique en
faveur de François-Joseph

La Vienne de la Ringstrasse

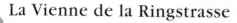

La révolution de 1848 n'avait fait qu'ébranler le pouvoir des Habsbourg et pendant le long règne de François-Joseph la capitale attire les personnages les plus brillants de l'Empire. Partout en Europe, les nationalismes s'exacerbent mais à Vienne tous les peuples se mêlent. Pour permettre à la cité de se développer, on abat la vieille enceinte afin de percer un large boulevard circulaire, la Ringstrasse, que bordent de grands bâtiments officiels comme l'Opéra.

François-Joseph

AGGLOMÉRATION VIENNOISE

☐ *1885*   ☐ *Aujourd'hui*

Votivkirche (1856-1879) *p. 111*
Heinrich von Ferstel

Neues Rathaus (1872-1883) *p. 128*
Friedrich von Schmidt

Parlement (1874-1884) *p. 125*
Theophil Hansen

**Musée d'Histoire naturelle
(1871-1890)** *p. 126-127*
Gottfried Semper

Kunsthistorisches Muse
(1871-1890) *p. 118-12*
Gottfried Semper

LE SUICIDE DE RODOLPHE DE HABSBOURG À MAYERLING

En 1889 à Mayerling, l'archiduc Rodolphe, fils unique de François-Joseph, se donna la mort à l'âge de trente ans avec sa maîtresse Marie Vetsera. Ce suicide d'un jeune homme intelligent et libéral porta au pouvoir un coup qui dépassait le simple scandale et mit en relief la rigidité du protocole qui réglait la vie de la cour impériale.

Theophil Hansen
D'origine danoise, cet architecte (1813-1891) étudia à Athènes et l'influence de la Grèce a marqué le Parlement qu'il édifia sur la Ringstrasse.

CHRONOLOGIE

Percement de la Ringstrasse

1867 Première du *Beau Danube bleu* de Strauss. La Hongrie obtient l'autonomie mais reste dans l'Empire

1850	1855	1860	1865

Anton Bruckner

1868 Anton Bruckner *(p. 39)* s'installe à Vienne

1869 Johannes Brahms vient à Vienne prendre la direction du Gesellschaft der Musikfreunde. Ouverture de l'Opéra

1857-1865 Démolition des fortifications et percement de la Ringstrasse

☐ **La Vienne de la Ringstrasse**

Le Danube
Pour éviter les inondations, on détourna son cours dans les années 1890 et on le régula par un système de canaux et d'écluses.

Les cafés de Vienne
Au XIXe siècle, réunions politiques et vie littéraire se déroulaient dans les cafés.

Musée des Arts appliqués (1867-1871) p. 82-83
Heinrich von Ferstel

Stadtpark

Tramways à chevaux
Les trams apparurent sur la Ringstrasse dans les années 1860, les premiers électrifiés à la fin du XIXe siècle.

Opéra (1861-1869) p. 138-139
Eduard van der Nüll et August Sicardsburg

LA RINGSTRASSE

Percé sur l'ordre de François-Joseph, ce grand boulevard sépare des faubourgs les quartiers du Stephansdom et de la Hofburg. Il a gardé l'aspect qu'il avait à son achèvement dans les années 1880.

L'ouverture du Stadtpark
Le Stadtpark, que traverse la rivière Vienne, fut inauguré en 1862.

1874 Première de *La Chauve-Souris* de Strauss au Theater an der Wien. Ouverture du cimetière central

1889 Suicide de l'archiduc Rodolphe à Mayerling

1875	1880	1885

1873 Krach de la Bourse

1879 Une grande parade historique sur la Ringstrasse célèbre les noces d'argent de François-Joseph

1872 Mort du poète et dramaturge Franz Grillparzer

1890 Les faubourgs sont incorporés à la ville

La Vienne 1900

Enseigne de l'Engel Apotheke

Vienne connaît au tournant du siècle une incroyable effervescence créatrice : les maîtres du Jugendstil *(p. 54-57)* renouvellent les arts décoratifs et l'architecture ; derrière Gustav Klimt, les peintres de la Sécession bousculent les arts plastiques ; les auteurs Karl Kraus et Arthur Schnitzler s'imposent et Sigmund Freud révolutionne les sciences humaines. En 1918, l'Autriche, amputée de son empire, devient une République.

AGGLOMÉRATION VIENNOISE

☐ 1912   ☐ *Actuelle*

Les Wiener Werkstätte

Josef Hoffmann (p. 56), qui dessina ce fauteuil, fonda ces Ateliers d'art viennois (p. 83).

LA KIRCHE AM STEINHOF

Otto Wagner dessina cette église étonnante décorée par Kolo Moser *(p. 57).*

La maison Loos
Son élégance dépouillée est typique du style de son architecte, Adolf Loos (p. 92).

La Sécession
Kolo Moser (p. 57) réalisa cette affiche pour la revue des artistes « dissidents », Ver Sacrum.

Anges par Othmar Schimkowitz

CHRONOLOGIE

1899 1er numéro du périodique de Karl Kraus, *Die Fackel*

1903 Création des Wiener Werkstätte

1906 *La Première Symphonie de chambre* d'Arnold Schönberg, pionnier de l'atonalité, et les œuvres d'Anton von Webern et d'Alan Berg provoquent un scandale au Musikverein

1895	1900	1905

1897 19 artistes quittent la Künstlerhaus, fondant la Sécession. Karl Lueger devient maire

1902 Gustav Klimt peint la *Frise Beethoven*. Électrification des tramways

1905 Première de *La Veuve joyeuse*, opérette de Franz Lehár. Émeutes antisémites à l'université

1896 Mort du compositeur Anton Bruckner

Gustav Klimt

☐ **La Vienne 1900**

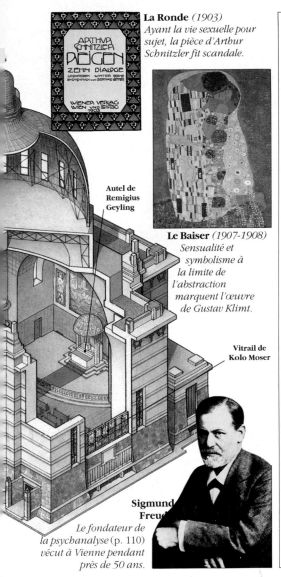

La Ronde *(1903)*
Ayant la vie sexuelle pour sujet, la pièce d'Arthur Schnitzler fit scandale.

Autel de Remigius Geyling

Le Baiser *(1907-1908)*
Sensualité et symbolisme à la limite de l'abstraction marquent l'œuvre de Gustav Klimt.

Vitrail de Kolo Moser

Sigmund Freud
Le fondateur de la psychanalyse (p. 110) *vécut à Vienne pendant près de 50 ans.*

OÙ VOIR LA VIENNE 1900 ?

Otto Wagner dessina les pavillons de la Karlsplatz *(p. 144)*, les immeubles des n°s 38 et 40 de la Linke Wienzeile *(p. 137)*, des villas du quartier de Schönbrunn *(p. 158)* et la Kirche am Steinhof *(p. 158)*. Outre la maison Loos *(p. 92)*, Adolf Loos créa l'American Bar *(p. 105)*. Le Belvédère supérieur *(p. 152-153)* et le musée d'Art moderne *(p. 111)* présentent des peintures de Klimt, Schiele et Kokoschka.

Le pavillon de la Sécession abrite la Frise Beethoven (p. 55) *par Gustav Klimt.*

Les immeubles de Wagner (p. 137) *sont décorés de motifs Jugendstil par Kolo Moser* (p. 56-57).

7 Démission de tav Mahler, cteur de l'Opéra. er étudie l'art à ne

1911 Mort de Gustav Mahler

1914 L'assassinat de l'archiduc Ferdinand à Sarajevo déclenche la Première Guerre mondiale

1910

1915

1910 Mort de Karl Lueger

1916 Mort de François-Joseph

1908 1re exposition du *Baiser* de Klimt

1918 Abdication de Charles Ier et fondation de la République d'Autriche, État de 6,5 millions d'habitants (l'Empire en comptait 50 millions)

La Vienne moderne

Frappée par une grave crise économique après la Première Guerre mondiale, l'Autriche voit s'opposer socialistes et forces de droite. En 1938, l'Anschluss l'unit à l'Allemagne nazie. Après la guerre, le pays reste sous contrôle allié jusqu'en 1955, année où l'Autriche entre aux Nations unies.

1929 Le logicien Ludwig Wittgenstein quitte Vienne pour l'Angleterre

1955 Le « traité d'État » libère l'Autriche de ses occupants. Le Parlement inscrit la neutralité du pays dans sa Constitution

1927 Le palais de justice est mis à sac lors d'émeutes ouvrières provoquées par la mort de manifestants

1922 Karl Kraus publie les *Derniers Jours de l'humanité*

1951 1er Festival de Vienne

1944 Premiers bombardements alliés

1920	1930	1940	1950
1920	1930	1940	1950

1922 Mort à Madère de Charles Ier, le dernier empereur

1939 Mort de l'écrivain Joseph Roth

1945 Déclaration de la IIe république d'Autriche. Vienne reste occupée par les quatre puissances victorieuses

1918-1920 Vienne subit une pénurie alimentaire

1933 Le chancelier Dollfuss dissout le Parlement et forme un gouvernement fasciste mais opposé à Hitler

1934 Violentes manifestations à Vienne ; arrestations des chefs socialistes. Les nazis assassinent Dollfuss

1919 Richard Strauss nommé directeur adjoint de l'Opéra

1920-1934 « Vienne la Rouge » a une municipalité socialiste alors que le pays reste conservateur

1938 Démission du chancelier Schuschnigg. Hitler déclare l'Anschluss et entre dans Vienne

1955 Réouverture de l'Opéra et du Burgtheater

1956 L'Agence internationale de l'énergie atomique s'installe à Vienne

1959 Ernst Fuchs et Arik Brauer inventent le réalisme fantastique

1989 Mort de Zita de Habsbourg, dernière impératrice d'Autriche

1988 Mort d'Irmgard Seefried, étoile de l'Opéra

1986 Kurt Waldheim élu président malgré la controverse sur son passé ; Franz Vranitzky chancelier

1979 Sommet Est-Ouest entre Leonid Brejnev et Jimmy Carter

1983 Jean-Paul II à Vienne

1970-1983 Le socialiste Bruno Kreisky est chancelier

1978 Inauguration du métro (U-Bahn)

1992 Incendie au palais de la Hofburg

| 1970 | 1980 | 1990 | 2000 |

| 1970 | 1980 | 1990 | 2000 |

1967 L'Organisation des Nations unies pour le développement industriel s'installe à Vienne

1989 La révolution de velours en Tchécoslovaquie met en relief le poids économique de l'Autriche en Europe centrale. Achèvement de la Haas Haus de Hans Hollein sur la Stephansplatz

1985 Achèvement de l'Hundertwasserhaus par Friedensreich Hundertwasser

1979 Inauguration de l'UNO-City

1961 Sommet Est-Ouest à Vienne entre John F. Kennedy et Nikita Khrouchtchev

La musique à Vienne

De la fin du XVIIIe siècle jusqu'au milieu du XIXe, Vienne est la capitale européenne de la musique. Financés à l'origine par la famille impériale et l'aristocratie, compositeurs et interprètes travaillent aussi pour la bourgeoisie pendant l'époque Biedermeier *(p. 30-31)*. La musique populaire prospère également, nourrie des traditions folkloriques que brassent les migrations au sein du vaste empire des Habsbourg.

Le congrès de Vienne rendit la valse populaire

LE CLASSICISME

La cour impériale dominait la vie musicale de Vienne au XVIIIe siècle et c'est en tant que maître de chapelle de Marie-Thérèse que C. W. Gluck (1714-1787) composa certains de ses plus grands opéras comme *Orphée* (1762). Son influence fut immense, particulièrement sur Wolfgang Amadeus Mozart (1756-1791). Joseph Haydn (1732-1809), après avoir longtemps travaillé pour les Esterházy au palais d'Eisenstadt *(p. 174-175)*, s'installe à Vienne où il écrit certains de ses chefs-d'œuvre tels les oratorios *La Création* et *Les Saisons*.

La Création (1808), joué pour l'anniversaire de Haydn

LE ROMANTISME

C'est à 23 ans que Ludwig van Beethoven (1770-1827) s'installe à Vienne et il ne quittera plus la ville hormis pour quelques voyages. Il y écrit ses neuf symphonies et, bien que ses œuvres les plus novatrices n'y rencontrent pas le succès, plus de 10 000 personnes assistent à son enterrement.

Les 600 Lieder de Franz Schubert (1797-1828) portent la marque du génie mais sa notoriété reste limitée à un cercle d'amis appartenant à la bourgeoisie éclairée de l'époque Biedermeier. Pour eux, il donne des soirées musicales qui prennent le nom de « schubertiades ».

La musique de concert connaît ensuite une période de déclin à Vienne

Une « schubertiade »

mais Johann Strauss (père) (1804-1849) et Joseph Lanner (1801-1843) créent les grands orchestres qui imposeront la valse.

Représentation de *La Flûte enchantée* (1791) de Mozart

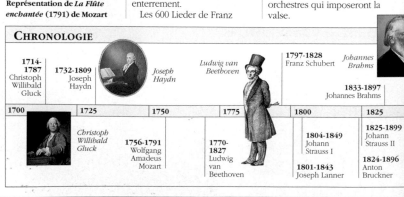

CHRONOLOGIE

1714-1787 Christoph Willibald Gluck	**1732-1809** Joseph Haydn	*Joseph Haydn*	*Ludwig van Beethoven*	**1797-1828** Franz Schubert	*Johannes Brahms*	
					1833-1897 Johannes Brahms	
1700	**1725**	**1750**	**1775**	**1800**	**1825**	
	Christoph Willibald Gluck	**1756-1791** Wolfgang Amadeus Mozart	**1770-1827** Ludwig van Beethoven	**1804-1849** Johann Strauss I	**1825-1899** Johann Strauss II	
				1801-1843 Joseph Lanner	**1824-1896** Anton Bruckner	

Le règne de François-Joseph

La ville connaît un véritable renouveau musical avec l'arrivée en 1862 de Johannes Brahms (1833-1897), le cosmopolitisme de la capitale autrichienne lui inspirera des œuvres comme les *Danses hongroises*. Puis, en 1868, le compositeur romantique Anton Bruckner (1824-1896) s'installe également dans la cité.

Leur succès n'entame cependant pas celui de Strauss fils (1825-1899), à qui l'on doit près de 400 valses, ni celui du très populaire (mais depuis oublié) Joseph Schrammel (1850-1893).

Johann Strauss fils sur une affiche Jugendstil (1901)

Directeur de l'Opéra de 1897 à 1907, Gustav Mahler (1860-1911) compose quatre symphonies pour son orchestre. Il est un des rares à défendre Arnold Schönberg.

L'époque moderne

Le début du XXe siècle voit l'émergence de la seconde école viennoise : Alban Berg (1885-1935), Arnold Schönberg (1874-1951) et Anton von Webern (1883-1945), précurseurs du dodécaphonisme et de l'atonalité. Vienne dédaigna ces œuvres novatrices et Schönberg, déçu, émigrera aux États-Unis en 1933.

Depuis la Seconde Guerre mondiale, Vienne n'a plus produit de tels compositeurs même si Kurt Schwertsik (né en 1935) et H. K. Gruber (né en 1943) attirent aujourd'hui l'attention internationale. Toutefois, sa philharmonie, fondée en 1842, reste un des meilleurs orchestres du monde et l'Opéra conserve une réputation de premier plan. Le quatuor Alban Berg est une des formations de musique de chambre les plus demandées actuellement.

L'orchestre de J. Strauss fils au bal de la cour

Arnold Schönberg à l'affiche (1913)

1860-1911 Gustav Mahler	1874-1951 Arnold Schönberg
	1875
1883-1945 Anton von Webern	1885-1935 Alban Berg
1850-1893 Joseph Schrammel	

Les Petits Chanteurs de Vienne

Fondée par Maximilien Ier en 1498 et aujourd'hui mondialement célèbre, la chorale des Wiener Sängerknaben interprète les dimanches et jours de fêtes religieuses des messes de Mozart, Schubert ou Haydn à la Burgkapelle *(p. 103)*. Les places assises se réservent huit semaines à l'avance, celles debout sont gratuites.

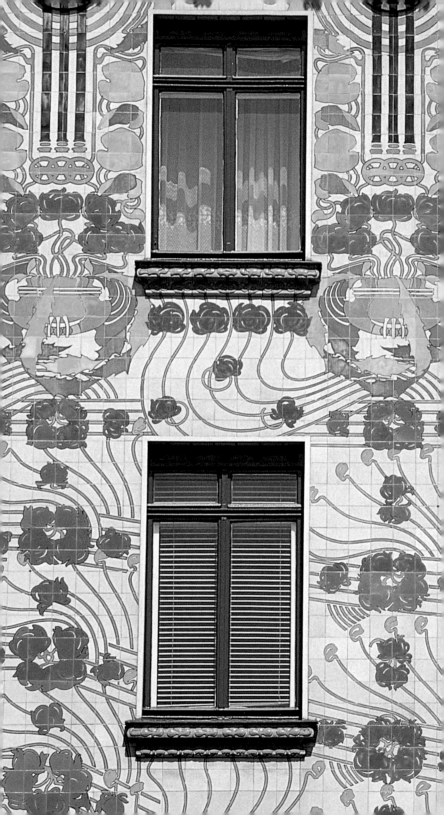

VIENNE D'UN COUP D'ŒIL

Les principaux monuments de Vienne sont situés dans un espace relativement restreint mais ils sont si nombreux et d'une telle diversité, renfermant pour certains d'extraordinaires collections d'objets et d'œuvres d'art provenant du monde entier et issues de toutes les périodes de l'histoire, que le chapitre *Quartier par quartier* de ce guide décrit près de 150 lieux à découvrir. Pour vous aider à tirer le meilleur de votre séjour, les vingt pages qui suivent proposent un aperçu de ce que Vienne a de plus intéressant à offrir, qu'il s'agisse d'églises, de palais, de musées ou encore de cafés ou d'architecture Jugendstil. Les numéros de page entre parenthèses renvoient aux rubriques détaillées. Voici, pour commencer, les visites à ne pas manquer.

LES VISITES À NE PAS MANQUER

L'Opéra
Voir p. 138-139

Le Burgtheater
Voir p. 130-131

Le Prater
Voir p. 160-161

La Karlskirche
Voir p. 146-147

Schönbrunn *Voir p. 170-173*

Le Stephansdom *Voir p. 76-79*

Le Manège espagnol
Voir p. 98-99

Le Kunsthistorisches Museum
Voir p. 118-123

Le Belvédère
Voir p. 150-155

Le Café Central
Voir p. 61

Le musée autrichien des Arts appliqués
Voir p. 82-83

◁ **Façade de la Majolikahaus** *(voir p. 137)* d'Otto Wagner sur la Linke Wienzeile

Les plus belles demeures historiques de Vienne

Aux maisons baroques élevées au XVIIIe siècle par les aristocrates de l'Empire dans le quartier du Stephansdom répondent les palais d'été qu'ils se firent construire hors du centre. Nombre de ces édifices se visitent mais certains ne peuvent être admirés que de l'extérieur ou, au mieux, de la cour intérieure ou de la cage d'escalier. Cette carte situe quelques-uns des plus remarquables. Les pages 48 et 49 les présentent plus en détail.

La maison de Sigmund Freud
Freud vécut et travailla de 1891 à 1938 dans cette maison de la Berggasse restaurée avec passion.

Schottenring e Alsergrund

Le palais Kinsky
Johann Lukas von Hildebrandt (p. 150) construisit pour la famille Daun cette demeure (1713-1716), également appelée palais Daun-Kinsky. Fils du commandant de la garnison de Vienne, Léopold Joseph Daun fut maréchal pendant le règne de Marie-Thérèse.

Le quartier de l'hôtel de ville

La Hofburg
Plus de vingt pièces, certaines d'apparat, d'autres privées, forment les appartements de François-Joseph (p. 32-33) et l'impératrice Élisabeth.

0   500 m

Opéra et Naschmarkt

Le château de Schönbrunn
J. B. Fischer von Erlach rêvait de surpasser Versailles mais les Habsbourg préférèrent un palais plus modeste. Il devint leur résidence favorite et Marie-Thérèse le fit remanier par Nicolas Pacassi (p. 170).

La maison aux fresques de Neidhart
Des fresques datant de 1400 inspirées des chansons de Neidhart van Reuenthal (1190-1241) décorent la salle à manger de cette ancienne demeure d'un riche horloger.

La Figarohaus
Mozart vécut de 1784 à 1787 dans cette maison baroque où il composa Les Noces de Figaro.

Le palais d'hiver du prince Eugène
J. B. Fischer von Erlach et Johann Lukas von Hildebrandt édifièrent pour Eugène de Savoie (p. 26-27) *ce palais baroque à l'escalier spectaculaire.*

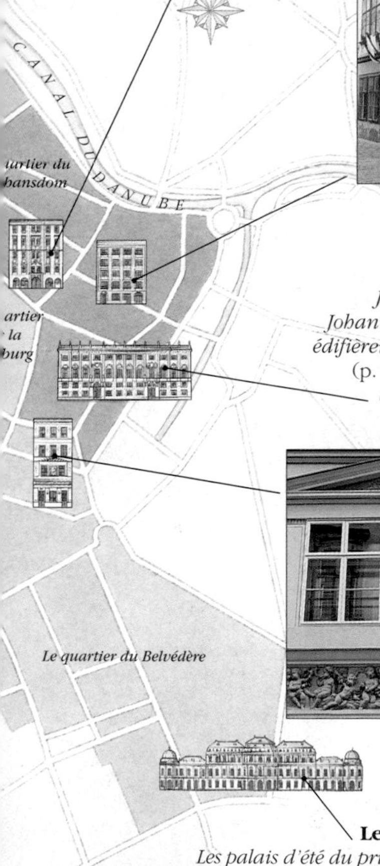
CANAL DU DANUBE
Le quartier du Belvédère

Zum Blauen Karpfen
Une carpe bleue et une frise de putti *décorent la façade de cette maison du* XVIIe *siècle bordant l'Annagasse.*

Le Belvédère
Les palais d'été du prince Eugène bâtis par Johann Lukas von Hildebrandt se trouvaient à l'origine à la périphérie de Vienne. Ils abritent de grands musées d'Art autrichien.

À la découverte des plus belles demeures historiques de Vienne

Les résidences historiques magnifiquement préservées qui bordent les rues de Vienne entraînent le promeneur dans un voyage dans le passé. Arborant toute la palette décorative du style baroque, elles datent pour la plupart des XVIIᵉ et XVIIIᵉ siècles. Beaucoup ne servent plus d'habitation aujourd'hui et certaines sont devenues des musées qui permettent de découvrir les intérieurs en même temps que les collections exposées.

Plafond peint du palais
Liechtenstein d'été

Façade du palais Schönborn-
Batthyány

LES PALAIS DE VILLE

Véritable cité à elle seule, la **Hofburg** renferme plusieurs musées et les appartements impériaux. Sans atteindre ses dimensions, le **palais d'hiver du prince Eugène** présente un superbe escalier d'honneur accessible aux visiteurs. Le **palais Obizzi** abrite un musée de l'horlogerie *(p. 86),* et le Café Central *(p. 58)* se trouve au rez-de-chaussée du **palais Ferstel** (1860). Le **palais Kinsky** (1713-1716), le **palais Trautson,** le **palais Schönborn-Batthyány,** le **palais Lobkowitz** et le **palais Liechtenstein** (1694-1706) ne s'admirent malheureusement que de l'extérieur.

LES PALAIS D'ÉTÉ

Construits à l'origine en pleine campagne, ces palais permettaient à leurs propriétaires d'échapper à la chaleur de la ville en été. Les Habsbourg appréciaient ainsi particulièrement le **château de Schönbrunn** où une visite guidée permet de découvrir une partie de leurs appartements. Au sud de Vienne, les palais du **Belvédère,** dont beaucoup de pièces ont conservé leur splendide décoration d'époque, abritent aujourd'hui des musées, à l'instar du **palais Liechtenstein d'été** qu'occupe le musée d'Art moderne *(p. 111).* La **villa Hermès** (1884) commandée par François-Joseph pour son épouse Élisabeth accueille des expositions temporaires. Devenu un hôtel de luxe, le **palais Schwarzenberg** n'est malheureusement ouvert qu'à ses clients mais on peut, en certaines occasions, découvrir l'intérieur néo-classique du **palais Rasumofsky** (1806-1807), siège de l'Institut fédéral de géologie.

LES VILLAS DES QUARTIERS EXTÉRIEURS

Construite en pleine période Biedermeier, la **villa Wertheimstein** (1834-1835) abrite le musée de l'arrondissement de Döbling dans un décor particulièrement chargé. En comparaison, le **Geymüller Schlössl,** qui présente la collection Sobek de montres et d'horloges anciennes, est un modèle de modération et de bon goût. Josef Hoffmann *(p. 56)* dessina pour un banquier la **villa Primavesi** (1913-1915), petit chef-d'œuvre Jugendstil à Hietzing.

LES MAISONS BOURGEOISES

Des peintures murales datant d'environ 1400 décorent la **maison aux fresques de Neidhart,** sur la Tuchlauben, tandis que d'intéressantes maisons baroques bordent la **Naglergasse,** la **Kurrentgasse** et les rues de quartiers tels que **Spittelberg** et **Josefstadt.** L'auberge **Zum Blauen Karpfen** *(p. 80),* sur l'Annagasse, présente une décoration extérieure originale, et la **Dreimäderlhaus** (la maison des Trois Jeunes Filles), sur la Schreyvogelgasse, présente un style intermédiaire entre le rococo et le néo-classicisme.

Villa Hermès

LES RÉSIDENCES HISTORIQUES

Vienne abonde en anciennes demeures de grands compositeurs mais elles présentent souvent plus d'intérêt pour leur contenu que pour leurs mérites architecturaux. Il en est ainsi de la **maison du Testament d'Heiligenstadt** où Beethoven faillit mettre fin à ses jours en 1802, qui renferme portraits, partitions et souvenirs à l'instar de la Pasqualatihaus où il habita de 1805 à 1814, y composant *Fidelio* et deux symphonies. La **Figarohaus** doit son nom à l'œuvre de Mozart *Les Noces de Figaro*. Le compositeur y passa trois des années les plus heureuses de sa vie.

Cour intérieure de la maison du Testament d'Heiligenstadt

Le **Haydn-Museum** expose au premier étage de l'ancienne demeure du musicien, lettres, manuscrits, objets personnels et ses deux pianos. Le **musée Freud,** riche en documents et photographies, renferme une reconstitution du cabinet où Sigmund Freud recevait ses patients dans l'appartement où il vécut de 1891 à 1938, année où il dut fuir le régime nazi.

DÉTAILS DÉCORATIFS

Bâtis pour les aristocrates attirés par la cour impériale au XVIIIe siècle, nombre des palais historiques de Vienne sont de style baroque. L'ornement y triomphe et portails et frontons présentent une décoration exubérante.

Atlante de l'entrée du palais Liechtenstein

Fronton de fenêtre ornant la façade du palais Trautson

Urnes décoratives du palais Lobkowitz

Fronton armorié du palais Schönborn-Batthyány

Frise de *putti* en façade de Zum Blauen Karpfen

Les plus beaux musées de Vienne

Vienne compte un nombre étonnant de musées, des plus généraux aux plus spécialisés, qui occupent souvent d'élégants édifices, qu'il s'agisse d'anciens palais ou de bâtiments construits spécifiquement pour abriter leurs collections. Cette rapide sélection, plus détaillée en pages 48 et 49, vous aidera à choisir parmi les principaux.

Le musée d'Histoire naturelle
Ses squelettes de dinosaures connaissent un grand succès.

Trésor du Palais impérial
Ainkhurn (v. 1450) fut l'épée de Charles le Téméraire avant de faire partie du trésor de la couronne de la Hofburg.

Schottenring et Alsergrund

Le quartier de l'hôtel de ville

Le qua de la Ho

Le Kunsthistoriches Museum
Le musée d'Histoire de l'art présente les œuvres de grands maîtres tel ce portrait de Jane Seymour (1536) par Hans Holbein.

Opéra et Naschmarkt

L'Académie des beaux-arts
Sa collection de peintures flamandes, italiennes et hollandaises comprend le triptyque du Jugement dernier (v. 1500) de Jérôme Bosch.

Albertina
Les œuvres graphiques de cette très riche collection, tel Le Lièvre (1502) de Dürer, sont présentées sous forme d'expositions temporaires.

Le musée historique de la Ville de Vienne
Des vitraux du Stephansdom (v. 1390) figurent parmi les nombreux objets évoquant le passé de Vienne.

Le Musée archiépiscopal
Le reliquaire de la croix de saint André (v. 1440) fait partie du trésor d'art sacré qu'il abrite.

Le musée autrichien des Arts appliqués
Les collections d'arts décoratifs de ce musée comprennent des pièces aussi bien contemporaines ou Art nouveau que du début du XIXᵉ siècle comme ce gobelet.

CANAL DU DANUBE

Le quartier du Stephansdom

Les musées d'Arts baroque et médiéval
Ces deux musées dédiés à l'art autrichien jusqu'au XVIIIᵉ siècle occupent le Belvédère inférieur. Le retable de Schotten fut peint vers 1470.

Galerie d'Art autrichien des XIXᵉ et XXᵉ siècles
Ces Roses à la fenêtre *(1832) sont de Georg Waldmüller, l'un des nombreux peintres Biedermeier exposés au Belvédère supérieur avec Klimt, Schiele et Kokoschka.*

quartier du Belvédère

500 m

Le musée de l'Armée
Victoires et commandants militaires y sont à l'honneur comme ici Le Feldmaréchal Laudon sur le champ de bataille de Kunersdorf *(1878) peint par Sigmund l'Allemand.*

À la découverte des musées de Vienne

Antiquités grecques et romaines, objets créés par les grandes civilisations du monde entier, trésors impériaux réunis par les Habsbourg, arts décoratifs, Art nouveau, peinture religieuse, peinture contemporaine, argenterie, instruments de musiques anciens… La variété des collections présentées par les musées de Vienne répond à toutes les curiosités. Les bâtiments historiques qui les abritent, tels la Hofburg ou les palais du Belvédère, ajoutent à l'intérêt de la visite.

Intérieur de la Kunsthaus Wien de Friedensreich Hundertwasser

ART ANTIQUE ET ART MÉDIÉVAL

À la Hofburg, le **musée d'Éphèse** expose les vestiges grecs et romains trouvés lors des fouilles effectuées par l'Autriche à Éphèse et Samothrace, et le **trésor du Palais impérial** comprend de superbes objets d'art datant du Moyen Âge, séculiers comme ecclésiastiques. Autre trésor riche en reliques médiévales, celui de l'ordre Teutonique conservé à la **Deutschordens-kirche.** Au Belvédère, le **musée d'Art médiéval** présente d'intéressantes peintures gothiques, notamment les retables. Le **musée archiépiscopal d'Art sacré** en possède également de superbes présentés avec une partie du trésor de la cathédrale Saint-Étienne. Aucun n'égale toutefois en splendeur celui de Nicolas de Verdun qui justifie presque à lui seul de se rendre jusqu'à **Klosterneuberg.** Commandées par un marchand de draps, les peintures murales de la maison aux fresques de Neidhart remontent au début du XVe siècle.

LES MAÎTRES ANCIENS

La galerie de peintures du **Kunsthistorisches Museum** (musée d'Histoire de l'art) reflète les goûts des Habsbourg qui rassemblèrent au fil des siècles le noyau central de sa collection. Elle comprend un ensemble remarquable d'œuvres flamandes, allemandes, hollandaises et italiennes (en particulier vénitiennes), et la plus belle exposition du monde de Brueghel l'Ancien. Anton Van Dyck (1599-1641) et Petrus Paulus Rubens (1577-1640) sont eux aussi bien représentés.

La galerie de l'**Académie des beaux-arts** propose également des tableaux italiens, hollandais, flamands et allemands mais est surtout réputée pour le triptyque du *Jugement dernier* par Jérôme Bosch (v. 1450-1516).

Le Belvédère offre, avec ses salles à la splendide décoration, un cadre magnifiquement adapté aux tableaux et aux sculptures datant des XVIIe et XVIIIe siècles du **musée d'Art baroque autrichien.**

L'ART DES XIXe ET XXe SIÈCLES

Le jardin de sculptures du **musée du XXe siècle,** siège de prestigieuses expositions temporaires, complète les riches collections de la **galerie d'Art autrichien des XIXe et XXe siècles** et du **musée d'Art moderne.** Celles-ci permettent notamment de découvrir les réalistes fantastiques et les peintres de l'époque du Jugendstil (Art nouveau) tels qu'Egon Schiele, Oskar Kokoschka et surtout Gustav Klimt dont on peut admirer la *Frise Beethoven* au **pavillon de la Sécession.**

L'artiste viennois contemporain sans doute le mieux connu, Friedensreich Hundertwasser, possède sa propre galerie, la **Kunsthaus Wien.** La Bibliothèque nationale abrite temporairement une partie des gravures et dessins de l'**Albertina** *(p. 102).*

Monument des Parthes (v. 170) au musée d'Éphèse

ARTS APPLIQUÉS ET DÉCORATION INTÉRIEURE

L e **musée autrichien des Arts appliqués** renferme aussi bien que des tapis d'Orient que du mobilier Biedermeier et Jugendstil. Il conserve les archives des Wiener Werkstätte fondés par Josef Hoffmann qui dessina notamment de la verrerie exposée au **musée Lobmeyr.** À la Hofburg, la **collection d'argenterie de la cour** permet d'admirer la somptueuse vaisselle qu'utilisaient les Habsbourg. Le **musée historique de la Ville de Vienne** présente les reconstitutions de l'appartement du poète Franz Grillparzer (1791-1872) et de l'atelier d'Adolf Loos *(p. 92).*

Verrerie d'Hoffmann, musée Lobmeyr

Peinture du musée des Horloges

MUSÉES SPÉCIALISÉS

L es amateurs de mécanismes de précision trouveront leur bonheur au **musée des Horloges et des Montres** et avec la collection Sobek du **Geymüller Schlössl.** L'extraordinaire **collection d'instruments de musique anciens** (Sammlung Alter Musikinstrumente) et le **musée des Poupées et des Jouets** célèbrent les plaisirs de la vie tandis que la **collection d'armes et d'armures,** le **musée de l'Armée,** le **Kriminalmuseum** et le **Bestattungsmuseum** consacré aux rites funéraires, en évoquant des aspects plus noirs. Le **Filmmuseum** organise des projections de vieux films autrichiens.

SCIENCES ET HISTOIRE NATURELLE

L es collections minéralogiques, botaniques, zoologiques et préhistoriques du **musée d'Histoire naturelle** occupent le bâtiment spécialement construit à leur intention au XIXᵉ siècle, un siècle après l'édification du **Josephinum** qui abrite de très spectaculaires écorchés en cire. Les objets exposés au **musée de la Technique** (fermé jusqu'en 1998) illustrent la contribution de l'Autriche à la technologie moderne.

ETHNOLOGIE ET TRADITIONS POPULAIRES

L e **Musée ethnographique** possède des objets d'art du monde entier. Les collections permanentes sont organisées autour de trois pôles : les souvenirs polynésiens de James Cook, les bronzes du Bénin et l'art aztèque, notamment des objets envoyés par Cortés à Charles Quint.

Le **musée des Arts et Traditions populaires** offre un témoignage fascinant sur les coutumes autrichiennes par le biais de documents, maquettes, costumes, masques et objets d'art et utilitaires.

Statue du Bénin, Musée ethnographique

Les plus belles églises de Vienne

C hef-d'œuvre gothique, le Stephansdom, la
cathédrale Saint-Étienne, domine la ville intérieure.
Il rappelle que seuls survécurent aux sièges ottomans
(p. 26-27) les édifices élevés à l'intérieur de l'enceinte
fortifiée de la cité médiévale. Même s'ils incorporent
dès vestiges antérieurs, la plupart des sanctuaires de
Vienne sont de style baroque car construits aux XVIIᵉ et
XVIIIᵉ siècles, après la défaite des Ottomans. Fresques en
trompe-l'œil, stucs dorés et cascades d'angelots leur
donnent de somptueuses décorations. Ils se visitent
généralement pendant la journée en dehors des
services religieux. Certains accueillent en outre des
concerts et des récitals en soirée. Les pages 52 et 53 en
donnent un aperçu plus détaillé.

Peterskirche
*Sa gracieuse coupole domine
la façade baroque de cette
église élevée sur le Graben.*

Michaelerkirche
*Sanctuaire roman au chœur et à la
tour gothiques et à la façade néo-
classique, elle renferme un maître-autel
baroque foisonnant d'anges et angelots.*

*Schottenring et
Alsergrund*

*Le quartier
de l'hôtel de ville*

Piaristenkirche
*Une statue de la
Vierge se dresse au
milieu de la place que
domine la façade
(1860) de cette église
baroque (1716).*

*Opéra et
Naschmarkt*

0   500 m

Augustinerkirche
*Antonio Canova (1753-1822) sculpta le
tombeau de l'archiduchesse Marie-
Christine de cette ancienne église
paroissiale des Habsbourg.*

Maria am Gestade
Une superbe Annonciation *gothique orne cette église du XIVᵉ siècle restaurée au XIXᵉ.*

Ruprechtskirche
La plus vieille église de Vienne a une nef et un clocher romans, un chœur et une aile gothiques et un vitrail du début du XIVᵉ siècle.

Stephansdom
Frédéric III (p. 19) offrit en 1447 à la cathédrale le retable du Wiener Neustädter Altar.

Jesuitenkirche
Bâtie de 1623 à 1631, l'église des Jésuites fut remaniée au XVIIIᵉ siècle par le père Andrea Pozzo, maître du baroque et du trompe-l'œil.

Le quartier du Stephansdom

Le quartier du Belvédère

Karlskirche
J. B. Fischer von Erlach dessina ce chef-d'œuvre baroque qu'encadrent des minarets et des pavillons d'inspiration chinoise.

Franziskanerkirche
Une statue de la Vierge sculptée en Bohême occupe le centre de son maître-autel par Andrea Pozzo.

À la découverte des églises de Vienne

Les églises qui se dressent dans la ville intérieure ont connu bien des modifications au cours des siècles et elles présentent souvent un intéressant mélange de styles allant du roman au baroque. La grande époque de construction religieuse à Vienne, où la ferveur de la Contre-Réforme catholique s'ajouta au soulagement d'avoir vaincu les Ottomans en 1683 (p. 26-27), s'étend cependant de la fin du XVIIᵉ siècle à la fin du XVIIIᵉ. D'anciens sanctuaires subirent alors d'importants remaniements et de nouveaux s'élevèrent, en particulier hors de l'enceinte médiévale dont la Ringstrasse occupe aujourd'hui l'emplacement.

LES ÉGLISES MÉDIÉVALES

La chaire sculptée en 1500 par Anton Pilgram (p. 78) attire de nombreux visiteurs au **Stephansdom**, la cathédrale Saint-Étienne. Comme elle, la **Ruprechts-kirche**, la plus ancienne église de Vienne, conserve des parties romanes bien qu'elle soit principalement gothique.

L'austérité de sa façade contraste avec celle ornée d'une haute verrière et de deux pinacles sculptés de **Maria am Gestade**, édifice à la voûte aérienne. Autres sanctuaires gothiques de la capitale, la **Deutschordens-kirche Sankt Elisabeth** des chevaliers Teutoniques présente en décoration des blasons

Vierge à l'Enfant, Minoritenkirche

héraldiques, l'**Augustiner-kirche** abrite les cœurs des Habsbourg ainsi que le tombeau de l'archiduchesse Marie-Christine par Antonio Canova. La **Minoritenkirche** et la **Burgkapelle** ont été récemment restaurées. La **Michaelerkirche** marie tous les styles du roman au néo-classique.

LES ÉGLISES DU XVIIᵉ SIÈCLE

Hormis la façade de la **Franziskanerkirche** (1603-1611), l'architecture Renaissance a peu marqué Vienne bien que quelques autres églises construites avant le siège ottoman aient survécu. Quelques-unes offrent un exemple du premier style baroque né de la Contre-Réforme (p. 24), notamment la **Jesuitenkirche** (1627-1631), malgré un remaniement au début du XVIIIᵉ siècle, la **Dominikanerkirche** (1631-1634) et la **Schottenkirche**, sanctuaire roman qu'adaptèrent Silvestro Carlone et Andrea Felice d'Allio de 1638 à 1648. La **Servitenkirche**, élevée de 1651 à 1677 mais dont les

clochers datent de 1756, donne un aperçu de son évolution.

La **Kirche am Hof**, bien que gothique lorsque les Carmélites la fondèrent au XIVᵉ siècle, présente depuis 1662 une façade baroque. Les Viennois l'appellent également l'église des « Neuf-Chœurs-des-Anges ».

Groupe de Sainte Anne (v. 1505) attribué à Veit Stoss, Annakirche

LE BAROQUE VIENNOIS ET LE NÉO-CLASSICISME

Au XVIIIᵉ siècle, le baroque s'émancipe à Vienne grâce à de grands architectes comme Fischer von Erlach (p. 147), qui dessine la **Karlskirche**, et Johann Lukas von Hildebrandt (p. 150), auteur de la **Peterskirche** et de la **Piaristenkirche**. L'ancienne demeure d'un saint polonais devient alors la **chapelle Stanislaus-Kostka** et l'**Annakirche** prend son aspect baroque en 1747. C'est Josef Kornhäusel qui donne au **Stadttempel** son intérieur néo-classique.

TOURS, DÔMES ET FLÈCHES

Les couronnements des églises animent le ciel de Vienne de leur diversité. Austère, la tour de la **Ruprechstkirche** contraste ainsi avec celle, ajourée, de **Maria am Gestade** et les clochers aux bulbes typiquement baroques de la **Jesuitenkirche**. Les campaniles de la **Karlskirche** imitent des colonnes romaines et c'est un dôme ovale qui coiffe la **Peterskirche**.

Ruprechts-kirche   **Maria am Gestade**   **Jesuitenkirche**

L'intérieur orné de fresques de la chapelle Stanislaus-Kostka

LES ÉGLISES DU XIXᵉ SIÈCLE

Le XIXᵉ siècle vit s'imposer à Vienne la mode de l'historicisme. Pour construire les bâtiments publics, laïques comme religieux, en particulier aux abords de la Ringstrasse *(p. 32-33),* les architectes s'inspirent du passé, imitant ou adaptant des styles très variés. La **Griechische Kirche,** sur le Fleischmarkt, présente ainsi un aspect byzantin plus intéressant pour les icônes et les fresques de sa décoration

intérieure que pour les proportions de l'édifice. La **Votivkirche,** élevée en action de grâces après un attentat manqué contre François-Joseph, imite quant à elle les cathédrales gothiques françaises. Elle renferme le tombeau du comte Niklas Salm qui défendit la ville contre les Ottomans en 1529 *(p. 24).* Sur la Lerchenfelder Strasse, l'**Altlerchenfelder Kirche,** bâtie en brique rouge, mêle gothique et Renaissance italienne.

LES ÉGLISES DU XXᵉ SIÈCLE

Œuvre superbe d'Otto Wagner *(p. 57),* la massive **Kirche am Steinhof** (1902), une des grandes réussites de l'architecture Sécession, fait partie d'un asile d'aliénés. L'intérieur, carrelé de blanc et conçu pour être fonctionnel, met en valeur les vitraux de Kolo Moser *(p. 57)* et les mosaïques de Rudolf Jettmar. C'est un protégé de

La Wotruba Kirche, véritable sculpture monumentale

Wagner, Max Hegele, qui éleva la **Dr-Karl-Lueger-Kirche** (1907-1910) du cimetière central et elle possède la même inspiration monumentale. Création du sculpteur Fritz Wotruba mariant blocs de béton et grands panneaux vitrés, l'église de la Sainte-Trinité, ou **Wotruba Kirche** (1968-1976), dresse sur une colline de la banlieue de Mauer sa silhouette résolument moderne et très controversée.

L'intérieur de l'Altlerchenfelder Kirche (XIXᵉ siècle)

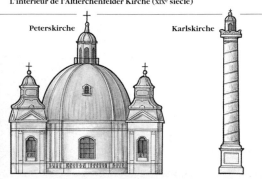

Peterskirche   Karlskirche

Les plus beaux édifices Jugendstil de Vienne

Expression architecturale de l'effervescence créatrice qui règne à Vienne au tournant du siècle, l'Art nouveau viennois, ou Jugendstil, a marqué la ville d'édifices pour certains très connus. Quelques-uns, comme le pavillon de la Sécession, se visitent. Une promenade dans les rues de la cité permet toutefois d'en découvrir beaucoup d'autres. Les pages 56 et 57 présentent plus en détail ce style qui marie élégance, humour et modernité.

Le Strudelhofstiege
Theodore Jäger édifia en 1910 ce superbe escalier qui fournit le cadre, et le titre, d'un célèbre roman d'Heimato von Doderer (1896-1966).

*Schottenr
Alsergr*

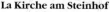

La Kirche am Steinhof
Dessinée par Otto Wagner en 1907, cette église domine de son grand dôme de cuivre le parc d'un asile d'aliénés situé en périphérie de la ville. Les vitraux sont de Kolo Moser.

*Le quartie
de l'hôte
de ville*

*Opéra et
Naschmarkt*

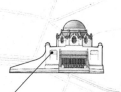

Le pavillon du Kaiser
Otto Wagner espérait se servir de cette gare (1899) comme vitrine de son œuvre.

Les immeubles d'Otto Wagner
Le pionnier du Jugendstil réalisa en 1899 le nº 38 de la Linke Wienzeile et le nº 40, ou Majolikahaus, à la décoration en carreaux de céramique.

L'Ankeruhr
Œuvre de Franz Matsch (1911), cette grande horloge décore une galerie reliant deux immeubles du Hoher Markt. À chaque heure, une figurine parade devant le cadran.

La Postsparkasse
Otto Wagner dessina jusqu'aux manches à air du chauffage de cette caisse d'épargne, une de ses œuvres majeures où s'exprime toute sa maîtrise des matériaux modernes.

Les portiques du Stadtpark
Dans le cadre d'un projet de régulation du cours de la rivière Vienne, Friedrich Ohmann réalisa les superbes portiques (1903-1907) qui ornent le parc municipal.

Le quartier du Stephansdom

quartier a Hofburg

Les pavillons de la Karlsplatz
Récemment rénovés, deux gracieux pavillons d'Otto Wagner servaient, au début du siècle, de stations de métro sur la Karlsplatz

Le quartier du Belvédère

0   1 km

Le pavillon de la Sécession
Surnommé le « chou doré » à cause de son dôme ajouré, le pavillon conçu par Josef Maria Olbrich en 1897 pour accueillir des expositions d'avant-garde renferme au sous-sol la Frise Beethoven *de Gustav Klimt.*

À la découverte du Jugendstil viennois

En 1897, un groupe d'artistes viennois en rupture avec l'académisme de la Künstlerhaus fonde le cercle de la Sécession. Ce mouvement d'avant-garde réunira étroitement beaux-arts et arts appliqués et révolutionnera l'architecture comme le mobilier.

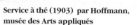

PEINTURE ET ARTS GRAPHIQUES

Les peintres viennois du tournant du siècle ne créèrent pas un style particulier mais ils partagèrent une fascination commune pour les liens unissant la vie, la sexualité et la mort. La plus belle collection d'œuvres de cette période, de Gustav Klimt (1862-1918), Egon Schiele (1890-1918) et Oskar Kokoschka (1886-1980) notamment, se trouve à la **galerie des XIXᵉ et XXᵉ siècles** mais le **musée historique de la Ville de Vienne** en présente également dans le

Service à thé (1903) par Hoffmann, musée des Arts appliqués

cadre de son exposition permanente, à l'instar du **musée d'Art moderne** installé dans le palais Liechtenstein d'été. L'**Albertina** expose parfois des dessins de Schiele et le **pavillon de la Sécession** renferme la *Frise Beethoven* de Klimt. Celui-ci créa également des motifs décoratifs, toujours en place, pour le **Burgtheater** et le **Kunsthistoriches Museum**.

LES ARTS APPLIQUÉS

Fondés par Josef Hoffmann (1870-1956) en 1903, les Wiener Werkstätte, une association d'artisans, se donnèrent pour but de hisser au niveau de l'art la joaillerie, la céramique, la ferronnerie, la maroquinerie et, plus largement, la fabrication de meubles et d'objets utilitaires. Le **musée autrichien des Arts appliqués** présente un extraordinaire éventail de ses réalisations et ouvre aux chercheurs d'importantes archives. Hoffmann dessina aussi de la verrerie pour la société Lobmeyr que l'on peut admirer au **musée Lobmeyr.**

Décoration (1891) par Gustav Klimt du Kunsthistorisches Museum

LES MOTIFS FAVORIS DU JUGENDSTIL

Tout comme l'Art nouveau français et belge, le Jugendstil viennois puise ses principales sources d'inspiration dans la féminité et le monde végétal mais il a généralement donné à ses ornements une rigueur plus géométrique. Le disque régulier du tournesol est ainsi souvent utilisé. Rectangles et triangles interviennent également dans le cadre de motifs abstraits.

Tournesol ornemental des pavillons de la Karlsplatz par Otto Wagner

Carte postale dessinée par Josef Maria Olbrich pour *Ver Sacrum*

LE MOBILIER

Après les excès de l'historicisme en vogue pendant le percement de la Ringstrasse, les grands stylistes de la Sécession tels que Josef Hoffmann et Koloman Moser dit Kolo Moser (1868-1918) voulaient revenir vers les lignes simples de l'époque Biedermeier *(p. 30-31)*. Le **musée autrichien des Arts appliqués**, outre des réalisations en bois courbé à la vapeur de la société Thonet, créatrice de la célèbre chaise bistrot, présente un aperçu intéressant de leur travail. Chaque meuble était souvent conçu comme élément d'une décoration complète et ces intérieurs ont presque tous disparu ou ne sont pas accessibles au public. Le **musée historique de la Ville de Vienne**, qui expose également du mobilier Jugendstil, renferme la reconstitution du salon d'Adolf Loos *(p. 92)* aménagé avant que l'architecte ne rompe avec la Sécession.

Bureau et fauteuil (1903) par Kolo Moser, musée des Arts appliqués

Autel de la Kirche am Steinhof

L'ARCHITECTURE

La devise de la Sécession : « À chaque époque son art, à l'art sa liberté » *(p. 136)* exprime bien le sentiment des créateurs viennois d'avant-garde à la fin du xixe siècle. Fascinés par les possibilités offertes par les structures métalliques et les matériaux modernes, les architectes qu'ils comptent en leur sein vont créer, en réaction aux pastiches du passé bordant la Ringstrasse, un style nouveau dont les motifs élégants ornent toujours de nombreux bâtiments dans la ville. Les deux principaux, Otto Wagner (1841-1918) et Josef Maria Olbrich (1867-1908), collaborèrent pour un certain nombre de projets, notamment les **immeubles de Wagner** de la Linke Wienzeile et l'aménagement du métro dont subsistent de superbes stations telles que les **pavillons de la Karlsplatz** et le **pavillon du Kaiser** à Hietzing. Olbrich conçut en outre

indépendamment le **pavillon de la Sécession,** et Wagner réalisa l'extraordinaire **Kirche am Steinhof,** la **Postsparkasse** et des villas sur la **Steinfeldgasse.**

Le **Strudelhofstiege** de Jäger et les **portiques du Stadtpark** par Friedrich Ohmann (1858-1927) et Joseph Hackhofer (1868-1917) offrent un bel exemple de ce que l'Art nouveau apporta à l'aménagement urbain. Avec l'**Ankeruhr** de Franz Matsch (1861-1942), il commençait toutefois à jeter ses derniers feux à Vienne.

Carte postale dessinée par Josef Maria Olbrich pour Ver Sacrum

Détail de la décoration d'un immeuble de Wagner

Lettres par Alfred Roller pour Ver Sacrum

Motif textile dessiné par Josef Hoffmann

Les plus beaux cafés de Vienne

Depuis trois siècles, les cafés jouent un rôle fondamental dans la vie sociale viennoise. Plus que des débits de boisson, ce sont des lieux où se retrouver, flâner après un repas léger, ou simplement échapper à la pression urbaine. Chacun d'entre eux attire une clientèle particulière et possède une atmosphère unique. La plupart servent également de l'alcool. Les pages 60 et 61 présentent plus en détail ces établissements où s'exprime si fortement l'âme de la ville.

Landtmann
Journalistes et politiciens côtoient les acteurs et les spectateurs du Burgtheater voisin dans ce café élégant que fréquenta Sigmund Freud.

Scholtenring et Alsergrund

Central
Une récente restauration vient de rendre sa splendeur au plus beau café de Vienne, ancien rendez-vous de l'intelligentsia.

Le quartier de l'hôtel de ville

Le quartier de la Hofbu

Sperl
Juste hors du centre, le Sperl a une clientèle fidèle, notamment de jeunes qui viennent jouer au billard ou déguster sa tarte aux pommes.

Opéra et Naschmarkt

Eiles
Sa situation près de diverses administrations en a fait un rendez-vous de hauts fonctionnaires et d'avocats.

Museum
Le Museum n'a pas gardé la décoration intérieure austère que lui avait donné Adolf Loos (p. 92) mais étudiants et artistes continuent à y créer une atmosphère animée et enfumée.

Hawelka
Cet établissement confortable entretient avec soin son image et l'endroit reste très animé jusque tard dans la nuit.

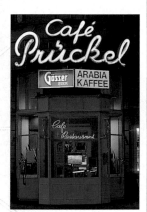

0   500 m

CANAL DU DANUBE

Quartier du bansdom

Le quartier du Belvédère

Prückel
Personne ne se souvient d'avoir vu le Prückel autrement que décrépit mais joueurs de bridge et habitants du quartier se pressent dans son arrière-salle.

Kleines
Fréquenté par des acteurs, il est aussi petit, et intime, que l'évoque son nom.

Frauenhuber
Mozart joua dans ce café situé sur la Kärntner Strasse, le plus ancien de Vienne, où il fait bon se reposer après une visite du Stephansdom ou un après-midi de lèche-vitrines.

À la découverte des cafés de Vienne

Nulle part les cafés n'ont joué un rôle social aussi important qu'à Vienne. On s'y retrouvait pour lire le journal, discuter politique ou jouer au billard, aux échecs ou aux cartes. Il y eut des poètes de café et Franz Grillparzer *(p. 30-31)* travailla pendant douze ans dans le même et à la même table. Le café connaît de nombreuses formes de dégustation à Vienne *(voir ci-dessous)*. La plupart des établissements servent également bière, vins et alcools. Pour les gourmands, la ville compte de nombreux *Café-Konditoreien (p. 215)*.

Serveur du Dommayer

HISTOIRE DES CAFÉS

La légende prétend que le premier café ouvrit après la défaite des Ottomans de 1683 *(p. 26)* mais les historiens affirment que le breuvage était connu à Vienne bien avant cette date. Quoi qu'il en soit, les établissements qui le servaient prirent leur forme actuelle à la fin du XVIIIe siècle et connurent leur âge d'or au terme du suivant, quand chacun avait ses habitués, qu'il s'agisse de politiciens, d'artistes, d'écrivains, de compositeurs, d'artisans ou de fonctionnaires. Ainsi, en

Jeune Viennoise du XVIIIe siècle tenant un moulin à café

1890, c'est au Griensteidl que se réunit le groupe littéraire Jung Wien, tandis que l'essayiste Peter Altenberg avait la réputation de ne jamais sortir du **Central.**

Aujourd'hui comme hier, le **Ministerium,** le **Museum,** le **Frauenhuber,** le **Raimund,** l'**Eiles,** le **Schwarzenberg** et le **Zartl** attirent des clientèles différentes.

LES US ET COUTUMES DU CAFÉ

Même dans les établissements modestes, ce sera presque toujours un serveur en smoking qui prendra votre commande, et il vous la servira accompagnée d'un verre d'eau. Vous serez alors libre de rester le temps qu'il vous plaira et, si son prix est élevé, une tasse de café vous donnera le droit de passer une heure ou deux à lire les journaux mis gracieusement à votre disposition. Les établissements les plus importants, comme le **Landtmann** et le **Central,** proposent même une sélection de quotidiens et de magazines étrangers.

QUE PEUT-ON FAIRE DANS LES CAFÉS ?

On peut jouer au billard au **Sperl,** aux échecs dans la salle du fond du **Museum,** s'asseoir à une table de bridge au **Prückel** et

LES DIFFÉRENTS TYPES DE CAFÉS

Dans un café viennois *(Kaffeehaus)*, institution vieille de trois siècles, commander un *Kaffee* ne garantit pas toujours le résultat escompté car le terme ne désigne en effet pas une simple décoction de grains torréfiés mais recouvre une étonnante variété de façons de le préparer. Cela a donné naissance à un vocabulaire d'une égale richesse pour indiquer avec précision au serveur comment on veut consommer son café. La liste qui suit recouvre la plupart des possibilités offertes par les établissements de la capitale mais certains proposent en outre leurs propres spécialités.

Türkischer : café turc servi selon la tradition.

Brauner :
café éclairci d'une goutte de lait (grand ou petit)
Melange :
mélange de café et de lait chaud
Kurz :
café très serré
Obers :
avec de la crème
Mokka :
café noir fort

Kapuziner :
café éclairci d'une pointe de lait et servi mousseux
Schwarzer :
café noir (grand ou petit)
Konsul :
café noir et pointe de crème
Kaffeinfreier Kaffee :
café décaféiné

Espresso : servi serré, précisez gestreckt si vous le préférez plus allongé.

assister à des lectures d'œuvres littéraires au **Dommayer.** Le **Central** et le **Bräunerhof** proposent tous deux un pianiste d'ambiance. L'**Imperial** fait partie d'un hôtel du même nom et les visiteurs du pavillon de la **Sécession** y trouveront un café. Le **Westend** est un des plus agréables hors du centre-ville.

Enseigne de café

MANGER AU CAFÉ

La plupart des cafés servent des plats simples au déjeuner et éventuellement des spécialités à des moments particuliers. On peut ainsi savourer tard le soir les *Buchteln* (sorte de petits pains fourrés à la confiture) de l'**Hawelka,** et le **Sperl** a souvent des *Strudel* frais en fin de matinée. Outre d'excellentes pâtisseries, de grands établissements comme le **Diglas** et le **Landtmann** proposent des cartes plus complètes à midi

JUSTE UN CAFÉ

Il est des moments où l'on désire juste boire une bonne tasse de café sans avoir le temps ou l'envie de lire les journaux ou même de s'asseoir à une table. Mieux vaut choisir un bar à Espresso où l'on pourra s'accouder au comptoir, la consommation reviendra à la moitié ou au tiers de ce qu'elle aurait coûté dans un *Kaffeehaus*.

S'ils servent de délicieuses pâtisseries, les *Café-Konditoreien* de la chaîne Aida *(p. 217)* fonctionnent également comme des bars à Espresso.

Percolateur ancien au Diglas

Pharisäer : café noir coiffé de crème fouettée et accompagné d'un verre de rhum.

Schlagobers : café noir fort avec la crème nature ou fouettée.

Einspänner : grand verre de café coiffé de crème fouettée.

Kaisermelange : café noir, jaune d'œuf et cognac.

OÙ TROUVER LES CAFÉS ?

Bräunerhof
Stallburggasse 2. **Plan** 5 C3.
🎵 *sam. et dim. après-midi.*

Central
Palais Ferstel, Herrengasse.
Plan 2 D5 et 5 B2. 🎵

Diglas
Wollzeile 10. **Plan** 6 D3. ▦

Dommayer
Dommayergasse 2, A-1031.
▦ 🎵 *premier sam. du mois.*

Eiles
Josefstädter Strasse 2. **Plan** 1 B5.

Frauenhuber
Himmelpfortgasse 6.
Plan 4 E1 et 6 D4.

Griensteidl
Michaelerplatz 2.
Plan 2 D5 et 5 B3.

Hawelka
Dorotheergasse 6.
Plan 2 D5 et 5 C3.

Imperial
Hotel Imperial,
Kärntner Ring 16.
Plan 4 E2 et 6 D5. ▦ 🎵

Kleines
Franziskanerplatz 3. **Plan** 6 D4.

Landtmann
Voir p. 129. ▦

Ministerium
Georg Coch-Platz 4.
Plan 2 F5 & 6 F3. ▦

Museum
Friedrichstrasse 6.
Plan 4 D2. ▦

Prückel
Stubenring 24. **Plan** 6 F3.
▦ 🎵 *en soirée.*

Raimund
Museumstrasse 6. **Plan** 3 B1. ▦

Schwarzenberg
Kärntner Ring 17. **Plan** 6 D5. ▦

Secession
Friedrichstrasse 12. **Plan** 4 D2. ▦

Sperl
Gumpendorfer Strasse 11.
Plan 3 A4. ▦

Westend
Mariahilfer Strasse 128.
Plan 3 A3.

Zartl
Rasumofskygasse 7,
Landstrasse. 🎵

VIENNE AU JOUR LE JOUR

À Vienne, le printemps commence souvent à l'improviste, signalant son arrivée par quelques jours de chaleur et de soleil. À son apogée, en mai, s'ouvre le Festival de Vienne, les Wiener Festwochen. Long et chaud, l'été se prête à merveille à une croisière sur le Danube *(p. 176-177)*, notamment en juillet et en août quand ferment certains musées et théâtres. En septembre, la ville retrouve toute son animation mais un été indien, souvent, permet de continuer à profiter du soleil au Stadtpark. À l'automne, les rues s'emplissent d'innombrables marchands de marrons grillés, et à la Saint-Nicolas, le 6 décembre, la première neige est déjà tombée. Noël est généralement célébré en famille et le Nouvel An inaugure la saison du carnaval. Pour tous renseignements, adressez-vous au Wiener Fremdenverkehrsamt *(p. 237)*.

PRINTEMPS

Aux premiers jours de beau temps, tous les jardins de Vienne, qu'il s'agisse du Volksgarten, du Burggarten ou du Stadtpark *(p. 98)*, se parent de couleurs splendides et les grands parcs du Belvédère ou de Schönbrunn offrent des cadres enchanteurs aux promeneurs. Au Prater *(p. 160-161)*, les arbres retrouvent leurs feuilles et la fête foraine bat son plein. En avril, l'**École d'équitation espagnole** reprend ses démonstrations à la Hofburg. En mai commencent les **Wiener Festwochen**, festival proposant des centaines de spectacles dans toute la ville.

Exposition de marionnettes géantes pendant les Wiener Festwochen

MARS

Marché de Pâques *(deux semaines avant Pâques)*, sur la Freyung. Artisanat et mets traditionnels.

AVRIL

Fête foraine du Volksprater *(1er avr.-30 sept.)*, au Prater *(p. 160-161)*.

Participants au marathon de printemps

Marathon de printemps *(1er dim. d'avr.)*. Il part de l'entrée principale de Schönbrunn *(p. 170-171)*, passe par la Hofburg, la Ringstrasse et l'Opéra, et finit à l'hôtel de ville (Neues Rathaus).
Frühlingsfestival *(2e semaine d'avr. jusqu'à mi-mai)* concerts de musique classique une année au Musikverein *(p. 144)*, l'autre à la Konzerthaus *(p. 227)*.
École d'équitation espagnole *(jusqu'en juin)*. Démonstrations au Manège d'hiver *(p. 88-89)*.
Orchestre de la Hofburg *(jusqu'en oct.)*. Concerts au Musikverein *(p. 144)* et à la Hofburg *(p. 96-97)*.
Kursalon *(jusqu'à fin oct.)*. Concerts en plein air *(p. 227)*.
Courses de plat au Freudenau *(jusqu'à mi-nov.)*, au Prater *(p. 160-161)*.

MAI

Tage der Arbeit *(1er mai)*. Des défilés célèbrent la fête du Travail.
Maifest *(1er mai)* au Prater *(p. 160-161)*, musique et spectacles pour enfants.
Festival de musique de Vienne *(6 mai-12 juin)*. Une partie des Wiener Festwochen qui commencent quelques jours plus tôt au Theater an der Wien *(p. 136)* et au Centre culturel *(p. 117)*.
Bal sur le Vindobona *(15 mai- fin sept.)*. Croisière dansante sur le Danube.
Zoo de Schönbrunn *(jusqu'en sept.)*. Le plus vieux zoo du monde ouvre ses portes *(p. 171)*.
Wiener Festwochen *(mi-mai-mi-juin)*. Tous les arts du spectacle à l'honneur dans un grand festival.

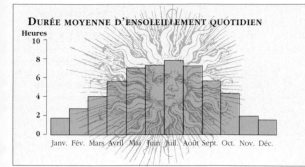

DURÉE MOYENNE D'ENSOLEILLEMENT QUOTIDIEN

Heures

10 — 8 — 6 — 4 — 2 — 0

Janv. Fév. Mars Avril Mai Juin Juil. Août Sept. Oct. Nov. Déc.

Ensoleillement

Bien qu'humides, les mois d'été s'avèrent assez dégagés pour profiter du soleil et se baigner dans le Danube, et Vienne connaît souvent en automne de beaux étés indiens. Le soleil sur la neige rend magiques certaines journées d'hiver.

ÉTÉ

Pendant la journée, le Danube se prête à tous les sports nautiques et offre ses plages aux amateurs de bains de soleil. Le soir, bien que ce soit la saison de fermeture officielle des grandes salles, le festival de jazz se déroule en juillet à l'Opéra et au Volkstheater, et, jusqu'à mi-août, le parc de Schönbrunn accueille des représentations des opéras de Mozart.

En été près de la Votivkirche

JUIN

Fête-Dieu *(2 juin).* Jour férié. Fête catholique en l'honneur du saint sacrement.
Vinova *(2ᵉ sem. de juin).* Fête du vin au Prater *(p. 160-161).*

Klangbogen Wien *(jusqu'à début sept.).* Festival de musique dont les concerts ont lieu dans certaines des plus belles salles de Vienne.
Bal de la Presse *(2ᵉ ven. de juin),* Neues Rathaus *(p. 128).*
Bal de l'Université *(18 juin),* à l'université *(p. 128).*

JUILLET

Cinéma (sur écran géant), opéras et concerts en plein air *(jusqu'en sept.)* sur la Rathausplatz. Des sièges sont fournis gratuitement.
Jazzfest *(deux premières sem. de juil.).* Dans le cadre du Klangbogen Wien, concerts à l'Opéra *(p. 138-139),* au Volkstheater *(p. 228)* et dans la cour intérieure du Neues Rathaus *(p. 128).*
Festival Wiener Klassik *(juil.-sept.).* Récitals, musique de chambre et grands orchestres dans divers lieux historiques.
Spectaculum *(tout juil.).* Dans le cadre du Klangbogen Wien, opéras religieux rarement représentés et ballets inhabituels à la Jesuitenkirche *(p. 73).*
Festival estival de danse (Im Puls) *(de fin juil. à la 3ᵉ sem. d'août)* au Volkstheater *(p. 228)* et à l'Universitäts

Bain de soleil au bord du Danube

Sportzentrum de Schmelz.
Mozart im Schönbrunner Schlosspark *(jusqu'à mi-août).* Dans le parc du château de Schönbrunn, les opéras de Mozart par le Kammeroper *(p. 227)* devant la reconstitution de ruines romaines *(p. 170).*
Soirée bei Prinz Orlofsky *(jusqu'à mi-août).* Le Kammeroper s'adonne à l'opérette au Schönbrunner Schlosstheater.
Seefestspiele Mörbisch *(week-ends de la mi-juil. à fin août).* Festival d'opérette à Mörbisch (40 km de Vienne).

AOÛT

Assomption *(15 août),* fête catholique célébrant l'enlèvement de la Vierge.

Le lac de Neusiedl sert de décor aux opérettes du Seefestspiele Mörbisch

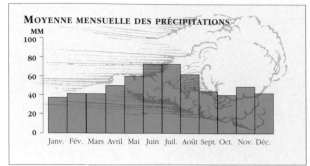

MOYENNE MENSUELLE DES PRÉCIPITATIONS

MM

100 — 80 — 60 — 40 — 20 — 0

Janv. Fév. Mars Avril Mai Juin Juil. Août Sept. Oct. Nov. Déc.

Précipitations
Il tombe environ 600 mm d'eau chaque année à Vienne (comme à Paris) et si les pluies d'été rafraîchissent la ville, elles sont suffisamment fréquente pour justifier d'emporte un parapluie. C'est souvent un crachin qui mouille les jours d'automne.

AUTOMNE

Septembre voit se rouvrir les portes des grandes salles de spectacles, en particulier des opéras, tandis que dans les boutiques s'exposent les collections d'hiver de prêt-à-porter. Du jour au lendemain, semble-t-il, les vitrines s'emplissent d'effigies de saint Nicolas, accompagné, toujours, de l'abominable Krampus. Ce petit démon velu s'imposera partout jusqu'au 6 décembre où il laissera la place aux décorations de Noël.

SEPTEMBRE

École d'équitation espagnole *(jusqu'à fin oct.)*. Démonstrations et entraînements des chevaux lipizzans *(p. 98-99)*.
Petits Chanteurs de Vienne *(dim. de mi-juil. à déc.)*. Messes chantées à la Burgkapelle *(p. 103)*.
Courses de trot au Krieau *(jusqu'en juin)*. Hippisme au Prater *(p. 160-161)*.

OCTOBRE

Küche und Keller *(1re sem. d'oct.)*. Foire gastronomique au Messegelände *(p. 160-161)*.

Les Petits Chanteurs de Vienne au Konzerthaus

Krampus, démon velu et compagnon de saint Nicolas

Fête nationale *(26 oct.)*. Célébrations du vote de l'acte de Neutralité en 1955.
Viennale *(fin oct.)*, festival du film au Gartenbrau (Parkring 12), au Metro (Johannesgasse 4), au Künstlerhaus (Akademiestrasse 13) et au Stadtkino (Schwarzenberplatz 7-8).
Wien Modern *(jusqu'à fin nov.)*. Musique contemporaine à la Konzerthaus *(p. 227)* ou au Musikverein *(p. 144)*.

NOVEMBRE

Allerheiligen (Toussaint) *(1er nov.)*.
Antik-Aktuell *(2e sem. de nov.)*, marché aux antiquités à la Hofburg.
Schubertiade *(3e sem. de nov.)* au Musikverein *(p. 144)*.
Festival Mozart *(de fin nov. à la 3e sem. de déc.)* à la Konzerthaus *(p. 227)*.
Krippenschau *(jusqu'à mi-déc.)*. Crèches anciennes à la Peterskirche *(p. 87)*.
Christkindlmarkt *(du 2e sam. de nov. à fin déc.)*. Marché de Noël et ateliers d'enfants devant le Rathaus *(p. 128)*.
Marchés de Noël *(à partir du der. sam. de nov.)*.
Rencontre internationale de chorales *(dern. sam. de nov.)* au Rathaus *(p. 128)*.

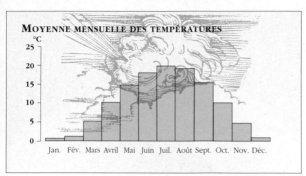

MOYENNE MENSUELLE DES TEMPÉRATURES

°C

25
20
15
10
5
0

Jan. Fév. Mars Avril Mai Juin Juil. Août Sept. Oct. Nov. Déc.

Températures

La chaleur reste très supportable en été à Vienne car elle excède rarement 25 °C. Très tempérés, mai et septembre offrent de belles soirées mais le froid devient vif de décembre à mars et certains jours, la température ne remonte pas au-dessus de zéro.

HIVER

À l'approche de Noël, à côté des marchands dont les marrons grillés embaument les rues parées de décorations étincelantes, des stands proposent aux passants vin chaud et saucisses.

Une soupe de poisson à la crème, la *Fischbeuschelsuppe*, ouvre traditionnellement le repas du réveillon de Noël qui se poursuit par une carpe grillée. Le lendemain, on mange une oie ou une dinde, mets qui devient de plus en plus populaire. Le Nouvel An marque le début du Fasching, la saison du carnaval, et celle aussi des bals, qui dure jusqu'à fin février.

DÉCEMBRE

Marchés de Noël *(commencés en nov.)*.
Maria Empfängnis *(8 déc.)*. Jour férié et fête catholique.
Messe de minuit *(24 déc.)* au

JOURS FÉRIÉS

Nouvel An *(1er janv.)*
Épiphanie *(6 janv.)*
Lundi de Pâques
Tag der Arbeit *(1er mai)*
Maria Himmelfahrt *(6e jeudi après Pâques)*
Lundi de Pentecôte *(6e lundi après Pâques)*
Fête-Dieu *(2 juin)*
Assomption *(15 août)*
Fête nationale *(26 oct.)*
Allerheiligen *(1er nov.)*
Maria Empfängnis *(8 déc.)*
Noël *(25 déc.)*
Stefanitag *(26 déc.)*

Marrons grillés

Stephansdom *(p. 76-77)*. Entrée libre mais mieux vaut venir tôt pour avoir une place.
Stefanitag *(26 déc.)*. Jour férié.
Représentation de *La Chauve-Souris* de la Saint-Sylvestre *(31 déc.)* à l'Opéra *(p. 138-139)* et au Volksoper *(p. 227)*. Le spectacle est projeté sur un grand écran installé sur la Stephansplatz *(p. 70)*.
Concerts du Nouvel An à la Konzerthaus *(p. 227)* et au Musikverein *(p. 144)*.
Bal du Kaiser *(31 déc.)* à la Hofburg *(p. 96-97)*.
Réveillon du Nouvel An : fête dans le centre-ville avec musique et cabaret sous chapiteaux et des étals vendant en-cas et boissons.

JANVIER

Concert du Nouvel An *(31 déc. et 1er janv.)* par la Philharmonie de Vienne au Musikverein *(p. 144)*. Pour y assister, il faut réserver son billet le 2 janvier précédent *(p. 226)* ou regarder la retransmission en direct à la télévision.
***Neuvième Symphonie* de**

Beethoven *(31 déc. et 1er janv.)* à la Konzerthaus *(p. 227)*.
Fasching *(6 janv. au mer. des Cendres)*, le carnaval de Vienne inclut le
Heringschmaus *(mer. des Cendres)*, un buffet de mets chauds et froids.
Holiday on Ice *(de mi- à fin janv.)*, Stadthalle, Vogelweidplatz.
Rezonanzen *(2e et 3e sem. de janv.)*. Musique ancienne à la Konzerthaus *(p. 227)*.

FÉVRIER

Bal de l'Opéra *(1er jeu. de fév.)*, l'un des plus courus du Fasching *(p. 139)*.
Wintertanzwoche *(5-13 fév.)*. Spectacles au Centre culturel 7 dans le cadre du festival de danse *(voir ci-dessous)*.
Festival de danse *(17 fév. au 27 mars)*, danse classique et jazz à l'Universitäts Sportzentrum de Schmelz.
Journées Haydn *(de la 3e sem. de fév. à la 1re de mars)* à la Konzerthaus *(p. 227)*.

Le Christkindlmarkt devant le Neues Rathaus

VIENNE QUARTIER PAR QUARTIER

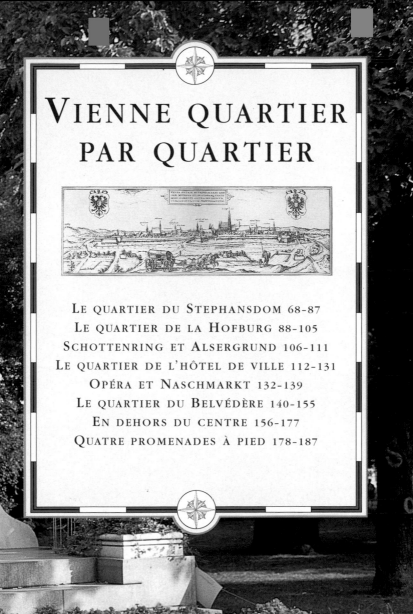

LE QUARTIER DU STEPHANSDOM

Dédale de rues étroites aéré par de vastes places, ce quartier constitue le cœur historique de Vienne. Le camp fortifié romain de Vindobona s'étendait à cet endroit. Des vestiges mis au jour par les travaux de percement du métro, et, des arcs romans de la Ruprechtskirche jusqu'aux murs de

Le n° 19 de la Sonnenfelsgasse faisait jadis partie de l'université

verre et d'acier de la Haas Haus, toutes les époques l'ont marqué de leur empreinte. Dominés par le Stephansdom dont les flèches pointent le centre géographique de la cité, restaurants, cafés, boutiques et galeries d'art bordent ses rues piétonnes, faisant du quartier un haut lieu du lèche-vitrines viennois.

LE QUARTIER D'UN COUP D'ŒIL

Rues et places
Blutgasse ❸
Domgasse ❹
Grünangergasse ❻
Schönlaterngasse ❿
Sonnenfelsgasse ⓬
Bäckerstrasse ⓮
Annagasse ⓲
Fleischmarkt ㉒
Griechengasse ㉓
Quartier juif ㉕
Hoher Markt ㉖
Judenplatz ㉚
Kurrentgasse ㉜
Am Hof ㉟

Bâtiments historiques
Académie des sciences ❾
Heiligen-kreuzerhof ⓭
Haas Haus ⓯
Palais d'hiver du prince Eugène ⓱
Postsparkasse ㉑
Chancellerie de Bohême ㉗
Altes Rathaus ㉘

Églises et cathédrale
Stephansdom p. 76-79 ❶
Deutschordenskirche ❷
Dominikanerkirche ❼
Jesuitenkirche ❽
Franziskanerkirche ⓰
Annakirche ⓳
Ruprechtskirche ㉔
Maria am Gestade ㉙
Kirche am Hof ㉞
Peterskirche ㊱

Musées
Figarohaus ❺
Musée archiépiscopal ⓫
Musée autrichien des Arts appliqués p. 82-83 ⓴
Musée des Horloges et des Montres ㉛
Musée des Poupées et des Jouets ㉝

COMMENT Y ALLER ?
Le métro dessert le quartier aux stations Stephansplatz (lignes U1, U3), Stubentor (ligne U3) et Schwedenplatz (lignes U1, U4). Les trams 1 et 2 empruntent le Franz-Josefs-Kai et la Ringstrasse. Les bus 1A, 2A et 3A s'arrêtent au coin de la Marc-Aurel-Strasse et du Hoher Markt.

LÉGENDE

- Plan du quartier pas à pas *Voir p. 70-71*
- Ⓤ Station de métro
- Ⓟ Parc de stationnement

◁ **Martyre de saint Jean Népomucène sculpté en 1729 par Lorenzo Mattielli pour la Peterskirche**

La Vienne médiévale pas à pas

Protégé des destructions ottomanes, comme le reste de la ville intérieure, par l'enceinte qui se dressait à l'emplacement de l'actuelle Ringstrasse, le cœur de Vienne a conservé son plan médiéval, dédale de ruelles et de passages qui débouchent sur des cours intérieures. La cathédrale Saint-Étienne le domine de sa flèche de 137 m de haut autour de laquelle les ordres religieux (jésuites, dominicains, chevaliers teutoniques) ont serré leurs monastères. Mais le quartier, malgré sa richesse en monuments, ne s'est pas transformé en musée. Ses rues piétonnes abritent de superbes boutiques et les bars et restaurants de la Bäckerstrasse ou de la Schönlaterngasse ne retrouvent le calme qu'au petit matin.

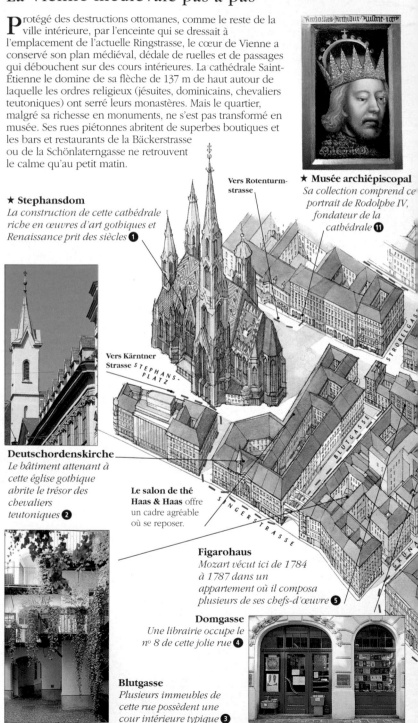

★ Musée archiépiscopal
Sa collection comprend ce portrait de Rodolphe IV, fondateur de la cathédrale ⓫

Vers Rotenturm-strasse

★ Stephansdom
La construction de cette cathédrale riche en œuvres d'art gothiques et Renaissance prit des siècles ❶

Vers Kärntner Strasse

STEPHANS-PLATZ

Deutschordenskirche
Le bâtiment attenant à cette église gothique abrite le trésor des chevaliers teutoniques ❷

Le salon de thé Haas & Haas offre un cadre agréable où se reposer.

Figarohaus
Mozart vécut ici de 1784 à 1787 dans un appartement où il composa plusieurs de ses chefs-d'œuvre ❺

Domgasse
Une librairie occupe le n° 8 de cette jolie rue ❹

Blutgasse
Plusieurs immeubles de cette rue possèdent une cour intérieure typique ❸

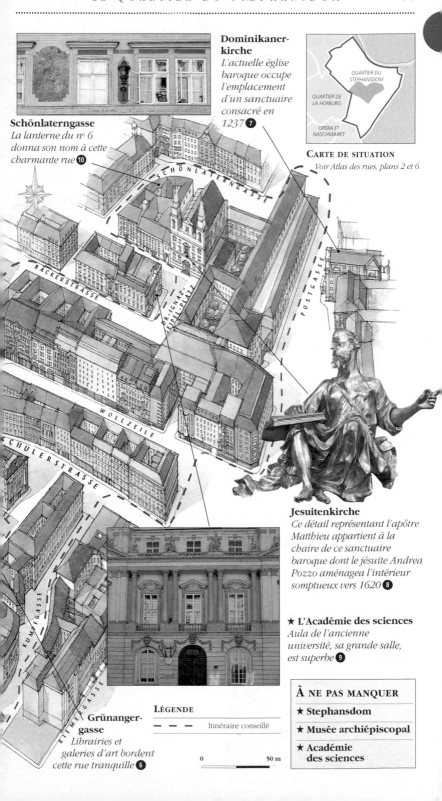

Dominikaner-kirche
L'actuelle église baroque occupe l'emplacement d'un sanctuaire consacré en 1237 ❼

Schönlaterngasse
La lanterne du n° 6 donna son nom à cette charmante rue ❿

CARTE DE SITUATION
Voir Atlas des rues, plans 2 et 6

QUARTIER DU STEPHANSDOM

QUARTIER DE LA HOFBURG

OPÉRA ET NASCHMARKT

SCHÖNLATERNGASSE

BÄCKERSTRASSE

DR-IGNAZ-SEIPEL-PLATZ

POSTGASSE

WOLLZEILE

SCHULERSTRASSE

KUMPFGASSE

RIEMERGASSE

Jesuitenkirche
Ce détail représentant l'apôtre Matthieu appartient à la chaire de ce sanctuaire baroque dont le jésuite Andrea Pozzo aménagea l'intérieur somptueux vers 1620 ❽

★ L'Académie des sciences
Aula de l'ancienne université, sa grande salle, est superbe ❾

Grünanger-gasse
Librairies et galeries d'art bordent cette rue tranquille ❻

LÉGENDE

--- --- Itinéraire conseillé

0   50 m

À NE PAS MANQUER

★ Stephansdom

★ Musée archiépiscopal

★ Académie des sciences

Stephansdom ❶

Voir p. 76-79.

Deutschordens-kirche ❷

Singerstrasse 7. **Plan** 2 E5 et 6 D3. 📞
5121065. Ⓤ *Stephansplatz. Église* ⬜
de 7 h à 18 h t.l.j. 🅾 *Trésor* ⬜ *de mai
à oct. : de 10 h à 12 h les lun., jeu. et
dim., de 15 h à 17 h le mer., de 10 h à
12 h et de 15 h à 17 h les ven. et sam. ;
de nov. à avr. : de 10 h à 12 h les lun. et
jeu., de 15 h à 17 h les mer. et ven., de
10 h à 12 h et de 15 h à 17 h le sam.* 🚫

Cour intérieure du n⁰ 9 Blutgasse, le Fähnrichshof

Fondé au XIIᵉ siècle, l'ordre des chevaliers Teutoniques, enrichi par la colonisation de la Prusse, de la Lituanie et de l'Estonie, acquit au XIVᵉ siècle le groupe de maisons auquel appartient cette église gothique (aussi appelée Sainte-Élisabeth), remaniée en 1720 par Anton Erhard Martinelli. Un superbe retable hollandais datant de 1520 orne son autel.

Il faut sortir du sanctuaire pour prendre au fond d'une petite cour l'escalier qui mène à la Schatzkammer des Deutchen Ordens, le trésor des chevaliers dont la première salle contient une bague d'intronisation du XIIIᵉ siècle et une collection de monnaies et de médailles. La deuxième salle présente de la vaisselle liturgique à filigrane d'argent, et la troisième des armes d'apparat.

L'exposition comprend également des colliers de grands maîtres de l'ordre, des horloges, des instruments astronomiques, des peintures gothiques et une sculpture carinthienne représentant *Saint Georges terrassant le dragon* (1457).

Blutgasse ❸

Plan 2 E5 et 6 D3. Ⓤ *Stephansplatz.*

Selon la légende, cette rue acquit son nom inquiétant – la rue du Sang – après un massacre de templiers commis en 1312 lors d'un affrontement si violent que le sang aurait coulé à flots mais aucune preuve historique n'est jamais venue soutenir ce mythe.

Les hauts immeubles qui la bordent datent pour la plupart du XVIIIᵉ siècle. Entrer au n⁰ 3 permet de découvrir comment les urbanistes les ont réunis autour de leurs cours intérieures. Celle du n⁰ 9, le Fähnrichshof, est particulièrement remarquable.

Domgasse ❹

Plan 2 E5 et 6 D3. Ⓤ *Stephansplatz.*

Outre la Figarohaus, la Domgasse renferme plusieurs édifices intéressants, notamment la Trienter Hof à la belle cour intérieure. Au n⁰ 6 s'élève la maison à l'enseigne de la Croix rouge (Zum Roten Kreuz), également connue sous le nom de Kleiner Bischofshof (Petite Maison de l'évêque). D'origine médiévale, elle présente une façade de 1731 par Matthias Gerl. C'est là que Franz Georg Kolschitzky, Polonais d'origine arménienne, aurait ouvert le premier café de Vienne en 1685, torréfiant des grains récupérés après l'échec du siège ottoman en 1683.

Figarohaus ❺

Domgasse 5. **Plan** 2 E5 et 6 D3.
📞 5136294. Ⓤ *Stephansplatz.*
⬜ *de 9 h à 12 h 15 et de 13 h à
16 h 30 du mar. au dim.* 📷 🅾

Mozart et sa famille occupèrent un appartement au premier étage de cette maison de 1784 à 1787 et le musicien y composa certaines de ses plus belles œuvres de musique de chambre ainsi que *Les Noces de Figaro* qui donnèrent son nom à l'édifice. Des onze résidences qu'il habita à Vienne, elle est la seule à avoir été préservée et elle renferme un musée à sa mémoire. Mozart mourut toutefois pauvre et l'exposition ne comprend guère que des gravures, des partitions et quelques objets lui ayant appartenu.

**Retable de la
Deutschordens-
kirche (1520)**

Nef de la Dominikanerkirche

Grünangergasse ⑥

Plan 4 E1 et 6 D3. Ⓤ Stephansplatz.

Cette rue tranquille tire son nom de la crêperie Zum Grünen Anker (« À l'ancre verte »), au n° 10, établissement que fréquentait Franz Schubert au XIXᵉ siècle. Le portail de la Kipferlhaus (du nom d'un petit pain viennois en forme de croissant), au n° 8, porte des sculptures grossières de pâtisseries, tandis que celui de l'ancien palais Fürstenberg, baroque, est orné de deux chiens courant vers la clé de voûte.

Dominikaner-kirche ⑦

Postgasse 4. **Plan** 2 E5 et 6 E3. 5129174. Ⓤ Stephansplatz, Schwedenplatz. de 8 h à 12 h et de 14 h 30 à 17 h 30 du lun. au ven., de 8 h à 12 h le sam., de 7 h 30 à 21 h le dim.

Les dominicains firent consacrer en 1237 leur première église sur ce site. Un sanctuaire gothique la remplaça mais il ne survécut pas au siège ottoman de 1529. L'édifice actuel, élevé par Antonio Canevale de 1631 à 1634, dresse sur la rue de la Poste (Postgasse) une majestueuse façade baroque.

L'intérieur aux voûtes et aux murs couverts de fresques, dorures et stucs est tout aussi impressionnant. Remarquez la chapelle centrale, à droite, et l'orgue au-dessus de la porte ouest.

Jesuitenkirche ⑧

Dr-Ignaz-Seipel-Platz 1. **Plan** 2 E5 et 6 E3. 5125232. Ⓤ Stubentor, Stephansplatz, Schwedenplatz. de 7 h à 18 h 30 t.l.j.

Fondée en 1540 par Ignace de Loyola, la Compagnie de Jésus devint après le concile de Trente (1545-1563) le fer de lance de la Contre-Réforme, mouvement de reconquête catholique face au protestantisme.

Au début du XVIIᵉ siècle, Ferdinand II lui donna le contrôle de l'université et les jésuites décidèrent d'en rapprocher leur quartier général. D'une certaine austérité, la façade de son église (1627-1631) ne prépare pas à la somptuosité de l'intérieur remanié peu après 1700 par le père Andrea Pozzo qui l'orna de fresques en trompe-l'œil, d'une chaire à incrustations de nacre et de colonnes de marbre typiquement baroques.

L'Académie des sciences ⑨

Dr-Ignaz-Seipel-Platz 2. **Plan** 2 E5 et 6 E3. Ⓤ Schwedenplatz, Stubentor. 515810. de 8 h à 17 h du lun. au ven.

Fondée en 1365, l'université de Vienne est la plus ancienne de langue allemande après celle de Prague (1348). Au XVIIIᵉ siècle, Marie-Thérèse décida de compléter ses bâtiments d'une grande salle de cérémonie et confia au Français Jean-Nicolas Jadot de Ville-Issey la construction de l'édifice baroque qui devint en 1847 l'Académie des sciences (Akademie der Wissenschaften).

Restaurée en 1961, la grande salle ornée de fresques a retrouvé la somptuosité qu'elle avait en 1808 quand Haydn vint y écouter son oratorio *La Création,* le dernier concert auquel il assista.

Fontaine par Salomon Kleiner (v. 1755), Académie des sciences

La Bernhardskapelle *(à gauche)* vue depuis la Schönlaterngasse

Schönlaterngasse ⑩

Plan 2 E5 et 6 E3. Ⓤ *Stephansplatz, Schwedenplatz.* **Alte Schmiede** ☎ *5128329.* ⏰ *de 10 h à 15 h du lun. au ven.*

Pleine de charme, la rue de la Jolie-Lanterne tire son nom de la lanterne en fer forgé ornant le n° 6. Il s'agit d'une copie, l'original (1610) se trouve au musée historique de la Ville de Vienne *(p. 144)*. Au n° 7, la maison du Basilic (Basiliskenshaus), d'origine médiévale, est ornée d'une sculpture (1740) de cet animal fantastique né d'un œuf de serpent couvé par un crapaud qui aurait empoisonné le puits de la maison en 1212. Sur la fresque qui l'accompagne, un jeune boulanger fait périr le monstre de honte en lui présentant un miroir pour qu'il se rende compte de sa laideur.

Le compositeur Robert Schumann vécut au n° 7a de 1838 à 1839. Au n° 9, le musée du Fer forgé occupe une ancienne forge (Alte Schmiede). Il comprend une salle accueillant des lectures de poésie et des ateliers musicaux.

Le Musée archiépiscopal ⑪

Stephansplatz 6. **Plan** 2 E5 et 6 D3. ☎ *51552578.* Ⓤ *Stephansplatz.* ⏰ *de 10 h à 17 h du mar. au sam.* 📷 ⚙ ♿

Situé au pied de la cathédrale Saint-Étienne, le Dom und Diözesanmuseum présente une partie du trésor, notamment un évangéliaire carolingien du IXᵉ siècle, un portrait du duc Rodolphe IV *(p. 70)* exécuté par un maître de Bohême vers 1365, des plaques émaillées du XIIᵉ siècle et le reliquaire de saint Léopold décoré d'armoiries et de saints par des joailliers viennois en 1592.

Outre de nombreuses œuvres gothiques : tableaux, retables, bas-reliefs, statues et bois polychromes, l'exposition comprend une riche section baroque qui permet de découvrir les peintures religieuses d'artistes tels que l'Autrichien Franz Anton Maulbertsch ou le Hollandais Jan Van Hemessen. Une crèche napolitaine décore l'ancienne chapelle.

Sonnenfelsgasse ⑫

Plan 2 E5 et 6 E3. Ⓤ *Stephansplatz, Schwedenplatz.*

Militaire devenu conseiller juridique de Marie-Thérèse, Joseph von Sonnenfels incita l'impératrice à supprimer la torture dans le cadre d'une réforme complète du Code pénal.

Le n° 19 de la rue qui porte son nom, construit en 1628 et rénové en 1721, faisait partie, à l'instar de l'Académie des sciences *(p. 73)*, de l'ancienne université (Alte Universität). La cour intérieure du n° 11 reste remarquable même si leurs propriétaires ont vitré la plupart des balcons qui la surplombent. Le n° 3 présente la façade la plus élaborée de l'artère et abrite la Zwölf Apostel Keller (la cave des Douze Apôtres, *p. 217)*, un Stadheuriger, l'équivalent urbain des guinguettes *(Heurigen)* servant le vin nouveau dans les villages de la périphérie de Vienne *(p. 216)*. De solides demeures patriciennes de la fin du XVIᵉ siècle bordent le côté nord de la Sonnenfelsgasse.

Vierge gothique (1325) au Musée archiépiscopal

Heiligen-kreuzerhof ⑬

Schönlaterngasse 5. **Plan** 2 E5 et 6 E3.
📞 5125896. 🚇 *Schwedenplatz.*
🕐 de 6 h à 21 h du lun. au sam., de
7 h à 21 h le dim. 🔲 ♿ ***Bernhards-***
kapelle 📞 5131891. 🕐 *sur*
demande seulement.

Un passage s'ouvrant au
nᵒ 5 de la Schönlatern-
gasse conduit à cette cour
entourée de bâtiments des
XVIIᵉ et XVIIIᵉ siècles
appartenant au collège d'arts
appliqués de la ville et au
monastère d'Heiligenkreuz
(p. 174). Les édifices
ecclésiastiques comprennent
la chapelle Saint-Bernard
(Bernhardskapelle), bijou
baroque construit en 1662 et
remanié dans les années 1730.
Son retable est de Martino
Altomonte (1657-1745).

En face d'elle, un pan de
mur datant de l'époque des
Babenberg *(p. 22-23)* rappelle
qu'au cœur de la Vienne
historique tous les édifices ont
une origine souvent bien plus
ancienne que leur façade.

Fresque au nᵒ 12 Bäckerstrasse

Bäckerstrasse ⑭

Plan 2 E5 et 6 D3. 🚇 *Stephansplatz.*

Contrairement à la tradition
du Moyen Âge, ce n'est
plus pour acheter son pain que
l'on vient aujourd'hui dans la
rue des Boulangers mais plutôt
pour ses bars et ses cafés, et
pour son architecture
également. Une tour du
XVIIᵉ siècle domine le nᵒ 2. Les
marchands bavarois invités à
Vienne au XVᵉ siècle élevèrent
en face leur avant-poste, l'Alte
Regensburgerhof. Au nᵒ 8,
l'ancien palais du comte Seilern
date de 1722, et au nᵒ 7, la
maison Schwanenfeld renferme
la seule cour Renaissance de
Vienne. Galeries et arcades

l'entourent et elle est décorée
d'objets en fer forgé
collectionnés au XIXᵉ siècle par
le peintre Friedrich von
Amerling *(p. 124)*.

Haas Haus ⑮

Stephansplatz 12. **Plan** 2 E5 et 6 D3.
📞 5356083. 🚇 *Schwedenplatz.*
🕐 de 9 h à 2 h du matin. t.l.j. 🔲 ♿

Construire un bâtiment
moderne juste en face du
Stephansdom ne pouvait se
faire à la légère et la ville confia
la tâche à l'un des architectes
autrichiens contemporains les
plus réputés, Hans Hollein.
Inauguré en 1990, l'édifice,
étincelante structure de verre et
de marbre bleu-vert, suscita
immédiatement des
controverses et les alimente
encore. Pourtant, la maison
Haas marie avec élégance
courbes et asymétrie, offrant
d'amusants miroirs déformants
aux reflets de la cathédrale.
Elle abrite des boutiques, des
cafés, un restaurant, Do & Co
(p. 211) et des bureaux. Le
7ᵉ étage offre une vue superbe
de la Stephanplatz et des toits
qui l'enserrent.

Franziskaner-kirche ⑯

Franziskanerplatz 4 **Plan** 4 E1 et 6 D4.
📞 5124578. 🚇 *Stephansplatz.*
🕐 de 6 h à 17 h 45 du lun. au sam.,
de 7 h à 17 h 30 le dim. 🔲 ♿

Arrivés relativement tard à
Vienne, les franciscains ne
commencèrent qu'en 1603 la
construction de leur église, à
l'emplacement d'un
ancien couvent, et
le sanctuaire
présente une
curieuse façade,
mêlant des
réminiscences
gothiques au style
Renaissance du
sud de
l'Allemagne.
Johann Martin
Fischer dessina
en 1798 la
fontaine de

**La façade de la
Haas Haus
(1990)**

Détail de l'autel par Andrea Pozzo
(1707) de la Franziskanerkirche

Moïse néo-classique qui se
dresse devant elle sur la
Franziskanerplatz.

La décoration intérieure, du
plus pur style baroque, assortit
une chaire très ornementée
(1726) à des bancs richement
sculptés. Spectaculaire, le
maître-autel, œuvre d'Andrea
Pozzo, s'élève jusqu'à la voûte
du chœur. Un trompe-l'œil
ajoute sa perspective à la
partie frontale en relief. Une
Crucifixion (1725) par Carlo
Carlone décore l'un des autels
latéraux.

Il faut normalement
dénicher un moine et obtenir
son autorisation pour voir
l'orgue de la Franziskanerkirche, un effort qui se justifie
car c'est le plus ancien de
Vienne (1642). Il doit à Johann
Wöckerl ses statues d'anges
musiciens et ses
superbes
portes peintes
de motifs
religieux.

Le Stephansdom ❶

Effigie de Rodolphe IV

Élevée à partir du XIIIᵉ siècle sur le site d'une basilique commandée par les Babenberg *(p. 22-23)*, la cathédrale Saint-Étienne présente une partie romane (le portail du Géant et les tours des Païens) mais une nef et un chœur gothiques ornés d'éléments de décoration baroques. Elle abrite dans sa crypte les viscères de certains Habsbourg. Bombardée par les Ottomans, les troupes de Napoléon et les Alliés en 1945, elle offre un extraordinaire raccourci de l'histoire de la capitale autrichienne et il n'est pas étonnant que les Viennois voient en elle le symbole et l'âme de leur ville.

La tour du Nord, selon une légende, ne fut jamais achevée parce que son maître d'œuvre, Hans Puchsbaum, se brisa les os après avoir rompu, en prononçant un nom saint, un pacte conclu avec le diable.

★ Porte du Géant et tours des Païens
Un os de mammouth pris pour celui d'un géant donna son nom à l'entrée principale.

Entrée des catacombes

Chaire de Pilgram *(p. 78)*

À NE PAS MANQUER

★ **La porte du Géant et les tours des Païens**

★ *Steffl* **ou flèche**

★ **La toiture**

★ **Le portail des Chanteurs**

Le nombre « O5 », gravé ici en 1945, symbolisait la résistance autrichienne.

Entrée principale

Sacristie basse

★ Portail des Chanteurs
C'était jadis l'entrée des hommes. Des scènes de la vie de saint Paul ornent son tympan.

★ Steffl ou flèche
S'élevant à 137 m, la flèche gothique est le point de repère le plus célèbre de Vienne. On accède à une plate-forme panoramique depuis la loge du Sonneur.

★ Toiture
Les dégâts subis à la fin de la Seconde Guerre mondiale imposèrent de restaurer entièrement la toiture recouverte de près de 250 000 tuiles polychromes.

JEAN DE CAPISTRAN

Une chaire gothique s'accroche au mur extérieur du chœur, au nord-est, d'où le franciscain italien saint Jean de Capistran (1386-1456), évangélisateur de l'Europe centrale, aurait appelé en 1451 à la croisade qui permit de vaincre les Ottomans à Belgrade en 1456. Une statue baroque du XVIIIe siècle le montre triomphant d'un envahisseur ottoman.

Entrée sud-est

CHRONOLOGIE

1100	1200	1300	1400	1500	1600	1700	1800	1900	2000

1147 L'évêque de Passau consacre une 1re basilique romane · **1304** Première pierre du chœur gothique · **1515** Anton Pilgram sculpte la chaire · **1711** La cloche Pummerin est fondue avec le métal de 180 canons ottomans · **1948** Achèvement de la restauration

1230 2e basilique romane élevée sur le site · **1359-1440** Construction de la nef, de la tour et des arcades sud · **1515** Mariage jumelé de deux petits-enfants de Maximilien Ier avec les enfants du roi de Hongrie · **1556** La tour du Nord est toiturée · **1783** Fermeture du cimetière après la peste · **1916** Funérailles de l'empereur François-Joseph · **1945** Un incendie ravage la cathédrale

À la découverte du Stephansdom

La décoration de l'intérieur de la cathédrale Saint-Étienne, majestueux, mêle des œuvres d'art de toutes les époques. La plus célèbre des sculptures gothiques est la chaire sculptée par maître Pilgram mais le retable Wiener Neustädter Altar, les fonts baptismaux de la chapelle Sainte-Catherine ou le baldaquin protégeant la *Vierge de Pötsch* sont également remarquables. Nicolas de Leyde travailla au XVᵉ siècle au tombeau Renaissance de Frédéric III tandis que le maître-autel réalisé en 1640 apporte une flamboyante touche baroque à l'ensemble.

Les catacombes
Elles s'étendent sous la Stephanplatz. Plusieurs milliers de Viennois y reposent.

Notre-Seigneur-a-mal-aux-dents, surnom de cette statue du Christ (1420), rappelle les maux dont, selon la légende, il punit les moqueurs.

Ascenseur pour la Pummerin

Portail de l'Évêque

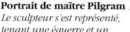

Portrait de maître Pilgram
Le sculpteur s'est représenté, tenant une équerre et un compas, sur le pied de l'orgue.

La chapelle Tirna abrite le tombeau du prince Eugène.

Le Christ en croix au-dessus de l'autel a, selon la tradition, une barbe qui continue de pousser.

Entrée principale

★ La chaire de Pilgram
Sous les portraits des quatre Pères de l'Église, Pilgram lui-même apparaît à une « fenêtre ». Sur la rampe, des crapauds (mauvaises pensées) fuient devant des salamandres (bonnes pensées).

Tribune de l'orgue
Cet orgue moderne surplombe l'entrée depuis 1960 mais un autre, plus récent encore, se trouve dans l'aile sud.

Le baldaquin de la Vierge de Pötsch
(XVIᵉ siècle) protège une icône d'un village de Hongrie (Pötsch) qui aurait versé de vraies larmes en 1696 pendant la campagne du prince Eugène contre les Ottomans.

★ **Wiener Neustädter Altar**
*Frédéric III commanda en 1447 ce superbe retable dont les panneaux peints des effigies de 72 saints s'ouvrent pour révéler des scènes de la vie de la Vierge et du Christ délicatement sculptées, comme ici l'*Adoration des Mages *(1420).*

Chœur

Sortie de la crypte

Le tombeau de Frédéric III
(xvᵉ siècle), en marbre rouge, comprend une effigie grandeur nature de l'empereur.

De la loge du Sonneur part l'escalier grimpant dans la flèche.

Chapelle Sainte-Catherine

Le baldaquin de Füchsel est une œuvre gothique.

L'autel de la Sainte-Trinité date d'environ 1740.

★ **Le maître-autel**
Il est décoré d'une Lapidation de saint Étienne *par Tobias Pock et de sculptures (1647) par Johann Jakob Pock.*

À NE PAS MANQUER

★ **La chaire de Pilgram**

★ **Le Wiener Neustädter Altar**

★ **Le maître-autel**

LA PUMMERIN

Connue sous le nom de Pummerin, la cloche de la tour du Nord, qui sonne lors des grandes occasions, témoigne à elle seule du passé agité de Vienne. Elle fut en effet fondue avec le métal de 180 canons abandonnés par les Ottomans lorsqu'ils levèrent le siège de 1683 mais s'écrasa au sol pendant l'incendie qui ravagea le Stephansdom en 1945. Ses morceaux servirent à la fondre à nouveau, dans de plus grandes dimensions.

Atlantes du vestibule du palais d'hiver du prince Eugène

Palais d'hiver du prince Eugène ⓱

Himmelpfortgasse 3. **Plan** 4 E1 et 6 D4. 📞 51433. Ⓤ Stephansplatz. **Vestibule** ⏰ de 8 h à 16 h du lun. au ven. 📷

Fischer von Erlach *(p. 147)* commença en 1697 pour le prince Eugène de Savoie *(p. 27)* la construction de ce palais qu'acheva Johann Lukas von Hildebrandt *(p. 150)* de 1702 à 1724. Ces deux grands architectes en firent l'un des plus beaux édifices baroques de la ville. Marie-Thérèse l'acheta en 1752. Le ministère des Finances (Bundesministerium für Finanzen) l'occupe depuis 1848 si bien que l'on ne peut admirer que le superbe escalier du vestibule *(p. 43)* et jeter un coup d'œil dans la cour intérieure ornée d'une fontaine rococo.

Annagasse ⓲

Plan 4 E1 et 6 D4. Ⓤ Stephansplatz. **Zum Blauen Karpfen** 🚫 au public.

Bien que cette rue piétonne ait conservé son tracé médiéval, qui lui donne un charme certain, ce sont d'élégants bâtiments baroques qui la bordent aujourd'hui. Parmi ceux-ci, deux hôtels de luxe : le Mailberger Hof et le Römischer Kaiser *(p. 197)*. Une taverne occupait le n° 14 et son enseigne, une carpe bleue, a d'ailleurs donné son nom à la maison : Zum Blauen Karpfen. Hildebrandt dessina les plans du n° 8, le Deybelhof, et au n° 2, la comtesse Esterházy balayait encore il y a quelques années le perron de son palais du XVIIᵉ siècle avant qu'il ne devienne un casino.

Annakirche ⓳

Annagasse 3b. **Plan** 4 E1 et 6 D4. 📞 5124797. Ⓤ Stephansplatz. ⏰ de 6 h à 19 h t.l.j. 📷

Une chapelle se dressait sur Annagasse dès 1320 mais la construction du sanctuaire actuel, dont la tour élève son élégant bulbe en cuivre au-dessus des toits, remonte à 1629-1634. Les jésuites le remanièrent au début du XVIIIᵉ siècle. Fortement enraciné à Vienne, le culte de sainte Anne fait de cette église intime un lieu assidûment fréquenté par les fidèles.

Daniel Gran (1694-1757), talentueux peintre baroque qui décora également la Prunksaal *(p. 102)*, réalisa les fresques des voûtes qui commencent malheureusement à s'estomper. En revanche, on remarque immédiatement son tableau du maître-autel glorifiant sainte Anne. Dans la première chapelle sur la gauche, une copie d'un groupe sculpté vers 1505 représente sainte Anne avec sa fille, la Vierge Marie, tenant l'Enfant Jésus sur les genoux. L'original, conservé au Musée archiépiscopal *(p. 74)*, est attribué au sculpteur Veit Stoss (1448-1533).

Musée autrichien des Arts appliqués ⓴

Voir p. 82-83.

Postsparkasse ㉑

Georg-Coch-Platz 2. **Plan** 2 F5 et 6 F3. 📞 514002010. Ⓤ Schwedenplatz. ⏰ de 8 h à 15 h du lun. au mer. et le ven., de 8 h à 17 h 30 le jeu. 📷

Bâtie de 1904 à 1906 par Otto Wagner, la caisse d'épargne de la poste, superbe exemple d'architecture Sécession,

Dôme en cuivre du clocher de l'Annakirche

Détail de la façade de la Griechische Kirche dans la Griechengasse

demeure indiscutablement moderne, en particulier pour l'intelligence avec laquelle son architecte détourna des obligations techniques à des fins décoratives. Les cabochons d'aluminium qui rythment la façade, mettant en avant par leur répartition sa partie centrale, servent ainsi en premier lieu à cacher les rivets employés pour fixer les plaques de marbre qui habillent l'ossature de briques du bâtiment.

À l'intérieur, une verrière d'une grande légèreté coiffe la salle des guichets. Wagner alla jusqu'à dessiner les bouches de chauffage, qu'il transforma en élégantes sculptures tubulaires, et les meubles, toujours en service.

Fleischmarkt ㉒

Plan 2 E5 et 6 D2-E3. Ⓤ *Schwedenplatz*. *Griechische Kirche* Ⓒ 5332965. Ⓞ *de 11 h à 15 h du lun. au ven.*

Ce « marché de la viande » était en 1220 le cœur du quartier médiéval des bouchers. L'église orthodoxe de la Sainte-Trinité (Griechische Kirche) le domine depuis le milieu du XIXe siècle. Son architecte, Theophil Hansen (p. 32), s'est inspiré du style byzantin pour dessiner cet édifice richement doré et coiffé d'un clocher à coupole. Juste à côté, la taverne des Grecs (Griechenbeisl), que

fréquentèrent Brahms, Wagner et Johann Strauss, est ornée en façade d'un joueur de cornemuse : *Der Liebe Augustin*. Héros d'une chanson écrite pendant l'épidémie de peste de 1679, Augustin, ivre mort, tombe au milieu des cadavres d'une fosse commune mais est préservé de la contagion par l'alcool circulant dans ses veines.

Un passage relie la Griechenbeisl à la Griechengasse.

Griechengasse ㉓

Plan 2 E5 et 6 E2. Ⓤ *Schwedenplatz*. *Griechische Kirche* Ⓒ 5357882. Ⓞ *sur r.-v. de 11 h à 12 h du lun. au sam.*

Cette ruelle, qui se détache par une rampe pavée de la Rotenturmstrasse, évoque les marchands grecs qui s'installèrent dans le quartier au XVIIIe siècle. La Griechische Kirche (église orthodoxe Saint-Georges) qui la borde, élevée en 1802, ne doit pas être confondue avec celle du Fleischmarkt. La maison en vis-à-vis, bien que remaniée ultérieurement, date de 1611.

Construit au XVIIe siècle, le nº 7 reçut au XVIIIe une façade neuve ornée d'une Vierge baroque dans une niche surmontant une lanterne en fer forgé. Une tour de guet gothique du XIIIe siècle se dresse dans la cour intérieure. Dans le passage qui y conduit, deux panneaux de bois portent des inscriptions ottomanes. Ils pourraient dater du siège de 1683.

Ruprechtskirche ㉔

Ruprechtsplatz. **Plan** 2 E5 et 6 D2. Ⓒ 5356003. Ⓤ *Schwedenplatz*. Ⓞ *de Pâques à oct. : de 10 h à 13 h du lun. au ven. et pour la messe sam. et dim. ; de nov. à Pâques : seulement pour la messe sam. et dim.* Ⓞ Ⓖ *Offrande attendue.*

La Ruprechtskirche

Dédiée au protecteur des marchands de sel (p. 22), l'église Saint-Rupert, qui abrite la paroisse française, domine le quai sur le canal du Danube où ils déchargeaient leur précieuse marchandise. C'est le plus ancien sanctuaire chrétien de Vienne, bâti au XIe siècle sur le site d'une chapelle fondée en 740. Il n'a toutefois gardé de sa période romane que sa nef et le bas du clocher. Le chœur date du XIIIe siècle (deux panneaux de vitrail de cette époque l'éclairent toujours) et le bas-côté droit du XVe. La Vierge Noire, invoquée en cas de peste ou de siège, orne l'autel Notre-Dame-de-Lorette.

Der Liebe Augustin **sur la façade de la Griechenbeisl, Fleischmarkt**

Le musée autrichien des Arts appliqués ⑳

Fondé en 1864, l'Österreichisches Museum für angewandte Kunst (ou MAK), le plus ancien musée d'arts décoratifs d'Europe, occupe depuis 1871 un édifice néo-Renaissance dessiné par Heinrich von Verstel. Présentées dans des salles dont l'aménagement fut confié pour chacune à un artiste reconnu lors d'une restauration générale en 1993, ses collections, d'une grande richesse, réunissent des objets d'origines et d'époques très variées, allant de laques chinoises du XIVe siècle jusqu'à du mobilier contemporain en passant par des tapis persans, des bijoux Renaissance, des œuvres de l'ébéniste de Marie-Antoinette D. Roentgen (1743-1807) et des réalisations des créateurs de la Sécession.

★ **La collection des Wiener Werkstätte**
Kolo Moser dessina ce vase en laiton incrusté de prime de topaze en 1903.

Escalier vers le 2e étage

1er étage

Mezzanine du 1er étage

★ **Salle Dubsky**
Reconstitution d'une salle (v. 1724) du palais Dubsky de Brno.

Salle du roman, du gothique et de la Renaissance
Des murs bleus mettent en valeur le contenu des vitrines dessinées par Matthias Esterházy en 1993.

Entrée du café (p. 211)

Hall d'entrée

Entrée sur le Stubenring

SUIVEZ LE GUIDE !
Le sous-sol abrite les collections particulières et l'extension sert aux expositions temporaires. Les salles du rez-de-chaussée renferment la plupart des collections permanentes bien que celle des Wiener Werkstätte se trouve au 1er étage. Un escalier dans l'aile ouest conduit au 2e étage à la section consacrée au design et à l'architecture contemporaine.

Sous-sol

LÉGENDE

- ☐ Roman, gothique et Renaissance
- ☐ Baroque et rococo
- ☐ Wiener Werkstätte
- ☐ Art nouveau et Art déco
- ☐ Art islamique
- ☐ Biedermeier
- ☐ Design contemporain
- ☐ Collections particulières
- ☐ Expositions temporaires
- ☐ Circulations et services

Moine de la secte Nichiren
Cette statue en bois japonaise date de la période Muromachi (v. 1500).

LES WIENER WERKSTÄTTE

En 1903, Josef Hoffmann (photographié ci-contre) et Kolo Moser fondèrent les « Ateliers d'art viennois », une association qui avait pour but de promouvoir les arts décoratifs, du dessin de timbres-poste à celui de meubles ou de bijoux. Le musée conserve ses archives qui comprennent des croquis, des motifs textiles et des prototypes.

MODE D'EMPLOI

Stubenring 1. **Plan** 2 F5 et 6 F3. 711360. Stubentor. 1A, 74A jusqu'à Stubentor. 1, 2. Landstrasse. de 10 h à 18 h, mar.-mer. et du ven. au dim., de 10 h à 21 h le jeu. 1er janv., 1er mai, 1er nov., 25 déc. (24 et 31 déc. de 10 h à 15 h).

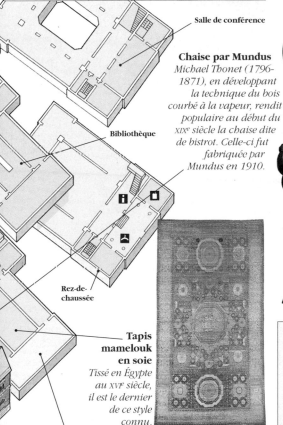

Salle de conférence

Bibliothèque

Rez-de-chaussée

Chaise par Mundus
Michael Thonet (1796-1871), en développant la technique du bois courbé à la vapeur, rendit populaire au début du XIXe siècle la chaise dite de bistrot. Celle-ci fut fabriquée par Mundus en 1910.

Tapis mamelouk en soie
Tissé en Égypte au XVIe siècle, il est le dernier de ce style connu.

À NE PAS MANQUER

★ **La salle Dubsky**

★ **La collection des Wiener Werkstätte**

★ **La salle Biedermeier**

★ **Salle Biedermeier**
Ce sofa en merisier (1825-1830) dessiné et manufacturé par la Danhauser'sche Möbelfabrik est un superbe exemple de mobilier Biedermeier (p. 30-31). Sa tapisserie est une reproduction de l'originale.

Le quartier juif ㉕

Plan 2 F5 & 6 D2. Ⓤ *Schwedenplatz.*
Stadttempel Ⓒ *531040.* ☐ *sur
r.-v. ou visites guidées du lun. au mer.
matin.*

Parsemé de solides
immeubles Biedermeier,
l'ancien ghetto, plus connu
sous le nom de « Triangle des
Bermudes » depuis que
boutiques de mode et bars
bordent la Judengasse, est
devenu un des hauts lieux de
la vie nocturne viennoise. Il
renferme encore un
restaurant casher, l'Arche de
Noé, installé dans l'ancien
hôtel de ville de la
Ruprechtsplatz. Juste
derrière se dresse la
Kornhäuselturm, tour élevée
selon la rumeur par Josef
Kornhäusel, un architecte de
la période Biedermeier *(p. 30-
31)*, pour échapper à sa
femme. Kornhäusel dessina
aussi en 1826 le Stadttempel,
la grande synagogue, qui,
conformément à l'édit de
Tolérance de Joseph II,
présente un aspect extérieur
aussi banal que les édifices
qui l'entourent sur la
Seitenstettengasse. C'est là
que se trouvait jadis le Musée
juif transféré sur
Dorotheergasse *(p. 93)* et où
la communauté juive de
Vienne conserve des bureaux.

L'Ankeruhr du Hoher Markt

Sur la Sterngasse, le
Neustädter-Hof, palais baroque
bâti par Anton Ospel en 1734,
porte, incrusté dans sa façade,
un boulet ottoman tiré pendant
le siège de 1683.

Hoher Markt ㉖

Plan 2 E5 et 6 D2. Ⓤ *Stephansplatz,
Schwedenplatz.* **Ruines romaines**
Ⓒ *5355606.* ☐ *de 9 h à 12 h 15 et
de 13 h à 16 h 30 du mar. au dim.*

La plus ancienne place de
Vienne servait au Moyen
Âge aussi bien aux marchés
aux poissons et aux tissus
qu'aux exécutions publiques.
Les boulangers accusés d'avoir
fabriqué du mauvais pain y
étaient exposés dans une cage
en fer puis plongés trois fois
dans le canal du Danube.

Le forum de la Vindobona
romaine s'étendait déjà à cet
endroit et des fouilles menées
après la Seconde Guerre
mondiale ont mis au jour
d'antiques fondations,
notamment celles de deux
maisons des IIe et IIIe siècles
qui appartenaient
probablement à des officiers.
Une exposition de poteries,
de pierres gravées et de
dallages complète la visite
des ruines.

En 1706, Johann Bernhard
Fischer von Erlach éleva au
centre de la place une
colonne votive en bois
commandée par Léopold Ier
après que son fils Joseph fut
revenu vivant du siège de
Landau. Le propre fils de
Fischer von Erlach, Joseph
Emanuel, la remplaça en 1732
par une fontaine en marbre et
en bronze, la
Vermählungsbrunnen (fontaine
nuptiale), également appelée
Josefsbrunnen. Entourés
d'anges, Joseph et la Vierge
Marie s'y unissent sous un
baldaquin élancé.

Grande horloge de cuivre et
de bronze, l'Ankeruhr,
fabriquée par Franz Matsch en
1911 pour une compagnie
d'assurance, domine le Hoher
Markt depuis une galerie
reliant deux immeubles. À
chaque heure apparaît en
musique un personnage ayant
marqué l'histoire de la ville tels
que Marc Aurèle, Charlemagne,
le prince Eugène ou Joseph
Haydn. À midi, ils forment tous
un cortège.

La chancellerie de
Bohême ㉗

Wipplingerstrasse 7. **Plan** 2 D5 et
5 C2. Ⓒ *53122.* Ⓤ *Stephansplatz.*
☐ *de 8 h à 15 h 30 du lun. au ven.*

Archiducs d'Autriche, les
Habsbourg étaient
également rois de Bohême,
pays qu'ils administraient
depuis ce superbe palais
baroque, la Böhmische

LES JUIFS DE VIENNE – HIER ET AUJOURD'HUI

Une communauté juive prospéra dès le XIIe siècle à Vienne. En
1421, ses succès commerciaux suscitèrent malheureusement
l'envie et des émeutes antisémites éclatent dans le quartier de
la Judenplatz. Les habitants du ghetto sont brûlés vifs, baptisés
de force ou chassés. Pendant plusieurs siècles, périodes de
calme et de persécutions alternent jusqu'à l'édit de Tolérance
décrété par Joseph II en 1781 qui autorise, sous certaines
conditions, les cultes non catholiques. En 1867, François-Joseph
supprime les dernières contraintes discriminatoires à l'égard
des juifs. Avec le XXe siècle renaît l'antisémitisme, renforcé par
le nazisme qui obligera de nombreux juifs à fuir. Vienne
dénombrait environ 180 000 juifs en 1938. La population juive
compte
aujourd'hui
environ 10 000
personnes dont
la moitié ont
récemment
émigrés d'Europe
de l'Est.

**L'intérieur du
Stadttempel**

Hofkanzlei. Édifiée de 1709 à 1714 par le meilleur architecte de l'époque, J. B. Fischer von Erlach *(p. 147)*, elle fut agrandie de 1751 à 1754 par Matthias Gerl pour abriter le ministère de l'Intérieur. Lorenzo Mattielli sculpta les nombreuses statues, d'atlantes notamment, qui rythment sa façade.

Les deux cours et l'intérieur du bâtiment, où siège aujourd'hui un tribunal, s'avèrent moins intéressants mais ils ont subi une importante reconstruction après la Seconde Guerre mondiale.

Altes Rathaus ㉘

Wipplinger Strasse 8. **Plan** 2 D5 et 6 D2.
Ⓤ *Schwedenplatz.* **Salvatorkapelle**
◯ *de 9 h à 11 h lun., mer. et sam., de 10 h à 12 h le dim.* **Archives de la Résistance autrichienne**
Ⓒ *53436779.* ◯ *de 9 h à 17 h les lun., mer. et jeu.*

L'ancien hôtel de ville de Vienne se dresse en face

Ferronnerie de l'entrée de la Rathaus

de la chancellerie de Bohême à l'emplacement d'un immeuble dont les Habsbourg firent don à la municipalité en 1309, après l'avoir confisqué aux notables allemands Otto et Haymo de Neuburg accusés de complot. Au fil des siècles, démolitions et ajouts ont façonné le corps de bâtiments où siégea le conseil municipal jusqu'en 1883, date de la mise en service du Neues Rathaus *(p. 128)*. Des allégories de la Justice et de la Bonté par Johann Martin Fischer encadrent les majestueux portails de sa

Atlante par Lorenzo Mattielli du portail de la chancellerie de Bohême

façade baroque (1699).

Outre des boutiques et des bureaux, l'Altes Rathaus abrite aujourd'hui un centre d'archives sur la résistance autrichienne au nazisme dont l'exposition rend honneur aux hommes qui s'opposèrent, dès 1934, aux ambitions d'Hitler sur leur pays. Dernière œuvre du sculpteur baroque Georg Raphael Donner, la superbe fontaine d'Andromède (1741) décore la cour principale (entrée au n° 8).

Au n° 5 de la Salvatorplatz, la chapelle Saint-Sauveur (Salvatorkapelle), ancienne chapelle de l'hôtel de ville, est le dernier vestige de l'édifice médiéval original. Construite à la fin du XIIIᵉ siècle, elle a depuis connu rénovation et agrandissement mais conserve ses belles voûtes gothiques. Son orgue date de la première moitié du XVIIIᵉ siècle et sert encore pour des récitals. Réalisé de 1520 à 1530, le portail sur la Salvatorgasse est un des rares exemples d'architecture Renaissance de Vienne.

Maria am Gestade ㉙

Salvatorgasse 12. **Plan** 2 D5 et 5 C2.
Ⓒ *5332282.* Ⓤ *Schwedenplatz, Stephansplatz.* ◯ *de 6 h 30 à 18 h t.l.j. et intérieur sur r.-v. seulement.* ▣

Édifice élancé avec la longue verrière de sa façade et sa tour ajourée de 56 m, cette église gothique rappelle par son nom, Notre-Dame-du-Rivage, mentionné dès 1158, qu'un bras du Danube coulait jadis au pied de son escalier.

Le sanctuaire actuel date de la fin du XIVᵉ siècle mais a été plusieurs fois restauré, en particulier après avoir servi d'arsenal aux troupes de Napoléon en 1809. Depuis le seuil de son portail principal protégé par un bel auvent sculpté, on découvre à peu près la totalité de l'intérieur. Toutefois il faut prendre rendez-vous pour y pénétrer et approcher des statues médiévales, baroques et modernes qui se dressent sous des baldaquins gothiques. Le chœur a conservé des vitraux datant du XIVᵉ siècle et deux grands panneaux peints vers 1460 qui représentent l'Annonciation, la Crucifixion et le Couronnement de la Vierge. La chapelle Saint-Jean abrite un magnifique retable Renaissance (1520).

Baldaquins gothiques, Maria am Gestade

Maisons baroques de la Kurrentgasse

Judenplatz ㉚

Plan 2 D5 et 5 C2. Ⓤ *Stephansplatz, Herrengasse.*

Cœur du ghetto médiéval, la place des Juifs fut témoin d'événements souvent tragiques comme le rappelle au nº 2, sur la façade de la Haus Zum Grossen Jordan, l'inscription qui commémore le pogrom de 1421 sous un bas-relief représentant le Baptême du Christ. Au centre de la place se dresse une effigie de Gotthold Ephraim Lessing, grand critique littéraire allemand défenseur de la tolérance. Elle offensa beaucoup les nazis qui la détruisirent en 1939. Pour la remplacer, son auteur, Siegfried Charoux, réalisa un nouvelle statue en 1982.

Mozart vécut dans les immeubles des nºˢ 3 et 4 (une plaque le signale), peu après son mariage en 1783, puis de 1789 à 1790. Au nº 8, une maison baroque abrite la dernière institution juive de la Judenplatz qui regroupe une école, un lieu de prière et un restaurant. Un autre restaurant

Automate au musée des Poupées et des Jouets

partage le nº 10 avec la Corporation des tailleurs. La façade arrière de la chancellerie de Bohême *(p. 84-85)* se trouve au nº 11.

Le musée des Horloges et des Montres ㉛

Schulhof 2. **Plan** 2 D5 et 5 C2. Ⓒ *5332265.* Ⓤ *Stephansplatz.* Ⓞ *de 9 h à 16 h 30 du mar. au dim.* 📷

Nul besoin d'être passionné d'horlogerie pour visiter le palais Obizzi, belle demeure de 1690 qu'occupe depuis 1921

l'Uhrenmuseum constitué à partir de la collection de Rudolf Kaftan, son premier directeur, et de celle du romancier Marie von Ebner-Eschenbach.

Pendules astronomiques ou ornementales ; montres de tous types, de l'oignon au chronomètre à quartz ; coucous et carillons ; et même ancienne horloge de la cathédrale Saint-Étienne, l'exposition présente sur trois étages plus de 3 000 mécanismes dont le plus ancien date du xvᵉ siècle.

Kurrentgasse ㉜

Plan 2 D5 & 5 C2. Ⓤ *Stephansplatz.* **Boulangerie Grimm** Ⓞ *de 7 h à 18 h 30 du lun. au ven., de 7 h à 12 h le sam.*

Les immeubles polychromes qui bordent cette rue étroite forment un ensemble typiquement baroque où la diversité naît d'une grande variété de décorations, malgré des façades aux dessins très proches. Bars et restaurants italiens se nichent aux rez-de-chaussée et, au nº 10, la boulangerie Grimm, l'une des meilleures de Vienne, propose un nombre étonnant de pains différents.

Le musée des Poupées et des Jouets ㉝

Schulhof 4. **Plan** 2 D5 et 5 C2. Ⓒ *5356860.* Ⓤ *Stephansplatz, Herrengasse.* Ⓞ *de 10 h à 18 h du mar. au dim.* 📷

Ancienne collection privée ouverte au public au palais Obizzi depuis 1989, le Puppen und Spielzeug Museum propose de beaux jouets anciens mais surtout près de 600 poupées des xixᵉ et xxᵉ siècles, pour la plupart d'origine française et allemande. Il ne faut pas manquer celles dites des « Südsee Babies » (début du xxᵉ siècle), noires, polynésiennes et orientales, témoins cocasses de l'esprit colonial. Mais de toutes les merveilles présentées, ce sont sans doute certaines des maisons de poupées,

Statues sur le n° 10, Am Hof

somptueuses, qui laissent le plus rêveur.

Le musée comprend également une boutique.

Kirche am Hof ❸❹

Schulhof 1. **Plan** 2 D5 et 5 C2. **☎** 5338394. **Ⓤ** *Herrengasse.* **◯** *de 7 h à 12 h et de 15 h à 18 h t.l.j.* 🅾 &

Fondée à la fin du XIVᵉ siècle par les carmélites, cette église, d'origine gothique, dédiée au Neuf-Chœurs-des-Anges (Zu den neuen Chören der Engel), fut remaniée en 1662 dans le style baroque par Carlo Carlone qui lui donna sa façade barrée d'un grand balcon à balustrade. Des fresques de Franz Anton Maulbertsch décorent l'intérieur et Andrea Pozzo peignit le plafond de la chapelle Saint-Ignace.

Derrière, sur la Schulhofplatz, de minuscules échoppes se serrent entre les arcs-boutants du chevet gothique.

Am Hof ❸❺

Plan 2 D5 et 5 C2.
Ⓤ *Stephansplatz, Schottentor.*

La plus vaste place de la ville intérieure doit son nom (« À-la-Cour ») au Babenberg Henri II Jasomirgott qui y résidait quand il fit de Vienne sa capitale au XIIᵉ siècle. Alors qu'il ne reste rien de sa

demeure, on peut voir, au n° 9, des vestiges de la Vindobona romaine.

Au centre de la place, la Mariensäule (colonne de la Vierge) commémore la fin de la menace suédoise pendant la guerre de Trente Ans *(p. 25).*

Johann Lukas von Hildebrandt *(p. 150)* dessina en 1727 la Märkleinisches Haus qui se dresse au n° 7 à l'emplacement de l'ancienne forteresse des Babenberg. L'installation en 1935 d'une caserne de pompiers au rez-de-chaussée a malheureusement brisé l'harmonie de sa façade. Au n° 10, les services de lutte contre l'incendie de la ville occupent la Bügerliche Zeughaus (arsenal des Bourgeois), édifice baroque construit par Anton Ospel. Des statues par Lorenzo Mattielli surmontent les armoiries des Habsbourg et les emblèmes militaires de sa façade. Depuis le XVIIIᵉ siècle, le n° 12 abrite la taverne Urbanihaus, et c'est dans le palais Collalto voisin que Mozart joua pour la première fois en public à six ans en 1762 *(p. 38).*

Peterskirche ❸❻

Petersplatz 6. **Plan** 2 D5 et 5 C3. **☎** 5336433. **Ⓤ** *Stephansplatz.* **◯** *de 7 h à 18 h t.l.j.* 🅾

Une église se dresse sur ce site depuis le XIIᵉ siècle mais l'élégant édifice actuel date du tout début du XVIIIᵉ. Gabriele Montani et Johann Lukas von Hildebrandt travaillèrent à ses plans, lui donnant des lignes élancées et une coupole ovale pour tirer le meilleur parti d'un espace restreint.

La décoration intérieure, d'un faste stupéfiant, traduit bien la fonction militaire du baroque. En face de l'exubérante chaire dorée (1716) sculptée par Matthias Steindl, un autel monumental met en valeur le *Martyre de saint Jean Népomucène (p. 68),* Pragois noyé en 1393 parce qu'il refusait de révéler des secrets appris en confession. Les jésuites, fer de lance de la Contre-Réforme, promurent son culte en Europe centrale pour concurrencer celui porté à un autre Pragois, Jan Hus, prêcheur très populaire, brûlé vif pour ses idées réformatrices en 1415.

Peterskirche, gravure du XVIIIᵉ siècle

LE QUARTIER DE LA HOFBURG

Les Habsbourg, au cours de la longue période de leur règne, transformèrent une petite forteresse du XIIIᵉ siècle en un immense palais, la Hofburg, qu'ils continuaient encore à agrandir quelques années à peine avant la chute de leur dynastie en 1918. Aujourd'hui, les bâtiments abritent pour la plupart des musées, et les jardins, parsemés de monuments,

Cariatides sur la Josefsplatz

sont devenus le Volksgarten et le Burggarten. Tout autour, l'aristocratie s'efforça de construire ses propres palais au plus près du siège du pouvoir impérial et ils dominent toujours de leurs façades majestueuses des rues telles que la Herrengasse et la Bankgasse. Très touristique pendant la journée, le quartier est presque désert la nuit.

LE QUARTIER D'UN COUP D'ŒIL

Rues et places
Michaelerplatz ❶
Josefsplatz ❻
Dorotheergasse ❼
Graben ❽
Kohlmarkt ❿
Naglergasse ⓬
Herrengasse ⓭
Minoritenplatz ㉙
Bankgasse ㉛
Neuer Markt ㉟
Kärntner Strasse ㊱
Stock-im-Eisen-Platz ㊳

Bâtiments historiques
Loos Haus ❷
Grosses und Kleines
Michaelerhaus ❸
Stallburg ❺
Demel Konditorei ⓫
Palais de la Hofburg p. 96-97 ⓯
Prunksaal ㉔
École d'équitation espagnole p. 98-99 ㉖
Bundeskanzleramt ㉘
Palais Lobkowitz ㉝
American Bar ㉗

Églises
Michaelerkirche ❹
Augustinerkirche ㉓
Burgkapelle ㉕
Minoritenkirche ㉚
Kapuzinerkirche et Kaisergruft ㉞

Musées
Landesmuseum ⓮
Neue Burg ⓰
Musée d'Éphèse ⓱
Sammlung Alter
Musikinstrumente ⓲
Hofjagd und Rüstkammer ⓳
Völkerkundemuseum ⓴
Albertina ㉒
Appartements impériaux et trésors p. 100-101 ㉗

Jardins
Burggarten ㉑
Volksgarten ㉜

Monument
Pestsäule ❾

0   250 m

COMMENT Y ALLER ?
La ligne U3 du métro dessert la station Herrengasse, les trams 1 et 2 empruntent le Burgring et le Dr-Karl-Renner-Ring, les bus 2A et 3A prennent la Herrengasse, et le bus 1A relie la Stubentor au Graben.

LÉGENDE

Plan du quartier pas à pas
Voir p. 90-91

Ⓤ Station de métro

Ⓟ Parc de stationnement

◁ **Détail de la fontaine du Danube par Johann Meixner** (1869) devant l'Albertina

La Vienne impériale pas à pas

Bien que les carrosses des aristocrates ne roulent plus dans ses rues et que leurs palais abritent désormais des bureaux, des ambassades et des appartements, le quartier de la Hofburg, à l'histoire si prestigieuse, reste le plus chic de Vienne et boutiques de luxe, galeries d'art et cafés y permettent d'agréables intermèdes entre deux visites de musée ou de monument.

Herrengasse
Une rue jadis très prisée de la noblesse ⓭

Herrengasse U-Bahn

Demel Konditorei
Décor élégant et excellentes pâtisseries dans ce Café-Konditorei ⓫

Grosses und Kleines Michaelerhaus
Joseph Haydn (p. 38) vécut dans une chambre qui dominait la jolie cour de la Grosses Michaelerhaus ❸

Landesmuseum
Dans sa partie consacrée à la Basse-Autriche, ce musée en présente notamment la flore et la faune ⓮

★ Loos Haus
L'archiduc François-Ferdinand (p. 164) détesta cet immeuble édifié en 1912, d'un dépouillement révolutionnaire pour l'époque ❷

Michaelerplatz
Des fouilles récentes y ont révélé des vestiges romains ❶

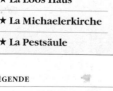

★ Michaelerkirche
L'ancienne église paroissiale de la cour mêle les styles gothique, baroque et néo-classique ❹

Josefsplatz
Une statue équestre de Joseph II se dresse au centre de cette place élégante ❻

À NE PAS MANQUER

★ La Loos Haus

★ La Michaelerkirche

★ La Pestsäule

LÉGENDE

– – – Itinéraire conseillé

0   50 m

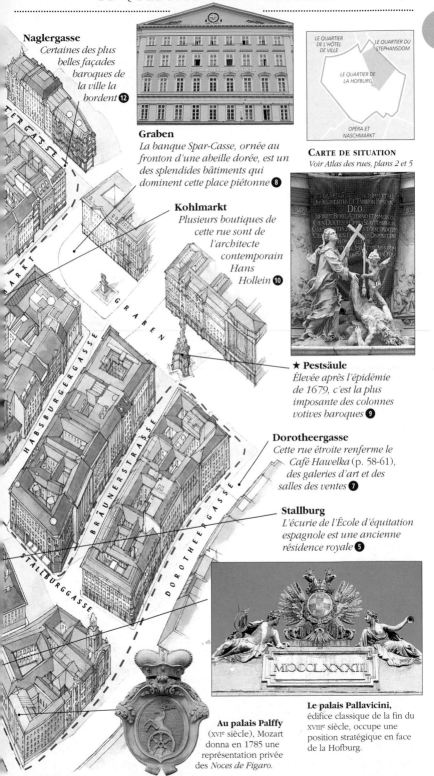

Naglergasse
Certaines des plus belles façades baroques de la ville la bordent 🄬

Graben
La banque Spar-Casse, ornée au fronton d'une abeille dorée, est un des splendides bâtiments qui dominent cette place piétonne 🄼

CARTE DE SITUATION
Voir Atlas des rues, plans 2 et 5

LE QUARTIER DE L'HÔTEL DE VILLE

LE QUARTIER DU STEPHANSDOM

LE QUARTIER DE LA HOFBURG

OPÉRA ET NASCHMARKT

Kohlmarkt
Plusieurs boutiques de cette rue sont de l'architecte contemporain Hans Hollein 🄺

★ Pestsäule
Élevée après l'épidémie de 1679, c'est la plus imposante des colonnes votives baroques 🄽

Dorotheergasse
Cette rue étroite renferme le Café Hawelka (p. 58-61), des galeries d'art et des salles des ventes 🄻

Stallburg
L'écurie de l'École d'équitation espagnole est une ancienne résidence royale 🄳

Au palais Palffy (XVIᵉ siècle), Mozart donna en 1785 une représentation privée des *Noces de Figaro*.

Le palais Pallavicini, édifice classique de la fin du XVIIIᵉ siècle, occupe une position stratégique en face de la Hofburg.

Michaelerplatz ❶

Plan 2 D5 et 5 C3. Ⓤ *Herrengasse.*

C'est sur la place Saint-Michel que s'ouvre la Michaelertor (porte Saint-Michel) qui commande l'accès à la Hofburg. La Loos Haus et la Michaelerkirche lui font face. Sur le côté s'étend l'aile Saint-Michel (Michaelertrakt) du palais impérial dont François-Joseph commanda la construction en 1888, à l'emplacement de l'ancien Burgtheater, détruit quand on ouvrit le nouveau *(p. 130-131)* sur la Ringstrasse. Ferdinand Kirschner (1821-1896) adapta, pour le bâtir, des plans de Joseph Emanuel Fischer von Erlach. Les fontaines qui l'ornent représentent la puissance maritime et terrestre de l'Autriche.

Au centre de la place, de récentes excavations ont mis au jour des vestiges romains et médiévaux.

Loos Haus ❷

Michaelerplatz 3. **Plan** 2 D5 et 5 C3. 53173455. Ⓤ *Herrengasse.* ☐ de 10 h à 17 h 30 du lun. au jeu., de 10 h à 15 h le ven. ♿

Cet immeuble épuré, dessiné par Adolf Loos, ne présente rien d'extraordinaire aujourd'hui mais provoqua pourtant d'intenses controverses à son achèvement en 1912. Choqué par l'absence

ADOLF LOOS

Partageant la vision fonctionnelle de son contemporain Otto Wagner *(p. 57)* mais refusant la passion que vouaient à l'ornement les artistes Jugendstil, Adolf Loos dessina des bâtiments dont le dépouillement scandalisa la bonne société viennoise. Ses décorations intérieures, comme chez Knize *(p. 93)* ou à l'American Bar *(p. 105)*, sont particulièrement remarquables.

d'ornementation, l'héritier du trône, François-Ferdinand *(p. 164)*, déclara même qu'il n'emprunterait plus jamais la porte Saint-Michel, située en face.

Grosses und Kleines Michaelerhaus ❸

Kohlmarkt 11 et Michaelerplatz 6. **Plan** 2 D5 et 5 C3. 5338000. Ⓤ *Herrengasse.* ● au public.

Fontaine de la Michaelerplatz

Au n° 6 de la Michaelerplatz, un passage voûté longe un mur de la Michaelerkirche décoré d'un relief peint (1494) représentant le Christ au mont des Oliviers. Il conduit à la Kleines Michaelerhaus (Petite maison Saint-Michel, 1735), de style baroque. La Grosses Michaelerhaus qui dresse sa

façade, également baroque, au n° 11 du Kohlmarkt possède une élégante cour intérieure commandant une belle vue sur les parties les plus anciennes de la Michaelerkirche. Les immeubles qui l'entourent datent d'environ 1720. Joseph Haydn *(p. 38)* aurait vécu dans la mansarde de l'un d'eux en 1749.

Michaelerkirche ❹

Michaelerplatz 1. **Plan** 2 D5 et 5 C3. 5338000. Ⓤ *Herrengasse.* ☐ de 6 h 30 à 18 h t.l.j. Visites guidées à 11 h, 15 h et 20 h.

D'origine romane (XIIe siècle) l'ancienne église paroissiale de la cour impériale présente un étonnant mélange de presque tous les styles ultérieurs. Sont ainsi gothiques le chœur (1327) et le clocher octogonal (1340), Renaissance le tombeau de Georg von Liechtenstein (1548) contre le dernier pilier de la nef, et baroques le grand orgue réalisé en 1714 par David Sielber, le portail orné d'une Chute des anges (1724) par Lorenzo Mattielli et le maître-autel (1755) de Karl Georg Merville. Élevée en 1792, la façade dépouillée est, quant à elle, néo-classique.

L'entrée de la crypte s'ouvre à côté de l'autel latéral nord orné d'un retable (1755) par Franz Anton Maulbertsch. Dans le cadre macabre offert par un ossuaire, des cercueils ouverts exposent des cadavres momifiés vêtus de leurs plus beaux atours.

Orgue baroque (1714) de la Michaelerkirche

Stallburg ❺

Reitschulgasse 2. **Plan** 4 D1 et 5 C3.
Ⓤ *Stephansplatz, Herrengasse.* ⬤
au public. **Voir École d'équitation espagnole.**

Cet édifice, construit vers 1558 pour Maximilien II, abrita de 1569 à 1776 la collection d'art de l'archiduc Léopold Wilhelm (1614-1662). Dans la cour intérieure Renaissance, sous les arcades que surmontent les galeries des étages, s'ouvrent les écuries des chevaux lipizzans de l'École d'équitation. Elles sont fermées au public mais on peut apercevoir les pur-sang lorsqu'ils sortent de leurs box. En direction de la Michaelerplatz, se trouve l'Hof-Apotheke, la pharmacie de la cour fondée par l'impératrice Marie-Thérèse en 1725.

Josefsplatz ❻

Augustinerstrasse. **Plan** 4 D1 et 5 C4.
Ⓤ *Stephansplatz, Herrengasse.*

Pendant la révolution de 1848 *(p. 31)*, les partisans des Habsbourg se rassemblaient autour de la statue équestre de Joseph II (1807) par Franz Anton Zauner qui se dresse au centre de cette place. Elle est située entre la superbe Prunksaal de la Bibliothèque nationale *(p. 102)* et deux palais aristocratiques : le palais Pallavicini (1783-1784), par Ferdinand von Hohenberg, qui marie styles baroque et néo-

classique, et le palais Palffy (XVIᵉ siècle) à l'élégante façade Renaissance.

Au nord, l'aile de la Redoutensaal construite au milieu du XVIIIᵉ siècle pour accueillir les bals masqués de la cour présente, comme l'extension de la Bibliothèque nationale qui lui fait face, une façade dessinée par Nicolas Pacassi, l'architecte favori de Marie-Thérèse.

Dorotheergasse ❼

Plan 4 D1 et 5 C4. ☎ 5350431. Ⓤ
Stephansplatz. **Jüdisches Museum**
◱ de 10 h à 18 h du lun. au mer.,
ven. et dim., de 10 h à 21 h le jeu.

Dans cette rue riche en magasins d'antiquités, le Jüdisches Museum (Musée juif), dont la collection illustre l'histoire de la communauté juive de Vienne, occupe désormais le palais Eskeles (nº 11). Au nº 27, un édifice du XVIIᵉ siècle abrite les nombreuses salles d'exposition du Dorotheum *(p. 222-223)*, très important hôtel des ventes. L'église évangélique, vers le milieu de la rue, date de 1783-1784, et l'ancien palais Starhemberg, au nº 9, de 1702.

Le café Hawelka, au nº 6 *(p. 58-61)*, offre un beau cadre où se détendre, et au nº 1 le buffet Trzesniewski *(p. 217)* propose d'excellentes tartines.

La colonne de la Peste (Pestsäule)

Graben ❽

Plan 2 D5 et 5 C3. Ⓤ *Stephansplatz.*
Maison aux fresques Neidhart ◱
de 9 h à 12 h 15 et de 13 h à 16 h 30
du mer. au dim.

Deux fontaines de Johann Martin Fischer (1804) ornent cette avenue piétonne, l'une des plus chic de Vienne. Adolf Loos dessina la boutique de vêtements Knize *(p. 221)*, au nº 13, et Otto Wagner l'Ankerhaus du nº 10. Friedensreich Hundertwasser *(p. 162)* utilisera après lui l'atelier installé au-dessus. Au nº 21, Alois Pichl réalisa la banque Spar-Casse vers 1835. Tout près du Graben, au nº 19 Tuchlauben, la maison aux fresques de Neidhart renferme des peintures murales qui datent du Moyen Âge *(p. 54-57)*.

Pestsäule ❾

Graben. **Plan** 2 D5 et 5 C3.
Ⓤ *Stephansplatz.*

Pour célébrer la fin de l'épidémie de peste de 1679, Léopold Iᵉʳ commanda à Matthias Rauchmiller, à Lodovico Burnacini et au jeune Johann Bernhard Fischer von Erlach *(p. 147)* cette colonne de la Peste baroque, dédiée à la Sainte-Trinité.

Au milieu d'un véritable tourbillon de sculptures, l'empereur, portant perruque, est représenté agenouillé en prière. Une vieille sorcière, qu'un ange pousse vers l'enfer, symbolise la terrible maladie.

Statue de Joseph II par Franz Anton Zauner (1746-1822), Josefsplatz

La bijouterie Schullin *(p. 223)*

Kohlmarkt ⑩

Plan 2 D5 et 5 C3. Ⓤ *Herrengasse.*

Certaines des plus luxueuses boutiques de la ville bordent cette rue piétonne où Thonet, l'entreprise qui popularisa la chaise de bistrot, a sa salle d'exposition au coin de la Wallnerstrasse. Un peu plus loin se trouvent les boutiques des joailliers Rothe & Neffe (1980), Schullin (1982) et Retti (1965), les deux dernières présentant des façades par Hans Hollein *(p. 91)*. Un protégé d'Otto Wagner *(p. 57)*, Max Fabiani (1865-1962), dessina en 1901 la maison Jugendstil du n° 9, l'Artaria Haus.

Demel Konditorei ⑪

Kohlmarkt 14. **Plan** 2 D5 et 5 C3.
⚟ *5335516.* Ⓤ *Stephansplatz.*
◯ *de 10 h à 19 h t.l.j.* ♿

Fournisseur de la cour, comme l'annonce fièrement sa devanture, Christoph Demel acheta en 1857 cette pâtisserie salon de thé, fondée en 1785 sur la Michaelerplatz. Il

l'installa en 1888 à son adresse actuelle, au 14, Kohlmarkt. La qualité des gâteaux n'a depuis jamais baissé. Dans un cadre somptueux, l'établissement propose également un buffet à midi.

Naglergasse ⑫

Plan 2 D5 et 5 C2. Ⓤ *Herrengasse.*

Les fabricants d'aiguilles, qui y tenaient boutique au Moyen Âge, ont donné son nom à cette rue dont le parcours suit celui d'un mur de l'époque romaine. De somptueuses demeures baroques la bordent aujourd'hui. Celle du numéro 13, élevée au XVIe siècle mais considérablement remaniée depuis, porte en façade un bas-relief représentant le Couronnement de la Vierge. Au n° 19, de gracieux angelots parent une fenêtre Renaissance, et le n° 21, construit en 1720, abrite un restaurant accueillant.

Herrengasse ⑬

Plan 2 D5 et 5 B2. Ⓤ *Herrengasse.*

Toute proche de la Hofburg, la rue des Seigneurs ne pouvait qu'attirer les membres de l'aristocratie autrichienne et ils y ont élevé de somptueux palais.

Au n° 13, le Landhaus, siège du gouvernement de Basse-Autriche, bien qu'entièrement remanié au début du XIXe siècle, garde dans sa cour intérieure une plaque datant

de 1571 qui interdit aux visiteurs de porter des armes ou de se battre. Une injonction superbement ignorée quand y éclatèrent les émeutes à l'origine de la révolution de 1848 *(p. 31)*.

Au n° 7, le palais Modena présente une façade néo-classique réalisée par Ludwig Pichl et Giacomo Quarenghi en 1811. Sur celle du palais Wilczek, au n° 5, dessinée avant 1737 par Anton Ospel (1677-1756), les pilastres des baies centrales forment un angle qui renforce l'effet de perspective.

Armoiries (1454) dans la cour du Landesmuseum

Landesmuseum ⑭

Herrengasse 9. **Plan** 2 D5 et 5 B3. ⚟
531103505. Ⓤ *Herrengasse.* ◯ *de 11 h à 19 h du lun. au jeu., de 12 h à 16 h le sam. et le dim.* 🖼 📷 ♿

Au n° 9 d'Herrengasse s'élève le palais Mollard-Clary, construit en 1698 par Domenico Martinelli, dont la façade fut la première commande d'Hildebrandt à Vienne. Depuis 1923, le musée du Land de la Basse-Autriche (Niederösterreichisches Landesmuseum) occupe l'édifice. Ses collections illustrent, au rez-de-chaussée et au 1er étage, la Préhistoire, la flore, la faune et les traditions de la région. Parmi les animaux naturalisés figure un loup, espèce dont le dernier représentant fut abattu il y a cinquante ans en Styrie.

Le 2e étage présente, dans un décor rococo, des peintures du XIXe siècle et des expositions temporaires. Une vierge gothique et des armoiries ornent la cour.

À l'intérieur de la Demel Konditorei

Le palais de la Hofburg

Voir p. 96-101.

Neue Burg

Burgring. **Plan** 4 D1 et 5 B4.
🕿 52177404. Ⓤ *Volkstheater, Herrengasse.* ◯ de 10 h à 18 h le lun. et du mer. au dim.

Vaste corps de bâtiments en arc de cercle sur la Heldenplatz, le Nouveau Palais témoigne des derniers feux de l'empire des Habsbourg. Bâti dans le style néo-Renaissance sur les plans de Karl von Hasenauer (1833-1894) et Gottfried Semper (1803-1879), il ne fut achevé qu'en 1914 *(p. 35)* et l'édifice identique qui devait fermer l'autre côté de la place ne sortit jamais de terre.

Des personnages sculptés (un Romain, un Slave, entre autres) résumant l'histoire de l'Autriche ornent son rez-de-chaussée. Hitler n'en fait pas partie mais c'est du haut du balcon les surplombant qu'il proclama l'Anschluss en 1938 *(p. 36)*.

La Neue Burg abrite aujourd'hui la salle de lecture de la Bibliothèque nationale et plusieurs musées *(voir ci-dessous)*.

Le musée d'Éphèse

Voir Neue Burg. 🕿 52524. ◯ de 10 h à 18 h les lun., mer. et dim.

Depuis des dizaines d'années, les archéologues autrichiens entreprennent des fouilles à Éphèse, site grec et romain situé de nos jours en Turquie, et, depuis 1978, ils présentent leurs découvertes à la Neue Burg. Longue de 40 m, la frise des Parthes sculptée en 165 en l'honneur de Lucius Verus constitue, avec des vestiges du temple d'Artémis, le clou de l'exposition. Celle-ci comprend également des statues et des fragments architecturaux remarquables, trouvés sur l'île de Samothrace.

Armure à la Neue Burg

Sammlung Alter Musikinstrumente

Voir Neue Burg.

Bien qu'elle inclue des pianos ayant appartenu à Beethoven, Schubert et Haydn, la collection des instruments anciens doit surtout sa réputation à celle des instruments Renaissance qui comprend des pièces uniques au monde. Véritables œuvres d'art, violes d'amour, violons, cistres, clavicytherium, trompettes ou clavecins illustrent l'évolution de la musique européenne au cours des cinq derniers siècles.

Cistre Renaissance, collection des instruments anciens

Hofjagd und Rüstkammer

Voir Neue Burg.

Depuis le duc Ernest Ier (1377-1424), les Habsbourg collectionnent les armes et armures qui font de la collection d'armes et d'armures un des ensembles les plus riches du monde. Les armes, dont les plus anciennes datent des invasions barbares (Ve siècle), comprennent les plus belles de celles qu'abandonnèrent les Ottomans en 1683. Les armures Renaissance sont particulièrement remarquables. À ne pas manquer, celle de Sigismond de Tyrol (fin du XIVe siècle) et celle dite « à feuilles de rose » de Maximilien II (1571).

Völkerkunde-museum

Voir Neue Burg. 🕿 534300. ◯ de 10 h à 16 h le lun. et du mer. au dim.

Autour d'une cour intérieure à arcade inspirée de la Renaissance italienne, le Musée ethnographique conserve, dans sa riche collection aztèque, la parure de plumes de chef aztèque envoyée par Cortés à Charles Quint après la prise de Mexico, une pièce unique au monde. L'exposition comprend également un très bel ensemble de 74 bronzes du Bénin et la collection rassemblée par l'explorateur Thomas Cook lors de ses voyages en Polynésie, notamment des tissus de Bali et des armes de Bornéo.

Le musée présente en outre des objets d'Extrême-Orient, paravents en laque, vêtements, meubles, outils agricoles et instruments de musique, et comprend une section consacrée à la culture inuit.

Le palais de la Hofburg ⑮

Les souverains qui ont occupé ce palais, siège du pouvoir pendant six siècles, ont pour la plupart voulu le marquer de leur empreinte et, du gothique à l'historicisme à la mode au XIXᵉ siècle, tous les styles sont représentés dans la dizaine de bâtiments qui le compose. Ils abritent aujourd'hui les anciens appartements impériaux, des musées, une église, la Bibliothèque nationale autrichienne, l'École d'équitation espagnole et les bureaux du président de la République.

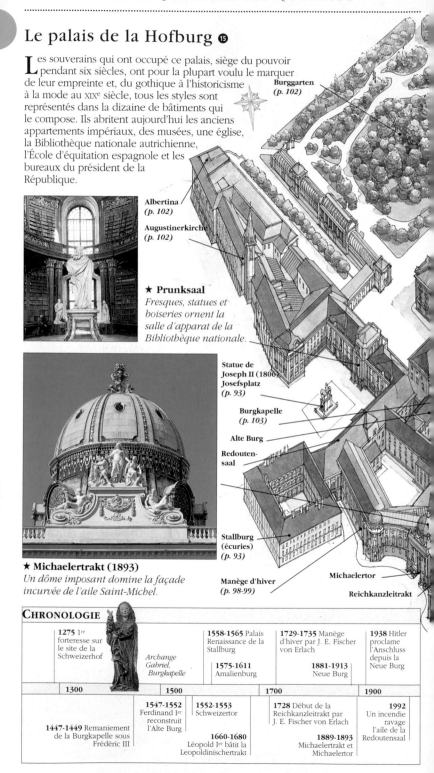

Burggarten
(p. 102)

Albertina
(p. 102)

Augustinerkirche
(p. 102)

★ **Prunksaal**
Fresques, statues et boiseries ornent la salle d'apparat de la Bibliothèque nationale.

Statue de Joseph II (1806)
Josefsplatz
(p. 93)

Burgkapelle
(p. 103)

Alte Burg

Redouten-saal

Stallburg (écuries)
(p. 93)

★ **Michaelertrakt (1893)**
Un dôme imposant domine la façade incurvée de l'aile Saint-Michel.

Manège d'hiver
(p. 98-99)

Michaelertor

Reichkanzleitrakt

CHRONOLOGIE					
1275 1ʳᵉ forteresse sur le site de la Schweizerhof		**1558-1565** Palais Renaissance de la Stallburg	**1729-1735** Manège d'hiver par J. E. Fischer von Erlach	**1938** Hitler proclame l'Anschluss depuis la Neue Burg	
	Archange Gabriel, Burgkapelle	**1575-1611** Amalienburg	**1881-1913** Neue Burg		
1300	**1500**		**1700**		**1900**
	1547-1552 Ferdinand Iᵉʳ reconstruit l'Alte Burg	**1552-1553** Schweizertor	**1728** Début de la Reichkanzleitrakt par J. E. Fischer von Erlach	**1992** Un incendie ravage l'aile de la Redoutensaal	
1447-1449 Remaniement de la Burgkapelle sous Frédéric III		**1660-1680** Léopold Iᵉʳ bâtit la Leopoldinischertrakt	**1889-1893** Michaelertrakt et Michaelertor		

Monument à Mozart *(1896)*
La statue du compositeur par Viktor Tilgner se dresse près de l'entrée sur la Ringstrasse.

MODE D'EMPLOI

Michaelerplatz 1, A-1010.
Plan 4 D1 et 5 B4. 521770.
Stephansplatz, Herrengasse.
2A jusqu'à Heldenplatz, 3A jusqu'à Michaelerplatz. D, J, 1. Horaires d'ouverture des musées, voir p. 92-105.

Neue Burg *(p. 95)*

La Burgtor a été dessinée par Peter von Nobile en 1821-1824.

★ La statue du prince Eugène
Cette sculpture (1865) par Anton Dominik Fernkorn repose sur un piédestal par Eduard van der Nüll.

Heldenplatz

★ Schweizertor
De style Renaissance, la porte des Suisses ouvre sur la partie la plus ancienne de la Hofburg, la Schweizerhof.

Leopoldinischertrakt

Amalienburg
Bâti en 1575 mais remanié aux XVIIᵉ et XVIIIᵉ siècles, le palais de l'impératrice Amélie possède une façade Renaissance mais une tour baroque.

À NE PAS MANQUER

★ **La Prunksaal**

★ **La statue du prince Eugène**

★ **La Schweizertor**

★ **La Michaelertrakt**

L'École d'équitation espagnole ㉖

À la fin du XVIe siècle, l'archiduc Charles, frère de Maximilien II, fonda un haras à Lipizza (près de Trieste) où des pur-sang d'Espagne donnèrent naissance à une nouvelle race : les lipizzans. Ce sont eux que montent les cavaliers de la Spanische Reitschule. Les démonstrations et entraînements se déroulent soit dans le Manège d'hiver (Winterreitschule, entrée au 2, Josefsplatz ou par la Michaelerkuppel) bâti de 1729 à 1735 par J. E. Fischer von Erlach pour Charles VI ou encore dans le Manège d'été, dans la cour attenante.

Les étalons lipizzans commencent leur dressage à trois ans.

Un galon doré barre le bicorne noir.

Le frac brun arbore une double rangée de boutons en laiton.

Le pantalon est en peau de cerf.

Des gants blancs protègent les mains.

Des bottes montantes couvrent le genou.

Sellerie
Une élégante selle à l'ancienne complète la tenue historique des cavaliers qui utilisent généralement des rênes de mors.

Écuries
C'est dans un palais Renaissance construit à l'origine pour l'empereur Maximilien II, la Stallburg, que sont logés les pur-sang lipizzans à deux pas du Manège d'hiver.

LES « AIRS »

En haute école, les figures, ou « airs », exécutées par le cheval et son cavalier composent un véritable ballet. Beaucoup découlent d'exercices d'entraînement mis au point à des fins guerrières pendant la Renaissance.

Croupade : saut, jambes avant et arrière repliées sous le ventre.

Levade : le cheval se dresse sur ses jambes arrière, ses jarrets touchant presque le sol.

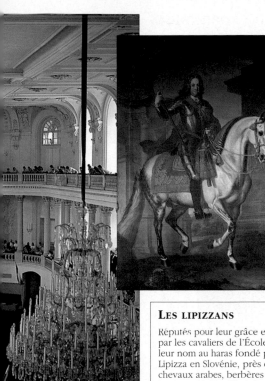

Portrait de Charles VI
Pour saluer celui qui développa l'école, quand un cavalier entre dans la salle, il lève son bicorne en direction du portrait équestre de Charles VI accroché dans la loge impériale.

LES LIPIZZANS

Réputés pour leur grâce et leur fougue, les étalons montés par les cavaliers de l'École d'équitation espagnole doivent leur nom au haras fondé par l'archiduc Charles en 1580 à Lipizza en Slovénie, près de Trieste, où le croisement de chevaux arabes, berbères et espagnols donna naissance à leur race. Aujourd'hui, les lipizzans proviennent du haras national autrichien de Piber près de Graz.
On arrive parfois à obtenir sans réservation un billet pour assister à leur entraînement du matin.

Intérieur du Manège d'hiver
La loge impériale, deux galeries, un plafond à caissons et des bas-reliefs de stuc blanc animent cette vaste salle où eut lieu en 1810 le dîner des noces (par procuration) de Marie-Louise et de Napoléon.

Cabriole : les jambes arrière fouettent l'air lors du saut.

Piaffe : trot sur place, souvent entre deux piliers.

Les appartements impériaux et les trésors ㉗

Des Kaiserappartements, vingt pièces se visitent dans la Reichkanzleitrakt (1728-1730) et l'Amalienburg (1575) : les appartements qu'habita François-Joseph de 1857 à 1916, ceux où vécut l'impératrice Élisabeth de 1854 à 1898 et ceux où logea le tsar Alexandre Ier pendant le congrès de Vienne. Les trésors, sacré et séculier, amassés par les Habsbourg au fil des siècles occupent 21 salles. Ils comprennent les joyaux de la couronne et les insignes du Saint Empire romain germanique.

Entrée des trésors

★ **Couronne du Xe siècle**
La forme octogonale de cet insigne en or du pouvoir impérial symbolise la Jérusalem céleste.

L'empereur Maximilien Ier
(vers 1500)
Son portrait par Bernhard Strigel veille sur le trésor acquis lorsqu'il épousa Marie de Bourgogne en 1477.

Berceau du roi de Rome
Dessiné par Prud'hon et offert par la Ville de Paris, le berceau du fils de Napoléon et Marie-Louise pesait 280 kg.

Entrée des appartements impériaux

Crucifix d'après Jean de Bologne
(v. 1590)
Le modèle créé par le grand sculpteur italien qui inspira ce Cristo Morto se trouve à Florence.

À NE PAS MANQUER

★ **La couronne du Xe s.**

★ **La salle à manger**

★ **L'impératrice Élisabeth par Franz Xaver Winterhalter**

LÉGENDE

☐ Appartements de François-Joseph
☐ Appartements d'Élisabeth
☐ Appartements d'Alexandre Ier
☐ Trésor sacré
☐ Trésor séculier
☐ Circulations et services

LES SILBERKAMMER

Six salles du rez-de-chaussée présentent la collection de porcelaines et d'argenterie de la cour dont le surtout de Milan, long de 33 m et orné de bronze doré (v. 1800), constitue la pièce maîtresse. Les visiteurs peuvent également admirer, entre autres, un service en vermeil pour 140 personnes, plusieurs services de Sèvres, des porcelaines orientales et un nécessaire de voyage en cristal de roche.

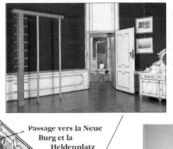

Gobelet du service Laxemburg (v. 1821)

MODE D'EMPLOI

Plan 4 D1 et 5 B3.
Appartements impériaux (Kaiserapartements)
Michaelerkuppel-Feststiege.
📞 5337570. ⬜ de 9 h à 17 h
t.l.j. 🖼 🅾 🚻 🎁
Trésors sacré et séculier (Schatzkammer)
Schweizerhof. 📞 5337931.
⬜ de 10 h à 18 h lun. et du mer.
au dim. ; 24 et 31 déc. : de 13 h à
18 h ⬤ 1er mai, 1er nov., 25 déc.
🖼 🚫 ♿ 🎁 📷 🎁

Agrès d'Élisabeth
Le cabinet de toilette renferme toujours le matériel de gymnastique qui lui servait à se maintenir en forme.

Passage vers la Neue Burg et la Heldenplatz

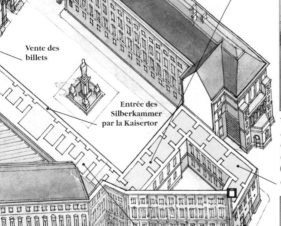

Vente des billets

Entrée des Silberkammer par la Kaisertor

★ **La salle à manger**
La table y est dressée comme les soirs de banquet où François-Joseph (p. 32-33) y recevait son état-major.

Sortie des appartements

SUIVEZ LE GUIDE !

La visite commence par le trésor de la couronne qui comprend celui de la maison d'Autriche, dans les salles 1 à 8 (souvenirs de Napoléon en salle 5), celui du Saint Empire romain germanique en salles 9 à 12 et l'héritage bourguignon en salles 13 à 16. Les salles I à V abritent le trésor sacré, accessible également par les appartements impériaux (appartements de François-Joseph).

★ **L'impératrice Élisabeth**
Ce portrait (1865) par Winterhalter décore le grand salon.

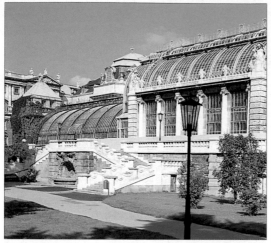

Serres du Burggarten par Friedrich Ohmann (1858-1927)

Burggarten ㉑

Burgring/Opernring. **Plan** 4 D1 et 5 B4. 🚇 *Babenbergerstrasse.* ⏰ *d'avr. à sept. : de 6 h à 22 h ; d'oct. à mars : de 6 h à 20 h t.l.j.*

Avant de quitter Vienne, Napoléon rasa une partie des fortifications de la ville, ouvrant dans le tissu urbain un espace dégagé. Les Habsbourg transformèrent ultérieurement la partie la plus proche de leur palais en un jardin privé, planté d'essences variées et doté, à partir de 1901, de serres par l'architecte Jugendstil Friedrich Ohmann. Il l'ouvrit au public en 1918.

Plusieurs sculptures l'agrémentent, notamment une statue équestre de François Ier (1780) par Balthazar Moll, installée près de l'entrée de la Hofburg et, plus près de la Ringstrasse, le monument à Mozart (1896) par Viktor Tilgner.

Albertina ㉒

Augustinerstrasse 1. **Plan** 4 D1 et 5 C4. 🚇 *53483.* 🚇 *Stephansplatz, Karlsplatz. Petite exposition* ⏰ *de 10 h à 18 h du mar. au jeu., de 10 h à 16 h les sam. et dim. Collection principale* ● *pour rénovation jusqu'en 1999.*

Caché dans un coin de la Hofburg se dresse le palais aménagé en 1801 pour abriter les dessins, gravures et aquarelles réunis par le duc Albert de Sachsen-Teschsen, gendre de Marie-Thérèse.

Présentée par thèmes sous forme d'expositions temporaires, la collection d'arts graphiques de l'Albertina est aujourd'hui la plus riche du monde, comptant près de 1 500 000 estampes et plus de 40 000 dessins de maîtres, de Dürer notamment avec des œuvres aussi célèbres que *Les Mains jointes* ou *Le Lièvre (p. 46),* mais aussi de Rubens, Rembrandt, Michel-Ange, Raphaël, Léonard de Vinci et, pour les modernes, Manet, Modigliani, Cézanne, Klimt ou Schiele.

Une partie de la collection se trouve temporairement à la Bibliothèque nationale *(p. 103)* mais reste visible sur simple demande.

Augustinerkirche ㉓

Augustinerstrasse 3. **Plan** 4 D1 et 5 C4. 🚇 *5337099.* 🚇 *Stephansplatz.* ⏰ *de 7 h à 18 h t.l.j.* 🅿

Réputée pour les messes de Haydn ou Schubert qui y sont données certains dimanches, l'église des Augustins possède un des intérieurs gothiques les mieux préservés de Vienne et renferme l'une des plus belles œuvres du sculpteur néo-classique Antonio Canova : le tombeau de Marie-Christine,

fille de Marie-Thérèse et épouse du fondateur de l'Albertina. Comme celui de Léopold II, qu'abrite également le sanctuaire, le monument est vide. À partir du XVIIe siècle, un étrange rituel partagea en effet les dépouilles des Habsbourg entre la crypte de l'Augustinerkirche (le cœur), celle du Stephansdom *(p. 76-77)* (les viscères) et la Kaisergruft *(p. 104)* (le corps).

Prunksaal ㉔

Josefsplatz 1. **Plan** 4 D1 et 5 C4. 🚇 *53410397.* 🚇 *Herrengasse.* ⏰ *de 10 h à 14 h du lun. au dim.* 🅿

C'est à la demande de Charles VI que J. B. Fischer von Erlach *(p. 147)* dessina en 1719 un bâtiment destiné à regrouper les ouvrages de la bibliothèque de la cour, éparpillés dans la Hofburg. Après sa mort en 1723, son fils acheva l'édifice. Grandiose, sa salle d'apparat baroque, le Prunksaal, a une longueur de 77 m. Éditions rares et boiseries sculptées couvrent ses murs. Des colonnes de marbres soutiennent la voûte de son plafond ornée de fresques peintes par Daniel Gran en 1730 et restaurée par Franz Anton Maulbertsch en 1769. Au centre se dresse la statue de Charles VI, par Paul (1648-1708) et Peter (1660-1714) Strudel.

Après s'être enrichie des livres du prince Eugène et de ceux de monastères fermés par

Prunksaal de la Bibliothèque nationale

Joseph II *(p. 29)*, la Bibliothèque devint nationale en 1920. Elle possède aujourd'hui près de 2,6 millions d'ouvrages. Sa salle de lecture abrite temporairement une partie de la collection de dessins et gravures de l'Albertina.

Burgkapelle 25

Wiener Hofburg, Schweizerhof. **Plan** 4 D1 et 5 B4. 5339927. Herrengasse. de 13 h à 15 h les mar. et jeu., de 15 h à 17 h le jeu. 1er nov., 8 déc., 1er janv. **Petits Chanteurs de Vienne** de janv. à juin et de sept. à déc. 9 h 15 le dim. (réserver par téléphone).

Depuis la Schweizerhof, un escalier conduit à la chapelle du Palais fondée en 1296 mais remaniée 150 ans plus tard par Frédéric III. Chaque dimanche matin, les Petits Chanteurs de Vienne (Wiener Sängerknaben) *(p. 39)* y chantent la messe. L'intérieur, orné de statues et de baldaquins gothiques, présente au maître-autel un crucifix en bronze (1720) par Johann Känischbauer.

L'École d'équitation espagnole 26

Voir p. 98-99.

Appartements impériaux et les trésors 27

Voir p. 100-101.

Bundeskanzleramt 28

Ballhausplatz 2. **Plan** 1 C5 et 5 B3. 531150. Herrengasse. au public.

La construction de l'ancienne chancellerie d'Empire sur des plans de Johann Lukas von Hildebrandt *(p. 150)* s'étendit de 1717 à 1719. Nicolas Pacassi lui donna en 1766 ses dimensions actuelles. Cet édifice, où siège aujourd'hui le ministère des Affaires étrangères, abrita les réunions

Nº 4, Minoritenplatz

des diplomates du congrès de Vienne en 1814-1815 et les dernières délibérations avant le déclenchement de la Première Guerre mondiale en 1914. Des terroristes nazis y assassinèrent le chancelier Dollfuss en 1934 *(p. 36)*.

Minoritenplatz 29

Plan 2 D5 et 5 B3. Herrengasse.

Plusieurs édifices intéressants bordent cette place que domine l'église des Frères-Mineurs. On continue à appeler les « Archives » le bâtiment du nº 1, construit en 1902 derrière le Bundeskanzleramt, bien qu'il n'en contienne plus. Le palais Liechtenstein *(p. 104)* présente sa façade latérale au nº 4, et au nº 5, l'ancien palais du comte Ernst Rüdiger von Starhemberg, commandant de la garnison pendant le siège ottoman de 1683 *(p. 27)*, abrite lui aussi désormais des bureaux ministériels.

Minoritenkirche 30

Minoritenplatz 2. **Plan** 1 C5 et 5 B3. 5334162. Herrengasse. d'oct. à avr. : de 8 h à 18 h t.l.j. ; de mai à sept. : de 8 h à 19 h t.l.j.

Premiers disciples de saint François d'Assise, les frères mineurs fondèrent un sanctuaire sur ce site aux environs de 1224 mais l'édifice actuel date de 1339. Son curieux clocher pyramidal

perdit sa flèche lors du siège ottoman de 1683. Remaniée dans le style baroque, la Minoritenkirche retrouva son aspect gothique à la fin du XVIIIe siècle quand le fils de Marie-Thérèse, Joseph II *(p. 28)*, en fit présent à la communauté italienne de Vienne. Un moine français, frère Jacques de Paris, aurait sculpté la Crucifixion de son portail principal vers 1350.

Étonnamment lumineux, l'intérieur renferme une imposante copie en mosaïque de *La Cène* de Léonard de Vinci. Napoléon l'avait commandée à Giacomo Raffaelli dans le but de l'installer à Milan dans le réfectoire de Sainte-Marie-des-Grâces à la place de l'original qu'il comptait rapporter à Paris. Les Habsbourg l'achetèrent après sa défaite à Waterloo en 1815. À côté se trouve le tombeau du poète italien Métastase (1698 1782) et un bas-relief de la Vierge sculpté par Rossellino (1427-1478).

L'aile sud contient une fresque estompée (XVe siècle) de saint François d'Assise.

Statue gothique de Léopold III (v. 1400) à la Burgkapelle

Bankgasse ㉛

Plan 1 C5 et 5 B3. Ⓤ *Herrengasse*.
Palais Liechtenstein ⃝ *de 10 h à
18 h du mer. au lun.*

Peu de rues à Vienne
rassemblent autant de palais
baroques sur une aussi courte
distance. Aux nᵒˢ 4 et 6,
l'ambassade de Hongrie occupe
l'ancien palais Strattmann-
Windischgrätz (1692-1734)
dessiné par J. B. Fischer von
Erlach *(p. 147)* et réuni au
palais Trautson voisin en 1783
par Franz Hillebrand. Aux nᵒˢ 5
et 7, on peut admirer la façade
du palais Starhemberg, et au
nᵒ 9 se dresse le palais
Liechtenstein édifié par
Domenico Martinelli de 1694 à
1706, l'une des nombreuses
demeures que se fit construire
cette famille à Vienne. Le palais
Schönborn-Batthyány, au nᵒ 2,
date de 1695.

Volksgarten ㉜

Dr-Karl-Renner-Ring. **Plan** 1 C5 et
5 A3. Ⓒ *5339083.* Ⓤ *Herrengasse*.
⃝ *de mai à sept. : de 6 h à 22 h t.l.j. ;
d'oct. à avr. : de 6 h à 21 h t.l.j.* 🅾 ⓹

Si, comme le Burggarten *(p.
102)*, le Volksgarten s'étend
sur un espace dégagé par la
destruction des fortifications
de la ville par Napoléon, ce

Statuaire du portail du palais Lobkowitz

« jardin du Peuple »,
contrairement au « jardin du
Palais », fut ouvert au public
dès la fin de son
aménagement en 1823.
　Magnifiquement entretenus,
ses parterres, notamment ceux
des roseraies, servent d'écrins
à des bassins et monuments
tels la fontaine à la mémoire
de l'impératrice Élisabeth
(1907), œuvre de Friedrich
Ohmann *(p. 102)* et du
sculpteur Hans Bitterlich, le
monument au poète Franz
Grillparzer *(p. 33)* par Karl
von Hasenauer ou encore le
temple de Thésée élevé par
Peter von Nobile en 1820 à
l'image du Théséion
d'Athènes. Ce dernier abritait à
l'origine la statue du dieu grec
par Canova installée
aujourd'hui dans l'escalier du
Kunsthistorisches Museum
(p. 118-123).

Le palais Lobkowitz ㉝

Lobkowitzplatz 2. **Plan** 4 D1 et 5 C4.
Ⓤ *Karlsplatz.* ⃝ *de 10 h à 17 h du
mar. au dim.* 🖼 🅾 ⓹

Bien que remaniée par
Johann Bernhard Fischer
von Erlach *(p. 147)* en 1710, la
façade du grand palais édifié
en 1685-1687 par Giovanni
Pietro Tencala pour le comte
Dietrichstein conserve un
aspect très italien. Les
Lobkowitz l'achetèrent en 1753
et c'est dans sa salle dite
« Eroïca » qu'aurait été donnée
pour la première fois en
public, en 1803, la *Neuvième
Symphonie* de Beethoven.
　Depuis 1991, le palais abrite
le musée du Théâtre autrichien
dont l'exposition comprend
une maquette du premier
théâtre de la Hofburg mais
illustre surtout l'évolution de
l'art dramatique en Autriche
depuis les années 40.

Kapuzinerkirche et Kaisergruft ㉞

Tegetthoffstrasse 2. **Plan** 4 D1 et 5 C4.
Ⓒ *5126853.* Ⓤ *Stephansplatz.*
Kaisergruft ⃝ *de 6 h à 16 h t.l.j.*
Kapuzinerkirche ⃝ *de 6 h à 18 h
t.l.j.* 🖼

Sous l'église des Capucins
s'étend la crypte impériale
fondée par l'empereur Matthias
en 1618. Elle renferme les
corps de cent trente-huit
Habsbourg, y compris celui de
la dernière représentante de la
dynastie, l'impératrice Zita
morte en Suisse en 1989.
François-Joseph y repose en
compagnie de son fils,
Rodolphe, qui se suicida

Roseraie au Volksgarten

Tombeau de Charles VI par Balthazar Moll

(p. 32), et de sa femme, Élisabeth, qui périt assassinée.

Le monument le plus impressionnant reste toutefois celui réalisé par Balthazar Moll (1753) pour Marie-Thérèse et son époux.

Neuer Markt ㉟

Plan 4 D1 et 5 C4. Ⓤ *Stephansplatz.*

Les saltimbanques ne se rassemblent plus sur l'ancien marché aux farines, pas plus que les chevaliers prêts à jouter lors des tournois. Si la place n'a rien gardé de ses origines médiévales, elle reste néanmoins bordée d'élégants immeubles du XVIIIe siècle. Georg Raphael Donner exécuta en 1737-1739 la fontaine qui orne son centre. Entourant la Providence et sa cour de *putti,* quatre allégories représentent les rivières qui se jettent dans le Danube en Autriche. Les originaux, en plomb, se trouvent au Belvédère inférieur *(p. 155).*

Kärntner Strasse ㊱

Plan 4 D1 et 5 C5. Ⓤ *Stephansplatz.* ***Malteserkirche*** ◯ *de 8 h à 18 h t.l.j.* ***Musée Lobmeyr*** ◯ *de 9 h à 18 h du lun. au ven., de 9 h à 13 h le sam.*

Aujourd'hui piétonne, la rue de Carinthie, jadis grand-route menant à la région d'Autriche dont elle porte le nom, est devenue la principale artère commerçante de la ville intérieure. Nuit et jour on s'y presse pour faire du shopping, discuter au café ou écouter les musiciens de rue.

Au nº 37, la Malteserkirche, l'église de l'ordre de Malte dont Léopold VI accueillit les chevaliers dès le XIIIe siècle, a conservé son intérieur gothique malgré une façade néo-classique du XIXe siècle.

Au nº 1, le musée de la société Lobmeyr présente, entre autres, des pièces dessinées par Josef Hoffmann *(p. 56)* pour cette entreprise de verrerie. Juste au coin de la rue, au nº 5 de la Johannesgasse, se dresse le superbe palais Questenberg-Kaunitz construit au début du XVIIIe siècle sur des plans attribués à Johann Lukas von Hildebrandt *(p. 150).*

American Bar ㊲

Kärntner Strasse 10. **Plan** 4 D1 et 6 D3. Ⓤ *Stephansplatz. Voir* ***Repas légers et snacks*** *p. 217.*

Malgré son enseigne criarde, ce bar dessiné par Adolf Loos *(p. 92)* en 1908, classé monument historique en 1959 et magnifiquement restauré en 1990 est un chef-d'œuvre d'élégance et de simplicité. La décoration intérieure marie avec art des matériaux bruts comme l'acajou, le verre, le marbre et l'onyx, et l'architecte a agrandi l'espace exigu avec des miroirs et apporté le plus grand soin à l'éclairage comme le prouve celui du dessous des tables.

Fontaine de Donner sur le Neuer Markt

Façade de l'American Bar

Stock-im-Eisen-Platz ㊳

Plan 2 D5 et 5 C3. Ⓤ *Stephansplatz.*

Le tronc d'arbre qui a donné à cette place son nom de « Tronc-dans-le-fer » occupe une niche à l'angle qu'elle forme avec le Graben. Dès le XVIe siècle, les apprentis serruriers partant pour leur tour d'Autriche venaient y planter un clou avant de quitter la ville.

SCHOTTENRING ET ALSERGRUND

Appelé dans sa totalité Ring ou Ringstrasse, le boulevard périphérique percé à l'emplacement des anciens remparts de Vienne porte localement des noms différents selon les quartiers qu'il borde ou traverse. Il devient ainsi « Ring des Écossais » (Schottenring) près de la Schottenkirche, l'église du monastère fondé sous les Babenberg par des bénédictins. D'au-

Relief en façade de la Schottenkirche

tres monuments, plus récents, se dressent à proximité : le Josephinum, ancien hôpital qui abrite aujourd'hui un musée de la Médecine, et la Votivkirche commandée par François-Joseph pour remercier le ciel d'avoir échappé à un attentat en 1853. Au milieu d'un jardin, le musée d'Art moderne occupe le palais d'été construit à la fin du XVIIe siècle pour les Liechtenstein.

LE QUARTIER D'UN COUP D'ŒIL

Rue et place
Passage Freyung ❶
Freyung ❷

Églises
Schottenkirche ❸
Servitenkirche ❺
Votivkirche ❾

Musées
Musée Freud ❹
Musée d'Art moderne ❻
Josephinum ❼
Narrenturm ❽

COMMENT Y ALLER ?
En métro, la ligne U2 s'arrête à Schottentor et la ligne U4 à Rossauer Lände. Les trams 37, 38, 40, 41 et 42 circulent sur la Währinger Strasse, et le bus 40A dessert la Liechtensteinstrasse sur toute sa longueur.

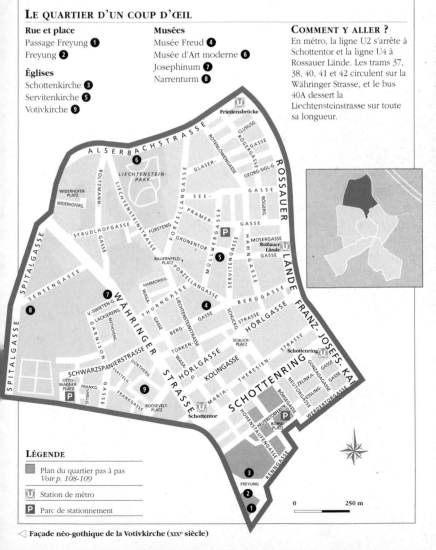

LÉGENDE

☐ Plan du quartier pas à pas
Voir p. 108-109

Ⓤ Station de métro

Ⓟ Parc de stationnement

◁ **Façade néo-gothique de la Votivkirche** (XIXe siècle)

Pas à pas autour de la Freyung

Au cœur d'un quartier élégant, la Freyung s'étend devant le complexe monastique fondé au XIIe siècle par des bénédictins irlandais (pris pour des Écossais) dont fait partie la Schottenkirche. D'harmonieux palais font face à cette église, notamment le palais Kinsky élevé par Hildebrandt en 1713-1716 et le palais Ferstel (1860) traversé par le passage Freyung jusqu'à la Herrengasse bordée de somptueuses demeures baroques. Theophil Hansen entreprit en 1871 la Bourse néo-Renaissance du Schottenring.

Statue de soldat ottoman, Freyung

★ **Schottenkirche**
Cette belle église remaniée à l'époque baroque date de 1177. Le monastère abrite un lycée réputé et un musée **3**

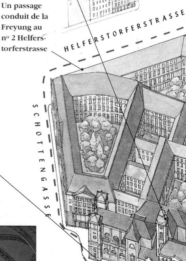

Un passage conduit de la Freyung au n° 2 Helferstorferstrasse

HELFERSTORFERSTRASSE

SCHOTTENGASSE

★ **Freyung**
Parmi les élégants édifices qui bordent cette place, l'ancien prieuré de la Schottentkirche, fondé en 1155 et reconstruit en 1744, porte à cause de sa forme le surnom de « maison de la Commode » **2**

★ **Passage Freyung**
De luxueuses boutiques bordent cette galerie reliant la Freyung et la Herrengasse **1**

FREYUNG

HERRENGASSE

Au café Central, une statue en papier mâché du poète Peter Altenberg, qui passa beaucoup de temps dans les cafés *(p. 58-61),* accueille les clients près de l'entrée principale.

Vers la station de métro Herrengasse

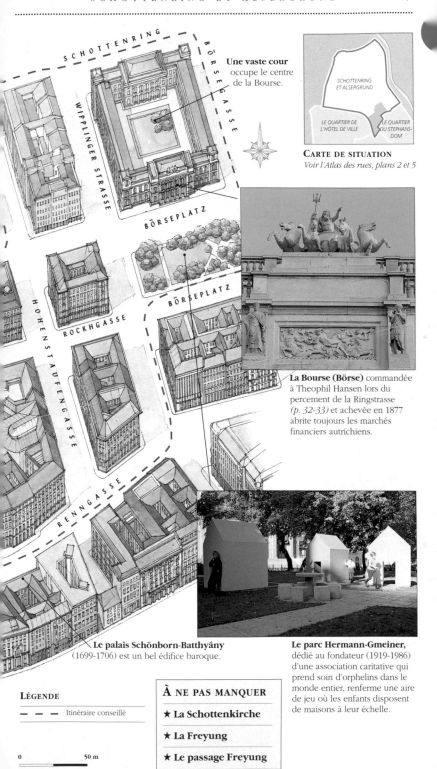

Une vaste cour occupe le centre de la Bourse.

CARTE DE SITUATION
Voir l'Atlas des rues, plans 2 et 5

La Bourse (Börse) commandée à Theophil Hansen lors du percement de la Ringstrasse *(p. 32-33)* et achevée en 1877 abrite toujours les marchés financiers autrichiens.

Le palais Schönborn-Batthyány (1699-1706) est un bel édifice baroque.

Le parc Hermann-Gmeiner, dédié au fondateur (1919-1986) d'une association caritative qui prend soin d'orphelins dans le monde entier, renferme une aire de jeu où les enfants disposent de maisons à leur échelle.

LÉGENDE

– – – Itinéraire conseillé

0   50 m

À NE PAS MANQUER

★ **La Schottenkirche**

★ **La Freyung**

★ **Le passage Freyung**

Le passage Freyung ❶

Plan 2 D5 et 5 B2. Ⓤ *Herrengasse.*

L'architecte Heinrich von Ferstel édifia sur la Freyung en 1860 le palais qui porte son nom. Ce vaste édifice où s'associent les styles roman et Renaissance renferme un véritable dédale de galeries et d'escaliers intérieurs auquel appartient le passage Freyung. Animé par une petite place où une statue représente une ondine jaillie du Danube, ce remarquable exemple d'aménagement urbain, éclairé par une verrière, est bordé de boutiques élégantes et conduit, entre la Freyung et la Herrengasse, à l'une des entrées du magnifique café Central *(p. 58-61).*

Fontaine de l'Ondine du Danube (1861), passage Freyung

Freyung ❷

Plan 2 D5 et 5 B2. Ⓤ *Herrengasse.*
Palais Kinsky ⬤ *au public.*

L a place de la Freyung, à la curieuse forme irrégulière, tire son nom du droit d'asile dont jouissait, jusqu'à son abolition par Marie-Thérèse, le monastère bénédictin du Schottenstift. À l'exception des meurtriers, ceux qui s'y réfugiaient restaient libres *(frei).*

Au n° 4, le palais Kinsky (1713-1716) est une œuvre d'Hildebrandt *(p. 150).* À côté se dresse l'une des plus anciennes demeures de Vienne, très remaniée

Façade de la Schottenkirche

cependant, le palais Porcia bâti en 1546. Au n° 3, le palais Harrach renferme de belles portes rococo. En face, devant le prieuré de la Schottenkirche, s'élève la fontaine Austria (1846) qui illustre les quatre grands fleuves de l'Empire entourant l'Autriche.

Schottenkirche ❸

Schottenstift, Freyung 6. **Plan** 2 D5 et 5 B2. 📞 53498. Ⓤ *Schottentor.* ◯ de 7 h à 21 h du lun. au sam. (l'horaire peut varier). ⊘

M algré son nom, ce sont des bénédictins irlandais qui fondèrent l'église des Écossais en 1177. Maintes fois reconstruite, elle cache derrière une austère façade néo-classique un exubérant intérieur baroque.

Les bâtiments conventuels attenants, que des moines occupent encore en partie, abritent une riche collection de peintures comprenant le célèbre retable des Écossais (1475).

Le musée Freud ❹

Berggasse 19. **Plan** 1 C3. 📞 3191596. Ⓤ *Schottentor.* ◯ de 9 h à 16 h t.l.j. ⊘ 📷

L e n° 19, Berggasse diffère peu des autres immeubles bourgeois construits à Vienne au XIXᵉ siècle mais il s'agit néanmoins d'une des adresses les plus connues de la ville car Sigmund Freud y reçut ses patients de 1891 à 1938, année où il dut fuir le nazisme et se réfugier à Londres.

Il avait installé son cabinet dans l'appartement qu'il habitait avec sa famille et qui abrite désormais un musée dont le catalogue recense 420 documents et souvenirs exposés : lettres, livres, meubles, photographies, objets personnels et antiquités. Ils reconstituent une atmosphère domestique très intime (même la canne et le chapeau du maître sont là), le décor où Freud découvrit les fondements de la psychanalyse.

Servitenkirche ❺

Servitengasse 9. **Plan** 1 C3. 📞 3176195. Ⓤ *Rossauer Lände.* ◯ sur r.-v. seulement. 📷 ♿

H ors des sentiers battus, l'église des Servites (1651-1677) édifiée par Carlo Carnevale mérite une visite pour sa luxuriante décoration baroque. Balthazar Moll réalisa en partie la chaire très ouvragée (1739) qui se détache d'un foisonnement de stucs dorés.

LES THÉORIES DE FREUD

Sigmund Freud (1856-1939), précurseur par ses écrits de la technique thérapeutique de la psychanalyse, n'a pas seulement donné une nouvelle arme à la médecine psychiatrique mais a également défini l'ensemble structuré de concepts tels que l'inconscient, l'ego, la sublimation ou le complexe d'Œdipe. Sur ces concepts repose toute la vision moderne de la psyché humaine et des troubles affectifs et mentaux.

Le musée d'Art moderne ❻

Fürstengasse 1. **Plan** 1 C2. 📞 3176900. 🚇 Friedensbrücke. 🕐 de 10 h à 18 h du mar. au dim. 🌑 24, 25 et 31 déc., 1er janv. 📷 ♿

Construit par Domenico Martinelli dans les styles baroque et rococo, le palais Liechtenstein d'été, dont Andrea Pozzo peignit le plafond de la salle des Fêtes, abrite depuis 1979 le musée d'Art moderne (Museum Moderner Kunst) qui doit toutefois s'installer bientôt au Centre culturel (p. 117).

Le rez-de-chaussée accueillant les expositions temporaires, la collection permanente occupe le 1er étage. Outre des tableaux de Munch, de Kokoschka, de Schiele et de Klimt, elle comprend des œuvres des réalistes fantastiques, notamment par Rudolf Hausner, des sculptures de Brancusi, Giacometti et Max Ernst, et des peintures de Paul Klee, Kandinsky et Magritte.

Josephinum ❼

Währinger Strasse 25/1. **Plan** 1 C4. 📞 4032154. 🚇 Schottentor. 🕐 de 9 h à 15 h du lun. au ven. 📷 📷 ♿

Animé d'ambitions réformistes, Joseph II décida à la fin du XVIIIe siècle la création d'une académie militaire de Médecine et de Chirurgie pour laquelle il commanda à Isidor Canevale un bâtiment inspiré de l'Hôtel-Dieu de Paris.

Achevé en 1785, l'édifice renferme une exposition retraçant l'histoire de la médecine à Vienne et un ensemble étonnant d'écorchés en cire représentés grandeur nature.

Narrenturm ❽

Spitalgasse 2. **Plan** 1 B3. 📞 4068672. 🚇 Schottentor. 🕐 de 10 h à 13 h le 1er sam. du mois. 🌑 août. 🚫

Derrière une façade grise bordant l'Alser Strasse s'étend l'Allgemeines Krankenhaus, l'Hôpital

Détails de la façade de la Votivkirche

Général fondé par Joseph II en 1784. Au fond de ce vaste complexe de bâtiments se dresse la tour des Fous (Narrenturm) bâtie par Isidor Canevale. C'est l'ancien asile d'aliénés qui abrite aujourd'hui le musée d'Anatomie pathologique. Celui-ci présente un large inventaire de malformations humaines sous forme de squelettes, de spécimens conservés dans le formol et de modèles en cire. Le public n'a accès qu'à quelques salles du rez-de-chaussée mais les étudiants peuvent s'inscrire pour une visite guidée des étages.

Votivkirche ❾

Rooseveltplatz 8. **Plan** 1 C4 et 5 A1. 📞 4061192. 🚇 Schottentor. 🕐 de 9 h à 13 h et de 16 h à 18 h du mar. au dim. 📷 ♿ entrée latérale.

Le 18 février 1853, un tailleur hongrois essaya d'assassiner l'empereur François-Joseph à coups de couteau. Pour célébrer l'échec de l'attentat, une collecte rassembla les fonds nécessaires à l'édification d'une église face au Mölker-Bastei (p. 129) où avait eu lieu l'incident.

Commencé dès 1856 l'imposant sanctuaire néo-gothique dessiné par Heinrich von Ferstel ne fut consacré qu'en 1879.

Le baptistère renferme le tombeau Renaissance du comte Niklas Salm qui commandait les forces autrichiennes pendant le siège de Vienne par les Ottomans en 1529.

Pietà gothique (1470) à la Servitenkirche

LE QUARTIER
DE L'HÔTEL DE VILLE

Der liebe Augustin, Sankt-Ulrichs-Platz

Les grands bâtiments officiels édifiés au milieu du XIXe siècle sur la Ringstrasse à l'instigation de l'empereur François-Joseph *(p. 32-33)* forment toujours un ensemble urbain cohérent et majestueux. Certains abritent depuis leur création des institutions culturelles aujourd'hui séculaires comme le Burgtheater, le musée d'Histoire naturelle et le Kunsthistorisches Museum. Les collections et expositions attirent toujours beaucoup de public.

À l'ouest du boulevard périphérique s'étendent des arrondissements qui ont gardé leur cachet ancien, notamment Josefstadt où rues pittoresques, petits palais et églises baroques évoquent la Vienne du XVIIIe siècle.

LE QUARTIER D'UN COUP D'ŒIL

Rues et places
Sankt-Ulrichs-Platz **6**
Zone piétonne de Spittelberg **8**
Mölker-Bastei **18**

Bâtiments historiques
Alte Backstube **2**
Théâtre de Josefstadt **4**
Palais Trautson **5**
Parlement **11**
Neues Rathaus **12**
Université **14**
Café Landtmann **15**
Burgtheater p. 130-131 **16**
Dreimäderlhaus **17**
Pasqualati haus **19**

Églises
Piaristenkirche **3**
Dreifaltigkeitskirche **13**

Musées
Musée des Arts et Traditions populaires **1**

Centre culturel **7**
Kunsthistorisches Museum p. 118-123 **9**
Musée d'Histoire naturelle p. 126-127 **10**

COMMENT Y ALLER ?

Le métro dessert le quartier aux stations Rathaus, Lerchenfelder Strasse (ligne U2) et Volkstheater (lignes U2, U3). Les trams 5 et 31/5 circulent entre la Josefstädter Strasse et la Lange Gasse, et le 46 suit la Lerchenfelder Strasse. Le bus 2A emprunte la Piaristengasse et le 48A la Burggasse.

LÉGENDE

▮	Plan du quartier pas à pas *Voir p. 114-115*
Ⓤ	Station de métro
Ⓟ	Parc de stationnement

◁ **Façade du Neues Rathaus une nuit de décembre**

Josefstadt pas à pas

Au-delà de la Ringstrasse et de ses grands édifices officiels s'étend l'arrondissement auquel Joseph II laissa son nom, marqué par l'architecture du XVIIIe siècle. Bien qu'hors de la ville intérieure, il renferme de belles églises, des musées, un théâtre très populaire et de nombreux restaurants qui entretiennent une animation à laquelle participent, en habitués, les étudiants de l'université et les avocats du palais de justice.

★ Piaristenkirche
La construction de l'église des Piaristes commença en 1716 ❸

Théâtre de Josefstadt
Le plus vieux théâtre de Vienne (1788) n'a plus fermé ses portes depuis sa reconstruction par Josef Kornhäusel (p. 84) en 1822 ❹

Au n° 29 Lange Gasse, les pavillons bordant la cour intérieure ont peu changé depuis qu'y logeaient au XVIIIe siècle ouvriers ou domestiques.

LÉGENDE

– – –   Itinéraire conseillé

À NE PAS MANQUER

★ **La Piaristenkirche**

★ **Le musée des Arts et Traditions populaires**

La colonne de la Peste commémore l'épidémie de 171.

Vers la Lerchenfelder Strasse

Vers le métro Lerchenfelder Strasse

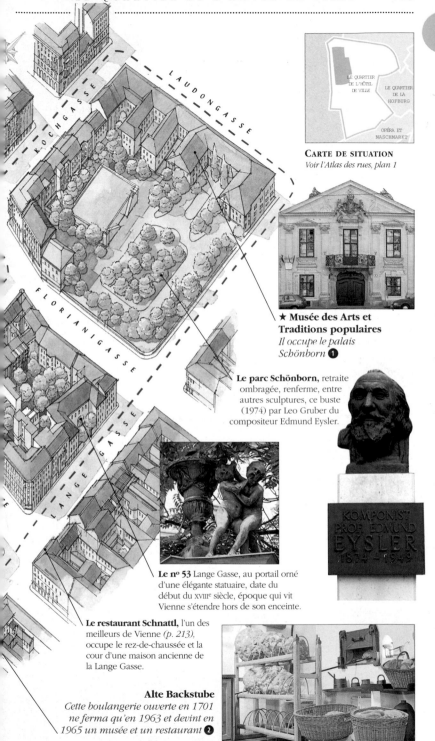

CARTE DE SITUATION
Voir l'Atlas des rues, plan 1

★ **Musée des Arts et Traditions populaires**
Il occupe le palais Schönborn ❶

Le parc Schönborn, retraite ombragée, renferme, entre autres sculptures, ce buste (1974) par Leo Gruber du compositeur Edmund Eysler.

KOMPONIST
PROF. EDMUND
EYSLER
1874 - 1949

Le nº 53 Lange Gasse, au portail orné d'une élégante statuaire, date du début du XVIIIe siècle, époque qui vit Vienne s'étendre hors de son enceinte.

Le restaurant Schnattl, l'un des meilleurs de Vienne *(p. 213),* occupe le rez-de-chaussée et la cour d'une maison ancienne de la Lange Gasse.

Alte Backstube
Cette boulangerie ouverte en 1701 ne ferma qu'en 1963 et devint en 1965 un musée et un restaurant ❷

0   50 m

Le musée des Arts et Traditions populaires ❶

Laudongasse 15-19. **Plan** 1 B4. ☎
4068905. Ⓤ *Rathaus.* ○ *9 h à 17 h
du mar. au ven., 9 h à 12 h sam., 9 h à
13 h dim.* ● *les jours fériés.* 🖼 📷 ♿

**Masque de carnaval du XVIIIᵉ siècle
au musée des Arts
et Traditions populaires**

Dans le palais Schönborn dessiné par Johann Lukas von Hildebrandt au début du XVIIIᵉ siècle et remanié par Isidor Canevale en 1760, le Museum für Volkskunde rappelle que Vienne n'est pas uniquement l'incarnation de la grandeur impériale. Meubles peints, instruments de musique, jouets, costumes et accessoires de mode, ustensiles de cuisine et outils, poêles en faïence, masques de carnaval et crèches populaires, ou maquettes d'églises et de maisons y évoquent en effet la vie quotidienne et les traditions en vigueur dans les provinces autrichiennes du XVIIᵉ au XIXᵉ siècle. La collection d'objets religieux se trouve au nº 8, Johannesgasse.

Alte Backstube ❷

Lange Gasse 34. **Plan** 1 B5. Ⓤ *Rathaus.*
☎ *431101.* ○ *de 15 h à minuit t.l.j.*
● *juil. et août.* 📷 ♿

En 1697, au nº 34 Lange Gasse, le joaillier Hans Bernhard Leopold se fit édifier l'une des plus jolies maisons bourgeoises de Vienne. Une sculpture en grès symbolisant la Sainte-Trinité, au-dessus de l'entrée, la rend aisément reconnaissable

Elle abrite aujourd'hui l'Alte Backstube, la « Vieille Boulangerie » où l'on fabriqua du pain de 1701 à 1963. Les fours servent désormais de décor aux salles d'un café-restaurant traditionnel et d'un petit musée présentant des ustensiles de boulanger qui datent pour certains de près de trois siècles.

Non loin dans la rue, la cour intérieure du nº 29 mérite un coup d'œil. Deux rangs de pavillons vieux d'environ 200 ans s'y font face, un des rares exemples de logements populaires à l'intérieur de la Vienne historique.

Piaristenkirche ❸

Jodok-Fink-Platz. **Plan** 1 B5.
☎ *4061453.* Ⓤ *Rathaus.* ○ *pour
les messes et sur r.-v.* 📷

Flanquée de bâtiments monastiques, l'église des Piaristes domine la Jodok-Fink-Platz depuis que ces frères, qui se dédiaient à l'éducation des enfants pauvres au sein des écoles pies, l'édifièrent en 1716 sur un dessin de Johann Lukas von Hildebrandt. Matthias Gerl la remania au milieu du XVIIIᵉ siècle et elle ne reçut ses deux tours élégantes qu'en 1854.

Le célèbre peintre autrichien Franz Anton Maulbertsch peignit en 1752-1753 les fresques baroques de sa coupole aux couleurs intenses. Œuvre postérieure de plus de 20 ans puisqu'elle

**Fresque surplombant l'autel de la
Piaristenkirche**

date de 1774, la Crucifixion qui orne la chapelle située tout de suite à gauche du chœur est également de Maulbertsch.

Juste en face de l'église, s'élève une colonne votive coiffée d'une statue de la Vierge. Comme beaucoup d'autres monuments de ce type érigés à Vienne, elle commémore une épidémie de peste, ici, celle de 1713.

L'ancienne cave à vin du monastère, la Piaristenkeller, donne sur un coin de la place. Elle est devenue un restaurant agréable.

Le théâtre de Josefstadt ❹

Josefstädter Strasse 26. **Plan** 1 B5.
☎ *4025127.* Ⓤ *Rathaus.*
○ *de 9 h à 18 h t.l.j. et pour les
représentations.* 🖼

Fondé en 1788, ce théâtre accueillant, l'un des plus anciens de Vienne encore en activité, fut reconstruit en 1822 par Josef Kornhäusel *(p. 84)* et

La façade du théâtre de Josefstadt

c'est pour sa réouverture que Beethoven composa la *Consécration de la maison* qu'il dirigea personnellement. L'établissement n'a depuis jamais fermé, présentant au cours de sa longue histoire maintes pièces de théâtre mais aussi des ballets et des opéras.

Malgré la réputation que lui valurent entre les deux guerres les mises en scènes de Max Reinhardt, qui supervisa la restauration du théâtre en 1924, il propose surtout de nos jours pièces légères et comédies.

Le palais Trautson **5**

Museumstrasse 7. **Plan** 3 B1. Ⓤ *Volkstheater.* ● *au public.*

En retrait de la rue près du Volkstheater, cet élégant palais baroque dessiné en 1710 par Johann Bernhard Fischer von Erlach *(p. 147)* présente, contrairement à la plupart de ses homologues viennois, une façade non pas plate mais animée de baies centrales saillantes. Dominée par un grand Apollon jouant de la lyre, la statuaire, au-dessus des corniches et des frontons, s'avère d'une richesse étonnante pour une résidence privée, même dans la capitale autrichienne.

En franchissant le haut portail vous découvrirez sur votre gauche un immense escalier soutenu par des atlantes barbus sculptés par l'Italien Giovanni Giuliani. Il conduit à la salle des Cérémonies. Elle est malheureusement fermée au public, comme le reste du bâtiment occupé depuis 1961 par les services du ministère de la Justice.

Construit à l'origine pour Johann Leopold Trautson, comte au service de Joseph Ier, mais acheté en 1760 par Marie-Thérèse *(p. 28-29)*, l'édifice avait abrité auparavant la Garde royale hongroise qu'avait fondée l'impératrice.

Sankt-Ulrichs-Platz **6**

Entre Neustiftgasse et Burggasse. **Plan** 3 B1. Ⓤ *Volkstheater.* **Café Nepomuk** 📞 *5263919.* ○ *de 8 h à 23 h t.l.j.* **Ulrichskirche** 📞 *5231246.* ○ *seulement sur demande ou pour les messes.*

La petite place Saint-Ulrich est un intéressant vestige de la Vienne ancienne. En effet, la maison Renaissance, attenante à l'immeuble baroque abritant le café Nepomuk, date d'avant le siège ottoman. Ayant probablement échappé à la destruction parce que le grand vizir Kara Mustapha avait planté sa tente à proximité, elle jette aujourd'hui de l'ombre sur la façade de l'Ulrichskirche édifiée entre 1721 et 1724 par Josef Reymund à l'emplacement d'une ancienne église de village. Le compositeur Gluck s'y maria et Johann Strauss fils y fut baptisé.

Des demeures aristocratiques qui l'entourent, la plus élégante, bâtie au milieu du XVIIIe siècle, se dresse sans conteste au n° 2.

Portail du XVIIIe siècle au n° 2 Sankt-Ulrichs-Platz

Centre culturel **7**

Messeplatz 1. **Plan** 3 C1. Ⓤ *Volkstheater.* 📞 *5235881.* ● *pour restauration jusqu'en 1998.*

En face de la Hofburg sur la Maria-Theresia-Platz s'étend le vaste palais des Expositions. Commandé par Charles VI *(p. 26)* en 1719 à Johann Bernhard Fischer von Erlach *(p. 147)*, l'édifice devait à l'origine couvrir une surface bien plus grande mais les fonds manquèrent à partir de 1725 et le fils de l'architecte acheva l'ouvrage en lui donnant des dimensions plus réduites.

Pendant de longues années, le bâtiment baroque abrita les attelages, les 600 chevaux, les palefreniers et les cochers des écuries de la cour. Après d'importantes mais maladroites modifications effectuées au XIXe siècle, il devint en 1921 le lieu où se tenaient à Vienne les grandes foires commerciales.

De nouveau en chantier depuis 1993, le palais devrait se transformer en un centre culturel qui comprendrait, dans l'état actuel du projet, le musée d'Art moderne, le musée du XXe siècle, un lieu d'expositions temporaires et un musée destiné aux enfants.

Rossbändiger (1892) par Theodor Friedl et Gustav Jahn, près du Centre culturel

Le Kunsthistorisches Museum ❾

Deuxième étage

Plus d'un million et demi de personnes visitent chaque année à Vienne le musée d'Histoire de l'art installé dans le grand palais édifié à la fin du XIXᵉ siècle sur la Ringstrasse *(p. 32-33)*. Il fut construit dans le but spécifique d'accueillir les collections réunies pendant des siècles par les Habsbourg, qui se trouvaient jusqu'alors exposées à la Hofburg et au Belvédère. Ces collections comprennent des antiquités égyptiennes, orientales, grecques et romaines, des sculptures et une galerie de peinture d'une richesse exceptionnelle.

★ **Les Chasseurs dans la neige** *(1565)*
Ce tableau par Brueghel l'Ancien, le dernier d'une série de six sur les saisons, illustre une scène de vie paysanne.

Premier étage

★ **Peintre dans son atelier**
Jan Vermeer peignit en 1665 cette allégorie de l'Art où le modèle qui pose pour l'artiste porte les attributs de Clio, la muse de l'Histoire.

★ **La salière de Cellini**
(1540-1543)
Dans cette œuvre superbe, l'orfèvre a réuni Neptune, dieu de la mer, et Tellus, la Terre nourricière.

LÉGENDE

☐ Collections égyptiennes et orientales

☐ Collection des antiquités grecques et romaines

☐ Collection de sculpture et d'arts décoratifs

☐ Galerie de peintures

☐ Cabinet des Monnaies

☐ Circulations et services

L'Infante Marguerite-Thérèse *(1659)*
Diego Vélasquez a saisi dans ce portrait officiel toute la fragilité de la princesse espagnole âgée de 8 ans.

Gemma Augustea
Sur ce camée taillé dans l'onyx, l'empereur Auguste, en Jupiter, trône à côté d'une déesse représentant Rome.

MODE D'EMPLOI

Maria-Theresia-Platz, A-1010. **Plan** 3 C1 et 5 B5. 52524. Babenberger Strasse, Volkstheater. 2A, 57A jusqu'à Burgring. de 10 h à 18 h mar. et mer. et du ven. au dim., de 10 h à 21 h le jeu. 1er janv., 1er mai, 1er nov., 25 déc.

SUIVEZ LE GUIDE !

Le rez-de-chaussée abrite, à droite de l'entrée, les antiquités égyptiennes, orientales, grecques et romaines, et à gauche, la sculpture européenne et les arts décoratifs. Des restaurations risquent toutefois de modifier cette disposition en 1996. La galerie de peinture se trouve au premier étage et le cabinet des Monnaies et les collections particulières (souvent fermées) au second.

Rez-de-chaussée

Tête du roi Thoutmosis III
Sculptée vers 1460 av. J.-C., elle est le vestige d'une effigie complète.

Entrée principale sur la Maria-Theresia-Platz

Rotonde

À NE PAS MANQUER

★ *Les Chasseurs dans la neige* par Brueghel

★ *Peintre dans son atelier* par Vermeer

★ *La salière de Cellini*

L'APOTHÉOSE DES ARTS

De nombreux artistes en vogue au moment de son édification participèrent à la décoration intérieure du Kunsthistorisches Museum. Contribution du peintre hongrois Michael Munkácsy, l'extravagante fresque en trompe-l'œil de l'escalier principal, l'*Apothéose des Arts Renaissance* (1860), met en présence – présidés par le pape Jules II et accompagnés de leurs modèles – Léonard de Vinci, Raphaël, Véronèse, Michel-Ange et Titien.

À la découverte des peinture du Kunsthistorisches Museum

Les collections reflètent, dans une large mesure, les goûts personnels des Habsbourg qui les ont réunies. Si toutes les grandes tendances du XVe au XVIIIe siècle y sont représentées, primitifs hollandais et allemands, et maîtres flamands et vénitiens des XVIe et XVIIe siècles dominent. Avec quatorze tableaux, le musée possède le plus riche ensemble de Brueghel l'Ancien du monde. Les œuvres sont principalement regroupées selon les styles ou écoles de peinture.

La Fourrure (v. 1635-1640) par
Petrus Paulus Rubens

LA PEINTURE FLAMANDE

Les liens historiques entre la dynastie des Habsbourg et le territoire de l'actuelle Belgique expliquent le nombre d'œuvres des anciens Pays-Bas. Jan Van Eyck y développa au début du XVe siècle la technique de la peinture à l'huile pour atteindre un réalisme qu'illustre le *Portrait du cardinal Nicolo Albergati* (1435). Œuvres plus tardives, les triptyques de Rogier Van der Weyden et Hans Memling déploient le sens du détail et la maîtrise des couleurs, tandis que l'ironie de Jérôme Bosch marque *Le Christ sur le chemin du calvaire*.

Mais ce sont deux autres grands artistes flamands qui donnent son intérêt exceptionnel à la collection : Brueghel l'Ancien, dont le

musée possède près du tiers des toiles, notamment *La Tour de Babel* et la moitié du cycle des Saisons, et Rubens, dont l'impressionnante anthologie propose aussi bien des représentations religieuses telles que le *Retable de saint Ildefonse* (1630-1632) que des portraits sensuels comme celui de sa seconde femme, dénudée pour *Le Portrait d'Hélène Fourment*.

LA PEINTURE HOLLANDAISE

Dans la Hollande prospère du XVIIe siècle c'est la vie quotidienne plus que l'au-delà qui inspire les peintres et une atmosphère raffinée et paisible émane de scènes de genre comme la *Mère auprès du berceau de son enfant* (1663-1665) de Pieter de Hooch ou *L'Éplucheuse de pommes* (1661) de Gerard Ter Borch. *La Grande forêt* (1655-1660) de Jacob Van Ruisdael témoigne de l'intérêt des artistes de l'époque pour les paysages hollandais.

La galerie présente quatre

Grand Autoportrait (1652) par
Rembrandt Van Rijn

portraits de Rembrandt dont celui de la *Mère de l'artiste* (1639) qui, sous les traits de la prophétesse Anna, porte avec dignité le poids de l'âge un an avant sa mort, et le *Grand Autoportrait* (1652) où l'artiste dévoile son inquiétude à un moment où il connaissait des difficultés financières.

La collection ne comprend qu'un Vermeer, *Peintre dans son atelier*, dont on a jamais su s'il s'agissait d'un autoportrait.

LA PEINTURE ITALIENNE

Particulièrement riche en œuvres vénitiennes du XVIe siècle, la collection de peinture italienne permet entre autres d'apprécier l'évolution stylistique d'un des plus talentueux représentants de cette

Suzanne et les vieillards (1555) par le Tintoret

école : Titien. L'influence de ses maîtres, Giovanni Bellini, dont le musée possède notamment la *Jeune fille à sa toilette* (1515), et Giorgione, auteur du remarquable tableau des *Trois philosophes* (1508-1509), apparaît ainsi clairement dans *La Vierge des Tsiganes* peinte en 1510 alors que dans *La Nymphe et le pâtre* (1570-1575) s'affirme une facture où les contours se diluent et où la couleur se transforme en lumière. *Ecce Homo* (1543) témoigne d'un bref intérêt pour le maniérisme dont *Suzanne et les vieillards* (1555-1556) par le Tintoret est une des œuvres majeures. Des tableaux de Raphaël, Parmesan ou du Caravage complètent la présentation du XVIe siècle.

La salle 19 présente les portraits composés à partir d'éléments végétaux de Giuseppe Arcimboldo.

LA PEINTURE FRANÇAISE

L e Kunsthistorisches Museum possède peu d'œuvres de peintres français. Toutefois, on peut y admirer des tableaux de J. Fouquet (v. 1420-1480) notamment *Le Fou de la cour de Ferrare, Gonella* (1440-1445) dans lequel le maître a saisi, avec une grande finesse et des coloris exceptionnels, la roublardise du vieux pitre. L'art du portrait français, influencé par le style d'Holbein, est représenté par François Clouet dont *Le Portrait du roi Charles IX de France* (1563) est l'œuvre la plus remarquable. Le *Portrait du Boucher d'Orsay* de Nicolas de Largillière (1656-1746) est dans le style des portraitistes du XVIIIe siècle. Par aileurs, la description par Nicolas Poussin de *La Destruction du temple de Jérusalem* (1638) date de la fin de sa première période romaine et marie sens du mouvement et du détail architectural.

L'Été (1563) par Giuseppe Arcimboldo

LES PEINTURES ANGLAISE ET ALLEMANDE

P armi les rares tableaux anglais, c'est sans doute Le *Paysage à Suffolk* (v. 1750) par Thomas Gainsborough qui offre le plus d'intérêt. La collection allemande s'avère bien plus riche, notamment en ce qui concerne le XVIe siècle, avec une série de sept portraits par Hans Holbein le Jeune et de nombreuses peintures de Dürer, telle *La Vierge à l'Enfant portant une poire* (1512), et de Lucas Cranach l'Ancien à qui l'on doit *La Chasse de l'Électeur Frédéric le Sage* (1529).

LA PEINTURE ESPAGNOLE

L es portraits réalisés au XVIIe siècle par Diego Vélasquez (1599-1660), peintre officiel de la cour de Philippe IV d'Espagne, dominent l'exposition de la salle 10, en particulier ceux de l'infante Marguerite-Thérèse, représentée à trois, cinq et huit ans, et celui de son frère Don Philippe Prosper. La collection présente également le travail d'autres artistes, notamment Alonso Sánchez Coello et Antonio de Pereda.

La Chasse de l'électeur Frédéric le Sage (1529) par Lucas Cranach l'Ancien, dans la collection allemande

À la découverte des autres collections du Museum

En complément de sa galerie de peinture, le Kunsthistorisches Museum possède quatre autres départements : celui des sculptures et des arts décoratifs qui couvrent à peu près la même période que les peintures (du XVᵉ au XVIIIᵉ s.). Vous verrez également de beaux objets médiévaux, qui sont exposés au même titre que les antiquités grecques, étrusques et romaines ; les collections égyptiennes et orientales ; et le cabinet des Monnaies et des Médailles (fermé jusqu'à fin 1998).

Nouvel Empire (1554-1080). Elles dominent un riche assortiment d'objets associés au culte funéraire : vases canopes destinés aux entrailles du défunt, sarcophages, masques et momies, scarabées sacrés, livres des morts, bateaux miniatures…

LES ANTIQUITÉS ÉGYPTIENNES ET ORIENTALES

Six salles dont la décoration utilise des frises et des éléments archéologiques présentent la collection des antiquités égyptiennes, vieilles pour certaines de près de 5 000 ans. Les trésors furent réunis pour l'essentiel sous les Habsbourg, au XIXᵉ siècle tout d'abord, après que l'expédition effectuée par Bonaparte en 1798-1799 eut attiré l'attention sur l'Égypte, puis pendant les fouilles entreprises par l'Autriche à Giza entre 1912 et 1929.

Ces dernières mirent notamment au jour la tombe du prince Ka-ni-nisout (v. 2400 av. J.-C.) dont la chapelle funéraire a conservé d'intéressants reliefs polychromes. Plus ancienne encore mais remontant également à l'Ancien Empire

Hippopotame émaillé (v. 2000 av. J.-C.) du Moyen Empire égyptien

(2650-2150), une superbe tête en calcaire (v. 2600 av. J.-C.) constitue le clou d'un ensemble de statues de la même période.

Ultérieur de plus de cinq siècles, un buste de Sésostris III représenté avec une tête de sphinx date du Moyen Empire (2060-1785 av. J.-C.), à l'instar d'un petit hippopotame recouvert d'émail bleu (exposé en salle I). Cet objet fut souvent retrouvé dans les sépultures de l'époque car la chasse de cet animal y était un privilège accordé en signe de faveur par le roi.

Contemporaines de la tête du roi Thoutmosis III *(p. 119)* et de deux statues de la déesse Sekhmet, les colonnes en forme de papyrus d'Aswan (v. 1410 av. J.-C.) qui participent au décor de la salle I remontent au

Des colonnes d'Aswan (v. 1410 av. J.-C.) décorent la salle I de la galerie égyptienne

LES ANTIQUITÉS GRECQUES ET ROMAINES

Aborder cette collection depuis la section consacrée à l'Égypte fait commencer la visite par la salle IX dédiée à l'art chypriote et aux tous débuts de la sculpture grecque. Dans la salle suivante, le *Jeune Homme du Magdalensberg* doit à l'admiration suscitée par sa beauté de nous être parvenu car il s'agit d'une réplique (XVIᵉ siècle) d'une copie romaine d'une œuvre grecque du Vᵉ siècle av. J.-C. Décorée dans le style d'une villa de l'Empire romain, la galerie principale (salle XI) abrite notamment une statue d'Isis et une mosaïque de Thésée et du Minotaure.

L'art étrusque ainsi que la collection de vases grecs, dont le millier de pièces offre un large aperçu de la création céramique en Grèce du VIᵉ au IVᵉ siècle av. J.-C., précèdent la salle XV qui renferme de la verrerie et des bijoux romains, dont les superbes camées du Kunsthistorisches Museum telle que la Gemma Augustea *(p. 119)*.

Consacré à l'Antiquité tardive et à l'art paléochrétien, le reste de l'exposition présente, entre autres, des tissus coptes, des bijoux byzantins et slaves, les objets funéraires d'une princesse germanique et, surtout, la vaisselle d'or à motifs asiatiques, païens et chrétiens (fin du IXe siècle) du trésor de Szilágysomlyó, découvert en Roumanie en 1799.

Médaille d'Ulrich II Molitor (1581)

des céramiques de Luca et Andrea della Robbia, le buste du *Garçon riant* par Desiderio da Settignano (v. 1464), une superbe collection de vases de cristal de roche et de pierres précieuses, plusieurs statuettes en bronze de Jean de Bologne et la célèbre salière en or réalisée à Paris par Benvenuto Cellini pour François Ier (p. 118).

Aiguière en noix des Seychelles, hanap en corne de rhinocéros ou morceaux de minerais sculptés de scènes de la Bible ou de la vie quotidienne des mineurs, les pièces allemandes rappellent le côté très hétéroclite des Kunst-kammern où elles voisinèrent avec les fines sculptures en ivoire et l'élégante orfèvrerie de l'époque baroque.

et byzantine, des pièces européennes du Moyen Âge et de la Renaissance et, bien entendu, toutes les monnaies autrichiennes.

Les médailles réunies en salles II et III, de véritables œuvres d'art pour certaines, datent pour la plupart des XIXe et XXe siècles. À ne pas manquer : celles ayant appartenu à Ulrich Molitor, l'abbé d'Heiligenkreuz, de facture inhabituelle, et le médaillon en argent gravé par Bertrand Andrieu pour commémorer le baptême du fils de Napoléon. On y voit l'empereur soulever dans les airs son bébé, le roi de Rome (p. 173).

LA SCULPTURE ET LES ARTS DÉCORATIFS

Constituée à partir des achats et des commandes des Habsbourg, cette collection provient en partie des galeries d'art privées, les Kunstkammern, où certains d'entre eux, en particulier Ferdinand II et Rodolphe II, rassemblèrent objets d'art et sculptures mais également instruments scientifiques et simples curiosités. À l'occasion, les souverains autrichiens mettaient d'ailleurs eux-mêmes la main à la pâte comme le prouvent la verrerie soufflée par l'archiduc Ferdinand II ou les broderies de Marie-Thérèse.

Malgré un bel assortiment médiéval comprenant des œuvres du gothique tardif comme la *Vierge à l'Enfant* par Tilman Riemen-schneider et des objets tels que jeux de cartes, calices ou la curieuse Natternzungenkredenz, crédence « à la langue de vipère » ornée de fossiles de dents de requin supposées neutraliser le poison, ce sont les périodes de la Renaissance et du baroque que l'exposition couvre le mieux.

La Renaissance italienne, en particulier, est à l'honneur, avec

Vierge à l'Enfant (v. 1495) par Tilman Riemenschneider

Jeune Homme du Magdalensberg, reproduction d'une statue romaine

LE CABINET DES MONNAIES ET MÉDAILLES

Le second étage abrite l'une des plus riches collections numismatiques du monde. Constituée, une fois encore, à partir des possessions des Habsbourg, elle fut complétée par des acquisitions récentes qui lui permettent de couvrir aussi l'époque moderne. Les trois salles d'exposition ne présentent cependant qu'une partie de ses 500 000 pièces.

La salle I offre un raccourci de l'histoire de la monnaie, depuis ses formes les plus primitives comme les pierres servant aux échanges sur l'île de Yap en Micronésie, jusqu'aux billets de banque, en passant par des exemples des monnaies égyptienne, celtique, grecque, latine

La zone piétonne de Spittelberg ❽

Plan 3 B1. Ⓤ *Volkstheater.* **Amerlinghaus** ◯ *de 14 h à 22 h du lun. au ven.* **Marché** ◯ *d'avr. à juin et de sept. à nov. : de 10 h à 18 h le sam. ; juil. et août : de 14 h à 21 h le sam.* 🅾️ ♿

L a Spittelberggasse fut un temps très fréquentée par les prostituées qui racolaient les soldats au cœur d'un quartier populaire, très prisé par la bohème viennoise. Après en avoir redécouvert le charme en 1970, la municipalité a rendu piétonnes la Spittelberggasse, la Schrankgasse et la Gutenberggasse, et a restauré les immeubles des XVIIIᵉ et XIXᵉ siècles qui les bordent, pour la plupart des maisons de rapport dépourvues de jardin ou de cour intérieure. Ils abritent

Détail de la façade du nº 20 Spittelberggasse

aujourd'hui cafés, restaurants et boutiques. Une joyeuse animation règne jusqu'au petit matin dans ces ruelles pavées où se tiennent de surcroît un marché artisanal (d'avril à novembre) et des marchés de Noël et de Pâques. Au nº 8 Stiftgasse, un centre culturel d'arrondissement occupe l'Amerlinghaus.

L'Amerlinghaus, maison natale du peintre Friedrich von Amerling, abrite au nº 8 Stiftgasse un centre culturel proposant du théâtre et comprenant un *Beisl (p. 201).*

Le nº 10 Stiftgasse présente une façade élégante ornée de statues.

Les nᵒˢ 18 et 20 Spittelberggasse sont de beaux exemples de maisons baroques.

Le restaurant Zu Ebener Erde und Erster Stock occupe un joli immeuble Biedermeier au nº 29 Gutenberggasse.

BURGGASSE

SCHRANKGASSE

SPITTELBERGGASSE

GUTENBERGGASSE

KIRCHBERGGASSE

SIEBENSTERNGASSE

La Spittelberggasse sert de cadre à un marché artisanal chaque samedi, d'avril à novembre, et tous les jours à Noël et à Pâques.

Le restaurant Witwe Bolte était au XVIIIᵉ siècle une taverne d'où, selon la légende, l'empereur Joseph II aurait été chassé en 1778.

Le nº 9 Spittelberggasse, à la belle décoration peinte, est orné de fenêtres en trompe-l'œil datant du XVIIIᵉ siècle.

Kunsthistorisches Museum ❾

Voir p. 118-123.

Le musée d'Histoire naturelle ❿

Voir p. 126-127.

Le Parlement ⓫

Dr-Karl-Renner-Ring 3. **Plan** 1 C5 et 5 A3. 401100. Volkstheater. *pour* de 11 h à 15 h t.l.j.

La fontaine d'Athéna devant la façade du Parlement

Theophil Hansen *(p. 32)* s'inspira directement de l'architecture grecque, qu'un long séjour à Athènes lui avait rendue familière, pour dessiner cet immense édifice néoclassique. Il fut bâti sur la Ringstrasse de 1874 à 1884 pour accueillir les réunions du Reichsrat, le conseil d'Empire rassemblant les représentants des différents États sous la souveraineté directe des Habsbourg.

Ornée d'effigies d'historiens antiques, une large rampe surplombe des *Dresseurs de chevaux* en bronze sculptés par Josef Lax en 1901 et conduit au portique d'entrée surélevé par rapport à l'avenue. Au sommet de la façade, décorée de statues d'érudits et d'hommes d'État, des Victoires ailées conduisent des quadriges.

Depuis 1902, l'Athenebrunnen, fontaine dessinée par Karl Kundmann et dominée par une immense sculpture d'Athéna, la déesse grecque de la pensée, se dresse devant le bâtiment. C'est là que les députés proclamèrent le 11 novembre 1918, après le démembrement de l'empire des Habsbourg par les vainqueurs de la Première Guerre mondiale, la fondation de la République de la Deutsch-Österreich. Elle changea de nom en 1919 pour prendre celui de République d'Autriche.

LE PARLEMENT AUTRICHIEN

Deux chambres composent le Parlement autrichien : le *Nationalrat*, ou conseil national, dont les 183 députés sont élus pour quatre ans au suffrage universel selon un scrutin proportionnel, et le *Bundesrat*, ou conseil fédéral, où siègent 58 représentants des diètes des neuf Länder. La composition du gouvernement dépend de celle du Nationalrat qui a le pouvoir de le censurer.

Le conseil national peut en outre déposer des projets de lois – à l'instar des chambres de commerce, des chambres d'agriculture, des chambres des ouvriers et des employés, et de la population (par voie de pétition) –, alors que le Bundesrat n'est investi que d'un droit de veto.

Élu pour six ans, le président fédéral remplit un rôle principalement honorifique bien qu'en théorie il puisse opposer son droit de veto à une loi et dissoudre le Parlement.

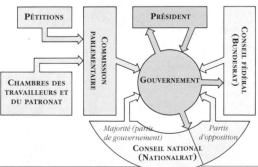

Le musée d'Histoire naturelle ⑩

Crâne du Paléolithique supérieur

Ouvert en 1889 et dessiné par les mêmes architectes, le musée d'Histoire naturelle se dresse presque comme une réplique du Kunsthistoriches Museum sur la Maria-Theresia-Platz. Dans un décor conçu dès l'origine pour les mettre en valeur, ses collections archéologiques, anthropologiques, minéralogiques, zoologiques et géologiques comprennent un très bel ensemble de cristaux, de nombreux fossiles, des représentants naturalisés d'espèces animales éteintes, des vestiges préhistoriques et l'une des plus riches présentations du monde de crânes illustrant l'évolution de l'homme.

★ Découvertes de Hallstatt
Trouvé en Moravie, ce chariot (reconstitué) date du début de l'âge du fer.

Section enfantine

Accès boutique

★ Vénus de Willendorf
Découverte en Basse-Autriche (p. 20), cette déesse de la fertilité a environ 24 000 ans.

LÉGENDE

- Minéralogie
- Géologie, paléontologie
- Archéologie
- Anthropologie
- Zoologie
- Expositions temporaires
- Circulations et services

À NE PAS MANQUER

★ Les découvertes de Hallstatt

★ La Vénus de Willendorf

★ Le moulage d'un *Iguanodon bernissartensis*

Entrée principale depuis la Maria-Theresia-Platz

★ Moulage d'un *Iguanodon bernissartensis*
Le département paléontologique présente plusieurs reconstitutions de squelettes de dinosaures.

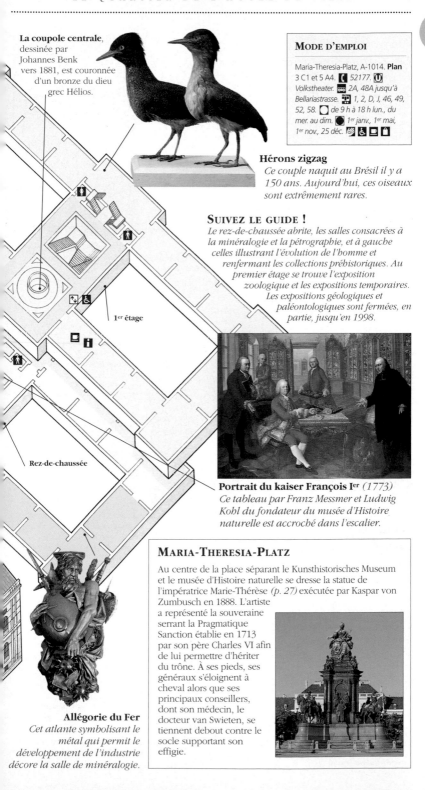

La coupole centrale, dessinée par Johannes Benk vers 1881, est couronnée d'un bronze du dieu grec Hélios.

MODE D'EMPLOI

Maria-Theresia-Platz, A-1014. **Plan** 3 C1 et 5 A4. 52177. *Volkstheater.* 2A, 48A jusqu'à Bellariastrasse. 1, 2, D, J, 46, 49, 52, 58. de 9 h à 18 h lun., du mer. au dim. 1er janv., 1er mai, 1er nov., 25 déc.

Hérons zigzag
Ce couple naquit au Brésil il y a 150 ans. Aujourd'hui, ces oiseaux sont extrêmement rares.

SUIVEZ LE GUIDE !
Le rez-de-chaussée abrite, les salles consacrées à la minéralogie et la pétrographie, et à gauche celles illustrant l'évolution de l'homme et renfermant les collections préhistoriques. Au premier étage se trouve l'exposition zoologique et les expositions temporaires. Les expositions géologiques et paléontologiques sont fermées, en partie, jusqu'en 1998.

1er étage

Rez-de-chaussée

Portrait du kaiser François Ier *(1773)*
Ce tableau par Franz Messmer et Ludwig Kohl du fondateur du musée d'Histoire naturelle est accroché dans l'escalier.

MARIA-THERESIA-PLATZ

Au centre de la place séparant le Kunsthistorisches Museum et le musée d'Histoire naturelle se dresse la statue de l'impératrice Marie-Thérèse *(p. 27)* exécutée par Kaspar von Zumbusch en 1888. L'artiste a représenté la souveraine serrant la Pragmatique Sanction établie en 1713 par son père Charles VI afin de lui permettre d'hériter du trône. À ses pieds, ses généraux s'éloignent à cheval alors que ses principaux conseillers, dont son médecin, le docteur van Swieten, se tiennent debout contre le socle supportant son effigie.

Allégorie du Fer
Cet atlante symbolisant le métal qui permit le développement de l'industrie décore la salle de minéralogie.

Neues Rathaus ⑫

Friedrich-Schmidt-Platz 1. **Plan** 1 B5 et
5 A2. 📞 40008980. Ⓤ *Rathaus.*
◯ *pour* 🔲 *13 h du lun. au ven. et
sur réservation téléphonique.* 📷 ♿
certaines parties.

C'est le projet résolument
néo-gothique de l'architecte
Friedrich von Schmidt qui
remporta le concours organisé
par les autorités pour la
construction du nouvel hôtel de
ville destiné à remplacer l'Altes
Rathaus *(p. 85)*. Les travaux
s'étendirent de 1872 à 1883.

La façade est dominée par un
immense beffroi, coiffé, en
haut de ses 98 m, par le
Rathausmann, un chevalier en
armure dessiné par Franz
Gastell et exécuté en cuivre par
le maître artisan Alexander
Nehr. On peut en voir une
copie dans le Rathauspark qui
s'étend devant le bâtiment.

Celui-ci possède sept cours
intérieures et l'une d'elles,
l'Arkadenhof, entourée
d'arcades comme son nom
l'indique et ornée de statues de
personnages historiques,
accueille des concerts en été.
Elle renferme deux grands
escaliers. Le premier conduit à
la Festsaal, salle d'apparat qui
s'étend sur toute la longueur
de l'édifice. Le restaurant
installé sous l'hôtel de ville, le
Wiener Rathauskeller, attire
une importante clientèle
(p. 213).

Dreifaltigkeits-kirche ⑬

Alser Strasse 17. **Plan** 1 B4.
📞 4057225. Ⓤ *Rathaus.* ◯ *de 8 h
à 11 h 30 du lun. au sam., de 8 h à
12 h le dim.* 📷 ♿ *entrée sur la
Schlösselgasse pour les messes.*

É levée entre 1685 et 1727,
l'église de la Sainte-Trinité
renferme, dans la nef nord, un
retable (1708) par le peintre

Crucifix par Veit Stoss (XVIe siècle)
à la Dreifaltigkeitskirche

Martino Altomonte, et dans la
nef sud un crucifix réalisé par
l'atelier de Veit Stoss. À sa mort
en 1827, le corps de Beethoven
reposa dans le sanctuaire
jusqu'à l'office funèbre auquel
assistèrent notamment
Schubert et le poète Franz
Grillparzer. Un immense
cortège accompagna ensuite le
cercueil jusqu'au cimetière de
Währing, en périphérie.

L'université ⑭

Dr-Karl-Lueger-Ring 1. **Plan** 1 C4 et
5 A2. 📞 401030. Ⓤ *Schottentor.*
◯ *de 8 h à 21 h 45 du lun. au ven.,
de 8 h à 0 h 45 le sam.* 📷 ♿

F ondée en 1365 par le duc
Rodolphe IV, l'université de
Vienne compte aujourd'hui
environ 50 000 étudiants.
Heinrich von Ferstel dessina
l'édifice néo-Renaissance
qu'elle occupe depuis 1883.

Gustav Klimt participa en
1895 à la décoration de
l'entrée mais les autorités
refusèrent ses fresques à cause
des personnages dénudés de
certains panneaux. L'artiste
finit par rendre l'argent de la
commande pour récupérer les
peintures. Elles furent
détruites pendant la Seconde
Guerre mondiale. On ne peut
que regretter de ne pouvoir
découvrir ce qu'elles
apportaient au vaste hall
dominé par les escaliers
imposants qui mènent aux
salles d'apparat.

Au cœur du bâtiment, les

Le beffroi au centre de la façade du Neues Rathaus élève à 98 m du sol la
statue du *Rathausmann*

bustes des plus illustres professeurs de l'institution, dont Sigmund Freud *(p. 110)* et le philosophe Franz Brentano, décorent une spacieuse cour intérieure où donnent les couloirs desservant les salles de cours.

Le café Landtmann ⓯

Dr-Karl-Lueger-Ring 4. **Plan** 1 C5 et 5 B2. ⚫ 5320621. Ⓤ *Schottentor, Volkstheater.* ⚪ *de 8 h à minuit t.l.j.* 📷 ♿

Si le café Central *(p. 58)* était celui de l'intelligentsia viennoise, le Landtmann est sans conteste celui de la haute bourgeoisie et des hommes politiques. Fondé en 1873 par Franz Landtmann, il offre un confort luxueux dans un cadre élégant de miroirs et de boiseries qu'appréciait déjà Freud.

Burgtheater ⓰

Voir p. 130-131.

La Dreimäderlhaus (gauche) sur la Schreyvogelgasse

Dreimäderlhaus ⓱

Schreyvogelgasse 10. **Plan** 1 C5 et 5 B2. Ⓤ *Schottentor.* 📷

Les maisons qui bordent la Schreyvogelgasse offrent un gracieux témoignage de l'époque Biedermeier. la « maison des Trois Jeunes Filles » est la plus jolie et la légende raconte que Schubert y installa trois amantes, mais son nom découle plus probablement d'une opérette, *Dreimäderlhaus*, qui utilisait les mélodies du maître.

L'une des arcades entourant la cour intérieure de l'université

Mölker-Bastei ⓲

Plan 1 C5 et 5 B2. Ⓤ *Schottentor.*

À quelques pas de la Ringstrasse, une rue tranquille fut percée sur l'ancien bastion de l'enceinte fortifiée où, en 1853, un tailleur hongrois tenta d'assassiner l'empereur François-Joseph.

On peut admirer l'architecture de quelques maisons datant de la fin du xviiie siècle qui la bordent, notamment celle où vécut Beethoven pendant plusieurs années. En 1815, le prince belge Charles de Ligne habita le n° 10 pendant le congrès de Vienne *(p. 30)* et y rédigea des commentaires cyniques sur le comportement des têtes couronnées réunies dans la capitale autrichienne. Lui-même mourut d'un coup de froid attrapé lors d'un rendez-vous galant sur le bastion.

Ornement de la Pasqualatihaus

Pasqualatihaus ⓳

Mölker-Bastei 8. **Plan** 1 C5 et 5 B2. ⚫ 5358905. Ⓤ *Schottentor.* **Musée** ⚪ *de 9 h à 12 h 15, de 13 h à 16 h 30 du mar. au dim.* 💶 📷

Rien ne différencie, de prime abord, cette maison portant le nom de son premier propriétaire, le baron Johann von Pasqualati, de celles qui l'entourent sur le Mölker-Bastei. Il s'agit pourtant de la plus connue des résidences viennoises de Beethoven qui en eut plus de trente.

Le compositeur y résida entre 1804 et 1808 puis de 1810 à 1815 et y travailla à plusieurs de ses œuvres parmi les plus célèbres, notamment ses quatrième, cinquième, septième et huitième symphonies, l'opéra *Fidelio* et le *Concerto pour piano n° 4.*

Aujourd'hui, les pièces du quatrième étage qui formaient son appartement abritent un petit musée dont l'exposition comprend des partitions, des dessins et gravures, des souvenirs, telle une mèche de cheveux ainsi que des bustes et des peintures.

Monument à Liebenberg (1890) sous la Mölker-Bastei

Le Burgtheater ⑯

Inauguré en 1888, l'édifice élevé sur la Ringstrasse par Karl von Hasenauer et Gottfried Semper mêle éléments néo-Renaissance et néo-baroque. En remplaçant le « théâtre de la Cour » fondé sous Marie-Thérèse, il devint la scène la plus prestigieuse des pays de langue allemande *(p. 228)*. À la fin de la dernière guerre, une bombe ravagea le bâtiment principal, n'épargnant que les ailes des escaliers d'honneur. La restauration prit dix ans mais fut si réussie qu'en 1955, à la réouverture, il était difficile de reconnaître les parties neuves de celles d'époque.

Deux Muses, de la musique et de l'art dramatique, ornent le toit.

Bustes d'auteurs
Des bustes de dramaturges toujours joués au Burgtheater animent les murs des escaliers d'honneur. Celui-ci, par Hans Knesl est de Johann Nestroy.

Des fresques des frères Klimt et de Franz Matsch couvrent les plafonds des ailes sud et nord.

Départ des visites

Escalier à candélabres

★ **Les escaliers d'honneur des ailes sud et nord**
Depuis les entrées latérales, deux escaliers d'apparat identiques montent au foyer.

Entrée principale sur le Dr-Karl-Lueger-Ring

À NE PAS MANQUER

★ **Les escaliers d'honneur des ailes sud et nord**

★ *Der Thespiskarren* par Gustav Klimt

Foyer
Les portraits d'acteurs et actrices célèbres décorent les murs de cette galerie longue de 60 m qui se remplit lors des entractes.

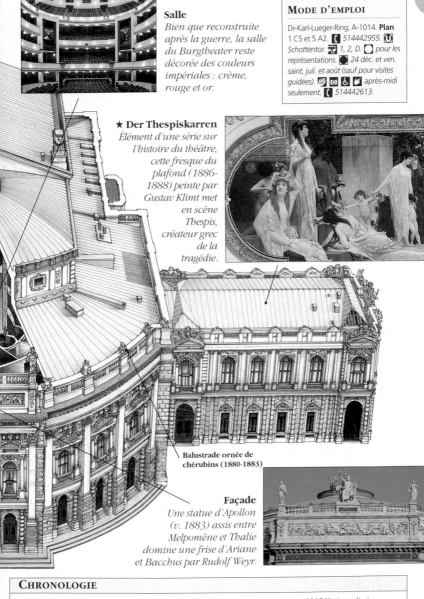

Salle
Bien que reconstruite après la guerre, la salle du Burgtheater reste décorée des couleurs impériales : crème, rouge et or.

MODE D'EMPLOI

Dr-Karl-Lueger-Ring, A-1014. **Plan** 1 C5 et 5 A2. 514442955. Schottentor. 1, 2, D. pour les représentations. 24 déc. et ven. saint, juil. et août (sauf pour visites guidées). après-midi seulement. 514442613.

★ **Der Thespiskarren**
Élément d'une série sur l'histoire du théâtre, cette fresque du plafond (1886-1888) peinte par Gustav Klimt met en scène Thespis, créateur grec de la tragédie.

Balustrade ornée de chérubins (1880-1883)

Façade
Une statue d'Apollon (v. 1883) assis entre Melpomène et Thalie domine une frise d'Ariane et Bacchus par Rudolf Weyr.

CHRONOLOGIE

1741 Marie-Thérèse fonde le Burgtheater dans une salle de bal de la Hofburg

1874 1re pierre de l'édifice actuel

1945 Un incendie ravage la salle

1897 Remaniement de la salle

1750		1850	1900	1950

1776 Joseph II réorganise la compagnie qui devient théâtre national

L'ancien Burgtheater au XVIIIe siècle

1888 Inauguration le 14 octobre en présence de l'empereur François-Joseph et de sa famille

1955 Réouverture avec *Le Roi Ottokar* de Grillparzer

OPÉRA ET NASCHMARKT

D e l'opulence des boutiques de l'Opernring et du classicisme monumental de l'Opéra jusqu'à la modernité sans fard de la Mariahilfer Strasse, bordée

Relief en façade du pavillon de la Sécession

de cinémas et de grands magasins où se pressent des acheteurs venus de presque toute l'Europe centrale, ce quartier présente au visiteur des contrastes marqués. Autres grandes artères puisqu'elles s'étendent des environs immédiats de la Ringstrasse jusqu'aux limites de la ville, la Linke Wienzeile et

la Rechte Wienzeile suivent le cours sinueux et parfois souterrain de la rivière Vienne. Entre elles, le Naschmarkt, grand marché d'alimentation que prolonge un marché aux puces, étale ses éventaires. Les façades Jugendstil des immeubles d'Otto Wagner les dominent tandis que sur la Friedrichstrasse, le café Museum offre un havre de paix à proximité de trois grandes institutions culturelles : l'Opéra, l'Académie des beaux-arts et le pavillon de la Sécession.

LE QUARTIER D'UN COUP D'ŒIL

Rue
Mariahilfer Strasse **8**

Bâtiments historiques
Opéra p. 138-139 **1**
Hôtel Sacher **2**
Theater an der Wien **5**
Immeubles de Wagner **7**

Musées
Académie des beaux-arts **3**
Pavillon de la Sécession **4**
Musée du Tabac **9**
Bundesmobiliensammlung **10**
Musée Haydn **11**

Marché
Naschmarkt **6**

COMMENT Y ALLER ?
Le métro dessert le quartier aux stations Zieglergasse (ligne U3), Neubaugasse (U3) et Babenbergerstrasse (U2). Le bus 13A circule le long de la partie sud de la Linke Wienzeile et entre la Josefstädter Strasse et la Mariahilfer Strasse. Le 57A suit la Gumpendorfer Strasse sur toute sa longueur.

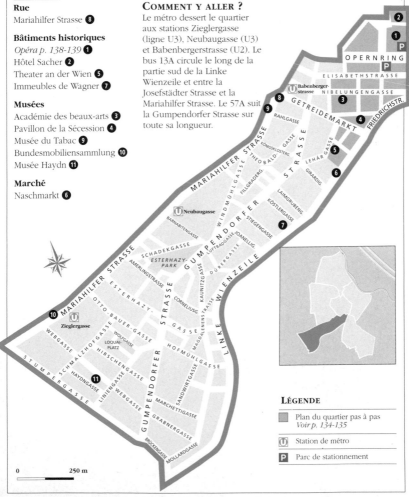

LÉGENDE

Plan du quartier pas à pas
Voir p. 134-135

Ⓤ Station de métro

Ⓟ Parc de stationnement

0   250 m

◁ **Entrée et escalier d'honneur de l'Opéra**

L'Opernring pas à pas

Entre deux importants points de repère, l'Opéra et la Karlskirche, s'étend un quartier dont la diversité témoigne de la richesse du passé culturel de Vienne. À proximité, ici d'un théâtre du XVIIIe siècle, là d'une école d'art néo-Renaissance, là encore du pavillon de la Sécession dont la modernité annonce le XXe siècle, des établissements comme l'hôtel Sacher, aussi luxueux aujourd'hui qu'il y a cent ans, ou le café Museum *(p. 58)*, entretiennent une tradition du bien vivre qui a fait la réputation de la ville et à laquelle participent les étals bariolés et les produits exotiques du Naschmarkt.

★ **Académie des beaux-Arts**
Cet édifice de style florentin abrite notamment quelques œuvres de Rubens ❸

Statue de Goethe (1890) par Edmund Hellmer.

La statue de Schiller domine un jardin devant l'Académie des beaux-arts.

★ **Pavillon de la Sécession**
Édifice novateur bâti pour présenter les œuvres des artistes de la Sécession, il abrite la Frise Beethoven (p. 56) *par Gustav Klimt* ❹

Theater an der Wien
Cette salle de spectacle où Beethoven donna la première de Fidelio *accueille aujourd'hui des comédies musicales* ❺

Naschmarkt
Des produits fermiers au bric-à-brac, tout se vend sur ce marché très animé le samedi matin ❻

Hôtel Sacher
La fameuse Sachertorte
(p. 207)
a été inventée ici ❷

LE QUARTIER DE L'HÔTEL DE VILLE

LE QUARTIER DE LA HOFBURG

OPÉRA ET NASCHMARKT

CARTE DE SITUATION
Voir l'Atlas des rues, plans 3, 4 et 5

Vers Albertinaplatz

GOETHEGASSE

OPERNRING

OPERNGASSE

HSTRASSE

ASSE

DRICH-STRASSE

Vers Kärntner Strasse

0   50 m

★ **L'Opéra**
Ce bâtiment majestueux ouvert en 1869 demeure au cœur de la vie culturelle viennoise ❶

CAFE   MUSEUM   CAFE

Le café Museum, bien qu'il ait perdu la décoration intérieure raffinée que lui avait donnée Adolf Loos *(p. 58)*, reste apprécié des étudiants et des artistes.

Une statue de Marc Antoine (1899) par Arthur Strasser, somptueusement décadente, se dresse à côté du pavillon de la Sécession.

À NE PAS MANQUER

★ **Le pavillon de la Sécession**

★ **L'Académie des beaux-arts**

★ **L'Opéra**

LÉGENDE

– – –   Itinéraire conseillé

L'Opéra ❶

Voir p. 138-139.

L'hôtel Sacher ❷

Philharmonikerstrasse 4. **Plan** 4 D1 et 5 C5. 📞 514560. Ⓣ *Karlsplatz.* 🕐 *de 6 h 30 à minuit t.l.j.* 🅾️ ♿

Fondé par le fils de Franz Sacher, le cuisinier qui inventa la *Sachertorte* en 1832 *(p. 207)*, cet hôtel acquit sa renommée de 1892 à 1930 sous la direction de sa bru, Anna Sacher, maîtresse femme fumeuse de cigare. Jadis sanctuaire des escapades adultères de la noblesse et de la haute bourgeoisie, il reste aujourd'hui un établissement où luxe et discrétion sont de mise et où l'on sert toujours la *Sachertorte*.

L'Académie des beaux-arts ❸

Schillerplatz 3. **Plan** 4 D2 et 5 B5. 📞 588160. Ⓣ *Karlsplatz.* 🕐 *de 10 h à 14 h mar., jeu. et ven., de10 h à 13 h et de 15 h à 18 h le mer., de 9 h à 13 h les sam., dim. et jours fériés.* 🖼️ 🅾️ ♿

Theophil Hansen s'inspira de la Renaissance italienne pour construire cette école d'art dont Hitler se vit refuser l'entrée en 1907 pour manque de talent. L'établissement, qui conserve

Façade du pavillon de la Sécession

sa fonction d'enseignement, abrite une galerie de tableaux aux expositions tournantes mais dont la collection comprend, entre autres, le *Jugement dernier* par Jérôme Bosch, des Rubens et des œuvres de la Renaissance allemande et italienne.

Le pavillon de la Sécession ❹

Friedrichstrasse 12. **Plan** 4 D2. 📞 5875307. Ⓣ *Karlsplatz.* 🕐 *de 10 h à 18 h du mar. au ven., de 10 h à 16 h les sam., dim. et jours fériés.* 🖼️ 🚫 ♿

Pour donner un lieu d'exposition aux défenseurs du Jugendstil, qui avaient fait « sécession » de la trop conservatrice Maison des artistes *(p. 34)*, Josef Maria Olbrich dessina en 1897 ce pavillon de plan carré. Quasiment dépourvu de fenêtres et surmonté d'un dôme ajouré et doré, le bâtiment s'affirme comme un véritable manifeste contre la mode historiciste de la Ringstrasse. Écrite en lettres d'or au-dessus de l'entrée, la devise « À chaque époque son art, à l'art sa liberté » exprime d'ailleurs clairement la

démarche de l'architecte.

Le pavillon accueille toujours aujourd'hui des expositions d'art moderne mais est surtout visité pour la *Frise Beethoven* longue de 34 m inspirée à Gustav Klimt par l'œuvre du génial musicien.

Theater an der Wien ❺

Linke Wienzeile 6. **Plan** 3 C2. 📞 588300. Ⓣ *Kettenbrückengasse.* 🕐 *pour les représentations.* ● *du 21 avr. au 15 juil.* 🚫

Beethoven donna en 1805 la première de *Fidelio* dans ce théâtre *(p. 224)* fondé en 1801 par Emanuel Schikaneder, auteur du livret de *La Flûte enchantée*. Une statue au-dessus de l'entrée le représente interprétant Papageno lors de la création de l'œuvre de Mozart au Freihaustheater, auparavant à cet endroit.

Naschmarkt ❻

Plan 3 C2. Ⓣ *Kettenbrückengasse.* **Marché** 🕐 *6 h à 18 h 30 lun. au ven., 6 h à 14 h sam.* **Musée Schubert** 🕐 *9 h à 12 h 15, 13 h à 16 h 30 mar. au dim.*

Éventaire au Naschmarkt

Le marché le plus animé de Vienne compte de nombreux éventaires proposant des produits exotiques ou des spécialités d'Europe centrale. On y trouve également certains des meilleurs snacks de Vienne *(p. 215-217)*. Plus on se dirige vers l'ouest, plus les prix baissent et les étals où fermiers et viticulteurs proposent leur production se multiplient avant de laisser place à un marché aux puces très animé le samedi matin.

Au n° 6 Kettenbrückengasse, un petit musée rend hommage à Franz Schubert dans l'appartement où il mourut.

Entrée du Theater an der Wien

La Majolikahaus, l'un des immeubles de Wagner

Les immeubles de Wagner ❼

Linke Wienzeile 38 et 40. **Plan** 3 C2. Ⓤ *Kettenbrückengasse.*

Deux immeubles construits par Otto Wagner en 1899 sur la Linke Wienzeile dominent le Naschmarkt de leurs superbes façades Art nouveau *(p. 54-57)*. Kolo Moser dessina la plupart des motifs dorés du n° 38 mais le n° 40, la « maison des Majoliques » (Majolikahaus) présente la décoration la plus représentative de ce style. Un immense arbre en fleurs s'y déploie sur les carreaux de céramique qui recouvrent entièrement la façade.

Juste à côté, le n° 42 offre un exemple du style historiciste *(p. 32-33)* contre lequel s'insurgeaient les créateurs de la Sécession.

Mariahilfer Strasse ❽

Plan 3 A3 et 5 A5. Ⓤ *Zieglergasse, Kirchengasse, Babenberger Strasse.* **Stiftkirche** ⃝ *de 7 h 30 à 18 h du lun. au ven., de 7 h à 23 h le sam., de 8 h 30 à 21 h 30 le dim.* **Mariahilfer Kirche** ⃝ *de 8 h à 17 h du lun. au sam., de 8 h 30 à 19 h le dim.*

Cette artère est l'une des plus fréquentées de Vienne. À l'angle de la Stiftgasse, la Stiftkirche (1739) élève sa façade austère que domine un clocher à bulbe. Quelques beaux reliefs rococo animent ses murs.

L'auteur dramatique Ferdinand Raimund naquit en face, au n° 45. Des boutiques bordent aujourd'hui la cour intérieure pavée de l'immeuble.

Au n° 55 se dresse l'église baroque Notre-Dame-de-Miséricorde attribuée à Sebastiano Carlone et dédiée en 1689 au culte de la Vierge institué au XVIe siècle à la Mariahilfer Kirche de Passau, un important centre de pèlerinage.

Le musée du Tabac ❾

Mariahilfer Strasse 2. **Plan** 3 C2 et 5 A5. 📞 5261716. Ⓤ *Babenberger Strasse.* ⃝ *de 10 h à 17 h du mar. au ven., de 10 h à 14 h les sam. et dim.* 🎨 ◻ ♿

Le tabac, dont Joseph II, dès 1784, fit de la vente un monopole d'État encore en vigueur aujourd'hui, a beaucoup inspiré les artisans autrichiens, en particulier au XIXe siècle. Ce musée, situé près de la Ringstrasse, est surprenant par la profusion des objets présentés : tabatières, pipes, nécessaires à cigares.

Bundesmobiliensammlung ❿

Mariahilfer Strasse 88. **Plan** 3 A2. 📞 5324240. Ⓤ *Zieglergasse.* ⬤ *jusqu'en 1998 pour restauration.*

Depuis Marie-Thérèse, chaque fois qu'un Habsbourg changeait la décoration d'un de ses palais, le mobilier désaffecté partait en dépôt dans le garde-meuble de la cour, devenu à la chute de l'Empire la collection fédérale de meubles anciens ouverte au public en 1924. Elle comprend des intérieurs intégralement préservés, tel celui de la chambre à coucher de François II au palais du Laxenburg.

En cours de restauration, elle devrait rouvrir en 1998.

Le musée Haydn ⓫

Haydngasse 19. **Plan** 3 A3. 📞 5961307. Ⓤ *Zieglergasse.* ⃝ *de 9 h à 12 h 15 et de 13 h à 16 h 30 du mar. au dim.* 🎨 ◻

Grâce à l'argent gagné lors de ses séjours à Londres, Josef Haydn fit construire cette maison dans ce qui était alors un quartier neuf. Il l'habita de 1797 jusqu'à sa mort en 1809 et y composa notamment *La Création* et *Les Saisons*.

Comme beaucoup de musées dédiés à des compositeurs, celui-ci créé dans la demeure n'est pas très riche et l'exposition, en dehors d'un piano et d'un clavecin, présente surtout des copies de documents et de partitions. Une pièce est consacrée à Johannes Brahms.

Pi..
(18..
du Tab..

L'Opéra ❶

Gustav Mahler par Rodin

L'Opéra d'État de Vienne, le Staatsoper, ouvrit le 25 mai 1869 par une représentation du *Don Giovanni* de Mozart. De style néo-Renaissance, le bâtiment ne souleva tout d'abord pas l'enthousiasme des Viennois. Pourtant, sa quasi-destruction par une bombe en 1945 leur apparut comme un coup symbolique porté à leur ville. Reconstruit à l'identique mais doté d'un équipement à la pointe de la technologie, il rouvrit ses portes le 5 novembre 1955 pour les mélomanes venus assister au *Fidelio* de Beethoven.

Reliefs allégoriques *(1861-1869)*
Dans des lunettes, des bas-reliefs peints par Johann Preleuthner représentent l'Opéra comique (ci-dessus), le Ballet et l'Opéra.

Salle

★ **Escalier d'honneur**
Des statues par Josef Gasser des sept arts libéraux (telles la Danse et la Musique) décorent le superbe escalier de marbre qui conduit de l'entrée principale au premier étage.

★ **Foyer Schwind**
Orné de scènes d'opéras peintes par Moritz von Schwind, le foyer abrite les bustes de grands compositeurs et chefs d'orchestre, dont celui de ~~M~~ahler (1909) par Rodin.

Entrée principale

Cinq statues en bronze d'Ernst Julius Hähnel : l'Héroïsme, le Drame, la Fantaisie, l'Humour et l'Amour, se dressent sous les arcs de la loggia.

★ **Salon de thé**
François-Joseph et son entourage passaient les entractes dans cette pièce élégante décorée de draperies en soie portant les initiales impériales.

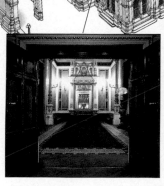

LE BAL DE L'OPÉRA

Le dernier jeudi du carnaval de Vienne *(p. 65)*, on prolonge la scène au-dessus des sièges de la salle afin de créer la piste de danse où les jeunes filles en robes blanches de la haute société s'élanceront avec leurs cavaliers pour le bal de l'Opéra, la plus prestigieuse des réunions mondaines viennoises.

Les architectes
August Sicardsburg (à droite) et Eduard van der Nüll (à gauche) dessinèrent l'Opéra

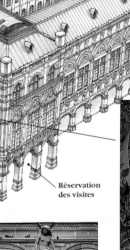

Réservation des visites

Fontaine
Hans Gasser dessina les deux fontaines qui encadrent l'Opéra. Celle-ci représente la sirène légendaire Lorelei soutenue par le Chagrin, l'Amour et la Vengeance.

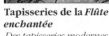

Tapisseries de la *Flûte enchantée*
Des tapisseries modernes inspirées à Rudolf Eisenmenger par l'œuvre célèbre de Mozart parent la Gobelinsaal.

LE QUARTIER DU BELVÉDÈRE

Ce quartier jalonné d'édifices grandioses ne put se développer qu'après l'échec du siège ottoman de 1683. Le prince Eugène joua un rôle de premier plan dans la défaite des Ottomans et, en 1714, il commanda une demeure à l'architecte baroque Johann Lukas von Hildebrandt. Un second édifice, encore plus somptueux, vint s'y adjoindre en 1721. Mis en valeur par un superbe jardin à la française, ces deux palais du Belvédère, l'inférieur et le supérieur, abritent aujourd'hui trois grands musées d'art. Autre chef-d'œuvre du baroque entrepris à la même époque, mais sur des plans de Johann Fischer von Erlach, la Karlskirche domine la Karlsplatz et son parc parsemé de statues. Les gracieux pavillons Jugendstil conçus par Otto Wagner pour le métro se font face sur la place, à quelques pas du Musikverein, siège néo-Renaissance de l'orchestre philharmonique. Sur la Goldeggasse, le musée des Pompes funèbres témoigne de la fascination exercée par la mort sur les Viennois.

Statue de Léonard de Vinci à la Künstlerhaus

LE QUARTIER D'UN COUP D'ŒIL

Rues et places
Schwarzenbergplatz **7**
Rennweg **9**

Bâtiments historiques
Musikverein **3**
Pavillons de la Karlsplatz **4**
Hôtel Imperial **6**
Palais Schwarzenberg **8**
Theresianum **13**

Musées
Musée historique de la Ville de Vienne **2**
Künstlerhaus **5**
Palais et jardins du Belvédère p. 150-155 **10**
Bestattungsmuseum **12**

Jardin
Jardin botanique **11**

Église
Karlskirche p. 146-147 **1**

COMMENT Y ALLER ?
En métro, stations Karlsplatz (lignes U1, U2, U4) et Taubstummengasse (U1). Le tram 71 emprunte la Rennweg et le bus 4A relie la Wittelsbachstrasse à la Karlsplatz.

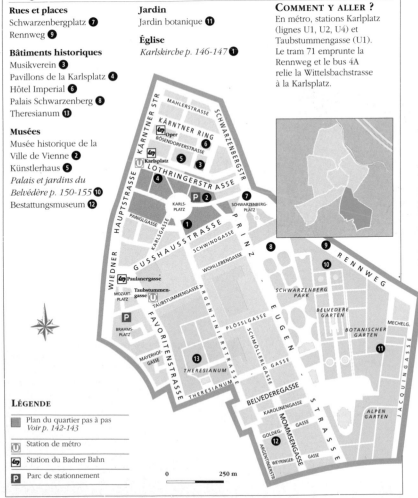

LÉGENDE

Plan du quartier pas à pas
Voir p. 142-143

U Station de métro

Station du Badner Bahn

P Parc de stationnement

0   250 m

◁ **Jardin botanique**

La Karlsplatz pas à pas

Un jardin, le Resselpark, occupe la plus grande partie de cette place, laissant la vue dégagée sur la Karlskirche, l'église grandiose commandée par Charles VI après la défaite des Ottomans. Plusieurs institutions culturelles bordent cet espace vert, notamment le musée historique de la Ville et le Musikverein, siège du prestigieux orchestre philharmonique de Vienne.

★ **Pavillons de la Karlsplatz**
Ce sont d'anciennes stations de métro dessinées par Otto Wagner ❹

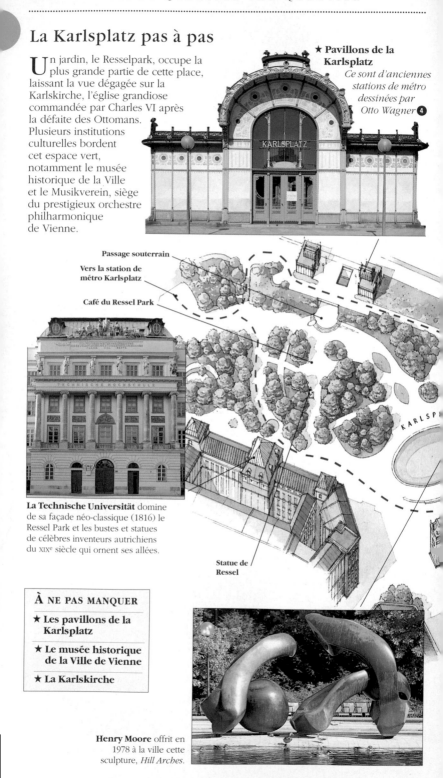

Passage souterrain

Vers la station de métro Karlsplatz

Café du Ressel Park

KARLSP

La Technische Universität domine de sa façade néo-classique (1816) le Ressel Park et les bustes et statues de célèbres inventeurs autrichiens du XIXe siècle qui ornent ses allées.

Statue de Ressel

À NE PAS MANQUER

★ **Les pavillons de la Karlsplatz**

★ **Le musée historique de la Ville de Vienne**

★ **La Karlskirche**

Henry Moore offrit en 1978 à la ville cette sculpture, *Hill Arches*.

Musikverein
Cette salle de concert édifiée dans le style historiciste de la Ringstrasse (p. 144) est réputée pour la qualité de son acoustique ❸

CARTE DE SITUATION
Voir l'Atlas des rues, plan 4

★ **Le musée historique de la Ville de Vienne**
Ses collections, qui illustrent le développement de la cité de l'âge de pierre à nos jours, comprennent notamment des vestiges de la Vienne romaine ❷

★ **Karlskirche**
Élevée après la peste de 1713, c'est la plus belle église baroque de Vienne ❶

Ambassade de France

DUMBASTRASSE
STRASSE
KARLSPLATZ
LOTHRINGER
MADERSTRASSE
MATTIELLISTRASSE
TECHNIKERSTR
SSHAUSSTRASSE

0   50 m

L'AMBASSADE DE FRANCE

L'architecte Georges Chédanne éleva entre 1904 et 1912 cet édifice typique de l'Art nouveau français dont on peut voir d'autres exemples à Paris. Des railleurs, trouvant oriental ce style inconnu à Vienne, lancèrent une rumeur selon laquelle les plans du bâtiment avaient été confondus avec ceux de l'ambassade de France à Istanbul.

Façade Art nouveau de l'ambassade de France

Karlskirche ❶

Voir p. 146-147

Le musée historique de la Ville de Vienne ❷

Karlsplatz. **Plan** 4 E2. 5058747.
Karlsplatz. de 9 h à 16 h 30 du mar. au dim.

La façade monumentale du Musikverein

L es collections de l'Historisches Museum der Stadt Wien installé depuis 1959 près de la Karlskirche suivent un ordre chronologique. Consacré à l'histoire de la ville jusqu'à la fin du Moyen Âge, le rez-de-chaussée renferme notamment des ustensiles préhistoriques, des pierres tombales romaines et des vitraux et éléments sculptés provenant du Stephansdom.

L'exposition du premier étage couvre la période s'étendant du siège ottoman de 1529 jusqu'à la fin du xviii siècle. Armes, armures, bannières et richesses arrachées aux Ottomans, ainsi que tableaux et gravures, rappellent les guerres qui jalonnèrent ces époques. Objets d'art et documents, comme les plans originaux de Johann Bernhard Fischer von Erlach pour le château de Schönbrunn *(p. 170-173)*,

évoquent le triomphe du baroque qui bouleversa l'aspect de la cité après la victoire.

Le dernier niveau (1792 à nos jours) propose plusieurs reconstitutions d'intérieurs viennois, tels l'appartement Biedermeier du poète Franz Grillparzer, un « salon pompéien » aménagé en 1798 dans le palais Caprara-Geymüller, et la salle de séjour (1903) d'Adolf Loos *(p. 92)*. Des tableaux, notamment par Klimt, Schiele ou Kolo Moser, et des créations des Wiener Werkstätte *(p. 56)*, témoignent du renouveau artistique apporté par la Sécession.

De très nombreuses photographies illustrent le développement de la capitale autrichienne au xxe siècle.

Musikverein ❸

Bösendorferstrasse 12. **Plan** 4 E2.
5058190. Karlsplatz.
seulement pour les concerts.

L a maison des Amis de la musique, ou Musikvereinsgebäude, édifiée entre 1867 et 1869 par Theophil Hansen dans un style inspiré de la Grèce antique, est le siège du Wiener Philharmoniker, l'orchestre philharmonique de Vienne *(p. 227)* qui se produit également à l'Opéra. La grande salle dorée, au plafond orné d'une fresque représentant Apollon et les neuf Muses, contient près de 2 000 places. Elles sont proposées en priorité aux abonnés mais parfois mises en vente, pour quelques-unes, le jour de la représentation. Inutile toutefois d'espérer en obtenir ainsi pour le grand concert célébrant le Nouvel An *(p. 65)*.

Les pavillons de la Karlsplatz ❹

Karlsplatz. **Plan** 4 D2. 5058747.
Karlsplatz. d'avr. à oct. : de 9 h à 16 h 30 du mar. au dim.

L ors de la construction du métro à la fin du xixe siècle, Otto Wagner *(p. 54-57)* se vit charger de l'aménagement des stations, des ponts et des galeries. Certains des ouvrages d'art qu'il dessina sont remarquables mais aucun n'égale en élégance les deux pavillons (1898-1899) qu'occupaient les stations de

Tournesols ornant la façade d'un des pavillons de la Karlsplatz

L'Hochstrahlbrunnen sur la Schwarzenbergplatz

la Karlsplatz. Leurs motifs floraux et les courbes gracieuses de leurs toits verts feraient presque oublier qu'ils avaient une vocation fonctionnelle. Wagner n'en utilisa pas moins des techniques industrielles pour les réaliser : les panneaux décorés des tournesols qu'il affectionnait tant furent fabriqués en usine. Les pavillons abritent aujourd'hui l'un un café, l'autre un petit musée consacré à leur architecte.

Künstlerhaus [5]

Karlsplatz 5. **Plan** 4 D2 et 6 D5. ☎ *5879663.* [U] *Karlsplatz.* 🕐 *de 10 h à 16 h du ven. au mer., de 10 h à 19 h le jeu.* ● *ven. saint, 24 et 31 déc. après-midi.* 📷 ♿

La maison des Artistes bâtie de 1865 à 1868 sur des plans d'August Weber dans le style d'un *palazzo* Renaissance offre un exemple typique de l'historicisme de l'époque de la Ringstrasse *(p. 32-33).* Les expositions qu'elle organisa jusqu'en 1914 reflétaient le goût de la grandiloquence et de l'académisme. La Künstlerhaus a abrité notamment la fameuse exposition « Vienne 1880-1938, rêve et réalité » qui fit ensuite le tour du monde.

L'hôtel Imperial [6]

Kärntner Ring 16. **Plan** 4 E2 et 6 D5. ☎ *50110.* [U] *Karlsplatz.* 📷 ♿

Avec le Sacher *(p. 136),* cet établissement inauguré par François-Joseph est le plus célèbre des grands hôtels ouverts au XIXe siècle. On peut y boire le thé bercé par un pianiste discret ou dormir dans la chambre de Richard Wagner. Adolf Hitler en fit son quartier général après l'Anschluss *(p. 36).*

Schwarzenbergplatz [7]

Plan 4 E2. [U] *Karlsplatz.*

Bordée d'imposants immeubles de bureaux, cette place, l'une des plus majestueuses de Vienne, qui donne sur la Ringstrasse s'organise autour de la statue équestre (1867) du prince de Schwarzenberg. Ce dernier commanda les troupes alliées face à Napoléon lors de la bataille de Leipzig en 1813.

À l'intersection de la Prinz-Eugen-Strasse et de la Gusshausstrasse, une fontaine monumentale, l'Hochstrahlbrunnen (1873), s'éclaire les nuits d'été. Derrière elle, et cachant en partie le palais Schwarzenberg, se dresse le monument commémorant la libération de la capitale autrichienne par l'Armée rouge. Les Viennois, qui gardent un mauvais souvenir de l'occupation soviétique, l'ont rebaptisé « Au pillard inconnu ».

Façade néo-Renaissance de la Künstlerhaus (

La Karlskirche ❶

Alors que la peste ravageait la capitale autrichienne en 1713, Charles VI fit vœu d'élever, dès que le fléau cesserait, une église dédiée à saint Charles Borromée (1538-1584), archevêque de Milan qui avait fait preuve d'un admirable dévouement lors d'une épidémie dans son diocèse en 1576. L'année suivante, l'architecte Johann Bernhard Fischer von Erlach remportait le concours organisé par l'empereur. Achevée par son fils, la construction prit près de 25 ans mais l'église Saint-Charles est le plus beau sanctuaire baroque de Vienne. L'immense coupole et le portique conjuguent influences grecque et romaine alors que les deux colonnes qui les encadrent évoquent des minarets et que les toits des pavillons latéraux rappellent ceux des pagodes chinoises. Les plus grands artistes de l'époque, tel Daniel Gran, participèrent à la décoration intérieure.

Ange symbolisant le Nouveau Testament

Chaire
Les dorures et les angelots qui la décorent sont des ornements typiques du baroque.

★ **Maître-autel**
Un relief en stuc par Albert Camesina montre saint Charles Borromée emporté au ciel par des anges.

Escalier (fermé au public)

Les deux pavillons des entrées ~~latér~~ales évoquent par leurs ~~toitu~~res des pagodes chinoises.

Les reliefs du fronton par Giovanni Stanetti remémorent la peste de 1713.

Ange représentant l'Ancien Testament

Nouvelle entrée

À ~~NE PA~~S MANQUER

~~Maître-~~autel

~~... de~~ la

...s

Croix de la coupole

MODE D'EMPLOI

Karlsplatz, A-1040. **Plan** 4 E2.
5046187. Karlsplatz.
4A. de 7 h 30 à 19 h du lun. au ven., de 8 h à 19 h le sam., de 9 h à 19 h le dim. midi, 18 h du lun. au sam., 10 h, 12 h, 18 h le dim. de juin à sept. : 19 h 30 tous les dim.

★ **Fresque de la coupole**
Dernière commande de Johann Michael Rottmayr, peinte entre 1725 et 1730, elle représente l'Apothéose de saint Charles Borromée.

JOHANN BERNHARD FISCHER VON ERLACH

Cet architecte (1656-1723) dessina nombre des plus beaux édifices baroques de Vienne, dont le palais Trautson et le château de Schönbrunn. Il mourut pendant la construction de la Karlskirche et c'est son fils qui l'acheva en 1737.

★ **Les deux colonnes**
Comme la colonne de Trajan à Rome, leur fût est couvert d'une spirale de bas-reliefs. Ceux-ci illustrent, à gauche, la constance de Charles Borromée, à droite son courage.

Entrée latérale

Saint Charles Borromée
Sculptée par Lorenzo Mattielli, l'effigie du saint couronne le fronton.

Ange représentant le Nouveau Testament

Le palais Schwarzenberg vu depuis la Schwarzenbergplatz

Le palais Schwarzenberg ❽

Schwarzenbergplatz 9. **Plan** 4 E2.
Voir **Hébergement** *p. 199.*

C onstruit de 1697 à 1711
sur des plans de Johann
Lukas von Hildebrandt
(p. 150), le palais fut remanié
à partir de 1720 par Johann
Fischer von Erlach *(p. 147)* et
son fils, Joseph Emanuel
donna au jardin son bassin et
sa fontaine. Cette élégante
demeure baroque au salon
principal orné d'un lustre
impressionnant abrite
aujourd'hui, dans une aile,
l'ambassade de Suisse et dans
l'autre un hôtel et un
restaurant de luxe. Seuls leurs
hôtes peuvent découvrir
l'intérieur somptueux,
magnifiquement restauré
après les destructions de la
dernière guerre.
   L'actuel prince de
Schwarzenberg est depuis
1989 un conseiller du
président tchèque Václav
Havel.

Rennweg ❾

Plan 4 E2. 🚇 *Karlsplatz.*
Gardekirche 🕐 *de 8 h à 22 h t.l.j.*

C ette grande avenue, qui
part de la Schwarzenberg-
platz et longe les jardins du
Belvédère, forme l'un des
côtés, avec le Stadtpark et
l'Ungargasse, du quartier « des
ambassades ». Ainsi, le n° 3,
abrite l'ancienne ambassade
de Yougoslavie. Bien qu'en
piteux état, cette maison bâtie
r Otto Wagner *(p. 57)* en

1890 reste un témoignage
intéressant de son passage du
style historiciste à la
Sécession.
   Au n° 5, Gustav Mahler
(p. 39) vécut de 1898 à 1909
tout près de la Gardekirche,
élevée entre 1755 et 1763 par
Nicolas Pacassi, l'architecte de
la cour de Marie-Thérèse.
Ancienne église de l'hôpital
impérial, elle est devenue en
1897 celle de la communauté
polonaise de Vienne.
L'intérieur, circulaire et
entièrement coiffé d'une
coupole, présente une
gracieuse décoration rococo.
   Après l'entrée des jardins et
des palais du Belvédère, puis
l'opulente demeure baroque
du n° 6a et enfin le n° 8 dont
l'avant-cour appartient depuis
1988 à la Hochschule für
Musik, un splendide portail en

fer forgé ouvre au n° 10 sur la
Salesianerinnenkirche (1717-
1730). L'église du couvent des
Salésiennes fut dessinée,
comme les bâtiments
monastiques, par Donato
Felice d'Allio. Ce remarquable
édifice baroque couronné
d'un dôme elliptique n'offre
curieusement d'autre intérêt
que sa chaire.
   Au n° 27, l'ambassade
d'Italie occupe, depuis 1908,
l'ancien palais d'été du prince
Metternich. L'organisateur du
congrès de Vienne *(p. 30)* fut
chancelier de 1821 jusqu'à la
révolution de 1848 qui le
força à fuir la ville.

Les palais et les jardins du Belvédère ❿

Voir p. 150-155.

Le jardin botanique ⓫

Rennweg 14. **Plan** 4 F3. 📞 *79794.*
🚇 *Südtiroler Platz.* 🕐 *de Pâques à
oct. : de 9 h au crépuscule t.l.j.* 📷 ♿

A grandi à ses dimensions
actuelles au XIXᵉ siècle, ce
jardin créé en 1754 par Marie-
Thérèse et son médecin, le
docteur Van Swieten, pour y
cultiver des plantes
médicinales, appartient
désormais à l'Institut de

Détail de la façade de la Salesianerinnenkirche sur Rennweg

botanique de l'université de Vienne. L'intérêt que présentent, pour les chercheurs, ses 9 000 espèces végétales ne retire rien au plaisir de s'y reposer au milieu d'une journée de visites.

Plusieurs entrées permettent d'y pénétrer, la porte principale située au coin de la Prätoriusgasse et de la Mechelgasse, un accès sur la Jacquingasse et un petit portail à l'arrière du Belvédère supérieur qui donne directement dans le jardin alpin.

Le jardin botanique fondé par Marie-Thérèse en 1754

Bestattungs-museum ⑫

Goldeggasse 19. **Plan** 4 E4. 🔗 50195227. Ⓤ *Südtiroler Platz.* ◯ de 12 h à 15 h du lun. au ven. (seulement sur r.-v.). ◻

Vienne voue une fascination particulière à la mort et les funérailles s'y célèbrent toujours avec faste. Annexe des pompes funèbres municipales, ce remarquable petit musée funéraire offre une occasion unique de découvrir les rapports entretenus par la cité avec la Grande Faucheuse.

Celle-ci entre d'ailleurs en scène dès le début de la visite, portant couronne au seuil de son royaume sur la grille en fer forgé (1784) qui ornait l'entrée du cimetière catholique de Matzleindorf. L'exposition présente également les livrées et lanternes portées à partir du XVIIᵉ siècle pour tenir les cordons du poêle dans un enterrement réussi. Avant l'ultime voyage, les tentures accrochées à l'entrée de la résidence révélaient par leur luxe le rang social du défunt. Au XIXᵉ siècle, des couturiers spécialisés fournissaient pour les veuves des parures entièrement noires, du sac à main jusqu'aux bijoux.

Parmi les futurs décédés, les optimistes qui espéraient un faux départ prévoyaient une clochette commandée depuis le cercueil par une cordelette, tandis

que les pessimistes, plutôt que de rater leur sortie, demandaient dans leur testament à être poignardé dans le cœur avant l'inhumation. Une fois morts, beaucoup posaient assis, habillés et pomponnés, pour une dernière photo.

Ardent réformateur devant l'Éternel, Joseph II *(p. 28)* ne pouvait manquer d'appliquer les grands principes du Siècle des lumières aux pratiques funéraires de ses sujets. Il inventa ainsi le cercueil réutilisable : le fond s'ouvrait pour laisser choir le corps au fond de la tombe. L'invention ne remporta toutefois pas le succès auquel l'empereur s'attendait, les Viennois marquant, malgré la dépense, un attachement irrationnel au cercueil jetable.

Theresianum ⑬

Favoritenstrasse 15. **Plan** 4 E3. Ⓤ *Taubstummengasse.* ⬤ au public.

Bâti sur ce site au début du XVIᵉ siècle, un premier édifice appelé la Favorita servit de palais d'été aux Habsbourg jusqu'à sa destruction par les Ottomans lors du siège de 1683. Sur ses

ruines, l'architecte et décorateur de théâtre Lodovico Burnacini éleva entre 1687 et 1690 un bâtiment de style baroque dont la façade sévère domine aujourd'hui la Favoritenstrasse.

Léopold Iᵉʳ, Joseph Iᵉʳ et Charles VI y résidèrent. Puis,

Façade du Theresianum

en 1746, Marie-Thérèse, qui avait fait de Schönbrunn *(p. 170-173)* son palais d'été, en fit don aux jésuites. Ils y établirent un collège destiné à former à la fonction publique les enfants de familles nobles aux revenus modestes.

Le Theresianum reste voué aujourd'hui à l'enseignement puisqu'il abrite depuis 1964 une école de diplomates. Son parc, donnant sur l'Argentinierstrasse, renferme la Maison de la radio autrichienne (Österreichische Rundfunk) au h⋯ d'entrée, sup⋯ dessiné pa⋯ Clemens Holzme⋯ 1935.

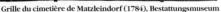

Grille du cimetière de Matzleindorf (1784), Bestattungsmuseum

Les palais et les jardins du Belvédère ⑩

Détail du portail du Belvédère inférieur

Les talents de diplomate et les victoires militaires du prince Eugène de Savoie, en particulier contre les Ottomans et les Français, lui procurèrent une immense fortune qui lui permit de commander à Johann Lukas von Hildebrandt deux luxueux palais d'été. Sur un terrain en pente douce, des jardins à la française dessinés par Dominique Girard les relient. Leur décoration développent des allusions ésotériques. Le jardin le plus bas évoque les Quatre Éléments, celui du milieu le Parnasse (la montagne des Muses) et le plus haut le séjour des dieux, l'Olympe.

★ Cascade supérieure
Cinq « marches » séparent les deux bassins de cette fontaine en escalier.

Putti des escaliers
Des enfants symbolisant les 12 mois de l'année ornent les escaliers reliant deux des niveaux des jardins.

JOHANN LUKAS VON HILDEBRANDT

Grand rival de J. B. Fischer von Erlach, Hildebrandt devint en 1700 l'architecte de la cour. Outre le Belvédère, il a réalisé le palais Schönborn *(p. 110)*, le palais Kinsky *(p. 110)* et la Piaristenkirche *(p. 116)*.

Estampe du Belvédère supérieur et des jardins (1784) par Karl Schütz

Cascade inférieure

Bosquet

Statues de huit Muses

Belvédère inférieur *(p. 154-155)*

Entrée du Belvédère inférieur depuis Rennweg

Portail triomphal du Belvédère inférieur

CHRONOLOGIE

1717-1719 Dominique Girard aménage les jardins	**1765** Le Belvédère inférieur sert de caserne à la garde	**1897** L'archiduc François-Ferdinand s'installe au Belvédère supérieur		**1953** Ouverture du musée d'Art médiéval
1720 Orangerie	**1781-1891** Le Belvédère abrite la galerie de peinture impériale qui ouvre au public			
1750	**1800**	**1850**	**1900**	**1950**
1752 Les Habsbourg acquièrent le Belvédère **1779** Les jardins ouvrent au public		**1923-1929** Ouverture du musée d'Art baroque et des galeries des XIXᵉ et XXᵉ siècles		**1955** Signature du traité d'État dans la galerie de Marbre

Détail de la cascade supérieure

★ Entrée principale du Belvédère supérieur
Sa grille baroque en fer forgé (1728) par Arnold et Konrad Küffner porte le « S » des Savoie et la croix qui leur servait d'emblème.

MODE D'EMPLOI

Plan 4 F3. *Belvédère supérieur* voir p. 152-153. *Belvédère inférieur et orangerie* voir p. 154-155. *Jardins* toute l'année de 6 h au crépuscule.

★ Façade du Belvédère supérieur
Superbe exemple d'architecture baroque, elle évoque les victoires du prince Eugène par ses toitures inspirées des tentes des dignitaires ottomans dressées lors du siège de 1683.

Accès au Belvédère supérieur (p. 152-153) et aux jardins depuis la Prinz-Eugen-Strasse

Statues de sphinx
Énigmatiques, elles symbolisent, avec leur corps de lion et leur tête de femme, l'union de la force et de l'intelligence.

Orangerie (p. 154)

Entrée de l'orangerie

À NE PAS MANQUER

★ La cascade supérieure

★ L'entrée principale du Belvédère supérieur

★ La façade du Belvédère supérieur

Le Belvédère supérieur

Au sommet des jardins, le Belvédère supérieur présente une façade extrêmement élaborée, empreinte d'influences orientales. Bâti pour servir de cadre aux fêtes éblouissantes organisées par son propriétaire, il devait, plus encore que le Belvédère inférieur, témoigner de la grandeur du prince Eugène. Outre la somptuosité de sa chapelle, du vestibule des atlantes ou de la grande salle de Marbre, sa visite permet de découvrir les trésors de la galerie d'Art autrichien des XIXe et XXe siècles.

★ Chapelle
Le prince Eugène accédait directement depuis ses appartements à ce sanctuaire dont la décoration brune, blanche et or s'organise autour d'une Résurrection *(1723) par Francesco Solimena.*

Balcon donnant sur la chapelle

Homme riant (1908)
Cet autoportrait témoigne de l'originalité du style de Richard ...stl, expressionniste ... suicida à 25 ans.

SUIVEZ LE GUIDE !
Après une complète rénovation, le Belvédère supérieur a réouvert en 1995. Le rez-de-chaussée présente les œuvres du XXe siècle, le 1er étage celles de l'époque de la Sécession et le deuxième étage celles du XIXe siècle et de la période Biedermeier.

Entrée principale depuis les jardins

★ Sala Terrena
Quatre atlantes, par Lorenzo Mattielli, soutiennent les voûtes de cette salle ornée de stucs par Santino Bussi.

★ Collection Gustav Klimt

Considérée par certains comme le clou de l'exposition du Belvédère, elle comprend cette œuvre de jeunesse, Judith I *(1901), où l'artiste donne au personnage de l'Ancien Testament l'aspect d'une femme fatale viennoise.*

MODE D'EMPLOI

Prinz-Eugen-Strasse 27, A-1030.
Plan 4 F4. 79557. 13A
jusqu'à Prinz-Eugen-Strasse.
Südbahnhof. 0, 18, D, 71.
voir p. 155. voir p. 155.

Le Tigrelion
Oskar Kokoschka, l'un des maîtres de l'expressionnisme autrichien, peignit cet animal mythique en 1926.

2ᵉ étage

Salle de Marbre

La Plaine d'Auvers *(1890)*
Van Gogh a su parfaitement rendre dans ce tableau l'atmosphère des paysages ruraux du Bassin parisien.

1ᵉʳ étage

Escalier vers

Rez-de-chaussée

À NE PAS MANQUER

★ La chapelle

★ La collection Gustav Klimt

★ La Sala Terrena

Le Matin de la Fête-Dieu *(1857)*
Cette scène de genre est typique de l'œuvre de Ferdinand Georg Waldmüller, peintre Biedermeier.

Le Belvédère inférieur et l'Orangerie

Les pièces fastueuses du Belvédère inférieur où vivait le prince Eugène de Savoie abritent aujourd'hui le musée d'Art baroque autrichien. Ses collections regroupent les œuvres des artistes qui façonnèrent Vienne à son âge d'or (approximativement de 1683 à 1870) tels J. M. Rottmayr, Martino Altomonte, Daniel Gran ou Paul Troger, pour les peintres, et Franz Xaver Messerschmidt ou Georg Raphael Donner, pour les sculpteurs.

Sortie vers l'Orangerie

Ancienne chambre du prince Eugène

★ Cabinet doré
Une statue du prince Eugène (1721) par Balthasar Permoser s'y reflète dans de grands miroirs entourés de boiseries dorées.

Galerie de Marbre

Salle des Grotesques
L'Allemand Jonas Drentwett en décora les parois de fresques inspirées de peintures murales de la Rome antique représentant des créatures fantastiques.

LÉGENDE

☐ Exposition

☐ Circulations et services

L'ORANGERIE

Attenante au Belvédère, l'Orangerie, élégant édifice où les plantes fragiles du jardin passaient l'hiver, abrite aujourd'hui le musée d'Art médiéval autrichien dont les collections comprennent des chefs-d'œuvre de l'époque gothique et du début de la Renaissance.
Un crucifix roman de la fin du XIIᵉ siècle provenant de ~~nmerberg~~ est le plus ancien exemple connu de ~~ure sur bois tyrolienne.~~ Exécutés entre 1490 et ~~Rueland Frueauf le Vieux, les sept volets ~~and retable de Salzbourg présentent les ~~assion dans un décor autrichien.

★ Ecce Homo *(1508)*
Ce tableau par Urban Görtschacher, bien que de facture encore gothique, annonce déjà la Renaissance.

MODE D'EMPLOI

Rennweg 6a, A-1037. **PLan** 4 E3.
📞 7841580. 🚋 71, D. 🕐 de
10 h à 17 h du mar. au dim. ; de
10 h à 13 h ven. saint, 24 et
31 déc. 🌑 1er janv., 1er mai,
1er nov., 25 déc. 🎫 📷 ♿ 📷

Victoire de saint Jacob sur les Sarrasins *(1764)*
Franz Anton Maulbertsch a représenté sur ce tableau la bataille de Clavigo.

Tête grimaçante *(après 1770)*
Artiste excentrique, Franz Xaver Messerschmidt grimaçait devant son miroir pour créer les expressions outrées de ses « têtes de caractères » qui connaissaient un grand succès a la cour

Christ au mont des Oliviers *(v. 1750)*
Ce détail de la peinture de Paul Tróger montre un ange réconfortant le Sauveur en prière.

SUIVEZ LE GUIDE !
Le musée d'Art baroque, qui vient d'être restauré, présente les sculptures les plus importantes dans la grande salle de Marbre et la salle des Grotesques. Les œuvres plus modestes en taille et les peintures occuperont les autres salles.

🚻

Entrée principale

ℹ 🖼

Vers les jardins

À NE PAS MANQUER

★ **Le Cabinet doré**

★ **Les statues de la fontaine du Neuer Markt par Donner**

★ **Ecce Homo par Urban Görtschacher**

★ **Statues de la fontaine du Neuer Markt** *(1739)*
Cette allégorie de la Providence fait partie du groupe de statues en plomb réalisées par Georg Raphael Donner pour la fontaine du Neuer Markt (p. 105) où des copies en bronze les ont remplacées.

EN DEHORS DU CENTRE

Détail sur l'École d'équitation

Même si Vienne concentre la plupart de ses monuments près du centre historique de la ville, certaines des visites les plus intéressantes exigent de s'en éloigner. Il en est ainsi de l'immense château de Schönbrunn et de ses jardins qu'appréciait tant l'impératrice Marie-Thérèse, du monastère de Klosterneuburg et de ses trésors d'art religieux ou de la Kirche am Steinhof. De nombreux parcs aujourd'hui ouverts au public, tels le Prater, l'Augarten et le Lainzer Tiergarten, étaient jadis des domaines privés des Habsbourg.

L'AGGLOMÉRATION VIENNOISE D'UN COUP D'ŒIL

Bâtiments historiques
Villas Wagner ❶
Karl Marx Hof ❼
Parc et palais de l'Augarten ❾
Hundertwasserhaus ⓫
Château d'eau de Favoriten ⓯
Amalienbad ⓰
Château et jardins de Schönbrunn p. 170-173 ⓳
Pavillon du Kaiser ⓴
Werkbundsiedlung ㉑

Églises et monastères
Kirche am Steinhof ❷
Klosterneuburg ❻
Wotruba Kirche ㉓

Musées
Geymüller Schlössl ❸
Kriminalmuseum ❿
Heeresgeschichtliches Museum p. 164-165 ⓭
Musée de la Technique ⓲

Parcs et jardins
Parc du Danube ❽
Prater p. 160-161 ⓬
Lainzer Tiergarten ㉒

Arrondissements historiques
Grinzing ❹
Kahlenberg ❺

Monument
Spinnerin am Kreuz ⓱

Cimetière
Cimetière central p. 166-167 ⓮

LÉGENDE

▨	Centre de Vienne
▢	Agglomération viennoise
🚉	Gare ferroviaire
🚌	Gare routière
═	Autoroute
····	Tunnel autoroutier
═	Route principale
═	Route secondaire

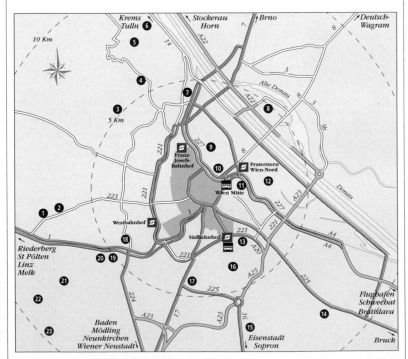

Détail de la façade de la villa Otto Wagner

Les villas Wagner ●

Hüttelbergstrasse 26, Penzing.
🕻 948575. Ⓤ Hütteldorf. 🚌 148, 152. ◯ de 10 h à 15 h 30 du lun. au ven. 🖼️ 📷

L a villa Otto Wagner, résidence que l'architecte construisit pour son propre usage en 1886-1888, présente un style intermédiaire où les premiers frémissements du Jugendstil rompent l'historicisme de la Ringstrasse *(p. 54-57)*. Avec deux ailes à colonnes ioniques, son plan reste cependant très classique et paraît plus adapté au climat clément de l'Italie du Nord qu'à celui, plus âpre, de l'Autriche. Elle doit à son propriétaire actuel, le peintre Ernst Fuchs *(p. 36)*, ses couleurs voyantes et une déesse de la fertilité.

Wagner bâtit 20 ans plus tard la villa voisine, beaucoup plus stricte. Achevée en 1913, elle témoigne dans sa rigueur géométrique de l'évolution de l'architecte au sein du mouvement de la Sécession. Les panneaux vitrés sont de Kolo Moser *(p. 57)*.

Kirche am Steinhof ●

Baumgartner Höhe 1, Penzing.
🕻 9490602391. 🚏 48A. ◯ 15 h le sam. ou sur r.-v. 🖼️ 📷

C 'est à l'intention des malades et du personnel d'un asile d'aliénés qu'Otto Wagner *(p. 54-57)* éleva de 1902 à 1907 l'église Saint-Léopold-du-Steinhof et il faut longer les pavillons de ce Psychiatrisches Krankenhaus pour atteindre le sommet de la colline d'où elle domine la ville. Construite en

béton, et coiffée d'une grande coupole elle est couverte d'un plaquage de marbre dont le cloutage participe à la décoration. Quatre colonnes en pierre forment le portail, surmontées d'anges en bronze doré par Othmar Schimkowitz (1864-1947). Sur les deux clochetons encadrant la façade, des saints (Léopold à droite, Séverin à gauche) par Richard Luksch occupent des sièges dessinés par Josef Hoffmann *(p. 56-57)*.

Éclairé par des vitraux de Koloman Moser *(p. 57)*, l'intérieur, simple et lumineux, renferme un mobilier également conçu par Wagner, notamment le maître-autel orné d'une mosaïque par Remigius Geyling.

Geymüller Schlössl ●

Khevenhüllerstrasse 2, Währing.
🕻 4793139. 🚌 41A. 🚊 41. ◯ du 1er mars au 30 nov. : de 10 h à 17 h du jeu. au dim. 🖼️ 📷

C onstruit en 1808 à Pötzleinsdorf, au nord-ouest de la ville, pour le banquier dont il porte le nom, le manoir Geymüller est aujourd'hui une annexe du musée autrichien des Arts appliqués *(p. 82-83)* et un temple dédié à la période Biedermeier.

Disposés sur des meubles d'époque, une multitude de bibelots, du crachoir aux porcelaines ornées de natures mortes, y disputent l'intérêt du visiteur à la collection d'horlogerie ancienne Sobeck : près de 200 montres, pendules et carillons manufacturés à Vienne du XVIIe siècle jusqu'aux environs de 1850.

Anges Jugendstil par Othmar Schimkowitz ornant la façade de la Kirche am Steinhof

Grinzing ❹

⬛ 5138892. Ⓤ *Heiligenstadt.*
🚌 38A. 🚋 38.

L e plus célèbre des villages
à Heuriger *(p. 186-187 et
216)*, ce vin blanc nouveau
servi par les producteurs eux-
mêmes dans des guinguettes
appelées *Heurige*, est aussi
celui où les touristes se
pressent par cars entiers.
Reconstruit après chaque siège
ottoman, et de nouveau après
les dommages causés par les
troupes de Napoléon en 1809,
Grinzing reste néanmoins un
charmant village au pied de
ses vignobles.

C'est dans les *Heurige* de
sa partie basse, l'Unterer
Ort, le long d'artères
comme la Sandgasse, que
vous aurez le plus de
chance de trouver une
atmosphère authentique.

Kahlenberg ❺

🚌 38A.

C 'est de ce « mont Chauve »
haut de 484 m que
dévalèrent en 1683 les troupes
du roi polonais Jan III Sobieski
qui venaient délivrer Vienne du
siège ottoman. Et c'est dans sa
petite église (reconstruite
depuis) que les officiers
prièrent avant l'assaut. Elle
partage aujourd'hui le sommet
de la colline avec une antenne
de télévision et un hôtel-
restaurant.

Une terrasse panoramique
offre une vue extraordinaire
sur la ville, le Danube et ses
ponts et les forêts
environnantes. En 1809, elle
portait jusqu'aux champs de
bataille d'Essling et de Wagram.

Klosterneuburg ❻

Stift Klosterneuburg. 📞 *02243 411-0.*
🚌 *239, 340.* Ⓢ *Franz-Josefs-Bahnhof
jusqu'à Klosterneuburg-Kierling.* ⭘ *de
9 h à 12 h et de 13 h à 16 h 30 du
lun. au ven., de 13 h 30 à 16 h 30 les
sam., dim. et jours fériés.* 🎫 *t.l.j.* 📷 📷

L 'abbaye de Klosterneuburg
(XIIᵉ siècle) domine le
Danube à 13 km au nord de
Vienne. Romane à l'origine,
elle connut plusieurs ajouts et

La façade polychrome de Karl Marx Hof

remaniements, gothiques et
baroques, notamment sous
Charles VI qui rêva de la
rendre comparable à
l'Escurial de Madrid.
Parmi bien d'autres
chefs-d'œuvre
religieux,
Klosterneuburg
renferme l'étonnant
retable de Nicolas de
Verdun composé de 51
panneaux et achevé
en 1181 *(p. 23)*.

Statue à Grinzing

Karl Marx Hof ❼

Heiligenstädterstrasse 82–92, Döbling.
Ⓤ *Heiligenstadt.* 🚋 *D.* ⬤ *au public.*

E ntre 1919 et 1934, la
municipalité sociale-
démocrate de « Vienne la
Rouge » *(p. 36)* construisit
63 000 logements sociaux,
dont 1 382 dans l'immense
citadelle organisée autour de
plusieurs cours que bâtit Karl

Ehn, un élève d'Otto Wagner,
entre 1927 et 1930. En 1934,
les derniers opposants au
régime autoritaire de Dollfuss
s'y réfugièrent. L'armée dut les
déloger au canon.

Le parc du Danube ❽

Ⓤ *Alte Donau.* 🚌 *20B.* ⭘ *24 h
t.l.j.* **Tour du Danube** 📞 *235369-0.*
⭘ *d'avr. à oct. : de 9 h 30 à minuit
t.l.j. ; de nov. à mars : de 10 h à 22 h
t.l.j.* 📷 ♿

E n travaux actuellement, le
Donaupark créé en 1964
près de l'UNO-City *(p. 37)*,
la ville des Nations unies,
propose entre l'Ancien et le
Nouveau Danube de
nombreux aménagements tels
que pistes cyclables, patinoire
ou cafés. La tour du Danube le
domine de ses 282 m et offre
depuis sa plate-forme
panoramique une superbe vue
de la ville.

Dôme baroque de Klosterneuburg

Le Prater ⑫

En 1766, Joseph II ouvrit au public la réserve de chasse impériale qui s'étendait depuis le Moyen Âge entre le Danube et son canal. Rendez-vous de la noblesse jusqu'à la fin de l'Empire, en particulier pendant le congrès de Vienne, sa grande allée centrale, l'Hauptallee, conduit jusqu'à l'immense fête foraine du Volksprater et dessert les nombreux équipements sportifs, tels qu'hippodromes ou piscine, aménagés dans le parc.

Train miniature
Le Liliputbahn parcourt un circuit de 4 km.

Vers la station Praterstern

Planétarium

Messegelände
Centre d'exposition

Tennisplätze
(courts de tennis)

★ **Grande roue**
Sa vitesse très lente, environ 75 cm à la seconde, laisse tout le temps de profiter de la vue sur le parc et la fête foraine.

★ **Fête foraine du Volksprater**
Également appelé Wurstelprater (le Prater des Polichinelles), ce vaste Luna-Park proposant des attractions ultramodernes existe depuis le siècle dernier.

Trabrennbahn Krieau
Courses de trot et attelées se déroulent de septembre à juin (p. 229) sur cet hippodrome construit en 1913.

À NE PAS MANQUER

★ **L'Hauptallee**

★ **La fête foraine du Volksprater**

★ **La grande roue**

HISTOIRE DE LA GRANDE ROUE

C'est un ingénieur anglais, William Basset, qui éleva en 1896 la grande roue immortalisée par la scène opposant Orson Welles à Joseph Cotten dans le film *Le Troisième Homme*. Incendiée en 1944, elle ne compte plus depuis sa reconstruction que quinze cabines au lieu de trente.

MODE D'EMPLOI

🅄 🅂 🚋 *Praterstern*. 🚌 74A.
Fête foraine ◯ du 1er avr. au 31 sept. : de 8 h à 23 h t.l.j. **Grande roue** ◯ du 19 fév. au 30 avr. et du 1er oct. au 13 nov. : de 10 h à 22 h t.l.j. ; de mai à sept. : de 9 h 30 à 23 h t.l.j. ; du 26 déc. au 8 janv. : de 11 h à 20 h t.l.j. **Planétarium** ◯ de 15 h à 17 h le dim. ● du 9 janv. au 18 fév., du 12 nov. au 25 déc., août. **Train miniature** ◯ du 1er avr. à mi-oct. : de 10 h à 23 h t.l.j. **Hippodromes** voir p. 229. **Golfplatz** ◯ de 8 h à 16 h du lun. au jeu. **Stadionbad** ◯ du 2 mai au 11 sept. : de 10 h à 23 h t.l.j. **Messegelände** 📞 239128. **Maria Grun Kirche** ◯ de 10 h à 15 h le dim. **Lusthaus** ◯ du 1er avr. à fin oct. : de 12 h à 23 h lun., mar., et du jeu. au dim. ; de nov. à mars : de 12 h à 18 h les sam., dim. et jours fériés. 📷

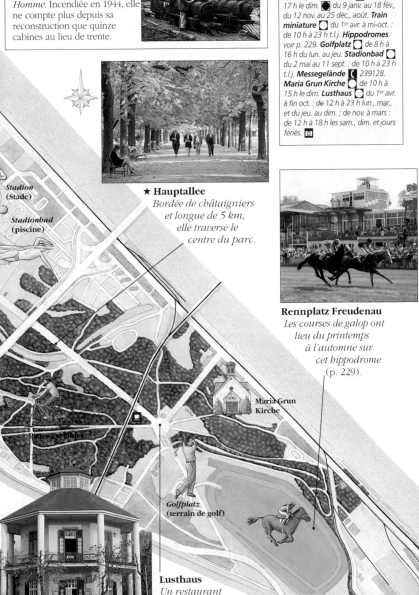

★ **Hauptallee**
Bordée de châtaigniers et longue de 5 km, elle traverse le centre du parc.

Rennplatz Freudenau
Les courses de galop ont lieu du printemps à l'automne sur cet hippodrome (p. 229).

Stadion
(Stade)

Stadionbad
(piscine)

Pistes cyclables

Maria Grun Kirche

Golfplatz
(terrain de golf)

Lusthaus
Un restaurant occupe désormais cet ancien pavillon de chasse octogonal du XVIIIe siècle.

La façade baroque du palais de l'Augarten domine un parc dessiné au XVIIIᵉ siècle

Le parc et le palais de l'Augarten ❾

Obere Augartenstrasse 1. **Plan** 2 E2.
☎ 8775087. ▤ 5A. Ⓢ Praterstern.
▤ 31, 32. ◯ de 6 h au crépuscule
t.l.j. **Musée de la Porcelaine** ◯ de
9 h 30 à 18 h du lun. au ven. **Musée
Ambrosi** ◯ de 10 h à 17 h du mar.
au dim. ▣ ♿

Le palais que Léopold Iᵉʳ possédait au XVIIᵉ siècle sur ce site hors des murs, appelé alors l'Alte Favorita, ne survécut pas au siège de 1683. Reconstruit vers 1700 sur un dessin attribué à Johann Bernhard Fischer von Erlach, il sert depuis 1948 de pensionnat aux Petits Chanteurs de Vienne (p. 39) et n'est pas ouvert au public.

Le Français Jean Trehet, créateur des jardins du château de Schönbrunn (p. 170-171), remania en 1712 le parc qui l'entoure, aménagé au milieu du XVIIᵉ siècle, et Joseph II l'ouvrit au public en 1775. Le gracieux portail d'entrée est d'Isidor Canevale. Mozart, Beethoven et Johann Strauss (père) se produisirent dans son orangerie, cadre de nombreuses fêtes pendant le congrès de Vienne en 1815.

Elle abrite désormais la Porzellanmanufaktur Augarten, ancienne manufacture impériale de porcelaine fondée au XVIIIᵉ siècle et gérée depuis les années 20 par la municipalité. Le salon d'exposition retrace l'histoire de sa production. Derrière le bâtiment, l'atelier du sculpteur Gustinus Ambrosi, artiste du début du XXᵉ siècle, a été transformé en musée.

Depuis les allées bordées d'arbres de petite taille du jardin baroque, le plus vieux de la capitale autrichienne, les promeneurs aperçoivent deux des immenses tours de défense antiaérienne bâties par les Allemands pendant la dernière guerre. Six *Flakturms* de ce type, gigantesques monolithes de béton pouvant abriter plusieurs milliers d'hommes, enlaidissent ainsi Vienne. La municipalité n'a toujours pas trouvé le moyen de les détruire : l'utilisation d'explosifs assez puissants pour venir à bout de leurs murs aurait des effets désastreux sur les édifices des alentours. À défaut, elle cherche une utilité et ces tours pourraient accueillir des expositions.

Kriminalmuseum ❿

Grosse Sperlgasse 24. **Plan** 6 E1.
☎ 2144678. Ⓤ Nestroyplatz.
▤ 5A. ▤ N, 21. ◯ de 10 h à 17 h
du mar. au dim. ▨

Installé depuis 1991 dans une belle demeure d'origine médiévale, jadis connue sous le nom de Seifensiederhaus (la maison du Bouilleur de savon), le musée viennois du

Hundertwasser-haus ⓫

Löwengasse/ Kegelgasse.
☎ 7136093. Ⓤ Landstrasse.
▤ Hetzgasse. ● au public.

À la demande de la municipalité, le peintre Friedensreich Hundertwasser (p. 37) créa en 1985 cet immeuble d'habitation où balcons plantés d'arbres, décor multicolore et sols et plafonds en décalage visent à permettre à la créativité de chaque individu de s'épanouir dans le respect de son environnement. L'édifice suscite encore à Vienne bien des discussions.

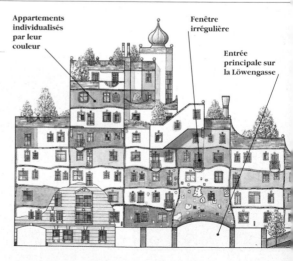

Appartements individualisés par leur couleur

Fenêtre irrégulière

Entrée principale sur la Löwengasse

Crime propose en 20 salles une large rétrospective des assassinats les plus spectaculaires perpétrés dans la capitale autrichienne du Moyen Âge à nos jours ainsi que des moyens mis en œuvre par la justice pour les châtier.

Armes en tous genres, têtes momifiées de meurtriers exécutés, masques mortuaires, comptes rendus de procès, estampes et photos... nombre des pièces présentées proviennent des

Peinture d'un vol commis en 1782

archives de la police et sont à déconseiller aux âmes sensibles. Malgré son caractère parfois difficilement soutenable, l'exposition offre cependant un aperçu intéressant et courageux des aspects les plus sombres du passé de la ville. Il est même question des violences politiques qui s'y déroulèrent, comme le lynchage d'un ministre pendant la révolution de 1848 *(p. 30)*. Malheureusement, les légendes sont en allemand.

Le Prater ⑫

Voir p. 160-161.

Heeresgeschicht-liches Museum ⑬

Musée de l'Armée, voir p. 164-165.

Le cimetière central ⑭

Voir p. 166-167.

Le château d'eau de Favoriten ⑮

Windtenstrasse 3, Favoriten.
📞 *5995994131.* Ⓤ *Reumannplatz.*
🚌 *15A.* 🚊 *65, 65A, 7A, 15A.* ◯
pour des visites guidées (téléphoner pour prendre r.-v.).

L e développement de Vienne au XIXe siècle amena la municipalité à lancer un vaste programme d'aménagement destiné à alimenter la capitale en eau potable provenant des Alpes. Ce programme comprenait une importante station de pompage dont Franz Borkowitz entreprit la construction à Favoriten en 1889. Elle ferma cependant dès 1910, rendue superflue par la création d'autres installations autour de la ville.

Il ne reste aujourd'hui que le château d'eau, élevé en brique jaune et rouge à l'image d'une tour fortifiée. Des visites guidées permettent d'en découvrir l'intérieur récemment restauré où le matériel de pompage, toujours en place, offre un curieux contraste avec les encorbellements, pinacles, tuiles polychromes et clocheton qui agrémentent l'extérieur.

Les enfants trouveront non loin, au Böhmische Prater *(p. 232)*, une petite fête foraine à leur échelle.

Château d'eau de Favoriten

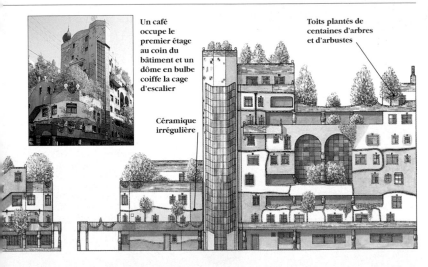

Un café occupe le premier étage au coin du bâtiment et un dôme en bulbe coiffe la cage d'escalier

Céramique irrégulière

Toits plantés de centaines d'arbres et d'arbustes

Heeresgeschichtliches Museum ⓭

C'est en 1850-1856 que Theophil Hansen édifia le musée de l'Armée, l'un des 31 bâtiments formant l'impressionnant arsenal dont François-Joseph commanda la construction après la révolution de 1848. De style mauresque-byzantin *(voir façade à droite)*, le musée retrace l'histoire militaire de l'Autriche depuis le XVIᵉ siècle. Les collections illustrent notamment la guerre de Trente Ans, les conflits avec les Ottomans puis Napoléon et la Première Guerre mondiale déclenchée par l'assassinat de l'archiduc François-Ferdinand à Sarajevo.

À NE PAS MANQUER

★ **La salle des Généraux**

★ **La bannière ottomane**

★ *Au Soldat inconnu par Albin Egger Lienz*

LÉGENDE

☐ Parc des blindés

☐ Du XVIᵉ au XIXᵉ siècle

☐ XIXᵉ et XXᵉ siècles

☐ Circulations et services

Rez-de-chaussée

Parc des blindés
Situé derrière le musée, il renferme des véhicules abandonnés en 1945 par les Allemands ou utilisés par l'armée autrichienne depuis 1955.

Entrée principale sur la Ghegastrasse

L'ASSASSINAT DE FRANÇOIS-FERDINAND

Le 28 juin 1914, le nationaliste serbe Gavrilo Princip assassina l'héritier du trône, l'archiduc François-Ferdinand, et son épouse, Sophie von Hohenberg, en visite à Sarajevo. Cet attentat fut la cause de la crise internationale qui conduisit à la Première Guerre mondiale. Le musée expose la voiture où périt le couple.

SUIVEZ LE GUIDE !

L'exposition suit un ordre chronologique en commençant à gauche au premier étage. Après les guerres contre les Ottomans, les salles illustrent les conflits du XVIIIᵉ siècle, notamment avec Napoléon. Les collections concernant les XIXᵉ et XXᵉ siècles, y compris l'artillerie lourde utilisée pendant la Première Guerre mondiale, se trouvent au rez-de-chaussée. Ne pas oublier le parc des blindés.

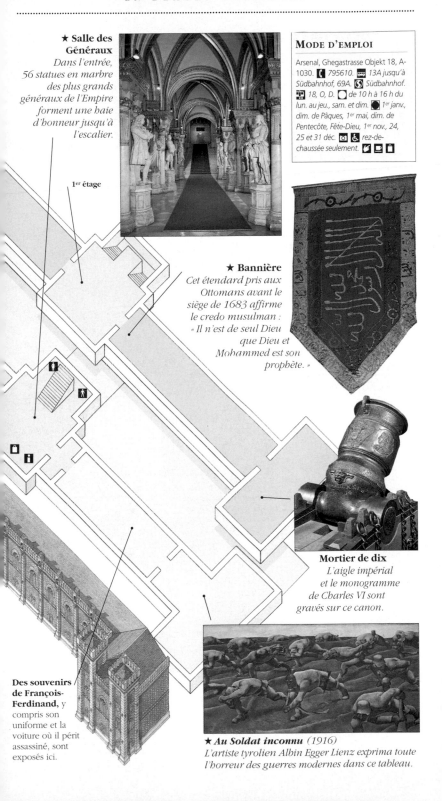

★ **Salle des Généraux**
Dans l'entrée, 56 statues en marbre des plus grands généraux de l'Empire forment une haie d'honneur jusqu'à l'escalier.

1ᵉʳ étage

MODE D'EMPLOI

Arsenal, Ghegastrasse Objekt 18, A-1030. 795610. 13A jusqu'à Südbahnhof, 69A. Südbahnhof. 18, O, D. de 10 h à 16 h du lun. au jeu., sam. et dim. 1ᵉʳ janv., dim. de Pâques, 1ᵉʳ mai, dim. de Pentecôte, Fête-Dieu, 1ᵉʳ nov., 24, 25 et 31 déc. rez-de-chaussée seulement.

★ **Bannière**
Cet étendard pris aux Ottomans avant le siège de 1683 affirme le credo musulman : « Il n'est de seul Dieu que Dieu et Mohammed est son prophète. »

Mortier de dix
L'aigle impérial et le monogramme de Charles VI sont gravés sur ce canon.

Des souvenirs de François-Ferdinand, y compris son uniforme et la voiture où il périt assassiné, sont exposés ici.

★ *Au Soldat inconnu* (1916)
L'artiste tyrolien Albin Egger Lienz exprima toute l'horreur des guerres modernes dans ce tableau.

Le cimetière central ⓮

Pierre tombale de Brahms

Inauguré en 1874, le plus vaste cimetière d'Autriche, le Zentralfriedhof, contient deux millions et demi de sépultures. Les tombes des célébrités – artistes, musiciens, architectes, écrivains –, entourent l'allée centrale à proximité de la Dr-Karl-Lueger-Kirche construite par un élève d'Otto Wagner. La fascination exercée par la mort sur les Viennois a semé partout des monuments funéraires plus ou moins majestueux. Le vieux secteur juif offre en particulier un cadre de promenade magique et émouvant.

★ Dr-Karl-Lueger-Kirche
Élève d'Otto Wagner, Max Hegele dessina entre 1907 et 1910 cette église dédiée au maire de Vienne.

Arcades autour de la Dr-Karl-Lueger-Kirche

Crypte présidentielle
Elle contient les restes du Dr Karl Renner, premier président autrichien après la Seconde Guerre mondiale.

Tombe de Fritz Wotruba (p. 169)

PLAN DU CIMETIÈRE

Outre la partie centrale où reposent les célébrités, le Zentralfriedhof comprend plusieurs secteurs numérotés, notamment l'ancien et le nouveau cimetières juifs ; les cimetières protestant, musulman et russe orthodoxe et plusieurs cimetières militaires. Les distances qui en séparent certains justifient de prendre le bus plutôt que de marcher.

Le monument aux morts de la Première Guerre mondiale est d'Anton Hanak.

Cube d'Arnold Schönberg
Une sculpture par Fritz Wotruba marque l'endroit où repose l'inventeur de la musique sérielle.

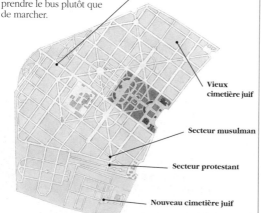

Vieux cimetière juif

Secteur musulman

Secteur protestant

Nouveau cimetière juif

À NE PAS MANQUER

★ **Les tombes des musiciens**

★ **La Dr-Karl-Lueger-Kirche**

Tombeau de Theophil Hansen
*Mort en 1891, l'architecte du
Parlement (p. 125) repose au
milieu d'artistes et de confrères.*

**Monument au
Dr Johann
Nepomuk Prix**
par Viktor
Tilgner (1894).

MODE D'EMPLOI

Simmeringer Hauptstrasse 234,
2 Tor, A-1110. 📞 76041.
🚇 *Zentralfriedhof, Kledering.*
🚊 71, 72. ⏰ *janv., fév., du 3 au
31 nov. et déc. : de 8 h à 17 h
t.l.j. ; mars, avril, sept., oct., 1er et
2 nov. : de 7 h à 18 h t.l.j. ; de mai
à août de 7 h à 19 h t.l.j.* 📷 ♿

Arcades
*Les arcades semi-
circulaires situées en
face de l'entrée abritent
des mausolées
richement sculptés tel
celui du mineur
August Zang, daté de
1848, qui représente
l'accès à une mine.*

**Entrée principale
sur la Simmeringer
Hauptstrasse**

**★ Tombes
des musiciens**
*Parmi les musiciens
inhumés ici figurent
Johann Strauss père et fils
(photo ci-contre), Beethoven,
Brahms et Schubert. Un
monument rend hommage
à Mozart enterré au
cimetière Saint-Marc.*

Chapelle orthodoxe russe
*La communauté russe
de Vienne se recueille dans
cette chapelle de style
traditionnel achevée en 1840.*

Amalienbad **16**

Reumannplatz 23, Favoriten. 📞
6074747. Ⓤ *Reumannplatz.* 🚌 *7A,
14A, 66A, 67A, 68A.* 🚋 *6, 67.* **Piscine**
⏱ *de 9 h à 17 h le mer., de 9 h à
19 h 30 les mer. et ven., de 7 h à 19 h 30
le jeu., de 7 h à 20 h le sam., de 7 h à
18 h le dim.* **Sauna** ⏱ *de 13 à
21 h 30 le mar., de 9 h à 21 h 30 du
mer. au ven., de 7 h à 20 h le sam., de
7 h à 18 h le dim.* ♿

Des bains publics peuvent
paraître une curieuse
destination touristique mais
ceux d'Amalienbad (1923-
1926), dessinés dans le style
Jugendstil par Otto Nadel et
Karl Schmalhofer, deux
employés du département
d'architecture de la ville,
témoignent du dynamisme
esthétique des réalisations
sociales de « Vienne la Rouge ».

D'une capacité d'accueil
de 1 300 personnes,
l'établissement thermal était, à
son ouverture, l'un des plus
grands du genre en Europe. Il
réunissait saunas, bains à usage
thérapeutique et une superbe
piscine entourée de galeries et
éclairée par une vaste verrière.
Quelques minutes suffisent
pour ouvrir cette dernière aux
beaux jours.

Endommagé pendant la
Seconde Guerre mondiale,
l'Amalienbad a été très bien
restauré en 1986, la rénovation
rendant en particulier tout son
éclat aux céramiques et
mosaïques qui le décorent.

La Spinnerin am Kreuz

Spinnerin am Kreuz **17**

Triesterstrasse 10, Meidling.
Ⓤ *Meidling.* 🚌 *15A, 65A, 7A.* 🚋 *65.*

Dessinée par Hans
Puchsbaum et élevée en
1452, une colonne médiévale
marque la limite sud de la ville
à l'emplacement où, selon la
tradition, une femme passa des
années à filer en attendant son
mari parti aux croisades. La
légende donna son nom au
monument : la Fileuse près de
la croix.

Parmi les statues, sous le
baldaquin, figurent une
Crucifixion et un personnage
grotesque coiffant le Christ de
la couronne d'épines.

Le musée de la Technique **18**

Mariahilfer Strasse 212, Penzing. 📞
91416100. ⏱ *jusqu'en 1998.* 📷 ♿

François-Joseph fonda le
Technisches Museum Wien
en 1908 à partir des collections
personnelles des Habsbourg
mais l'établissement n'ouvrit
ses portes que dix ans plus
tard. L'exposition comprend
plusieurs reconstitutions,
notamment celles d'une mine
de charbon, d'un laboratoire
d'alchimiste, d'un moulin à
huile du XVIIᵉ siècle, d'une
pharmacie de 1720 et d'ateliers
de bijouterie. Des technologies
plus récentes telles que
l'informatique, l'aéronautique
ou le domaine spatial
(satellites) y sont également à
l'honneur.

Partie intégrante du musée
de la Technique, le Musée
ferroviaire s'avère
particulièrement spectaculaire
avec des pièces aussi
exceptionnelles qu'une
locomotive *Ajax* datant de
1841 ou encore la voiture
personnelle de l'impératrice
Élisabeth.

Le château et les jardins de Schönbrunn **19**

Voir p. 170-173.

Carrelage décoratif des années 20 à l'Amalienbad

Le pavillon du Kaiser ⑳

Schönbrunner Schlosstrasse 13, Hietzing. **☎** *8771571.* **Ⓤ** *Hietzing.* **🚌** *51A, 56B, 58B, 156B.* **Ⓢ** *Westbahnhof jusqu'à Penzing.* **🚊** *10, 60, 62.* **◯** *de 9 h à 12 h 15 et 13 h à 16 h 30 du mar. au dim.* **◙**

Otto Wagner *(p. 57)* construisit en 1899 cette station de métro qui desservait Schönbrunn et était réservée à la cour. Gracieux bâtiment inspiré du baroque, elle présente la forme d'un cube blanc surmonté d'un élégant dôme en cuivre. Des boiseries, une cheminée en marbre et un tapis à motifs asymétriques dans les tons beige et roux donnent à la salle d'attente un cachet inhabituel pour ce genre d'endroit.

Wagner ne reçut pas de salaire pour cette réalisation, moyen pour lui de présenter son travail à l'empereur...

Le pavillon Jugendstil du Kaiser

Werkbund-siedlung ㉑

Jagdschlossgasse, Veitingergasse et Woinovichgasse, Hietzing. **🚌** *54B, 55B.* **🚊** *60.*

Le 13ᵉ arrondissement renferme environ trente pavillons bâtis au début des années 30, modèles commandés à de grands architectes européens par la municipalité sociale-démocrate de « Vienne la Rouge » dans le cadre d'un projet de cités ouvrières, le Werkbundsiedlung.

Ces prototypes, ni beaux ni

La villa Hermes dans le Lainzer Tiergarten

luxueux, devaient offrir deux chambres fonctionnelles pour un coût de construction le plus bas possible. Prévus à l'origine pour être temporaires, ils ont heureusement survécu. Adolf Loos *(p. 92)* dessina celui du nᵒ 19 Woinovichgasse, et Josef Hoffmann *(p. 56)* celui des nᵒˢ 83-85, Veitingergasse.

Lainzer Tiergarten ㉒

Lainzer Tiergarten, Hietzing. ***Tiergarten*** **☎** *8041315.* **🚌** *60A.* **◯** *d'avr. à oct. : de 8 h à 17 h du mer. au dim.* **◙** ***Villa et jardin Hermes*** **☎** *8041324.* **◯** *de 8 h 30 à 16 h 30 du mer. au dim.* **Ø**

Ancienne chasse privée des Habsbourg dans la Wienerwald, la forêt viennoise *(p. 174)*, le Lainzer Tiergarten a ouvert au public en 1923. Le mur d'enceinte en pierre (24 km de long) a subsisté et le Tiergarten constitue aujourd'hui une vaste réserve naturelle où prospèrent daims et sangliers.

Depuis l'entrée, à 15 mn de marche à travers bois et prairies, on arrive à la villa Hermes, manoir construit entre 1882 et 1886 par Karl von Hasenauer pour François-Joseph et son épouse, l'impératrice Élisabeth. La chambre de celle-ci est décorée de peintures murales illustrant des

scènes du *Songe d'une nuit d'été* de Shakespeare.

La villa accueille aujourd'hui des expositions temporaires d'art et d'histoire.

Wotruba Kirche ㉓

Georgsgasse/Rysergasse, Mauer. **☎** *8886147.* **🚌** *60A.* **◯** *de mars à oct. : de 14 h à 17 h du lun. au ven., de 14 h à 20 h le sam., de 9 h à 18 h les dim. et jours fériés ; de nov. à fév. : de 14 h à 16 h du mar. au ven., de 14 h à 20 h le sam., de 9 h à 17 h les dim. et jours fériés.* **◙**

Connu officiellement sous le nom d'église de la Sainte-Trinité (Kirche Zur Heiligsten Dreifaltigkeit), ce monument dessiné par le sculpteur Fritz Wotruba (1907-1975) se dresse sur le mont Saint-Georges, à l'orée de la forêt viennoise. De dimensions irrégulières, les blocs de béton qui la composent s'assemblent en un ensemble compact et puissant qui présente, selon l'angle de vue, un aspect toujours différent. De hauts panneaux vitrés éclairent l'intérieur et l'ouvrent sur les collines et les bois environnants.

L'église peut accueillir 250 fidèles.

La Wotruba Kirche conçue comme une sculpture moderne par Fritz Wotruba

...et les jardins de Schönbrunn ⑲

...détruits par les envahisseurs ottomans ou
...usieurs édifices se sont dressés du XIVᵉ au
...le site où une source découverte lors d'une
...a son nom au Schloss Schönbrunn, le château
...-Fontaine. Il fallut attendre la défaite ottomane
...pour que s'ouvre une période de paix qui permit
...old Iᵉʳ de commander en 1696 à J. B. Fischer von
...h un somptueux palais d'été baroque que Nicolas
...cassi, architecte de Marie-Thérèse, acheva dans le style
...ococo. Les jardins sont du Français Jean Trehet.

Piscine publique

Cascade de l'Obélisque

Orangerie

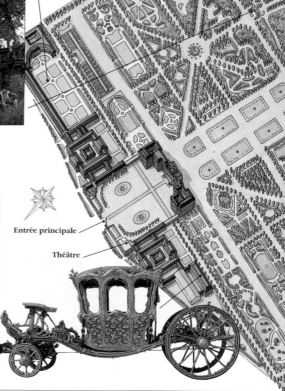

Ruines romaines
*Ferdinand von Hohenberg
éleva en 1778 ces fausses
ruines antiques et leurs
colonnes corinthiennes.*

À NE PAS MANQUER

★ **La Gloriette**

★ **La Palmenhaus**

★ **Le musée des Carrosses**

Entrée principale

Théâtre

★ **Musée des Carrosses**
*Installé dans l'ancien manège
d'hiver, il présente les berlines,
calèches ou carrosses qui
servaient au transport de la
famille impériale.*

CHRONOLOGIE

1683 Les Ottomans rasent le précédent château	**1705** Jean Trehet aménage les jardins **1730** Achèvement du palais **1744-1749** Nicolas Pacassi remanie l'édifice pour Marie-Thérèse			**1916** Mort de François-Joseph à 86 ans			**1918** Charles Iᵉʳ abdique dans le Salon chinois bleu *(p. 172)*
1650	**1700**	**1750**	**1800**	**1850**	**1900**	**1950**
1696 Léopold Iᵉʳ commande un nouveau palais à J. B. Fischer von Erlach *L'empereur Léopold Iᵉʳ*			**1805 et 1809** Napoléon réside au château **1775** Construction de la Gloriette **1752** François de Lorraine, époux de Marie-Thérèse, fonde une ménagerie		**1952** Fin de la restauration après la Seconde Guerre mondiale **1882** Construction de la Palmenhaus	

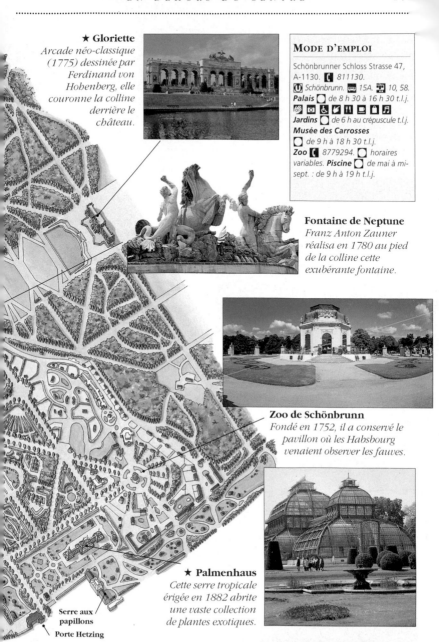

★ Gloriette
Arcade néo-classique (1775) dessinée par Ferdinand von Hohenberg, elle couronne la colline derrière le château.

MODE D'EMPLOI

Schönbrunner Schloss Strasse 47, A-1130. 811130.
Schönbrunn. 15A. 10, 58.
Palais de 8 h 30 à 16 h 30 t.l.j.
Jardins de 6 h au crépuscule t.l.j.
Musée des Carrosses
de 9 h à 18 h 30 t.l.j.
Zoo 8779294. horaires variables. **Piscine** de mai à mi-sept. : de 9 h à 19 h t.l.j.

Fontaine de Neptune
Franz Anton Zauner réalisa en 1780 au pied de la colline cette exubérante fontaine.

Zoo de Schönbrunn
Fondé en 1752, il a conservé le pavillon où les Habsbourg venaient observer les fauves.

★ Palmenhaus
Cette serre tropicale érigée en 1882 abrite une vaste collection de plantes exotiques.

Serre aux papillons
Porte Hetzing

Façade du château de Schönbrunn vue depuis les jardins

À la découverte du château de Schönbrunn

Bien que la décoration rococo, conçue par Nicolas Pacassi, domine dans les salles d'apparat, les atmosphères qui émanent des 42 pièces (sur 1 441) ouvertes au public varient grandement. Au luxe des lambris de bois de rose incrustés de 260 miniatures indiennes et persanes du salon du Million s'opposent ainsi les appartements de François-Joseph et Élisabeth, beaucoup plus sobres.

★ Cabinet chinois rond
Marie-Thérèse recevait son chancelier pour des conversations privées dans cette pièce aux murs décorés de panneaux de laque.

★ Grande Galerie
Elle sert toujours de cadre à des banquets officiels.

Un escalier secret
conduisant à l'étage supérieur, aux appartements du chancelier, facilitait la tenue de conférences officieuses.

Salon chinois bleu
La chambre où Charles Ier abdiqua est tapissée de papier orné de scènes chinoises en médaillons.

Chambre de Napoléon

Salon du Million

Salle commémorative

★ Salon Vieux-Laque
Après la mort de son mari, Marie-Thérèse habita cette pièce aux murs ornés d'estampes chinoises.

Grand salon de Rosa
Encadrés de dorures rococo, les paysages de la Suisse et de l'Italie du Nord peints par Joseph Rosa ont donné son nom à cette pièce.

Salle du Petit Déjeuner
Aux murs, 26 médaillons de fleurs furent brodées par Marie-Thérèse et ses filles.

L'Escalier bleu (ainsi appelé à cause de sa décoration originale) conduit au départ des visites guidées des appartements.

Départ des visites privées des appartements

Accès au rez-de-chaussée et aux salons de Bergl

À NE PAS MANQUER

★ **Le Cabinet chinois rond**

★ **La Grande Galerie**

★ **Le salon Vieux-Laque**

SUIVEZ LE GUIDE !

Les pièces ouvertes au public se trouvent pour la plupart au premier étage. À droite de l'Escalier bleu s'étendent les appartements de François-Joseph et Élisabeth. Deux galeries les séparent de l'aile est qu'habita Marie-Thérèse. Les salles de Bergl, au rez-de-chaussée, ne sont ouvertes que le week-end et les jours fériés.

LÉGENDE

☐ Appartements de l'empereur

☐ Appartements de l'impératrice

☐ Salles de réception

☐ Pièces de Marie-Thérèse

☐ Pièces de l'archiduc

☐ Circulations et services

Portrait de Napoléon

Portrait de Marie-Louise

MARIE-LOUISE ET LE ROI DE ROME

Après la chute de Napoléon et son départ pour l'île de Sainte-Hélène, son épouse, l'archiduchesse Marie-Louise, et son fils, le roi de Rome, partirent pour Vienne. Fait duc de Reichstadt par l'empereur François Ier, son grand-père, l'enfant vécut dans une quasi-réclusion au château de Schönbrunn. En 1832, âgé de 21 ans, il mourait de tuberculose dans la pièce connue sous le nom de chambre de Napoléon. La salle commémorative consacrée à son souvenir renferme un oiseau naturalisé sous une cloche de verre, le seul ami qu'il ait jamais eu, disait-il.

Excursions d'une journée

Villages viticoles, châteaux et églises historiques parsèment les alentours immédiats de Vienne. Entre la plaine du Danube, le lac de Neusiedl ou les contreforts des Alpes, la campagne offre une surprenante diversité de paysages à moins de deux heures de la capitale. Tous accessibles en train ou en car, les sites que nous vous proposons de découvrir peuvent pour certains, tels Baden et Gumpoldskirchen, se regrouper aisément dans le cadre d'une seule excursion.

Mayerling et la forêt viennoise ❶

Vienna Sightseeing organise des voyages accompagnés (p. 237).
🚌 *365 de Südtiroler Platz jusqu'à Mayerling et Heiligenkreuz, ou 265 jusqu'à Heiligenkreuz.* 📞 *7124683.*
Église de Mayerling 📞 *0225812275.* ⏰ *du 1er avr. au 1er oct. : de 9 h à 12 h 30 et de 13 h 30 à 17 h 45 du lun. au sam. ; de 10 h à 12 h 30 et de 13 h 30 à 17 h 45 le dim. ; du 2 oct. au 31 mars : de 9 h à 12 h 30, de 13 h 30 à 16 h 45 du lun. au sam., de 10 h à 12 h 30, de 13 h 30 à 16 h 45 le dim. Sonner pour qu'on vienne.* ⬤ *ven. saint, 25 déc., 1er janv.* **Abbaye d'Heiligenkreuz** 📞 *0225818703. Téléphoner pour avoir les horaires d'ouverture.* 📷 *obligatoire.*

La forêt viennoise *(Wienerwald)* escalade les premiers contreforts des Alpes à Mayerling, là où le 30 janvier 1889, dans un pavillon de chasse, l'archiduc Rodolphe de Habsbourg, prince héritier de l'Empire austro-hongrois, se donna la mort avec sa maîtresse âgée de 17 ans, Marie Vetsera, la fille du baron Albin Vetsera. Ce double suicide secoua l'Empire et devint le sujet d'une pièce musicale du Hongrois Silvester Levay : *Elisabeth*. Le lieu de la tragédie, donné par François-Joseph à un couvent de carmélites, a été transformé en une église où subsistent quelques meubles et souvenirs de Rodolphe.
À quelques kilomètres au nord de Mayerling se dresse l'abbaye cistercienne d'Heiligenkreuz. Fondée au XIIe siècle comme en témoigne le très beau cloître à la transition du roman et du gothique, mais endommagée par des attaques ottomanes en 1529 et en 1683, elle a connu d'importants ajouts baroques, en particulier une tour et une

colonne votive.
Treize membres de la famille des Babenberg, dynastie qui régna sur l'Autriche au Moyen Âge *(p. 22-23)*, reposent dans ses murs.

Baden ❷

🚌 *552, 360W ou 1134 (Mariazell) depuis Wien Mitte.* Ⓢ *ou* 🚆 *depuis Südbahnhof.* 🚋 *Badner Bahn (WLB) depuis Karlsplatz/Oper.* 📞 *02252 86800.*

Jalonnées de villages viticoles, les collines au sud de la forêt viennoise recèlent également plusieurs stations thermales. La plus célèbre, Baden, est connue depuis l'époque romaine. Les curistes la fréquentent pour ses sources chaudes (36 °C) et ses bains de boue ou d'eau sulfureuse recommandés contre les rhumatismes.
Très populaire auprès de la cour impériale au XIXe siècle, la ville reste marquée dans

Fête du vin à Gumpoldskirchen

son architecture par l'époque Biedermeier. Une promenade dans la roseraie du Kurpark ou aux alentours de la Frauengasse et de la Hauptplatz permettra d'en découvrir le charme un peu suranné avant de s'installer dans un restaurant pour goûter aux vins de la région.

LÉGENDE

▢ Centre de Vienne
▢ Agglomération viennoise
✈ Aéroport
═ Autoroute
━ Route principale
═ Route secondaire

Gumpoldskirchen ❸

Ⓢ *ou* 🚆 *depuis Südbahnhof ou Baden.* 📞 *02252 62421.*

La qualité de son vin blanc a établi la réputation de ce joli village médiéval dont la production se déguste dans des *Heurige (p. 216)* occupant encore souvent des maisons du XVIe siècle. Deux fois par an, fin juin et fin août, ce sont les rues principales elles-mêmes qui se transforment en guinguette lors d'une fête du vin réputée. Pour se dégriser, vignobles et forêt viennoise proposent aux alentours de superbes promenades.

Eisenstadt ❹

🚌 *566 ou 766 depuis Wien Mitte jusqu'à Eisenstadt Domplatz.* Ⓢ *depuis Südbahnhof ; changer à Bruck an der Leitha.* 📞 *02682 250748.* **Schloss Esterházy** ⏰ *de Pâques à oct. de 9 h à 17 h du lun. au ven.* ⬤ *jours fériés.* **Musée juif** ⏰ *de mai à oct. : de 10 h à 17 h du mar. au dim.* **Musée Haydn** ⏰ *d'avr. à oct. : de 9 h à 12 h, de 13 h à 17 h du mar. au dim.*

Au sud-est de Vienne, le Burgenland, la province la plus orientale de l'Autriche, faisait partie jusqu'en 1918 de la

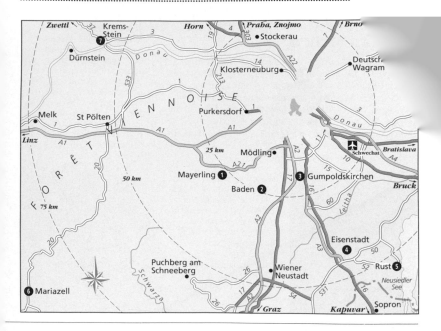

Hongrie et sa capitale abrite le château des princes Esterházy qui prétendaient descendre d'Attila. Édifié par des architectes italiens en 1663 et remanié par le Français Charles Moreau en 1795, il abrite la salle Haydn où le musicien dirigeait l'orchestre du prince sous le plafond orné de fresques. La maison qu'il habita entre 1776 et 1778 sur la Haydngasse est devenue un musée.

Dans l'ancien ghetto, le Musée juif retrace l'histoire de l'importante communauté juive d'Eisenstadt.

Rust et le lac de Neusiedl ❺

🚌 566 ou 766 depuis Eisenstadt ; 666 depuis Wien Mitte. ⓘ 02685 502.

À l'est d'Eisenstadt, le Neusiedler See s'étend jusqu'en Hongrie et ses rives envahies de roseaux offrent la matière première d'une vannerie traditionnelle.

Rust est la ville des cigognes... celle du vin également, réputé depuis le XIVe siècle, et de surcroît une cité classée monument historique qui a quasiment conservé l'aspect qu'elle avait au début du XVIIIe siècle.

Mariazell ❻

🚌 552 par Baden ou 1150 depuis Wien Mitte. ⓢ depuis Westbahnhof, changer à St Pölten pour prendre le train de montagne. ⓘ 03682 2366. **Basilique** ⭘ de 6 h à 20 h t.l.j. 🖼 t.l.j. ⓘ 0388 2595 pour les horaires d'ouverture. **Trésor. Tram à vapeur** ⓘ 038823014. ⭘ de juil. à sept. à partir de 9 h 30 t.l.j., sur r.-v.

Chaque année, des milliers de pèlerins des pays d'Europe centrale se retrouvent dans le cirque montagneux où se niche Mariazell pour venir adorer une statue miraculeuse de la Vierge. Elle donne à la ville une importance religieuse dont témoigne sa basilique gothique, agrandie dans le style baroque au XVIIe siècle. La visite du trésor complétera celle de l'intérieur du sanctuaire envahi d'ex-voto.

Le plus vieux tramway à vapeur du monde (1884) circule entre la gare de Mariazell et un lac voisin.

Excursions sur le Danube de Krems à Melk ❼

Voir p. 176-177.

Mariazell, lieu de pèlerinage depuis 1377

…ions sur le Danube de …s à Melk ❼

…chau est l'une des plus romantiques vallées …viales d'Europe. Dans une région habitée depuis …0 ans, châteaux, églises et villages viticoles …crochent à flanc de coteaux dans d'admirables …ysages. Une croisière sur la rivière offre le meilleur …oyen de les découvrir, qu'elle soit effectuée individuellement *(voir encadré)* ou comprise dans un voyage organisé par Cityram, Vienna Line, Vienna Sightseeing ou le DDSG Shipping *(p. 237)*.

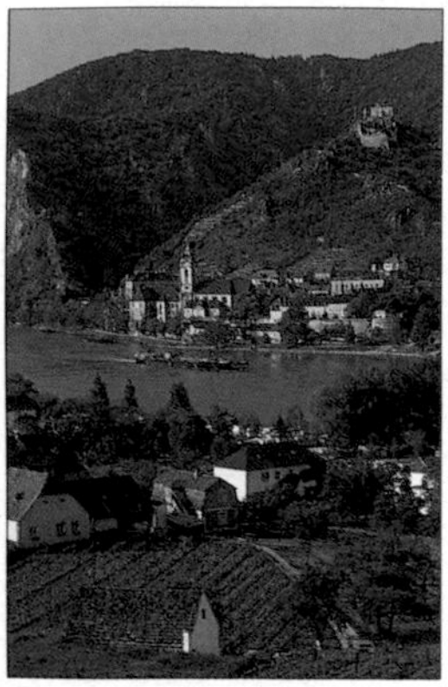

Dürnstein, village médiéval superbement préservé ④

De Krems à Dürnstein
La splendide ville Renaissance de Stein ne fait aujourd'hui plus qu'une avec Krems dont le centre ① date du Moyen Âge. Au bout de la Steinerstrasse se dresse la maison de l'artiste baroque Kremser Schmidt. Les ruelles pentues conduisent à de beaux points de vue sur le Danube et l'abbaye de Göttweig ②, remarquable exemple de baroque autrichien qui fut, au XVIIe siècle, un foyer important de la Contre-Réforme. On aperçoit également la petite ville de Mautern ③ qui s'est développée à partir d'une fortification romaine du Ier siècle et renferme, sur la Südtirolerplatz, le restaurant gastronomique Bacher.

Après 8 km de croisière, vous dépasserez Dürnstein ④, bourg médiéval magnifiquement préservé que dominent les ruines du château où, en 1192 et 1193, Léopold V de Babenberg *(p. 23)* retint prisonnier Richard Cœur de Lion à son retour de la troisième croisade. Il ne le relâcha que contre une formidable rançon. Avec sa belle abbaye baroque, ses maisons anciennes, ses ruelles pittoresques et ses promenades au bord du fleuve, ce village très touristique en été mérite une visite à lui seul.

Les villages viticoles de Rossatz à Wösendorf
Sur la rive opposée à Dürnstein, la découverte de vestiges néolithiques et romains a révélé une très ancienne colonisation du site de Rossatz ⑤, village qui appartint à un couvent bavarois puis entra dans le domaine autrichien des Babenberg au Xe siècle. Jadis port très actif, il entretient une tradition viticole séculaire. Son château Renaissance et l'église gothique ont été remaniés dans le style

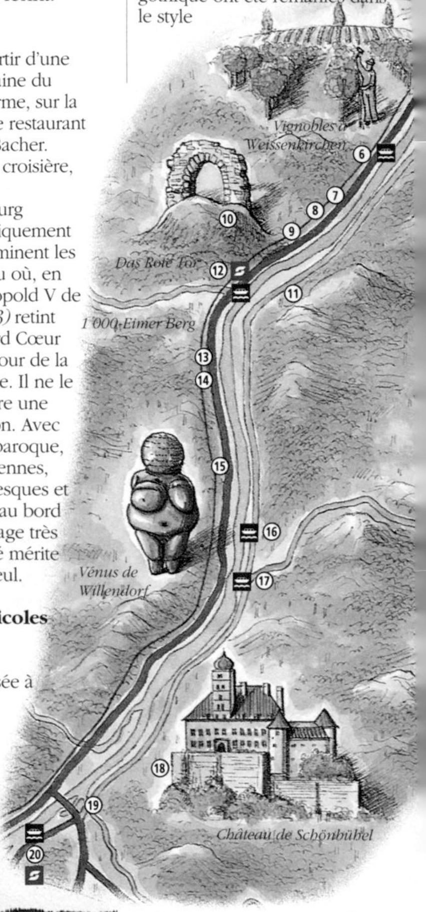

0 5 km

Légende

- ⛴ Embarcadère des bateaux
- 🚆 Gare
- — Voie ferrée
- Cours d'eau
- Route principale
- Route secondaire

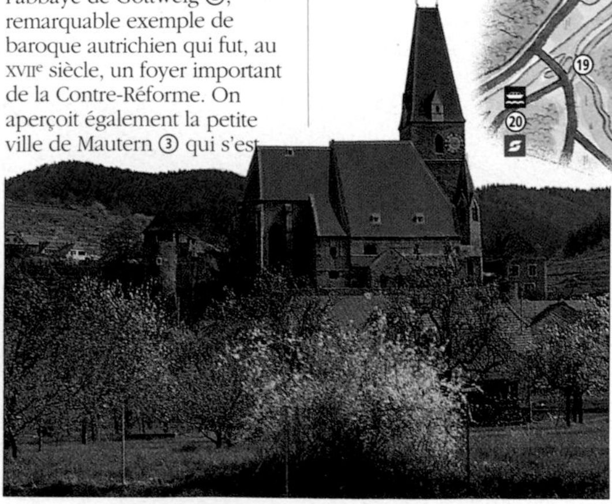

L'église de Weissenkirchen fut fortifiée pour résister aux Ottomans ⑦

baroque vers 1700.

Weissenkirchen ⑥ possède une église des XVᵉ et XVIᵉ siècles et, comme Joching ⑦ et Wösendorf ⑧, est réputé pour son vin.

Églises et ruines

Visible de loin au sommet d'une colline, l'église fortifiée

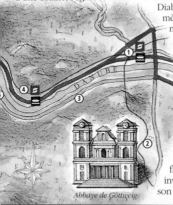

Abbaye de Göttweig

Les ruines du château d'Aggstein surplombent le Danube ⑯

Saint-Michel ⑨, construite entre 1500 et 1523, dresse vers le ciel une tour décorée de lièvres depuis l'année, affirme la tradition, où il neigea tellement qu'ils purent sauter jusqu'au toit.

Sur la même rive s'élève une arche en ruine, Das Rote Tor ⑩, vestige d'une porte du XIVᵉ siècle que franchirent les Suédois en route vers Spitz pendant la guerre de Trente Ans. Le village de Mitterarnsdorf ⑪ présente des vestiges romains.

De Spitz à Aggsbachdorf

Spitz ⑫, joli bourg viticole et forteresse protestante pendant

la Réforme, s'étend au pied du mont des 1 000-Seaux (1 000-Eimer Berg), nom qui serait dû à la quantité de vin que produiraient, les bonnes années, les vignobles couvrant ses flancs. À quelques kilomètres en amont, une falaise domine le fleuve, le Teufelsmauer ou mur du Diable ⑬, œuvre de la grand-mère du Malin selon une des nombreuses légendes qu'il a engendrées. Elle voulait construire un barrage pour arrêter pèlerins et croisés qui empruntaient la vallée. L'église de Schwallenbach ⑭ dut être rebâtie après le passage de l'armée de Bohême en 1463. Le village de Willendorf ⑮, proche du fleuve mais qui reste invisible du bateau, a donné son nom à la célèbre Vénus de Willendorf (p. 20 et 126), statuette découverte dans un site archéologique proche parmi d'autres vestiges préhistoriques. À Aggstein ⑯, un château en ruine surplombe le fleuve à son passage le plus étroit. Un féal du duc Albert Iᵉʳ, Georg Scheck von Wald, le remania et l'agrandit en 1429. La tradition rapporte qu'il appelait sa roseraie le rocher situé au plus haut des fortifications d'où il précipitait ses prisonniers dont la rançon tardait à arriver. Fondé par les Romains au IIᵉ siècle, Aggsbachdorf ⑰ se retrouva au Moyen Âge sous la coupe des Kuenringer, des barons bandits de grands chemins.

Du château de Schönbühel à Melk

Bien que cité dès le IXᵉ siècle, le pittoresque château de Schönbühel ⑱, qui domine le Danube depuis un promontoire rocheux, date pour l'essentiel du XIXᵉ siècle. Un peu plus en amont, à

L'abbaye bénédictine de Melk domine le bourg et le fleuve ⑳

l'embouchure de la rivière Pielach ⑲, un affluent long de 70 km, des fouilles ont mis au jour trente tombes de l'âge du bronze et les fondations d'une tour romaine.

Le clou de la croisière n'en demeure pas moins l'abbaye bénédictine baroque de Melk ⑳ où Umberto Eco situe le début et la fin de son roman Le Nom de la rose. Reconstruit en 1702 autour d'une église somptueusement décorée, le monastère renferme des trésors en peintures et objets d'art, et sa bibliothèque possède 2 000 manuscrits du IXᵉ au XVᵉ siècle. Le village lui-même offre aux visiteurs un charmant cadre de promenade avec ses ruelles romantiques, ses maisons Renaissance, ses vieilles tours et les vestiges d'une enceinte médiévale.

MODE D'EMPLOI (voyage individuel)

Départs : Krems, Dürnstein, Melk ou tout autre embarcadère si vous disposez d'une voiture. Les billets se prennent sur place.
Comment y aller ? En train depuis la Franz-Josefs-Bahnhof pour Krems et Dürnstein ou depuis la Westbahnhof pour Melk
Haltes : Dürnstein propose un large choix d'Heurige, restaurants, cafés et boutiques. L'abbaye de Melk possède un restaurant. **Abbaye de Melk** ☐ de 9 h à 17 h du dim. des Rameaux au 1ᵉʳ dim. après la Toussaint (de 9 h à 18 h de mai à sept.). 🎫 11 h et 14 h toute l'année.
À vélo : une piste cyclable longe le Danube et on peut louer des vélos dans les gares (réduction avec le billet de train) ou aux embarcadères des croisières. Pensez à prendre un passeport.

QUATRE PROMENADES À PIED

Le centre de Vienne rassemble les principaux monuments de la ville sur une superficie relativement peu étendue et ce guide propose pour chacun des six grands quartiers qui le composent un Plan *pas à pas* où figure un court itinéraire de découverte à pied. Les quatre promenades qui suivent permettent de découvrir d'autres aspects de la capitale autrichienne, en particulier les quartiers de sa périphérie.

Hans Makart (p. 180)

La première promenade oblige toutefois à rester au cœur de la cité, partant du Stadtpark pour longer la Karlskirche et emprunter la Linke Wienzeile que bordent les élégants immeubles d'Otto Wagner et les étals colorés du Naschmarkt.

On peut rejoindre en autobus, qui suit la Hohenstrasse et passe à travers la forêt viennoise, le point de départ du deuxième itinéraire au sommet du Kahlenberg. Le calme des bois et l'atmosphère chaleureuse des *Heurige* du village viticole de Nussdorf sont enchanteurs.

Grinzing est le terme de la quatrième promenade qui traverse Heiligenstadt, quartier où travaillèrent de grands architectes du xxe siècle. La troisième proposition de flânerie, enfin, parcourt Hietzing, arrondissement proche de Schönbrunn aux rues paisibles jalonnées de villas Biedermeier et Jugendstil. De nombreux autres itinéraires, indiqués par des panneaux Stadtwanderwege, sillonnent le Prater et la forêt viennoise.

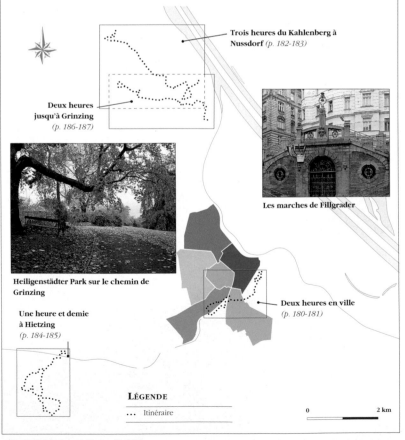

Trois heures du Kahlenberg à Nussdorf (p. 182-183)

Deux heures jusqu'à Grinzing
(p. 186-187)

Les marches de Fillgrader

Heiligenstädter Park sur le chemin de Grinzing

Une heure et demie à Hietzing
(p. 184-185)

Deux heures en ville
(p. 180-181)

LÉGENDE

... Itinéraire

0   2 km

◁ **Sur la Kahlenberger Strasse (p. 182)**

Deux heures dans le centre

Cet itinéraire suit, au sud-ouest de la ville intérieure, une partie du cours de la rivière Vienne. Il commence par une promenade dans le Stadtpark, parc à l'anglaise aménagé à l'époque du percement de la Ringstrasse *(p. 32)*. Il passe ensuite par la Schwarzenbergplatz et la Karlsplatz avant de croiser l'animation colorée du Naschmarkt et de finir par un aperçu de quelques chefs-d'œuvre de l'architecture Jugendstil sur la Linke Wienzeile.

Portail Jugendstil du Stadtpark construit en 1903-1904 pour servir de défense contre les crues ⑪

Le Stadtpark

L'entrée du Stadtpark ① qui nous intéresse, aux portails sculptés entre 1857 et 1862, n'est pas la principale mais celle qui s'ouvre en face de la Weihburggasse. Du côté de la ville intérieure, le parc renferme de nombreux monuments dédiés à des musiciens ou des artistes, dont, en premier lieu, l'effigie dorée de Johann Strauss (fils) jouant du violon (1921) ②. Tournez à gauche juste après la statue, puis encore à gauche dans une aire de repos circulaire ornée d'une fontaine dédiée à la source du Danube ③. En sortant par la droite de cet espace pavé, vous arriverez à un pont en fer qui franchit la rivière Vienne et offre une vue dégagée sur ses berges ④. Revenez sur vos pas jusqu'à l'étang ⑤. Sur sa rive sud, une statue du peintre paysagiste Emil Jakob Schindler (1895) ⑥ émerge des buissons. Suivez le sentier jusqu'à ce qu'il bute sur un canal et franchissez le pont à gauche. Prenez de nouveau à gauche et vous atteindrez le monument à Franz Schubert (1872) par Karl Kundmann ⑦. Longez l'étang puis tournez à droite à l'horloge. En sculptant en 1898 le portrait de Hans Makart ⑧, Viktor Tilgner a figé dans une pose d'orateur le peintre qui domina les arts plastiques à Vienne entre les années 1870 et 1880. Passez devant l'entrée du parc. Sur votre droite se trouve le buste de Franz Lehár, compositeur de *La Veuve joyeuse* ⑨. Dirigez-vous vers le Kursalon ⑩, café-concert ouvert dans les années 1860, puis quittez le parc par l'un des portiques Jugendstil *(p. 57)* ⑪.

Nº 38, Linke Wienzeile ㉑

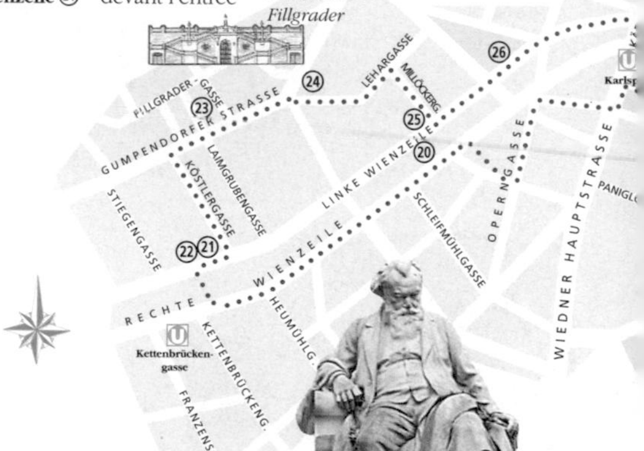
Marches de Fillgrader
FILLGRADER-GASSE
GUMPENDORFER STRASSE
LEHARGASSE
MILLÖCKERG.
LINKE WIENZEILE
RECHTE WIENZEILE
STIEGENGASSE
KÖSTLERGASSE
LAIMGRUBENGASSE
SCHLEIFMÜHLGASSE
OPERNGASSE
WIEDNER HAUPTSTRASSE
HEUMÜHLG.
KETTENBRÜCKENG.
FRANZENSGASSE
Kettenbrücken-gasse
㉓
㉔
㉕
㉖
⑳
㉑
㉒

Johannes Brahms (1908) par Rudolf Weyr dans le Ressel Park ⑯

Mode d'emploi

Départ : *Weihburggasse sur le Parkring (tram 1 ou 2).*
Longueur : *3 km.*
Comment y aller ? *Par les trams 1 et 2 qui circulent tout le long de la Ringstrasse et du Franz-Josefs-Kai ou en métro jusqu'à Stubentor puis à pied.*
Haltes : *dans le Stadtpark, le Kursalon fait salon de thé en terrasse et sert de la bière. De nombreux bancs permettent aussi de se reposer. Le Ressel Park et le Naschmarkt proposent plusieurs cafés et la Gumpendorfer Strasse renferme le fameux café Sperl.*

La Schwarzenbergplatz

Traversez la rue en face de vous pour prendre la Lothringerstrasse. Un monument à Beethoven (1880) où il apparaît entouré de personnages évoquant la *Neuvième Symphonie* se dresse à droite ⑫. Siège de l'orchestre symphonique de Vienne *(p. 226)*, la Konzerthaus ⑬ domine l'autre côté de la chaussée.

Franchissez le carrefour pour profiter d'une vue dégagée sur la Schwarzenbergplatz. Érigée pour célébrer l'eau pure des montagnes qui alimente la ville, la fontaine qui y trône date de 1873. Derrière elle se dresse le monument à l'Armée rouge, élevé par les Russes ⑭.

Le Kursalon, café-concert néo-Renaissance ⑩

LÉGENDE

••• Itinéraire

☼ Point de vue

Ⓤ Station de métro

plus près les immeubles d'Otto Wagner *(p. 137)* ornés de médaillons par Kolo Moser au n° 38 ㉑, et d'un décor floral en céramique au n° 40 (Majolikahaus) ㉒. Tournez dans la Köstlergasse et remarquez en passant l'entrée du n° 38.

Confessionnal, Karlskirche ⑰

Le Ressel Park

La Lothringerstrasse longe ensuite le musée historique de la Ville *(p. 144)* ⑮ et arrive au parc Ressel. À gauche, une statue par Rudolf Weyr (1908) représente Brahms et sa muse ⑯. Admirez la Karlskirche *(p. 146-147)* ⑰ qui se découpe en arrière-plan. Pour quitter le parc, vous passerez entre les pavillons d'Otto Wagner *(p. 144)* ⑱ et l'université technique de style néo-classique ⑲. Traversez la Wiedner Hauptstrasse puis prenez à gauche (en traversant la rue) dans l'Operngasse. Sur le côté droit de la chaussée, prenez un passage dans un immeuble, Bärenmühlendurchgang,

Le Naschmarkt

Ce marché d'alimentation très animé *(p. 136)*, qui se tenait jadis Karlsplatz, propose ses éventaires au-dessus de la rivière Vienne qui fut recouverte au XIXe siècle. Traversez pour admirer de

puis traversez à nouveau pour atteindre le Naschmarkt.

Papageno sur le Theater an der Wien ㉕

La Gumpendorfer Strasse

Prenez à droite au bout de la Köstlergasse et remontez la Gumpendorfer Strasse. À gauche, par la Fillgradergasse, on aperçoit un majestueux escalier, les marches de Fillgrader ㉓. Dépassez le café Sperl *(p. 58)* ㉔ puis tournez à droite dans la Millöckergasse pour aller voir l'entrée du Theater an der Wien *(p. 136)* ㉕ que domine un groupe sculpté où le fondateur de l'établissement apparaît sous les traits du Papageno de *La Flûte enchantée* de Mozart. La rue vous ramène sur la Linke Wienzeile. À gauche, après le pavillon de la Sécession *(p. 136)* ㉖, vous verrez la station de métro Karlsplatz.

Trois heures du Kahlenberg à Nussdorf

Cette promenade part du sommet du Kahlenberg, une colline au nord-est de la forêt viennoise qui commande un panorama splendide de la cité et ses environs. L'itinéraire, qui comprend quelques montées, bien qu'il soit principalement en descente, rejoint à travers bois et vignobles les villages viticoles de Nussdorf et Heiligenstadt. Plus qu'à ses vins, ce dernier doit toutefois son renom aux étés qu'y passa Beethoven, séjours évoqués par les souvenirs présentés à la maison du Testament d'Heiligenstadt.

Saint Florian

Le Schreiberbach traverse le village de Nussdorf

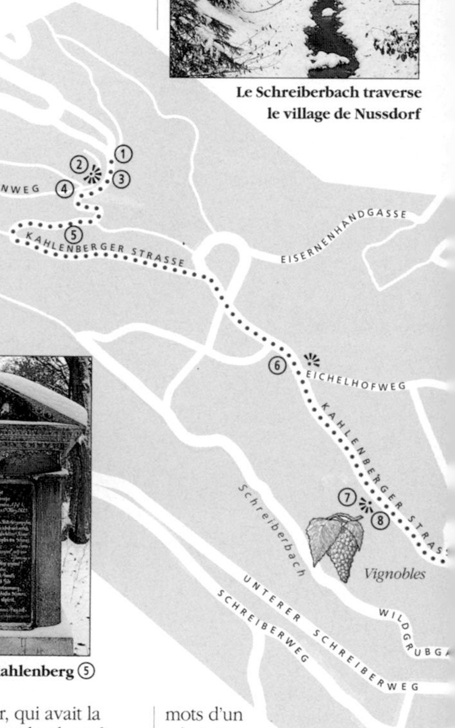

Le Kahlenberg

La promenade part de la place Am Kahlenberg ① au sommet de la colline. Celle-ci s'appelait jadis Sauberg (le mont de la Truie) en raison des sangliers qui la peuplaient. La terrasse du café au sommet ② offre une vue superbe, à l'est, sur la vallée où le Danube serpente jusqu'en Hongrie. Au sud, elle porte jusqu'aux Alpes. Sur la place elle-même se dresse l'église baroque Saint-Joseph ③ où le roi de Pologne Jan Sobieski aurait célébré la messe avant de se lancer dans la bataille qui délivra Vienne des Ottomans en 1683. Une tour panoramique récemment restaurée, la Stefanie Warte ④, commande également une vue impressionnante sur la ville.

Kahlenberger Strasse

À droite du café, la Kahlenberger Strasse serpente en descendant le flanc de la colline. Un peu plus bas, vous distinguerez sur votre gauche, presque caché dans les bois, le petit cimetière du Kahlenberg ⑤. Karolina Trauernwieser, qui avait la réputation d'être la plus jolie fille de la ville pendant le congrès de Vienne en 1815, y repose. Sa tombe porte ces mots d'un admirateur : « Vous qui avez déjà perdu un ange, ayez pitié de moi. » En continuant, les arbres s'écartent une première fois sur un magnifique panorama de la plaine du Danube ⑥ puis, un peu plus loin, pour offrir une large vue sur la ville ⑦. La Kahlenberg Strasse traverse ensuite les vignobles ⑧ alimentant les *Heurige* locaux.

Cimetière du Kahlenberg ⑤

Vue en direction de Vienne depuis la Kahlenberger Strasse ⑦

Nussdorf et Heiligenstadt

Les vignes cèdent la place à des maisons et vous arrivez dans le village de Nussdorf. Après un virage à droite, vous atteindrez une patte d'oie. Prenez l'allée à droite de la

Frimmelgasse, là où le Schreiberbach (le ruisseau du Scribe) émerge du sol, pour atteindre le Beethoven Ruhe ⑨ (le Repos de Beethoven), monument qu'orne un buste du compositeur datant de 1863. Franchissez, à gauche, le pont au-dessus du cours d'eau, puis tournez à droite dans le Beethovengang qui vous conduira jusqu'à l'Eroicagasse, rue dont le nom évoque la *Troisième Symphonie* de Beethoven. Après avoir croisé la Kahlenberger Strasse, la rue s'incurve et arrive sur la Pfarrplatz.

Pfarrplatz

Tout de suite à votre gauche, au n° 2, l'agréable *Heuriger* Mayer am Pfarrplatz ⑩ aurait compté Beethoven parmi ses clients en 1817

alors qu'il travaillait à sa *Neuvième Symphonie*. Une statue de saint Florian portant uniforme et étendard occupe une niche au coin du bâtiment. L'église Saint-Jacques ⑪, fondée au XIIe siècle sur un site romain, dut

Maison du Testament d'Heiligenstadt ⑫

être reconstruite au XVIIe siècle après le passage des Ottomans. Depuis la Pfarrplatz, suivez la Probusgasse jusqu'au n° 6, la maison du Testament d'Heiligenstadt ⑫. Beethoven y écrivit en 1802 une longue lettre à ses frères où il révéla que le désespoir où le plongeait sa surdité l'avait amené à envisager le suicide.

Reprenez la Kahlenberger Strasse presque en face de vous. Beethoven séjourna deux étés, en 1817 et en 1824, au n° 26 ⑭, une maison rococo construite vers 1750. Un peu plus loin, sur le même côté, un joli *Heuriger* occupe le n° 10 ⑮. Son enseigne date de 1636. En face, devant les nos 7-9 ⑯, une plaque célèbre un siècle de *Schrammelmusik,* une forme musicale généralement interprétée par un quatuor (2 violons, une guitare, un accordéon) que Joseph Schrammel (1850-1893) rendit très populaire, en particulier dans les guinguettes.

Beethoven Ruhe ⑨

Tournez à droite dans l'Armbrustergasse. Elle passe devant l'ambassade de la jeune République slovaque ⑬ puis arrive à un croisement.

Mayer am Pfarrplatz

Buste de Beethoven

LÉGENDE

••• Itinéraire

⚡ Point de vue

🚉 Gare de Bundesbahn

Ⓢ Gare de Schnellbahn

Maison du Testament de Heiligenstadt

0   1 km

L'église Saint-Jacques ⑪ reconstruite au XVIIe siècle

MODE D'EMPLOI

Départ : sommet du Kahlenberg.
Longueur : 3,5 km.
Comment y aller ? Le bus 38A conduit au point de départ depuis la station de métro Heiligenstadt (lignes U4, U6). Le Schnellbahn, depuis Nussdorf, ou le tram D depuis la Schatzgasse ramènent en ville.
Haltes : le café au sommet du Kahlenberg possède une terrasse d'où vous pourrez jouir de la vue sur le Danube et les Alpes. Outre du vin, la guinguette Mayer am Pfarrplatz, au n° 2 (voir p. 217), propose des plats dans sa cour intérieure ombragée. Pour un repas complet, il existe également un restaurant sur la place. Vous trouverez d'autre Heurige dans la Probusgasse et la Kahlenberger Strasse. Celui installé au n° 10 Kahlenberger Strasse partage la maison avec un café.
Église Saint-Joseph ☐ de 9 h 30 à 12 h, 13 h 30 à 16 h 30 t.l.j.
Observatoire Stefanie Warte ☐ de mai à oct. : de 9 h à 20 h les sam., dim. et jours fériés. *Maison du Testament d'Heiligenstadt* ☐ de 9 h à 12 h 15, 13 h à 16 h 30 du mar. au dim.

Une heure et demie à Hietzing

L'ancien village de Hietzing borde, à l'ouest, le vaste parc du château de Schönbrunn *(p. 170-173)*. Quartier aristocratique du temps de Marie-Thérèse, il devint ensuite un quartier résidentiel apprécié de la bourgeoisie aisée qui fit construire dans ses rues paisibles de charmantes villas Biedermeier et Jugendstil. Il a gardé en revanche une atmosphère hors du temps aux alentours de la place où se dresse l'église paroissiale.

Façade du Park Hotel [5]

De la station de métro à Am Platz

Quittez la station de métro Hietzing [1] par la sortie en direction de la Hadikgasse puis traversez les rails du tram et la rue jusqu'au Kennedybrücke. Tournez à droite et suivez la Hadikgasse jusqu'au pavillon du Kaiser d'Otto Wagner *(p. 169)* [2], ancienne station de métro desservant le palais d'été des Habsbourg et réservée à la famille impériale et à la cour. Revenez sur vos pas jusqu'au métro et prenez, de l'autre côté de la rue, la Hietzinger Hauptstrasse. Remarquez l'attique du nº 6 [3] orné d'angelots étreignant les colonnes. L'immeuble date de 1901-1902 mais le rez-de-chaussée a été modifié pour accueillir des boutiques. Les longues allées du parc de Schönbrunn [4] s'étendent sur votre gauche, derrière la grille, tandis que sur l'autre trottoir, le Park Hotel [5] rappelle par sa façade ocre les bâtiments du château. Le Kaiserstöckl (1770), ou pavillon du Kaiser [6], lui fait face. Ancienne résidence d'été des ministres des Affaires étrangères de Marie-Thérèse, il abrite aujourd'hui un bureau de poste. Continuez jusqu'à Am Platz dominée par sa colonne de la Peste [7] et l'église paroissiale Maria Geburt [8]. Consacrée au XIIIe siècle, elle fut remaniée dans le style baroque au XVIIe siècle. Georg Greiner travailla aux fresques des voûtes et Matthias Steindl sculpta les autels. Une statue devant le sanctuaire représente le frère de François-Joseph,

Face au Park Hotel, le Kaiserstöckl est désormais une poste [6]

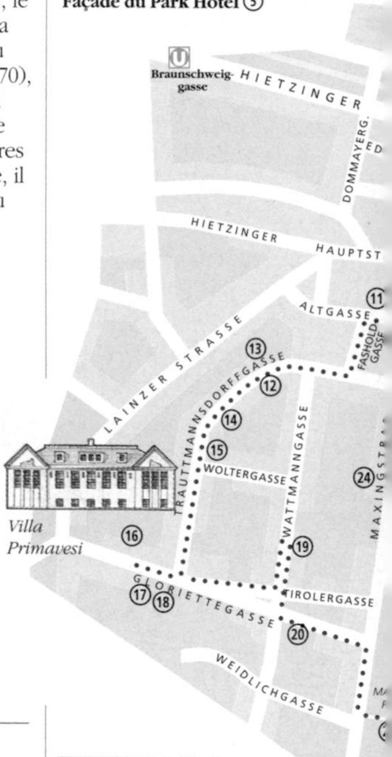

0 250 m

LÉGENDE

••• Itinéraire

[U] Station de métro

MODE D'EMPLOI

Départ : *station de métro Hietzing.*
Longueur : *5 km.*
Comment y aller ? *La ligne U4 conduit jusqu'à Hietzing. Le tram 58 s'arrête devant la station.*
Haltes : *le café BAWAG sur l'Am Platz offre un cadre agréable où boire un café. Le parc de Schönbrunn abrite des buvettes et un café.*
Pavillon du Kaiser (p. 169).
Hietzing Heimat Museum 🕒 *de 14 h 30 à 17 h le sam., de 10 h à 12 h le dim.* ***Château et jardins de Schönbrunn*** (p. 170-173).
Villa Primavesi ⛔ *au public.*

Autel baroque par Matthias Steindl dans la Maria Geburt Kirche [8]

Maximilien Ier, empereur du Mexique exécuté en 1867 ⑨. Non loin, l'Hietzing Heimat Museum ⑩ occupe un bâtiment néo-classique devant lequel se dresse le dernier lampadaire à gaz de Vienne.

La Trauttmannsdorffgasse et la Gloriettegasse

Tournez à gauche dans la Maxingstrasse puis à droite dans l'Altgasse. Presqu'en face de la Fasholdgasse, s'élève la façade ocre d'un *Heuriger* ⑪ datant de l'époque

Détail de la façade en majolique de la Lebkuchenhaus ⑲

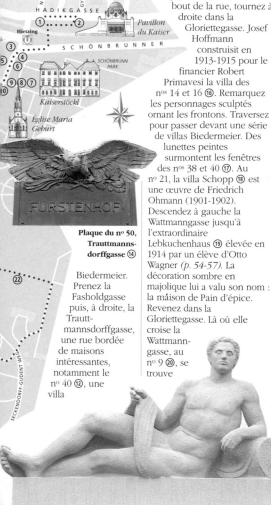

Plaque du n° 50, Trauttmannsdorffgasse ⑭

Biedermeier. Prenez la Fasholdgasse puis, à droite, la Trautt-mannsdorffgasse, une rue bordée de maisons intéressantes, notamment le n° 40 ⑫, une villa

Sculpture d'un fronton de la villa Primavesi ⑯

Biedermeier magnifiquement restauré, le n° 27 ⑬ où vécut le compositeur Alban Berg *(p. 39)*. Les n°s 48 et 50 ⑭ sont des exemples contrastés d'architecture du tournant du siècle, et les n°s 54 et 56, de style Biedermeier ⑮. Au bout de la rue, tournez à droite dans la Gloriettegasse. Josef Hoffmann construisit en 1913-1915 pour le financier Robert Primavesi la villa des n°s 14 et 16 ⑯. Remarquez les personnages sculptés ornant les frontons. Traversez pour passer devant une série de villas Biedermeier. Des lunettes peintes surmontent les fenêtres des n°s 38 et 40 ⑰. Au n° 21, la villa Schopp ⑱ est une œuvre de Friedrich Ohmann (1901-1902). Descendez à gauche la Wattmanngasse jusqu'à l'extraordinaire Lebkuchenhaus ⑲ élevée en 1914 par un élève d'Otto Wagner *(p. 54-57)*. La décoration sombre en majolique lui a valu son nom : la mâison de Pain d'épice. Revenez dans la Gloriettegasse. Là où elle croise la Wattmann-gasse, au n° 9 ⑳, se trouve

l'ancienne demeure de l'actrice Katharina Schratt, confidente de François-Joseph à la fin de sa vie. L'empereur, paraît-il, avait l'habitude de s'y présenter à l'heure du petit déjeuner.

Le parc Maxing et le parc de Schönbrunn

Au bout de la Gloriettegasse, tournez à droite dans la Maxingstrasse puis traversez pour atteindre le parc Maxing. Si une demi-heure supplémentaire de promenade vous tente, le cimetière de Hietzing, un peu plus haut sur la colline, renferme entre autres les tombes d'Otto Wagner, Gustav Klimt, Kolo Moser et Franz Grillparzer. S'il ne vous intéresse pas, entrez dans le parc ㉑ et tournez à droite dans l'allée principale. Au sommet de la butte, passez le portail marqué *Zum Tiergarten Schönbrunn*, laissant sur votre droite l'Institut de recherches forestières. On aperçoit parfois un daim dans ce secteur boisé, très différent des jardins à la française du château *(p. 170-171)*. Au croisement, suivez à gauche la direction indiquée par le panneau signalant le jardin botanique (Botanischer Garten). Vous atteindrez bientôt une petite cabane en bois, celle où jouait le prince héritier Rodolphe ㉒.

L'allée vous conduira ensuite au jardin botanique ㉓ fondé au XVIIIe siècle sous François Ier. Traversez-le en restant du côté du mur qui le sépare de Hietzing, puis sortez sur la Maxingstrasse et marchez vers le nord. Johann Strauss fils écrivit au n° 18 ㉔ sa célèbre opérette *La Chauve-Souris*. Continuez dans la même direction pour revenir à la station de métro Hietzing.

Deux heures jusqu'à Grinzing

Cette promenade à travers le 19e arrondissement de la capitale autrichienne part du plus important des monuments du XXe siècle qu'il renferme : l'ensemble résidentiel de Karl Marx Hof *(p. 159)*. Elle vous entraîne ensuite à travers un charmant parc du XIXe siècle jusqu'au village viticole de Grinzing dont les rues pittoresques conservent leur charme malgré les dommages infligés en 1529 et 1683 par les Ottomans, en 1809 par l'armée de Napoléon, et aujourd'hui par l'afflux de touristes.

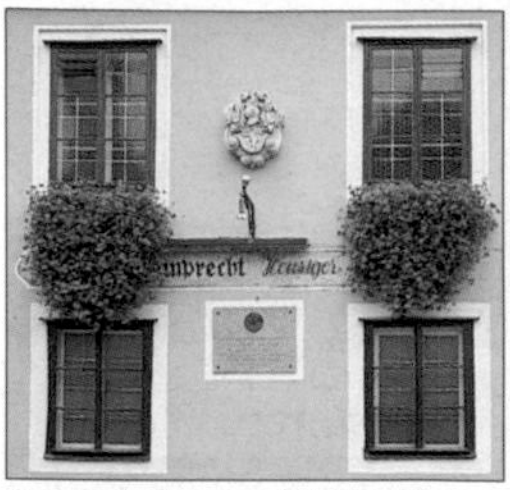

Façade du Reinprecht, *Heuriger* du XVIe siècle ⑮

De Karl Marx Hof au Heiligenstädter Park
La sortie de la station Heiligenstadt donne juste devant la façade polychrome de Karl Marx Hof ①. Cet ensemble résidentiel long de 1,2 km et comptant plus de 1 200 appartements fut construit de 1927 à 1930 par l'architecte Karl Ehn pour la municipalité sociale-démocrate de « Vienne la Rouge ». Traversez la rue et passez sous l'une des quatre arches devant vous pour entrer au nº 12 Februar Platz qui permet d'observer la façade principale de l'autre côté, ornée de grandes sculptures par Joseph Riedl (1928) ②. Dirigez-vous ensuite vers la statue par Otto Hofner représentant un semeur (1928) ③ puis continuez jusqu'à la Heiligenstädter Strasse. Prenez à droite et traversez au deuxième passage protégé. Franchissez l'ouverture carrée dans l'immeuble en face de vous, grimpez les escaliers puis prenez l'allée qui s'enfonce à gauche dans l'Heiligenstädter Park. Quand vous arrivez à une fourche, choisissez le sentier à gauche qui monte en sinuant à travers bois. Au sommet, tournez à droite dans le jardin classique du parc ④. Il offre une belle vue sur les pentes du Kahlenberg et ses vignobles ⑤.

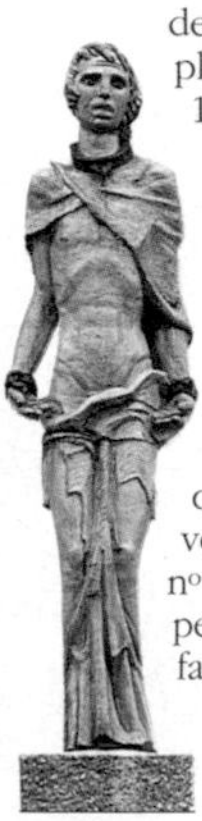

Statue du Karl Marx Hof ①

Steinfeldgasse
Prenez le deuxième petit sentier à droite qui descend jusqu'à la Steinfeldgasse où voisinent plusieurs maisons dessinées par Josef Hoffmann, l'une des figures de proue de la Sécession. La première, la villa Moser-Moll aux nos 6-8 ⑥, est celle qu'il conçut pour Carl Moll et Kolo Moser. Ensuite vient la villa Spitzer ⑦, puis la plus classique villa Ast ⑧ construite entre 1909 et 1911. La villa Henneberg ⑨, au croisement de la Steinfeldgasse et de la Wollergasse, est de 1901, et la deuxième maison de Moll, au nº 10 de la Wollergasse ⑩, date de 1906-1907.

De la Steinfeldgasse à la Grinzinger Strasse
Au croisement de la Steinfeldgasse et de la Wollergasse, un sentier descend à travers bois. Suivez-le puis descendez les marches menant à la Pfarrkirche St Michael ⑪ construite au XIXe siècle et éclairée par d'intéressants vitraux modernes. Après le sanctuaire, traversez la Hohe Warte et prenez la Grinzinger Strasse. Vous arriverez très vite au nº 70 ⑫ où Albert Einstein vécut de 1927 à 1931. Beethoven et le poète Franz Grillparzer habitèrent tous deux au nº 64 l'été 1808 ou le musicien composa la *Symphonie pastorale* ⑬.
Continuez jusqu'à la Grinzinger Allee et la

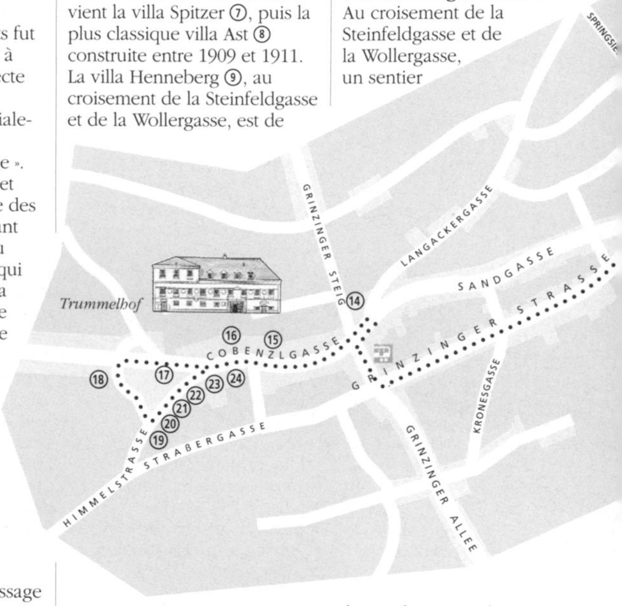

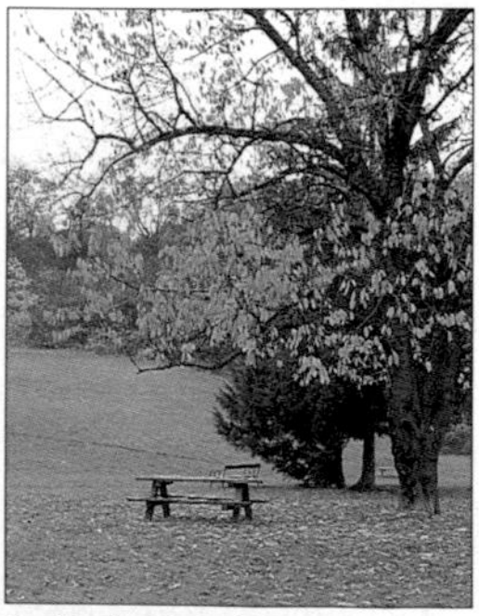

Jardin classique dans Heiligenstädter Park ④

Sandgasse qui renferme des *Heurige* ⑭ plus authentiques que ceux des rues les plus touristiques de Grinzing.

Grinzing

Revenez sur vos pas en direction du centre de Grinzing. Montez la Cobenzlgasse, la partie haute de la rue principale du village. Au n° 22, l'*Heuriger* Reinprecht ⑮, du XVIe siècle, présente en façade une plaque à la mémoire du compositeur Robert Stolz. Au n° 30, le

Cobenzlgasse, la rue principale de Grinzing

0   500 m

Karl Marx Hof

Villa Spitzer

N° 64 Grinzinger Strasse

Cour intérieure du Passauer Hof, un ancien pressoir ⑰

LÉGENDE

••• Itinéraire

☆ Point de vue

🚋 Terminus des tramways

Ⓤ Station de métro

Ⓢ Station du Schnellbahn

═══ Voie ferrée

MODE D'EMPLOI

Départ : station Heiligenstadt.
Longueur : 3,5 km.
Comment y aller ? Les lignes de métro U4 et U6, les trains S40 et S45, et les bus 10A, 11A, 38A et 39A desservent la station Heiligenstadt. Les trams D s'arrêtent sur la Heiligenstädter Strasse.
Haltes : Grinzing offre un large choix de cafés, de restaurants et d'Heurige (p. 216-217). Parmi ces derniers, préférez les plus petits qui vendent leur propre vin, et en particulier ceux du haut de la Sandgasse.

Trummelhof ⑯, de style baroque, occupe l'emplacement d'une ancienne brasserie. Plus haut sur la gauche, au n° 9, le Passauer Hof ⑰, un ancien pressoir à vin, incorpore des fragments d'un édifice roman plus ancien. Au coin de la Cobenzlgasse et de la Feilergasse, l'Altes Presshaus ⑱ conserve dans sa cave un vieux pressoir à raisin.

Tournez à gauche dans la Feilergasse. Quelques pas et vous vous retrouverez face à l'impressionnante façade Jugendstil des n°s 41-43 de la Himmelstrasse ⑲. Descendez

la rue. Un autre *Heuriger,* au n° 35, Das Altes Haus ⑳, présente au-dessus de la porte un joli portrait de la Vierge. Une peinture similaire, au n° 31 ㉑, représente un saint homme portant Croix, Bible et grappe de raisin. C'est encore un *Heuriger* qui occupe le n° 29 ㉒, où une plaque à la mémoire de Sepp Fellner décrit ce joueur de *Schrammelmusik* comme le « Schubert de Grinzing ». Assez ironiquement, le n° 25 ㉓, un édifice majestueux à l'entrée surmontée d'armoiries, porte une plaque rendant hommage au véritable Schubert, « Prince du Lied qui aimait à s'attarder à Grinzing ». Le village possède également une élégante église de la fin du gothique très restaurée à l'intérieur, coiffée d'une coupole en cuivre ㉔. Suivez la rue jusqu'au terminus des tramways. Le n° 38 vous ramènera en ville.

Saint homme sur la façade du n° 31, Himmelstrasse ㉑

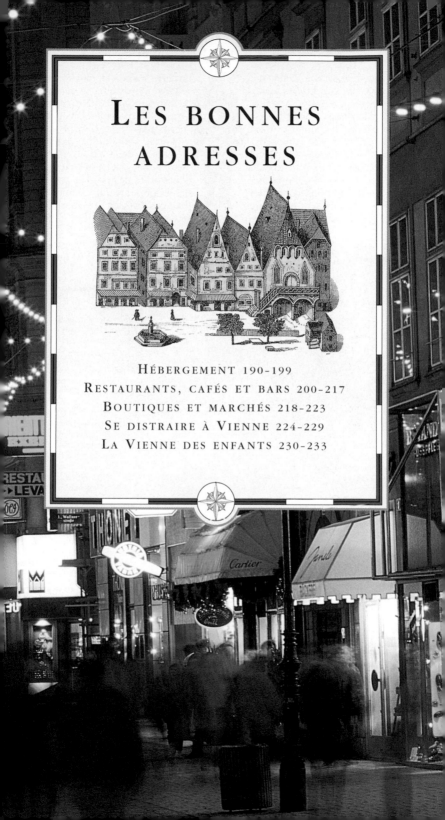

LES BONNES ADRESSES

HÉBERGEMENT

Le visiteur trouvera à Vienne un choix de conditions d'hébergement pouvant satisfaire des aspirations ou des budgets très variés, qu'il veuille s'offrir une suite dans un des plus grands palaces d'Europe, ou choisisse une chambre au confort plus spartiate mais au prix plus accessible. Pensions, souvent réputées pour leur accueil, ou hôtels, généralement plus vastes et mieux équipés (certains proposent

un service affaires), plus de 500 établissements sont à sa disposition. Nous en avons sélectionné 40 parmi les meilleurs dans une large gamme de prix. Le tableau de la page 195 vous aidera à découvrir celui qui correspond le mieux à vos besoins : ils sont classés par quartier et par ordre de prix. Les pages 196-199 les présentent brièvement. Pour d'autres formes d'hébergement, reportez-vous aux pages 193-194.

Façade baroque du Mailberger Hof sur Annagasse *(p. 197)*

CHERCHER UN HÔTEL

Parmi les avantages offerts par Vienne à ses hôtes figure celui de pouvoir résider en plein centre. Hôtels et pensions à l'atmosphère intime abondent dans la ville intérieure, et des palaces au nom célèbre, tels le Sacher, le Bristol ou l'Imperial *(p. 196-199)*, ou appartenant à des chaînes internationales, se dressent en bordure ou à proximité de la Ringstrasse.

L'**Österreich Werbung** (Office du tourisme autrichien) publie des brochures répertoriant plus de 500 établissements et **Autriche Pro-France** en recommande une dizaine (trois et quatre étoiles) où l'on parle français.

LE PRIX DES HÔTELS

Le coût de l'hébergement à Vienne, en particulier dans

les quartiers les plus recherchés, peut apparaître souvent exagéré mais il est possible de l'atténuer.

En premier lieu, une chambre reviendra en moyenne 20 à 25 % moins cher à l'extérieur de la Ringstrasse, et moins encore en périphérie. Vienne compte deux basses saisons : de novembre à mars (à l'exclusion de Noël et du Nouvel An), et en juillet et août (période de vacances des Autrichiens). Près de la moitié des hôtels baissent alors leurs tarifs de 25 % en hiver et bien qu'ils soient peu nombreux à faire de même en été, certains, en particulier parmi ceux appartenant à des chaînes internationales, se montrent plus enclins à proposer des offres spéciales (trois nuits pour le prix de deux par exemple). On pourra également obtenir un prix intéressant pour de longs séjours (plus d'une semaine en général) et en cas de paiement en liquide. Même en haute

La suite n° 663, en terrasse, de l'hôtel Bristol *(p. 198)*

saison, mieux vaut de toute manière se renseigner sur les différentes possibilités. Dans un même établissement, le prix des chambres varie de surcroît selon la taille et le confort.

Une personne seule paiera en général les trois quarts de ce que déboursera un couple, et il faut compter un supplément de 300 öS à 750 öS pour faire rajouter un lit dans une chambre pour deux ou pour louer une chambre familiale.

Pour tous renseignements sur les tarifs, ou pour obtenir

Le luxueux salon de l'hôtel Imperial *(p. 199)*

l'adresse d'agences organisant des séjours forfaitaires, l'Office du tourisme autrichien possède des bureaux en France, au Canada, en Belgique et en Suisse.

LES SUPPLÉMENTS-SURPRISE

Les tarifs incluent toujours les taxes (en particulier la TVA) et le petit déjeuner (sauf dans la plupart des hôtels cinq étoiles) mais rarement une place dans un parking ou un garage. Si vous voyagez en voiture, renseignez-vous avant de réserver, certains hôtels louent jusqu'à 350 öS par jour les emplacements qu'ils proposent. Sauf exception, les pensions n'en possèdent pas. Hormis pour ses habitants et ceux qui y travaillent, le stationnement est interdit dans la ville intérieure hors des parkings payants (et souvent complets) et il est limité à 90 mn dans le reste de la ville. Les arrondissements périphériques offrent beaucoup plus de facilités pour se garer.

Prudence si vous téléphonez depuis votre chambre, la plupart des établissements facturent en effet un prix unique à l'unité alors que le tarif officiel varie selon l'heure et le jour d'appel. Il risque de vous en coûter trois fois et demie ce que vous auriez payé dans une cabine publique. Changer de l'argent à l'hôtel peut également s'avérer onéreux, jusqu'à 10 % de plus que dans une banque.

Statue ornant la réception de l'hôtel Regina (*p. 197*)

La gracieuse façade de la pension Museum (*p. 198*)

Beaucoup d'établissements acceptent les chiens, certains contre un supplément : entre 50 et 150 öS.

COMMENT RÉSERVER ?

Nombre des meilleurs hôtels et pensions sont complets jusqu'à deux mois à l'avance lors des périodes d'affluence : Pâques, mai, juin, septembre, octobre, Noël et le Nouvel An. Même pour un séjour à d'autres périodes, mieux vaut réserver si vous tenez à résider dans un établissement ou un quartier particulier. Par téléphone, vous pourrez obtenir quelqu'un parlant français, ou à défaut anglais, dans la plupart des hôtels. Si vous possédez une carte bancaire, elle vous permettra de régler directement des arrhes. Si ce n'est pas le cas, il vous faudra probablement envoyer une confirmation écrite. Avant tout versement d'argent, renseignez-vous sur les conséquences financières d'une annulation. Si vous devez arriver après 18 h, prévenez pour éviter que votre chambre ne soit remise en location.

Depuis la France, Autriche +, émanation d'**Autriche Pro-France,** se charge d'effectuer des réservations, y compris pour des spectacles. À Vienne, vous pouvez vous adresser aux bureaux du **Wiener Tourismusverband** (Office du tourisme viennois) situés au n° 38 Kärntner Strasse, à l'aéroport, aux gares Südbahnhof et Westbahnhof, sur l'aire de services Wien-Auhof de la Westautobahn (A1) et à la sortie Zentrum de la Südautobahn (A2).

Le restaurant Anna Sacher à l'hôtel Sacher *(p. 198)*

LES SERVICES

Un système de classification par étoiles (jusqu'à cinq pour les hôtels, quatre pour les pensions) évalue le niveau de confort proposé et la qualité de l'accueil. Les exigences varient cependant selon le type d'établissement et les services offerts par une pension quatre étoiles correspondent approximativement à ceux d'un hôtel trois étoiles. Si les cinq étoiles s'avèrent tous luxueux, à l'autre extrémité de l'échelle, le visiteur rencontrera souvent un meilleur accueil dans les petites pensions que dans les hôtels bon marché. En dessous de trois étoiles, il ne faut toutefois pas s'attendre à un grand confort.

Sauf exception, seuls les grands établissements proposent un éventail complet de salles communes (restaurant, café et salon) alors que les plus petits mettent rarement plus qu'une extension de la réception à la disposition de leurs clients. Presque tous, néanmoins, servent à boire, même s'il n'y a pas de bar, et possèdent une pièce (malheureusement trop souvent installée dans un sous-sol lugubre) où servir le petit déjeuner. Dans les quatre et cinq étoiles, celui-ci prend fréquemment la forme d'un buffet où l'on choisit entre fromages, charcuteries, pâtisseries et céréales.

Beaucoup d'hôtels occupant des bâtiments anciens, les chambres y ont rarement les mêmes caractéristiques, et les plus simples, si elles disposent généralement du téléphone, n'ont pas toujours la télévision. À partir de trois étoiles, cette dernière est néanmoins presque systématiquement présente, parfois branchée sur le câble et voisinant avec un minibar. En plus de leur cachet, les vieux édifices offrent l'avantage de donner souvent sur une cour bien plus silencieuse que la rue. En revanche, l'exiguïté des espaces intérieurs ne permet pas toujours aux salles de bains de contenir plus qu'une douche ou une baignoire sabot. Souvenirs du XIXe siècle et des subterfuges employés pour contourner une loi limitant la hauteur des constructions, il arrive encore que les niveaux les plus bas s'appellent *Hochparterre* et *Mezzanine.* Sachez que le « premier étage » se situe alors en réalité au troisième.

Quel que soit le rang de l'établissement où vous descendrez, séduire le concierge (avec un pourboire, par exemple) peut être utile. Il saura conseiller restaurants et bars, et même, peut-être, dénicher des places pour un opéra affichant complet depuis des mois.

VOYAGER AVEC DES ENFANTS

Presque tous les établissements disposent de lits à barreaux (parfois avec supplément) et peuvent proposer une baby-sitter. En général, seuls les plus grands hôtels autorisent les enfants à dormir gratuitement, quel que soit leur âge, avec leurs parents. Parfois, un lit supplémentaire pour enfant revient aussi cher que pour un adulte.

L'élégant hôtel Josefshof *(p. 198)*

LES PERSONNES HANDICAPÉES

Les indications données en pages 196-199 sur les accès en fauteuil roulant ont été fournies par les hôtels eux-mêmes. Pour plus de renseignements, contactez le **Wiener Tourismusverband.**

LES AUBERGES DE JEUNESSE

Il existe huit auberges de jeunesse à Vienne présenté dans une brochure du **Wiener Tourismusverband.** Une nuit et un petit déjeuner coûtent entre 140 öS et 200 öS. La plupart imposent de rentrer avant minuit et toutes exigent d'être affilié à la Fédération internationale. On peut toutefois se procurer la carte (240 öS) sur place. Pour plus de renseignements, contacter l'**Österreichischer Jugendherbergsverband.**

LES *SAISONHOTELS*

Du 1er juillet au 30 septembre, des résidences universitaires se transforment en hôtel saisonnier. Leurs chambres sont classées de une à trois étoiles et louées par plusieurs organisations dont **Academia Hotels** et **Rosenhotels Austria** qui ont un service de renseignement ouvert toute l'année. Mieux vaut réserver longtemps à l'avance. Une chambre double confortable coûtera jusqu'à 1 000 öS.

Le salon distingué de l'hôtel Kaiserin Elisabeth *(p. 196)*

CARNET D'ADRESSES

RENSEIGNEMENTS

Österreich Werbung
Margaretenstrasse 1, A-1040. **Plan** 4 D2.
[588660.
FAX 5886620.

Wiener Tourismus-verband
Obere Augartenstrasse 40, A-1025. **Plan** 2 E3.
[21114.
FAX 2168492.

Autriche Pro-France
58, rue de Monceau 75008 Paris
[01 45 61 97 68.
FAX 01 45 61 97 67.

CHAÎNES D'HÔTELS

Austria Hotels Hotel de France
Schottenring 3, A-1010.
Plan 2 D4.
[313680. FAX 3195969.

Austria Hotels Park-hotel Schönbrunn
Hietzinger Hauptstrasse 10–20, A-1131.
[87804.
FAX 878043220.

Clima Cityhotel
Theresianumg 21a, A-1040. **Plan** 4 E4.
[5051696.
FAX 5043552.

Clima Hotel Johann Strauss
Favoritenstrasse 12, A-1040. **Plan** 4 D3.
[5057624.
FAX 5057628.

Clima Villenhotel
Nussberggasse 2c, A-1190.
[371516. FAX 371392.

Hotel Ibis Wien
Mariahilfer Gürtel 22–24, A-1060.
[599980.
FAX 5979090.

Novotel Wien West
Am Auhof Autobahn-station, A-1140.
[9792542. FAX 9794140.

SAS Palais Hotel
Parkring 14–16, A-1010.
Plan 4 E1 et 6 E4.
[515170.
FAX 5122216.

Scandic Crown Hotel
Handelskai 269, A-1020.
[72777. FAX 72777199.

Sofitel Hotel am Belvedere
Am Heumarkt 35–37, A-1030.
[716160.
FAX 71616844.

Vienna Penta Renaissance Hotel
Ungargasse 60, A-1030. **Plan** 4 F1.
[711750.
FAX 7117590.

SAISONHOTELS

Academia Hotels
Pfeilgasse 3a, A-1080.
Plan 1 A5.
[431661.
FAX 426397.

Rosenhotels Austria
Linzerstrasse 161, A-1140.
Plan 3 A3.
[9114910.
FAX 9100269.

AUBERGE DE JEUNESSE

Österreichischer Jugendherbergs-verband
Schottenring 28, A-1010. **Plan** 2 D4.
[5335353.
FAX 5350861.

CAMPINGS

Österreichischer Camping Club
Schubertring 1-3, A-1010.
[711991272.
FAX 711991498.

Camping und Caravaning club Austria
Mariahilfer Strasse 180, A-1150. **Plan** 3 A3.
[89121222.
FAX 89121236.

LOCATION D'APPARTEMENTS

Vienna City Apartments
Marc-Aurel-Strasse 7, A-1010. **Plan** 2 E5 et 6 D2.
[53503650.
FAX 5350367.

SÉJOURS CHEZ L'HABITANT

B&B Vienna
Rielgasse 47b, A-1238.
[8885219.
FAX 8885213.

Mitwohnzentrale
Laudongasse 7, A-1080.
Plan 1 B4.
[4026061.
FAX 402606211.

L'atrium du Vienna Marriott
(p. 197)

LES CAMPINGS

Cinq campings, dont un ouvert toute l'année, se trouvent dans un rayon de moins de 15 km du centre de Vienne. La plupart disposent de cuisines et certains d'un supermarché.
L'**Österreichischer Camping Club** vous fournira des renseignements plus détaillés que la brochure du **Wiener Tourismus-verband.**

LA LOCATION D'APPARTEMENTS

Vienne offre peu de possibilités aux voyageurs épris d'indépendance. **Pego,** une société qui loue des logements dans toute l'Autriche et possède deux immeubles et divers appartements

disséminés dans la capitale, édite une brochure claire et détaillée. Elle sert également d'intermédiaire pour les logements, modernes et d'un bon rapport qualité/prix, proposés par **Vienna City Apartments** mais on peut aussi les réserver directement, par écrit ou par téléphone.

En général, les appartements sont équipés de la télévision et du téléphone, et ils reviennent moins cher qu'une pension.

LES SÉJOURS CHEZ L'HABITANT

Cette forme d'hébergement, sûre et économique, impose habituellement de rester quelques jours et coûte environ 300 öS par personne et par nuit. À condition de vous rendre personnellement dans un de ses bureaux, vous pouvez vous adresser au **Wiener Tourismusverband.** Vous pouvez aussi contacter **Mitwohnzentrale** ou **B&B Vienna.**

LES CHAÎNES D'HÔTELS

Visant principalement une clientèle en déplacements professionnels, ils proposent des tarifs qui varient selon leur degré d'occupation. Parmi les plus connus figurent le Vienna Hilton *(p. 199)* et l'Inter-Continental Wien *(p. 199).*

Camping au n° 40 Huttelbergstrasse

Choisir un hôtel

L e tableau ci-dessous présente les caractéristiques principales des hôtels sélectionnés, classés par quartier et dans l'ordre alphabétique en fonction de leur prix. Tous ont été évalués pour ce guide. Les pages 196-199 les décrivent plus en détail.

Hôtel	Prix	NOMBRE DE CHAMBRES	GRANDES CHAMBRES	SERVICE AFFAIRES	ÉQUIPEMENTS POUR ENFANTS	RESTAURANT RECOMMANDÉ	PROCHE DES COMMERCES ET DES RESTAURANTS	SITUATION CALME	SERVICE 24 H/24	BON RAPPORT QUALITÉ/PRIX
QUARTIER DU STEPHANSDOM *(p. 196-197)*										
Am Operneck	S	6	●				●			
Christina	SS	33		●			●	■		
Elite	SS	27		●						■
Austria	SSS	46	●	●			●	■	●	
Kärntnerhof	SSS	43		●			●	■	●	■
Wandl	SSS	138	●	●			●		●	■
Zur Wiener Staatsoper	SSS	22		●			●			
Amadeus	SSSS	30		●				●		
Arenberg	SSSS	23		●			●			
Kaiserin Elisabeth	SSSS	63		●				●		
K+K Palais	SSSS	66		■	●			■		
König von Ungarn	SSSS	33	●	■	●	■	●			■
Mailberger Hof	SSSS	35	●	●			●	■		
Römischer Kaiser Wien	SSSS	24		●			●	■		
Am Schubertring	SSSS	39		●			●			
Vienna Marriott	SSSSS	310	●	■	●		●		●	
QUARTIER DE LA HOFBURG *(p. 197)*										
Nossek	SSS	26	●	■			●			■
Astoria	SSSS	108	●		●		●			
Pertschy	SSSS	47		●			●	■		
Ambassador	SSSSS	105	●		●		●	■		
SCHOTTENRING ET ALSERGRUND *(p. 197)*										
Regina	SSSS	125			●		●			
QUARTIER DE L'HÔTEL DE VILLE *(p. 198)*										
Wild	S	14					●			■
Graf Stadion	SS	40					●			
K+K Maria Theresia	SSS	133		■	●		●			
Zipser	SSS	47			●		●			
Altstadt Vienna	SSSS	25	●		●		●	■		■
Josefshof	SSSS	48		■	●		●	■		
Museum	SSSS	15	●				●			
OPÉRA ET NASCHMARKT *(p. 198)*										
Sacher	SSSSS	116	●	■	●	■	●		●	
QUARTIER DU BELVÉDÈRE *(p. 198-199)*										
Suzanne	SS	25					●			
Bristol	SSSSS	141	●	■	●	■	●		●	
Imperial	SSSSS	128	●	■	●	■			●	
Im Palais Schwarzenberg	SSSSS	38		■	●	■		■	●	■
EN DEHORS DU CENTRE *(p. 199)*										
Altwienerhof	S	21				■		■		■
Landhaus Fuhrgassl-Huber	SSS	22			●			■		■
Nordbahn	SSS	79					●			
Biedermeier	SSSS	203	●	■	●		●	■		
Gartenhotel Glanzing	SSSS	18	●	■	●			■		
Inter-Continental Wien	SSSS	492		■	●	■			●	
Vienna Hilton	SSSSS	600		■			●		●	

LE QUARTIER DU STEPHANSDOM

Am Operneck

Kärntner Strasse 47, A-1010. **Plan** 4 D1 et 6 D4. (5129310. **Ch. :** 6. 🛏 1 ☷ 📺 ✂ ↻

Cette petite pension située en plein centre-ville en face de l'office du tourisme de la Kärntner Strasse propose des chambres spacieuses, confortables, résolument anonymes, assez calmes pour celles donnant sur l'arrière, mais qui ne disposent que de salles de douches exiguës. Le petit déjeuner est servi dans les chambres.

Christina

Hafnersteig 7, A-1010. **Plan** 2 E5 et 6 E2. (5332961. FAX 533296111. **Ch. :** 33. 🛏 1 ☷ 📺 ✕ ↻ ⌷ DC, MC, V. ⊗⊗

À la limite nord du quartier du Stephansdom, dans un immeuble ni ancien ni élégant, cet établissement donnant sur une rue paisible et pavée ne paye pas de mine. On vous y accueille pourtant avec une tasse de café et l'intérieur a été rénové dans le style Art déco. Les plus grandes chambres possèdent une salle de bains complète.

Elite

Wipplinger Strasse 32, A-1010. **Plan** 2 D4 et 5 C2. (53325180. FAX 5355753. **Ch. :** 27. 🛏 15. 1 ☷ ✂ ✕ ↻ ⊗⊗

Les boiseries des murs, de grands lustres, des estampes, du mobilier patiné et de la musique classique donnent à cette pension une ambiance très chaleureuse. Des antiquités décorent les chambres les plus grandes (et les plus chères). Six petites chambres individuelles offrent un excellent rapport qualité/prix. Certaines ont vue sur la Bourse et les collines.

Austria

Fleischmarkt 20, A-1010. **Plan** 2 E4 et 6 D2. (51523. FAX 51523506. **Ch. :** 46. 🛏 42. 1 ☷ 📺 ✕ ↻ P ⌷ AE, DC, MC, V. ⊗⊗⊗

Dans une impasse proche de l'ancienne université, l'Austria offre l'avantage d'être extrêmement calme. Spacieuses, ses chambres, dotées de mobilier moderne et de salles de bains vieillottes mais complètes, entourent une cour intérieure. Au rez-de-chaussée, petits salons et salle de petit déjeuner s'organisent autour d'une fontaine ornée de coquillages.

Kärntnerhof

Grashofgasse 4, A-1011. **Plan** 2 E5 et 6 E3. (5121923. FAX 513222833. TX 112535. **Ch. :** 43. 🛏 41. 1 ☷ 24 📺 ✕ ↻ ↻ P ⌷ AE, DC, MC, V. ⊗⊗⊗

Dans une impasse au fond de laquelle un portail ouvre sur la gracieuse Heiligenkreuzerhof (p. 75) où l'on peut stationner, cet hôtel attenant à deux cafés occupe un immeuble du XIXᵉ siècle à la façade imposante. L'intérieur recèle un élégant ascenseur Art déco enserré par un escalier en spirale, des chambres récemment rénovées et une salle du petit déjeuner au décor rustique.

Wandl

Petersplatz 9, A-1010. **Plan** 2 D5 et 5 C3. (534550. FAX 5345577. TX 115370. **Ch. :** 138. 🛏 1 ☷ 24 📺 ✕ ↻ ↻ ⊗⊗⊗

Proche de la Peterskirche au cœur même de la ville, le Wandl appartient à la même famille depuis plusieurs générations. Bien qu'ancien, il n'a conservé qu'une partie des stucs de sa décoration, notamment dans la cour intérieure couverte où on prend le petit déjeuner et dans les plus belles chambres. Même si les autres s'avèrent moins caractéristiques, elles sont généralement spacieuses et parquetées. Certaines ont vue sur le Stephansdom.

Zur Wiener Staatsoper

Krugerstrasse 11, A-1010. **Plan** 4 E1 et 6 D5. (5131274. FAX 513127415. **Ch. :** 22. 🛏 1 ☷ 📺 ✕ ↻ ↻ AE, MC, V. ⊗⊗⊗

Dans une rue piétonne donnant sur la Kärntner Strasse, cet établissement occupe un immeuble néo-classique du XIXᵉ siècle dont la façade présente une décoration amusante avec ses cariatides et ses visages en relief. À l'intérieur, salle du petit déjeuner, chambres et salles de bains (toutes avec douche) se serrent dans le peu d'espace disponible.

Amadeus

Wildpretmarkt 5, A-1010. **Plan** 2 E5 et 6 D3. (5338738. FAX 533873838. **Ch. :** 30. 🛏 1 📺 ↻ ⌷ AE, DC, MC, V. ⊗⊗⊗

Près du Stephansdom, dans une artère élégante bordée de belles boutiques, ce coquet hôtel moderne se dresse à l'emplacement d'une taverne que fréquentèrent Brahms et Schubert. À l'intérieur, c'est à l'époque de Mozart qu'évoquent peintures murales dans l'escalier, tapis rouges, abat-jour, lustres et capitonnage des meubles.

Arenberg

Stubenring 2 , A-1010. **Plan** 2 F5 et 6 F3. (5125291. FAX 5139356. **Ch. :** 23. 🛏 1 ☷ 📺 ✕ ↻ ↻ ⌷ AE, DC, MC, V. ⊗⊗⊗

Derrière la façade sans grâce d'un immeuble de bureaux de la Ringstrasse se cache l'une des pensions les plus chaleureuses de Vienne. Le bar donne le ton. Chacun se sert soi-même et inscrit sa consommation sur une note. Des tapis couvrent les parquets, la salle du petit déjeuner est ensoleillée. Du papier peint ancien et des meubles fonctionnels décorent les chambres.

Kaiserin Elisabeth

Weihburggasse 3, A-1010. **Plan** 4 E1 et 6 D4. (51526. FAX 515267. TX 112422. **Ch. :** 63. 🛏 1 ☷ 📺 ✕ ↻ ↻ P Y ⌷ AE, DC, MC, V. ⊗⊗⊗

Dans une ruelle située à quelques pas du Stephansdom, cette maison attrayante date du XIVᵉ siècle et hébergea Wagner et Liszt au début du XIXᵉ. Des tapis persans s'étalent sur les parquets des pièces communes et les chambres présentent une décoration fin de siècle. Les plus petites, doubles ou individuelles, n'ont que des douches dans les salles de bains. L'ambiance vous paraîtra peut-être moins chaleureuse que dans d'autres hôtels du centre.

K+K Palais

Rudolfsplatz 11, A-1010. **Plan** 2 E4 et 6 D1. (5331353. FAX 533135370. TX 134049. **Ch. :** 66. 🛏 1 ☷ 📺 ✕ ✕ ↻ ↻ P ⌷ AE, DC, MC, V. ⊗⊗⊗

Situé sur une place calme et verdoyante dans un quartier d'affaires idéal pour les déplacements professionnels mais aussi le tourisme, cet établissement moderne occupe un palais du XIXᵉ siècle où aurait habité Mᵐᵉ Schratt, la maîtresse de François-Joseph. Une belle entrée vitrée conduit à une élégante salle de petit déjeuner puis à un escalier en marbre menant aux chambres auxquelles édredons blancs et sièges en osier donnent un charme sans prétention.

König von Ungarn

Schulerstrasse 10, A-1010. **Plan** 2 E5 et 6 E3. (515840. FAX 515848. **Ch. :** 33. 🛏 1 ☷ 24 📺 ✕ ▤ ✕ ✕ ↻ P Y ¶ ⌷ AE, DC, MC, V. ⊗⊗⊗

Vivement recommandé, le « Roi de Hongrie », hôtel plein de cachet, offre un excellent rapport qualité/ prix. Le bâtiment qu'il occupe comprend la Figarohaus *(p. 72)* où Mozart aurait composé *Le Mariage de Figaro*. Sur les murs se serrent les signatures, encadrées, des célébrités qui y résidèrent au fil des siècles. La cour intérieure couverte, l'une des plus charmantes de Vienne, abrite le foyer et le bar. Le restaurant, aux salles voûtées, sert une cuisine traditionnelle de qualité. Spacieuses pour la plupart, les chambres, aux meubles rustiques, sont plus calmes sur l'arrière.

Mailberger Hof

Annagasse 7, A-1010. **Plan** 4 E1 et 6 D4. ☎ *51206410.* [FAX] *512064110.* [TX] *133828.* ***Ch. :*** *35.* 🚿 [1] 👪 [TV] 🧒 ♿ ⇅ [P] 🍴 💳 *AE, DC, MC, V.* [Sc][Sc][Sc][Sc]

Quasiment en face du Römischer Kaiser Wien *(voir ci-dessous)*, ce ravissant hôtel baroque, installé dans plusieurs maisons médiévales réaménagées, dispose d'une belle cour intérieure où l'on peut dîner sous de grands parasols blancs... à moins que l'on préfère le cadre offert par la salle voûtée. Un large escalier de pierre conduit aux chambres. Spacieuses et meublées avec goût, elles donnent pour la plupart sur la cour.

Römischer Kaiser Wien

Annagasse 16, A-1010. **Plan** 4 E1 et 6 D4. ☎ *51277510.* [FAX] *512775113.* ***Ch. :*** *24.* 🚿 [1] 👪 [TV] ▤ ⇅ 💳 *AE, DC, MC, V.* [Sc][Sc][Sc][Sc]

Exemple typique de petit palais baroque édifié pour le chancelier impérial en 1684, cet établissement propose au rez-de-chaussée des salles communes aux carrelages couverts de tapis. Les chambres des étages sont dans les tons crème. Les moins chères, sous le toit, ne possèdent cependant pas les tentures, moulures et dorures présentes partout ailleurs. L'hôtel loue des vélos.

Am Schubertring

Schubertring 11, A-1010. **Plan** 2 F5 et 6 D5. ☎ *717020.* [FAX] *7139966.* [TX] *111569.* ***Ch. :*** *39.* 🚿 [1] 👪 [TV] ❄ ▤ 🧒 ♿ ⇅ [P] 🍸 💳 *AE, MC, V, JCB.* [Sc][Sc][Sc][Sc]

Un édifice dans le style de la Ringstrasse abrite l'un des rares hôtels Jugendstil de Vienne où des peintures murales, des lampes et des estampes Art déco ornent le bar, les salons et la salle du petit déjeuner. Au sixième étage, les chambres, beaucoup plus calmes à l'arrière, recèlent d'épais tapis et de belles copies de meubles d'époque. Certaines, en bois sombre, rappellent l'Art nouveau, d'autres, plus claires, l'époque Biedermeier. Le personnel apporte au service le même soin que celui qui présida à la décoration.

Vienna Marriott

Parkring 12a, A-1010. **Plan** 4 D1 et 6 E4. ☎ *515180.* [FAX] *51586736.* [TX] *114572.* ***Ch. :*** *310.* 🚿 [1] 👪 [24] [TV] 🚭 ❄ ▤ 🏋 🏊 ✒ 🧒 ♿ ⇅ [P] 🍸 🍴 💳 *AE, DC, MC, V.* [Sc][Sc][Sc][Sc][Sc]

Sous une vaste verrière, l'atrium de ce palace moderne sur la Ringstrasse renferme boutiques, cafés, bars et restaurants. Éclairages et cascades apportent une note apaisante à une atmosphère très animée. le Marriott offre un service affaires (qui pourrait être plus développé) et il est un des rares hôtels de la ville à posséder une piscine. Malgré la climatisation et l'insonorisation, les chambres donnant sur le Stadtpark sont parfois bruyantes.

Le quartier de la Hofburg

Nossek

Graben 17, A-1010. **Plan** 2 D5 et 5 C3. ☎ *53370410.* [FAX] *5353646.* ***Ch. :*** *26.* 🚿 *25.* [1] 👪 ❄ ✒ ♿ ⇅ [Sc][Sc][Sc]

Il faut réserver des mois à l'avance pour obtenir une chambre avec un balcon surplombant le Graben. Sur trois étages au-dessus d'une boutique de mode, parquets couverts de tapis, meubles d'époque et peintures choisies avec goût font oublier, dans la plupart des chambres, que les salles de bains sont un peu rudimentaires. La salle du petit déjeuner, éclairée par des lustres en laiton, et le salon attenant, empli de livres en diverses langues, s'avèrent tout aussi accueillants.

Astoria

Führichgasse 1, A-1015. **Plan** 5 C4. ☎ *515770.* [FAX] *5157782.* [TX] *112856.* ***Ch. :*** *108.* 🚿 [1] 👪 [TV] ❄ 🧒 ♿ ⇅ [P] 🍸 🍴 💳 *AE, DC, MC, V.* [Sc][Sc][Sc][Sc]

Parce qu'il ne se trouve qu'à un jet de pierre de la salle où ils se produisent, et peut-être parce qu'il attire moins les curieux que d'autres établissements célèbres, de nombreux artistes d'opéra aiment passer boire un verre au bar de cet hôtel datant du tournant du siècle. Après un foyer orné de boiseries Jugendstil, la salle à manger, au premier étage, paraît quelque peu grandiloquente mais beaucoup de chambres sont superbes et méritent que l'on paie un petit supplément pour jouir d'un cadre spacieux et d'un décor riche en stucs et mobilier d'époque.

Pertschy

Habsburgergasse 5, A-1010. **Plan** 2 D5 et 5 C3. ☎ *534490.* [FAX] *5344949.* ***Ch. :*** *42, 5* ***appartements.*** 🚿 [1] 👪 [TV] 🧒 ⇅ 💳 *DC, MC, V.* [Sc][Sc][Sc][Sc]

Pour accéder au bel immeuble vieux de 300 ans qu'occupe cette pension sans prétention, il faut franchir un portail ancien, traverser une cour et grimper un large escalier en pierre. Un passage couvert relie les chambres qu'une récente rénovation a dotées de mobilier rococo et de luminaires en cristal. Des boiseries en acajou donnent un air de café traditionnel à la salle du petit déjeuner. Les fiacres circulant entre le Graben et la Hofburg longent la façade latérale du Pertschy et le tintement des sabots de leurs attelages contribue à créer une ambiance hors du temps.

Ambassador

Neuer Markt 5, A-1010. **Plan** 4 D1 et 6 D4. ☎ *51466.* [FAX] *5132999.* [TX] *111906.* ***Ch. :*** *105.* 🚿 [1] 👪 [TV] ❄ ▤ 🧒 ♿ ⇅ 🍸 [P] 🍴 💳 *AE, DC, MC, V.* [Sc][Sc][Sc][Sc][Sc]

Construit au XIXᵉ siècle, le cinq étoiles le mieux situé de la ville présente, sur la Karntner Strasse, un café en terrasse et une façade typique du style historiciste de la Ringstrasse. Marbres, piliers, tapisseries, lustres et une profusion de pourpres et de dorures lui donnent une magnificence datée. Princes et chefs d'État ont séjourné dans ses plus belles chambres. Les plus chères possèdent leur propre salon.

Schottenring et Alsergrund

Regina

Rooseveltplatz 15, A-1096. **Plan** 1 C4 et 5 A1. ☎ *404460.* [FAX] *4088392.* ***Ch. :*** *125.* 🚿 [1] 👪 [TV] ❄ ▤ 🧒 ⇅ 🍸 🍴 💳 *AE, DC, MC, V.* [Sc][Sc][Sc][Sc]

Bâti au XIXᵉ siècle à proximité de la Ringstrasse, cet édifice, assez imposant pour ne pas souffrir du voisinage de la Votivkirche, abrite un hôtel depuis 1896. Le Regina, dont l'intérieur ne manque pas d'une certaine grandeur avec ses lustres en laiton et ses statues classiques, accueille aujourd'hui essentiellement des groupes. Un ancien pressoir à vin décore le café et une photo, dans le restaurant, présente son personnel en 1913. Démodées, les chambres s'avèrent un peu décevantes.

LE QUARTIER DE
L'HÔTEL DE VILLE

Wild

Lange Gasse 10, A-1080. **Plan** 3 B1.
[4065174. FAX 4022168. **Ch. :** 14.
1 ⚏ ⛭ ⛬ ⛯ ✵ AE, DC, MC, V. Ⓢ

Au cœur de Josefstadt, cette
pension tenue par une femme très
chaleureuse en son fils est
certainement l'adresse la moins
chère que nous recommandons.
Petite mais impeccable, chaque
chambre possède un lavabo mais
partage avec une ou deux autres
toilettes et douche. Les hôtes
disposent également d'une cuisine
à chaque étage et d'une salle de
petit déjeuner près de la réception.
Leur séjour leur donne droit à des
réductions dans le salon de beauté
installé au sous-sol.

Graf Stadion

Buchfeldgasse 5, A-1080. **Plan** 1 B5.
[4055284. FAX 405011184.
Ch. : 40. ⛿ 1 ⚏ TV ⛬ (1 ch.)
⛯ ✵ AE, MC, V. ⓈⓈ

Un immeuble Biedermeier bordant
une rue pleine de charme abrite cet
établissement bon marché. Il
bénéficie toutefois d'un cachet
certain avec son ascenseur Art déco
au siège matelassé et aux vitres
dépolies ainsi que les voûtes de la
salle du petit déjeuner et les
chambres du rez-de-chaussée. Avec
leurs lits chromés, les chambres
présentent une décoration d'une
simplicité reposante.

K+K Maria Theresia

Kirchberggasse 6-8, A-1070.
Plan 3 B1. [52123. FAX 5212370.
TX 111530. **Ch. :** 133. ⛿ 1 ⚏ TV
✵ ✿ ⛭ ⛬ ⛯ ✵ ⛯ ⚏ ✵
✵ AE, DC, MC, V. ⓈⓈⓈ

Cette succursale du K+K Palais
(p. 196) très populaire auprès de
groupes offre, dans un bâtiment
moderne, un décor qui ne l'est pas
moins : murs jaunes, meubles de
cuir noir, tapis exotiques et
lithographies abstraites. Quelques
chambres possèdent un balcon,
d'autres commandent une belle vue
sur la ville. Magasins de meubles et
galeries d'avant-garde abondent
aux alentours (p. 124).

Zipser

Lange Gasse 49, A-1080. **Plan** 1 B5.
[404540. FAX 408526613.
Ch. : 47. ⛿ 46. 1 ⚏ TV ⛬ ⛯
✵ ✵ ✵ AE, DC, MC, V. ⓈⓈⓈ

Avec son mobilier moderne, cette
pension de Josefstadt ne possède
peut-être pas autant de cachet que
d'autres mais il y règne une

atmosphère très amicale. Prenez
de préférence une des plus
grandes chambres à l'arrière, elles
disposent d'excellentes salles de
bains et d'un balcon dominant la
cour intérieure et ses arbres. Elles
sont aussi plus calmes.

Altstadt Vienna

Kirchengasse 41, A-1070. **Plan** 3 B1.
[52633990. FAX 5234901.
Ch. : 25. ⛿ 1 ⚏ TV ✵ ⛬ ⛯ P
⛯ ✵ AE, DC, MC, V. ⓈⓈⓈⓈ

Ouvert en 1991 dans un quartier
ancien proche des grands musées,
l'Altstadt est déjà un succès.
Éclairage étudié, meubles
résolument modernes et couleurs
audacieuses donnent vie aux
vastes pièces de la demeure
patricienne du XIXe siècle qu'il
occupe. Sols et plafonds patinés
apportent une touche
sophistiquée. Les chambres à
l'arrière offrent un calme parfait et
celles en façade ont vue sur une
église et une mosaïque de toits.
Vous apprécierez le buffet du petit
déjeuner et le service
irréprochable.

Josefshof

Josefsgasse 4-6, A-1080. **Plan** 1 B5.
[40419. FAX 40419150.
Ch. : 48. ⛿ 1 ⚏
TV ✵ ⛬ ⛯ ✵ P ⛯
✵ AE, DC, MC, V. ⓈⓈⓈ

Dans une rue tranquille, la jolie
façade jaune de cet immeuble
Biedermeier s'élève à proximité de
l'English Theatre (p. 228). Les
marbres de l'entrée suggèrent plus
de splendeur que n'en possède
réellement l'hôtel mais la salle du
petit déjeuner, qui ouvre sur une
cour intérieure, est agréable, et les
chambres ne manquent pas
d'élégance avec leurs sols
parquetés et leurs copies de
meubles d'époque. Les tarifs basse
saison s'avèrent d'un meilleur
rapport qualité/prix.

Museum

Museumstrasse 3, A-1070. **Plan** 3 C1.
[9344260. FAX 523442630.
Ch. : 15. ⛿ 1 ⚏ 24 TV ⛯
✵ AE, MC, V. ⓈⓈⓈ

À deux pas des principaux
musées, cette traditionnelle
pension viennoise dresse une
façade ornée de putti et de
balcons aux ferronneries
travaillées au-dessus d'un cinéma
programmant des films en noir et
blanc, parfois en version
originale. Austères mais
spacieuses, les chambres ont de
hauts plafonds et des sols en
parquet tandis que sièges en
tapisserie, lustres et cheminées
ouvragées ornent le salon et la
salle du petit déjeuner.

OPÉRA ET
NASCHMARKT

Sacher

Philarmonikerstrasse 4, A-1010.
Plan 4 D1 et 5 C5. [51456.
FAX 51457810. TX 112520. **Ch. :**
116. ⛿ 1 ⚏ 24 TV ✵ ⛯ ⛬
✵ ⛬ ⛯ P ⛯ ⚏ ✵ AE, DC,
MC, V, JCB. ⓈⓈⓈⓈⓈ

Fréquenté par les grandes fortunes
et l'aristocratie européennes dès
son ouverture en 1876, l'hôtel le
plus célèbre de Vienne (p. 136)
propose des pièces communes où
marbres et velours rouges
s'accordent avec son passé
prestigieux. Les chambres les plus
chères présentent le même type de
décoration, les autres, bien qu'à
peine moins confortables, sont
moins évocatrices. Que vous
veniez pour un week-end ou juste
pour déguster une part de
Sachertorte (p. 207) au café, vous
aurez droit à un service de grande
classe.

LE QUARTIER
DU BELVÉDÈRE

Suzanne

Walfischgasse 4, A-1010. **Plan** 4 D1
et 6 D5. [5132507. FAX 5132500.
Ch. : 25. ⛿ 1 ⚏ TV ⛯ ⓈⓈ

À quelques pas de la Kärntner
Strasse et de l'Opéra, cette
agréable pension se cache derrière
un affreux immeuble de béton au-
dessus d'un fleuriste et d'un sex-
shop. Réparties sur plusieurs
étages, ses chambres ont un
charme suranné. Les plus chères
disposent d'une petite cuisine.

Bristol

Kärntner Ring 1, A-1015. **Plan** 4 D2
et 6 D5. [515160. FAX 51516550.
TX 112474. **Ch. :** 141. ⛿ 1 ⚏
24 TV ✵ ⛬ ✵ ⛯ ⛬ ⛯
P ⛯ ⚏ ✵ AE, DC, MC, V.
ⓈⓈⓈⓈⓈ

Inauguré en 1892 juste en face de
l'Opéra sur la Ringstrasse, le
Bristol est un hôtel de grand luxe
comme le rappellent partout à
l'intérieur marbre, dorures,
antiquités et tableaux. Devenues
de véritables institutions, ses salles
communes comprennent le
restaurant Korso (p. 213) et le
salon doré où la bonne société
viennoise se réunit l'après-midi
pour prendre le thé. Le Bristol
propose notamment des chambres
en terrasse et un étage consacré
au service affaires.

Imperial

Kärntner Ring 16, A-1015. **Plan** 4 D2 et 6 D5. 501100. FAX 50110410. TX 112630. **Ch. :** 128. 1 24 TV AE, DC, MC, V.

En résidant à l'Imperial, ouvert en 1873 mais récemment rénové, vous avez de fortes chances de dormir sous le même toit qu'un ou deux chefs d'État. Solennité et distinction règnent au restaurant et dans le superbe café. C'est toutefois le monumental escalier en marbre et la décoration des suites les plus chères qui témoignent le mieux de la grandiloquence du style de la Ringstrasse. Deux étages ajoutés dans les années 50 proposent des chambres plus petites et plus sobres.

Im Palais Schwarzenberg

Schwarzenbergplatz 9, A-1030. **Plan** 4 E2. 79845150. FAX 7894714. TX 136124. **Ch. :** 38. 1 24 TV AE, DC, MC, V.

Qu'on y vienne en lune de miel ou juste pour échapper à l'animation des autres palaces de Vienne, ce vaste palais baroque (p. 148) et son parc de 6 ha offrent indéniablement un lieu de séjour hors du commun. N'occupant qu'une partie de l'édifice, l'hôtel propose des salons et salles à manger étonnamment intimes et confortables malgré leur splendeur. Les meilleures chambres se trouvent dans le bâtiment principal (la vue sur le parc coûte un supplément), celles aménagées dans les anciennes écuries étant plus petites et modernes. Le personnel assure un service détendu mais plein d'attention.

EN DEHORS DU CENTRE

Altwienerhof

Herklotzgasse 6, A-1150. 8926000. FAX 89260008. **Ch. :** 21. 18. 1 24 TV AE, DC, MC, V.

Éloigné du centre mais proche d'une station de métro, l'établissement tenu par les Kellner accueille une clientèle où figurent nombre de Français attirés par la qualité de la cuisine servie dans des salles aux boiseries d'acajou, dans une serre ravissante ou encore, aux beaux jours, à l'ombre des arbres de la cour intérieure. Les résidents peuvent opter pour la demi-pension. Toutes les chambres, des plus simples, juste dotées d'un lavabo, à celles comprenant une luxueuse salle de bains, offrent confort à l'ancienne et excellent rapport qualité/prix.

Landhaus Fuhrgassl-Huber

Neustift am Walde, Rathstrasse 24, A-1190. 44030336. FAX 4402714. **Ch. :** 22. 1 24 TV MC, V.

Si vous vous lassez de la musique classique et des fastes baroques, airs d'accordéon, sols carrelés, bois blanc et meubles peints créeront un intermède reposant et rustique dans cet hôtel d'une propreté impeccable, situé dans un village de vignerons typique. Le propriétaire du Landhaus Fuhrgassl-Huber possède également les vignes qui s'étendent derrière ainsi qu'un *Heuriger* plus haut dans la rue. Ce sont sa fille et son gendre qui tiennent l'établissement. Un bus pour le centre-ville s'arrête pratiquement devant sa porte. Le trajet prend environ 30 mn selon la circulation.

Nordbahn

Praterstrasse 72, A-1020. 211300. FAX 2113072. TX 136075. **Ch. :** 79. 1 24 TV AE, DC, MC, V.

Dans une artère animée et bordée d'arbres, à cinq minutes à pied de la célèbre grande roue et du métro, cet hôtel sans grand caractère mais spacieux propose un bar et une modeste terrasse, le stationnement gratuit et une bibliothèque. Les chambres (éloignées de la rue) présentent plus d'intérêt pour leur confort que pour leur style. Max Steiner, l'auteur de la musique de *Autant en emporte le vent* et de *Casablanca*, naquit ici le 10 mai 1888.

Biedermeier

Landstrasser Hauptstrasse 28, A-1030. **Plan** 4 F1. 716710. FAX 71671503. TX 111039. **Ch. :** 203. 1 24 TV AE, DC, MC, V.

À moins de dix minutes de marche de la Ringstrasse, dans une des principales rues commerçantes de la ville, cet hôtel occupe la totalité d'un étroit passage Biedermeier superbement restauré. Il offre à ses hôtes un raccourci de Vienne : une taverne rustique, un *Heuriger* où boire du vin nouveau et un café traditionnel qui s'ouvrent sur un bar et un restaurant. Vastes et décorées d'élégants meubles en merisier de style Biedermeier, les chambres donnent presque toutes sur l'étroite ruelle pavée, ce qui les rend particulièrement calmes.

Gartenhotel Glanzing

Glanzinggasse 23, A-1190. 47042720. FAX 470427214. **Ch. :** 18. 1 24 TV AE, DC, MC, V.

Cet hôtel des années 30, couvert de lierre et doté d'un jardin, se trouve dans un arrondissement verdoyant proche des villages viticoles et de l'ambassade américaine. Retraite accueillante, y compris pour les enfants, située à cinq minutes à pied d'un transport public pour le centre-ville, il propose des chambres spacieuses, certaines modernes, certaines de style Biedermeier, offrant de belles vues sur la ville. Un piano à queue trône dans le grand salon.

Inter-Continental Wien

Johannesgasse 28, A-1037. **Plan** 4 E1 et 6 E5. 711220. FAX 7134489. TX 131235. **Ch. :** 492. 1 24 TV AE, DC, MC, V.

À deux minutes à pied de la Ringstrasse et en face du point de départ de nombreuses visites guidées de la ville, le bâtiment moderne offre, depuis les chambres les plus hautes, de belles vues sur le Stadtpark. Pour satisfaire sa clientèle internationale, cet établissement va jusqu'à proposer des plats japonais dans son buffet du petit déjeuner mais il conserve par d'autres aspects un caractère viennois : un pianiste et un violoniste jouent le soir dans le bar de l'élégant foyer, et le restaurant Vier Jahreszeiten (p. 214) sert des spécialités traditionnelles malgré leur présentation nouvelle cuisine.

Vienna Hilton

Am Stadtpark, A-1030. **Plan** 4 F1 et 6 F4. 717000. FAX 71700399. TX 136799. **Ch. :** 600. 1 24 TV AE, DC, MC, V.

Séjour idéal pour les personnes voyageant pour raisons professionnelles, cette tour peu avenante coiffe, à deux pas de la Ringstrasse et en bordure du Stadtpark, le terminus des navettes conduisant à l'aéroport (City Air Terminal). La vaste verrière du foyer abrite bars, café, restaurants (notamment asiatiques), un centre d'affaires et des boutiques. Plus vous montez et plus le prix des chambres grimpe, mais la vue est de plus en plus agréable.

RESTAURANTS, CAFÉS ET BARS

Vienne est probablement la ville la plus cosmopolite d'Europe centrale et, outre les spécialités culinaires de toutes les provinces de l'ancien Empire, on peut y manger aussi bien grec que chinois, turc, indien ou japonais.

Les pages 211 à 214 présentent les restaurants de la capitale autrichienne classés par quartier que nous avons sélectionnés parmi les meilleurs dans toutes les gammes de prix. La plupart proposent un menu à prix fixe et servent à déjeuner de midi à 14 h, et à dîner à partir de 18 h mais rare-

Serveuse en papier mâché devant le restaurant

ment après 22 h.

De nombreux établissements permettent de se restaurer à n'importe quel moment de la journée et le chapitre *Repas légers et snacks (p. 215-217)* vous conseille les bars, les bars à vin, les snack-bars et les *Café-Konditoreien*. Institution viennoise, les *Kaffeehaüser* permettent, tout en lisant les journaux mis à disposition, non seulement de goûter d'excellents cafés *(voir aussi p. 60-61)* mais également d'autres boissons et des plats simples. Le *lexique* des pages 287-288 vous aidera à passer votre commande.

QUE MANGER ?

La cuisine viennoise *(Wiener Küche)* dont s'enorgueillissent tant de restaurants autrichiens, et pas seulement à Vienne, trouve en réalité ses origines en Pologne, en Hongrie, en Italie, en Bohême ou dans d'autres contrées de l'ancien Empire austro-hongrois. Les *Wiener Schnitzel (p. 205)* sont ainsi nées à Byzance avant d'être transformées par la Lombardie en escalope milanaise. Autre grand classique : le bœuf, généralement mijoté, comme dans le *Gulasch* ou le *Tafelspitz* dont raffolait

Enseigne d'une cave à vin

François-Joseph *(p. 205)*.

Depuis quelques années toutefois, de grands chefs développent leurs propres spécialités tandis que des recettes issues des terroirs autrichiens et produits saisonniers tels que champignons sauvages ou gibier reviennent à la mode.

À toute heure du jour, snack-bars et charcuteries (où on trouve souvent un buffet) proposent un large choix de canapés et de salades, à base de viande ou de poisson fumé. Les pâtisseries viennoises sont dignes de leur réputation, qu'on les déguste au restaurant, au café ou dans la rue.

Musicien à l'Augustinerkeller *(p. 217)*

LES DIFFÉRENTS TYPES D'ÉTABLISSEMENTS

Les Autrichiens possèdent un mot, *Jause,* pour le goûter du milieu de l'après-midi, et un autre, *Gabelfrühstück (p. 215),* pour le casse-croûte de la matinée. Rien d'étonnant donc qu'à toute heure de la journée, on puisse trouver à se restaurer à Vienne, et même à faire un véritable repas. Selon l'établissement choisi, cependant, la nourriture sera plus ou moins recherchée… et plus ou moins chère.

La capitale compte de nombreux restaurants de luxe, pour la plupart installés à proximité du Stephansdom. Si certains ne proposent guère que des recettes locales,

Canapés au Zum Schwarzen Kameel *(p. 212)*

d'autres, tels le Bei Max (p. 212) ou le Steirereck (p. 214), permettent de découvrir les gastronomies de plusieurs provinces autrichiennes comme la Styrie ou la Carinthie. D'autres encore, en particulier ceux des hôtels cinq étoiles, mettent à leur carte des plats internationaux.

En dehors des grandes occasions, la plupart des Viennois fréquentent cependant plutôt le *Beisl*. Traditionnellement, ce bistrot propose, dans un décor rustique, une carte sans prétention (quelques soupes et viandes, un plat du jour) à une clientèle composée pour beaucoup d'habitués. De qualité plus variable que la bière, toujours bonne, le vin s'y boit plutôt au verre. Un peu plus sophistiquées, les *Wirtshäuser* et les *Gasthaüser* restent néanmoins des

Les vignerons de la périphérie de Vienne sont autorisés à vendre leur production dans des guinguettes appelées *Heurige (p. 216)*

Un stand de saucisses (*Würstelstand*) en centre-ville

auberges bon marché.

Tout aussi typiques, les cafés de Vienne (p. 58-61) servent gâteaux, plats simples et, pour certains, repas complets. La nourriture s'avère rarement extraordinaire mais le cadre est chaleureux et confortable. Les *Café-Konditoreien*, eux aussi, proposent un choix élargi d'en-cas à côté des pâtisseries qui sont normalement leurs spécialités.

À la périphérie, près des villages viticoles, les vignerons écoulent leur production dans des *Heurige* (p. 216), guinguettes qui portent le même nom que le vin blanc nouveau que l'on y déguste. Si celui-ci vous est apporté à table, il faut se lever et se servir soi-même au

buffet si on veut l'accompagner de charcuteries, fromages, salades ou *Aufstrich*, des pâtes à tartiner sur du pain noir. Encore aujourd'hui, c'est une branche de pin au-dessus de l'entrée qui signale que l'estaminet est ouvert.

Partout dans Vienne, et en particulier dans la ville intérieure, vous trouverez des pizzerias, des buffets ou des snack-bars, généralement attenants à un magasin d'alimentation ou un café, où vous pourrez obtenir des en-cas simples et bon marché. N'hésitez pas non plus à goûter aux saucisses vendues par les *Würstelstand*, des stands en forme de hutte. Pour une cuisine plus exotique, mieux vaut traverser la Ringstrasse jusqu'aux rues autour de l'Opéra si vous désirez manger japonais. Il faudra aller jusqu'au quartier du Schottenring et d'Alsergrund si vous cherchez un restaurant turc ou grec.

RÉSERVER

Réserver vous évitera souvent une déception. Même dans un simple *Beisl*, vous risquez de ne pas trouver de table de libre si vous n'avez pas pris la précaution de téléphoner ou de passer plus tôt dans la journée. Il en va de même

dans les *Heurige* si vous comptez vous y rendre en groupe. Les cafés, en revanche, ne prennent pas de réservation.

COMMENT S'HABILLER ?

Aucune tenue particulière n'est attendue dans les lieux populaires tels que les *Beisln*, les *Wirtshäuser* et, plus encore, les *Heurige*, guinguettes appréciées justement parce qu'aucune étiquette n'y règne. Mais les Viennois – particulièrement ceux appartenant à une génération plus conservatrice – tendent toutefois à s'habiller lorsqu'ils sortent dans des établissements plus luxueux, en particulier les restaurants des grands hôtels. Rares sont cependant ceux qui exigent une tenue de ville.

Un bar à la mode, le Tunnel (p. 217), sur la Florianigasse

Vue du Stephansdom depuis le restaurant Do & Co

LE MENU ET LA COMMANDE

Même si vous connaissez l'allemand, vous risquez de rencontrer des difficultés à lire les menus, les Viennois utilisant leurs propres termes pour certains mets (Lexique p. 287-288). De nombreux serveurs parlent toutefois une ou plusieurs langues étrangères et pourront vous aider.

Traditionnellement, le repas commence par une soupe (Suppe) ou un hors-d'œuvre chaud ou froid (Warme Vorspeise ou Kalte Vorspeise) que suit un plat principal (Hauptspeisen). Malgré sa garniture de légumes, ce dernier s'accompagne souvent d'une salade (en supplément). En fin de repas, les Viennois prennent en général un fromage (Käse) ou un dessert (Mehlspeisen) ou les deux.

Dans les établissements les plus modestes, la carte donne la liste des boissons tandis que dans les restaurants plus huppés, il vous faut consulter la carte des vins (presque toujours servis aussi au verre). Celle-ci propose en général crus autrichiens et italiens. Au dessert, essayez l'Eiswein fabriqué à partir de raisins vendangés seulement aux premières gelées.

Le Lehmann (p. 217), un des Café-Konditoreien de Vienne

LES PRIX

Vienne offre une telle variété de lieux où manger qu'ils peuvent satisfaire tous les goûts et toutes les bourses. Dans les endroits les moins chers, dans un snack-bar par exemple, vous vous restaurerez pour environ 40 öS, tandis que si vous optez pour le buffet d'une cave à vin (Weinkeller), vous commencerez, pour un repas satisfaisant, à 70 öS. Les cafés ont tendance à être plus onéreux et un déjeuner léger dans l'un des plus connus vous reviendra au moins à 170 öS.

Dans un Beisl ou une auberge, une soupe coûte en général à partir de 40 öS, une salade ou une entrée entre 45 öS et 120 öS, et un plat principal entre 100 öS et 200 öS. Un repas de trois plats avec un verre de vin ou de bière se paye ainsi rarement moins de 250 öS mais les portions sont généreuses et deux mets sont souvent amplement suffisants. Le menu présente toujours un bon rapport qualité/prix.

Les restaurants de luxe pratiquent des tarifs bien plus élevés avec des déjeuners à prix fixe aux environs de 400 öS et des menus, le soir, plus élaborés mais en général deux fois plus coûteux. Même si l'on se restreint, manger à la carte revient cher.

Un restaurant moyen vendra une bouteille de vin (moyenne) au moins 200 öS mais servira presque toujours du vin au verre aux alentours de 25 öS. Dans un établissement plus huppé, le même verre, mais d'un domaine réputé, vaudra de 70 öS à 90 öS. Le prix de la bière reste plus raisonnable, entre 20 öS et 30 öS pour une bouteille de 33 cl.

Même si la note indique que le service est inclus, il est d'usage de laisser un pourboire de 10 %. Les établissements les plus importants, ou les restaurants d'hôtels habitués à une clientèle internationale, acceptent les cartes bancaires et parfois les Eurochèques mais la majorité des Beisln et des restaurants populaires ne prennent que le liquide.

LE SERVICE

En général, les serveurs vous renseigneront avec amabilité sur les spécialités de la maison et même les plus pressés prendront le temps de tenir compte de vos souhaits ou de vos remarques pendant le repas. Il faut parfois attirer néanmoins leur attention pour qu'ils viennent prendre la commande. Les snack-bars n'ont normalement pas de serveurs.

LES RESTAURANTS VÉGÉTARIENS

Peuplée de carnivores endurcis, Vienne compte peu de restaurants végétariens. Heureusement, ceux-ci sont de bonne qualité (Choisir un restaurant p. 210). Les buffets, notamment dans les *Heurige*, proposent souvent des mets sans viande, en particulier des salades.

FUMEUR – NON-FUMEUR

Peu de restaurants disposent d'une zone non-fumeur mais si vous indiquez, en réservant, que la fumée vous gêne à table, leurs propriétaires sauront vous placer de manière que cela vous incommode le moins possible.

Repas en musique et au jardin

LES ENFANTS

Les restaurants accueillent avec plaisir les enfants à condition qu'ils se tiennent bien. On s'attend cependant qu'ils mangent comme leurs aînés et il existe rarement des menus spéciaux. Hormis dans les fast-foods *(p. 231)*, ne comptez donc pas nourrir votre progéniture des frites et des hamburgers dont ils raffolent en temps normal. On servira en revanche sans difficulté une demi-portion d'un des plats de la carte.

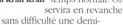
Enseigne du Krah Krah

ACCÈS HANDICAPÉS

Mieux vaut préciser vos besoins au moment de la réservation, l'accès à certains établissements parmi les plus anciens ne peut se faire que par des escaliers ou des couloirs étroits.

LÉGENDE DES TABLEAUX

Les restaurants présentés aux pages 211-214 sont répertoriés par quartier et catégorie de prix. Après chaque adresse, des symboles *(voir explication ci-dessous)* résument les services offerts. Le tableau synoptique *(p. 210) Choisir un restaurant* vous aidera à faire votre choix.

🍽 menu à prix fixe
V spécialités végétariennes
🕴 menu enfant
♿ accès handicapés
★ vivement recommandé
🃏 cartes bancaires
acceptées : *AE* American Express
DC Diners Club
MC Mastercard/Access
V Visa

Catégories de prix pour un repas avec entrée, dessert et un quart de litre de vin de la maison, taxes et service compris.
Ⓢ moins de 250 öS
ⓈⓈ de 250 öS à 400 öS
ⓈⓈⓈ de 400 öS à 550 öS
ⓈⓈⓈⓈ de 550 öS à 700 öS
ⓈⓈⓈⓈⓈ plus de 700 öS.

Restaurant de l'hôtel Altwienerhof sur la Herklotzgasse *(p. 214)*

Que manger à Vienne : les mets salés

La cuisine viennoise offre une grande variété de mets, reflet des multiples traditions dont elle s'est inspirée à l'époque de l'Empire. Les escalopes de porc ou de veau, les *Schnitzel*, en constituent un des piliers avec le bœuf bouilli et les *Knödel*, des boulettes ou des tranches d'une pâte ressemblant à nos quenelles qui agrémentent toute sorte de plats notamment les soupes. Parmi les produits saisonniers qu'apprécient les Autrichiens figurent les *Spargel* (asperges) en été, en automne les *Eierschwammerl* (girolles), et en hiver le gibier, les oies et les canards.

Vollkorn Bauernbrot

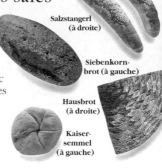

Salzstangerl (à droite)

Siebenkorn-brot (à gauche)

Hausbrot (à droite)

Kaiser-semmel (à gauche)

Frankfurter mit Senf
Les saucisses de Francfort, cuites à l'eau, se dégustent partout dans la ville avec de la moutarde forte.

Leberknödelsuppe
Bouillon de bœuf et boulettes parfumées au foie, au persil et à l'origan composent cette soupe.

Frittatensuppe
De minces bandes découpées dans une crêpe légèrement épicée donnent du corps à un bouillon de bœuf.

Eierspeise
Ces œufs brouillés sont servis dans un poêlon.

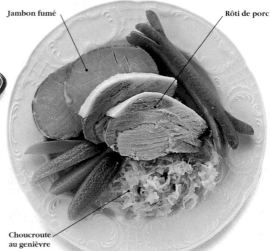

Jambon fumé

Rôti de porc

Choucroute au genièvre

Bauernschmaus
De nombreux restaurants proposent à Vienne ce « festin du paysan » composé d'un assortiment pouvant comprendre saucisses de Francfort, porc rôti ou fumé et différents types de jambons. Il est généralement garni de Knödel.

Eierschwammerl
Cueillies en automne, les girolles agrémentent souvent les salades.

Rindsgulasch
Hongrois, ce ragoût de bœuf parfumé au paprika s'accompagne de Knödel.

Gefüllte Kalbsbrust
La poitrine de veau est farcie d'un mélange de viandes et de légumes.

Erdäpfelgulasch
Ce ragoût à base de pommes de terre comprend des saucisses de Francfort.

Wiener Schnitzel
Panée, cette escalope de veau ou de porc se savoure dorée.

Tafelspitz

G'röste

Sauce

Tafelspitz mit G'röste
L'empereur François-Joseph, paraît-il, mangeait tous les jours ce plat typique du déjeuner, épaisse tranche de bœuf bouilli (du gîte à la noix) accompagnée de pommes de terre sautées et d'une purée de pommes au raifort.

Gemischter Salat
L'aspect joue un grand rôle dans les salades composées.

Heringsalat
Frais, fumé ou, comme ici, au vinaigre, le hareng entre dans de nombreux plats.

Farce au bœuf et au riz

Sauce tomate

Gefüllte Paprika
Farcis au bœuf et au riz, ces poivrons verts cuisent dans une sauce tomate.

Que manger à Vienne : les mets sucrés

Peu de villes au monde rivalisent en gourmandise avec Vienne, cité dont les habitants gardent toujours un petit creux pour le milieu de la matinée et pour la *Jause*, la pause-café de l'après-midi, prétexte à la dégustation d'une part de *Sachertorte* ou de *Bischofsbrot* (« pain de l'évêque » aux raisins secs, fruits glacés, etc.). Le *Café-Konditorei* (*p. 215*) est par excellence le temple de cette cérémonie et les gâteaux proposés à la convoitise des clients sont souvent divins. La pâtisserie viennoise marque une nette préférence pour les produits riches, le chocolat en particulier. Tous les bons restaurants en servent également, certains chefs inventifs ajoutant leurs créations aux pâtisseries traditionnelles.

Les gâteaux des *Konditoreien* sont normalement faits sur place

LES DESSERTS

Si le mot *Mehlspeisen* (entremets) signifie littéralement « mets à la farine », bien d'autres ingrédients, du fromage blanc *(Topfen)* à la purée de châtaignes *(Kastanienreis)* en passant bien entendu par le chocolat, mais aussi les raisins secs, les graines de pavot ou les amandes et les noisettes pilées, entrent dans la préparation des desserts viennois dont les recettes, généralement simples, sont parfois extravagantes. Les fruits : abricots, pommes, cerises ou prunes, garnissent souvent des *Strudel*, légers chaussons feuilletés.

Apfelstrudel
Farci aux pommes et aux raisins secs, ce chausson de pâte feuilletée saupoudré de sucre glace se sert froid ou tiède.

Palatschinken
Plus épaisses que les françaises, les crêpes sont garnies de fromage blanc, de sauce au chocolat ou simplement de confiture.

Reisauflauf mit Äpfeln
Gâteau de riz dont la consistance varie selon les recettes, le Reisauflauf peut incorporer des pommes, comme ici, et s'accompagner d'un sirop de fraise.

Mohr im Hemd
Ajoutée à la dernière minute, une touche de crème Chantilly vanillée fraîche donne toute sa subtilité à ce gâteau au chocolat nappé d'une sauce chaude au chocolat.

Topfenknödel
Roulées dans de la chapelure (ou des noix pilées) revenues à feu vif dans du beurre, ces boulettes de pâte au fromage blanc se servent chaudes avec une compote de fruits.

LES PÂTISSERIES

Si la *Sachertorte* est le plus connu des *Torten* (gâteaux) viennois, il en existe des douzaines d'autres, tel la *Dobostorte,* elle aussi au chocolat, l'ingrédient favori des pâtissiers autrichiens avec la crème fraîche et le café. Certaines spécialités n'en contiennent toutefois pas, notamment la *Linzertorte,* tarte aux amandes et à la confiture, ou les *Faschingskrapfen,* beignets aux abricots préparés, comme leur nom l'indique, pendant le carnaval, le Fasching *(p. 65).* Pour les anniversaires, on remplit de fleurs l'anneau formé par la pâte levée du *Guglhupf.*

Dobostorte
Inventé en Hongrie en 1887 par le pâtissier Josef Dobos, ce riche gâteau alterne, sous un glaçage au caramel, couches de pâte moelleuse et de crème au chocolat. Il se vend également sous forme de parts rectangulaires, les Doboschnitten.

Linzertorte
De la confiture de framboises, d'abricots ou de groseilles garnit cette tarte à la pâte enrichie aux amandes.

Sachertorte
Une couche de confiture d'abricot constitue la particularité de ce célèbre gâteau.

Mohnstrudel
Avant de la rouler, on saupoudre de graines de pavot écrasées et de raisins secs la pâte levée de ce gâteau.

Guglhupf
Entre autres variations, ce gâteau cuit dans un moule annulaire prend, marbré, le nom de Marmorguglhupf.

Rehrücken
Cloutée d'amandes, cette pâtisserie au chocolat a la forme de la selle de chevreuil dont elle porte le nom.

Esterházytorte
Très sucrée, cette pâtisserie se vend soit comme un gâteau rond, soit sous forme de parts rectangulaires.

LA VRAIE SACHERTORTE

C'est le pâtissier du prince Metternich, Franz Sacher, qui inventa en 1832 ce célèbre gâteau au chocolat commercialisé sous différentes formes et présentations par la boutique, située sur la Kärntner Strasse, de l'hôtel Sacher fondé par son fils. Quand la Demel Konditorei voisine affirma que sa propre *Sachertorte* était authentique car un membre de la famille en avait révélé la recette, cette prétention conduisit à un procès. Les Sacher gagnèrent l'exclusivité de l'appellation « Original Sachertorte » mais ne purent éviter que la création de leur aïeul soit imitée partout dans le monde.

Que boire à Vienne ?

L a qualité des vins autrichiens surprendra plus d'un Français, en particulier celle des blancs – tels ceux de l'année servis à Vienne dans les guinguettes appelées *Heurige (p. 216)* – qui constituent l'essentiel de la production. Parmi les rouges, le cépage Blaufränkisch est celui qui donne le meilleur résultat, en particulier dans le Burgenland. Vin de vendange tardive, l'Eiswein se boit plutôt au dessert. La première boisson nationale reste cependant la bière et le pays en produit d'excellentes. Les schnaps, eaux-de-vie de fruits ou d'herbes aromatiques, constituent également une spécialité nationale.

Au nord et à l'est de Vienne, les vignobles produisent des Heurige

Chardonnay de Styrie et mousseux de Basse-Autriche

LES VINS AUTRICHIENS

S i le Grüner Veltliner est le plus apprécié des cépages blancs, le pays produit également d'excellents riesling, en particulier dans la Wachau *(p. 176-177)*, et de riches Weissburgunder (pinot blanc) dans le Burgenland. Les rouges, moins intéressants, tendent à être clairs, presque rosés. Parmi les millésimes récents, 1990 et 1992 furent de bonnes années.

Le riesling de la Wachau, tel le Smaragd, peut avoir beaucoup de corps.

Le saint-laurent, un vin rouge doux, donne parfois de bonnes bouteilles.

Nom du producteur

Cépage

WIENINGER

Grüner Veltliner

Millésime

1991

Maturité

Kabinett

Auckenthal

Adresse du producteur

Type (sec)

Weingut Wieninger, 1210 Wien, Stammersdorfer Straße 78

Qualitätswein mit staatlicher Prüf-Nr. K 0005392, 11,0 % vol

ÖSTERREICH   Trocken   e 0,75 l.

Degré d'alcool

Quantité

Le Grüner Veltliner, cépage très répandu en Autriche, donne des blancs frais et fruités. Il est également excellent en Eiswein.

Le Blaufränkisch donne les meilleurs résultats dans le Burgenland.

**Chope d'un *Krügel*
ou ½ litre**

**Le *Seidl* (⅓ de litre) est
la mesure standard**

**Un *Krügel* de
bière blonde**

**Le *Pfiff* ou ¼
de litre**

**La Kaiser,
bière légère**

**Weizengold, à
base de blé**

**La Gösser Spezial
est plus riche**

LES BIÈRES AUTRICHIENNES

Vienne fabrique de la bière depuis plus de 150 ans et ses blondes douces et dorées, dont la Gold Fassl de la brasserie Ottakring offre un exemple typique, accompagnent à merveille les soupes et les ragoûts consistants servis dans les *Beisln (p. 201)*. Il existe également des bières à base de blé, inspirées des bavaroises, telle la Weizengold. Produites en Styrie, la Gösser, très appréciée, se boit dans de nombreux débits de boissons et restaurants de la capitale tandis que l'Eggenberger Urbock, fleuron de la Schloss Eggenberg fondée au XVIIe siècle, est l'une des bières les plus fortes du monde. Toutes les grandes marques proposent aussi une bière sans alcool.

Sous-bock vantant
un bar de
l'Haarthof.

Null Komma Josef
est une bière locale
sans alcool.

AUTRES BOISSONS AUTRICHIENNES

Les fruits servent en Autriche à la fabrication de plusieurs boissons non alcoolisées comme l'*Himbeersaft* (sirop de framboise) ou le *Johannisbeersaft* (jus de cassis) mais aussi à celle de nombreuses eaux-de-vie, notamment d'abricots *(Marillen)* ou de coings *(Quitten)*. Ces schnaps (parfois appelés *Brand*) se font également à partir de baies comme le genièvre ou les sorbes. L'*Almdudler* est une limonade aux herbes de montagne. Pendant quelques semaines en automne, un jus de raisin fermenté, le *Sturm* (« Tempête »), fait son apparition, en particulier dans les *Heurige*. Comme son nom l'indique, mieux vaut se méfier de sa douceur.

**Schnaps
d'abricots**

**Le Wiener Rathauskeller *(p. 213)* est un restaurant
proposant un large choix de bières**

Choisir un restaurant

Tous les établissements, sélectionnés pour leur bon rapport qualité/prix ou leur cuisine exceptionnelle, sont présentés en p. 211-214.

		Spécialités exotiques	Menu à prix fixe	Bonne cave	Ouvert tard le soir	Tables en terrasse	Spécialités végétariennes
Quartier du Stephansdom *(p. 211-212)*							
Zum Bettelstudent	Ⓢ		■		■	●	■
Figlmüller	Ⓢ						
Lustig Essen	Ⓢ	●			■		
MAK Café	Ⓢ				■		
Zu den Drei Hacken	ⓈⓈ				■	●	
Griechenbeisl	ⓈⓈ				■	●	
Haas & Haas	ⓈⓈ					●	
Hedrich	ⓈⓈ					●	
Pfudl	ⓈⓈ				■		
Weibel's Wirtshaus	ⓈⓈ			●	■	●	
Wrenkh	ⓈⓈⓈ		■		■	●	■
Do & Co	ⓈⓈⓈ	●		●	■	●	
Zum Kuckuck	ⓈⓈⓈ		■		■		
Schimanszky	ⓈⓈⓈ						
Zum Schwarzen Kameel	ⓈⓈⓈ						
Plachutta	ⓈⓈⓈⓈ				■	●	
Drei Husaren	ⓈⓈⓈⓈⓈ		■	●	■		
Quartier de la Hofburg *(p. 212)*							
Ilona-Stüberl	Ⓢ					●	
Bei Max	ⓈⓈ		■				
Prima	ⓈⓈ				■	●	
Stadtbeisl	ⓈⓈ				■	●	■
Kikkoman Hoshigaoka	ⓈⓈⓈ	●	■				
Schottenring et Alsergrund *(p. 212)*							
Lokanta Sarikoç	ⓈⓈ	●			■		■
Stomach	ⓈⓈ					●	■
Quartier de l'hôtel de ville *(p. 212-213)*							
Glacis Beisl	Ⓢ				■	●	■
Witwe Bolte	ⓈⓈ				■	●	■
Der Bauch von Wien	ⓈⓈⓈ		■	●	■	●	
Kupferdachl	ⓈⓈⓈ				■	●	
Schnattl	ⓈⓈⓈ		■	●	■	●	
Wiener Rathauskeller	ⓈⓈⓈ				■		
Grotta Azzurra	ⓈⓈⓈⓈ		■	●	■		
Opéra et Naschmarkt *(p. 213)*							
Hunger-Künstler	Ⓢ				■	●	
Hansy (Smutny)	ⓈⓈ				■		■
Quartier du Belvédère *(p. 213)*							
Do & Co	ⓈⓈⓈ						
Korso	ⓈⓈⓈⓈⓈ		■	●	■		■
Palais Schwarzenberg	ⓈⓈⓈⓈⓈ		■	●	■	●	
En dehors du centre *(p. 214)*							
Bittdorfer Stub'n	ⓈⓈ				■	●	
Zum Herkner	ⓈⓈ					●	
Eckel	ⓈⓈⓈ			●		●	
Vikerls Lokal	ⓈⓈⓈ		■	●		●	
Gottfried	ⓈⓈⓈⓈ		■	●	■		
Hietzinger Bräu	ⓈⓈⓈⓈ			●	■		
Niky's Kuchlmasterei	ⓈⓈⓈⓈ		■	●	■	●	
Vier Jahreszeiten	ⓈⓈⓈⓈ		■	●	■		■
Vincent	ⓈⓈⓈⓈ		■	●	■		
Altwienerhof	ⓈⓈⓈⓈⓈ		■	●	■	●	
Steirereck	ⓈⓈⓈⓈⓈ		■	●			

LE QUARTIER DU STEPHANSDOM

Zum Bettelstudent

Johannesgasse 12. **Plan** 4 E1 et 6 D4. **[** 5132044. **[** de 10 h à 2 h du matin t.l.j. **[V][V][&][S]**

Si ce restaurant animé accueille aujourd'hui une clientèle plus variée que celle d'étudiants qu'il visait à l'origine, sa carte continue à proposer des plats nourrissants et bon marché, viennois pour la plupart même si on peut opter pour une pizza. Le goulasch est bon et le choix de bières intéressant.

Figlmüller

Wollzeile 5. **Plan** 2 E5 et 6 D3. **[** 5126177. **[** de 11 h à 23 h t.l.j. **[** août. **[S]**

Cet établissement touristique se targue de servir les plus grosses *Wiener Schnitzel* de la ville, à juste titre semble-t-il car ses escalopes panées de porc, savoureuses, débordent de l'assiette. Abats et steaks sont aussi à recommander. Tous les vins proviennent des vignobles que possède le propriétaire à Grinzing où il dirige également un *Heuriger*.

Lustig Essen

Salvatorgasse 6. **Plan** 2 D5 et 6 D2. **[** 5333037. **[** de 11 h 30 à minuit du lun. au sam., de 11 h à 23 h 30 le dim. **[&][S]**

Cet établissement élégant sert, en petites portions, un large éventail de mets d'origines très diverses puisqu'ils comprennent des escargots, du *tsatsiki* ou du curry de poulet à la noix de coco. Tous sont savoureux et bien présentés.

MAK Café

Stubenring 5. **Plan** 2 F5 et 6 F3. **[** 7140121. **[** de 10 h à 2 h du matin du mar. au dim. **[S]**

Le café du musée des Arts appliqués permet de prendre un repas léger dans le cadre superbe créé par le plafond peint et un comptoir moderne étincelant. La carte est variée, proposant *prosciutto* et *guacamole* aux palais lassés de la cuisine viennoise.

Zu den Drei Hacken

Singerstrasse 28. **Plan** 4 E1 et 6 D3. **[** 5125895. **[** de 9 h à minuit du lun. au ven., de 10 h à minuit le sam. **[Z]** AE, DC, MC, V. **[S][S]**

Schubert, entre autres personnalités de l'époque Biedermeier, aurait fréquenté ce *Beisl* qui offre, dans un cadre où domine le bois, un refuge calme et sans prétention à quelques minutes à pied du centre-ville. La carte comprend des plats italiens et viennois.

Griechenbeisl

Fleischmarkt 11. **Plan** 2 F5 et 6 D2. **[** 5331941. **[** de 11 h 30 à 23 h 30 t.l.j. **[¥][&][Z]** AE, DC, MC, V. **[S][S]**

Une auberge existe ici depuis 500 ans et son association avec *Der Liebe Augustin (p. 81)* lui garantit un flot constant de touristes. Viennoise, la cuisine y est de bonne qualité mais trop chère. Dédale de petites salles lambrissées où les serveurs zigzaguent à une vitesse étonnante, cette institution n'en offre pas moins un cadre pittoresque où prendre un repas.

Haas & Haas

Stephansplatz 4. **Plan** 2 E5 et 6 D3. **[** 513191614. **[** de 9 h à 19 h 30 du lun. au ven., de 9 h à 15 h le sam. (de 9 h à 18 h 30 le 1er sam. du mois). **[¥][&][S][S]**

Café et salon de thé plus que véritable restaurant, le Haas & Haas possède une cour intérieure extrêmement agréable pour prendre un repas léger ou grignoter sandwichs et pâtisseries. Bien que limitée, la carte comprend souvent des spécialités comme la sandre *(Zander)*, un poisson du Danube, ou le *Tafelspitz (p. 205)*.

Hedrich

Stubenring 2. **Plan** 6 F3. **[** 5129588. **[** de 11 h à 21 h du lun. au jeu. **[¶][★][S][S]**

Richard Hedrich est un des chefs renommés de Vienne et son petit restaurant attire une grande clientèle, d'autant qu'il n'ouvre que quatre jours par semaine. À midi, le menu à prix fixe est une véritable affaire. Malgré une cuisine moderne et subtile, les portions restent généreuses. Les plats de veau, tels que ris et foie, ainsi que les desserts, s'avèrent particulièrement délicieux. De bons vins, disponibles au verre.

Pfudl

Bäckerstrasse 2. **Plan** 6 D3. **[** 5126705. **[** de 8 h à 2 h du matin du lun. au sam., de 8 h à 15 h le dim. **[** 3 semaines en juil. **[¥][&][S][S]**

Assis dans cette auberge rustique, il est facile de s'imaginer au fin fond de la campagne autrichienne plutôt qu'au cœur de la ville intérieure. Tradition viennoise et spécialités de saison à des prix très raisonnables vu la générosité des portions. Les vins proviennent des propres vignobles de Pfudl à Mailberg.

Weibel's Wirtshaus

Kumpfgasse 2. **Plan** 6 E4. **[** 5123986. **[** de 10 h à minuit du lun. au sam. **[** jours fériés. **[¥][S][S]**

Hans Weibel, qui possède le Vis-à-Vis *(p. 217)*, un bar à vin très populaire, a ouvert cette auberge en 1993 dans une maison ancienne bordant une ruelle paisible de la ville intérieure. La qualité de la nourriture qu'il y sert, viennoise mais avec une pointe de modernisme, dépasse cependant ce qu'on attend d'une *Wirtshaus* traditionnelle. De toute manière, la plupart des clients qui se serrent dans la petite salle viennent surtout pour ses excellents vins autrichiens et italiens.

Wrenkh

Bauernmarkt 10. **Plan** 2 E5 et 6 D3. **[** 5331526. **[** de 18 h à 23 h du lun. au sam. **[** les 22 et 29 déc., 1er janv. **[¶][V][¥][&][Z]** AE, DC, MC, V. **[S][S][S]**

Wrenkh entretient sa réputation de meilleur restaurant végétarien de Vienne et seuls les carnivores les plus intraitables resteront sur leur faim avec des plats comme le risotto aux champignons sauvages. La carte des desserts et des bons vins, vendus notamment au verre, confirmeront que le puritanisme n'entre pas dans la philosophie de l'établissement. Cadre confortable et service attentif mais prix relativement élevés.

Do & Co

Haas Haus, Stephansplatz 12. **Plan** 6 D3. **[** 5353969. **[** de 12 h à 15 h et de 18 h à minuit t.l.j. **[¥][&][S][S][S]**

Le Do & Co vaut surtout pour la vue plongeante que sa terrasse commande sur le Stephansdom, la plus belle de tous les restaurants de Vienne. Si le menu propose steaks, soupes thaïes, *sushi* et fruits exotiques, la préparation des plats est des plus simples, fade parfois, et arrive rarement à la hauteur du décor. Le service se montre en outre inégal. À découvrir pour sa vue superbe.

Zum Kuckuck

Himmelpfortgasse 15. **Plan** 4 E1 et 6 D4. **[** 5128470. **[** de 12 h à 14 h, et de 18 h à 23 h du lun. au sam. **[¶][¥][&][Z]** AE, DC, MC, V. **[S][S][S]**

Avec ses banquettes peintes, ce petit restaurant propose au déjeuner un menu qui est une véritable affaire et offre un décor charmant pour un dîner à deux. Viennois pour la plupart, les plats de gibiers ou de poissons peuvent, à l'instar des desserts aux fruits, s'avérer excellents.

Schimanszky

Biberstrasse 2. **Plan** 2 F5 et 6 E3.
5134543. de 12 h à 14 h, de
18 h à 22 h 30 lun. au ven., de 18 h
à 22 h 30 le sam. 2e semaine de
juil. – 2e semaine d'août.
AE, DC, MC, V.

Malgré une bonne cave et des
œuvres d'art contemporain aux
murs, l'ambiance est austère. Petite
mais constamment renouvelée, la
carte propose toutefois
d'intéressantes déclinaisons
modernes de grands classiques
viennois. De curieux mariages,
crevettes au jambon cru par
exemple, peuvent y voisiner avec
une recette traditionnelle de Styrie
comme le *Wurzelfleisch* (porc au
raifort et aux tubercules).

Zum Schwarzen Kameel

Bognergasse 5. **Plan** 5 C3. 5338967.
de 8 h 30 à 19 h 30 du lun. au ven.,
de 8 h 30 à 18 h le sam.

L'une des plus vieilles institutions
viennoises vend aliments et vins fins
depuis 1618. Beethoven fut un client
régulier de la boutique et le snack-
bar *(p. 217)* connaît l'affluence
depuis des siècles. Attenant au
magasin, le restaurant a plus de cent
ans et sert, à partir de 11 h 30, le
meilleur de la cuisine viennoise.

Plachutta

Wollzeile 38. **Plan** 2 E5 et 6 E3.
5121577. de 11 h 30 à 14 h 30,
de 18 h à 22 h 30 t.l.j. MC, V.

Dans ce restaurant moderne et stylé,
l'uniforme des serveurs s'harmonise
au décor vert et jaune. Le *Tafelspitz*
(p. 205) est une grande réussite mais
essayer le *Kruspelspitz* vous
permettra de goûter à deux
morceaux de bœuf bouilli différents.
Pour un établissement de ce rang, la
cave manque un peu de panache.

Drei Husaren

Weihburggasse 4. **Plan** 6 D4
51210920. de 12 h à 15 h, de
18 h à 2 h 30 du matin t.l.j. de mi-
juil. à mi-août. AE, DC,
MC, V.

Dans un cadre raffiné, ce restaurant
très confortable, à la clientèle chic,
sert une excellente cuisine
traditionnelle viennoise. Ses
chariots de hors-d'œuvre, en
particulier, ont établi sa réputation.
Ils offrent un choix de plus de
trente mets, certains aussi élaborés
que la cervelle de veau
accompagnée de steaks tartares
miniatures sur un lit d'épinards en
sauce moutarde. Les vins sont chers
mais le prix du menu proposé au
déjeuner reste raisonnable.

LE QUARTIER DE LA HOFBURG

Ilona-Stüberl

Bräunerstrasse 2. **Plan** 5 C4. 5339029.
de 12 h à 15 h, de 18 h à 23 h du
lun. au sam. AE, DC, MC, V.

À deux pas du Graben, cette petite
auberge lambrissée sert des plats
hongrois savoureux, épicés et
nourrissants. Foie d'oie, poivrons
farcis et goulasch figurent au menu
et les crêpes fourrées sont
délicieuses. Contrairement aux
bières, les vins manquent d'intérêt.

Bei Max

Landhausgasse 2. **Plan** 5 B3. 5337359.
de 11 h à 23 h du lun. au ven.
du 21 déc. au 7 janv. ★

Le Bei Max permet de choisir entre
quatre menus à prix fixe et
raisonnables ou de manger à la
carte. Cuisine de bonne qualité et
portions généreuses en font une
excellente adresse où goûter à des
spécialités carinthiennes comme le
Fleischnudel ou le *Kasnudel*,
viande ou fromage cuits dans de la
pâte. Succincte, la cave comprend
quelques bons vins autrichiens.

Prima

Neuer Markt 2. **Plan** 5 C4.
5129202. de 9 h 30 à minuit t.l.j.
AE, DC, MC, V.

Cet établissement connaît avant
tout une grande popularité auprès
des noctambules qui viennent au
sortir de l'Opéra y déguster des
spécialités viennoises telles que
soupe de pommes de terre,
Tafelspitz ou *Gefüllte Kalbsbrust*
(p. 205). Prima est également
réputé pour ses plats de gibier.

Stadtbeisl

Naglergasse 21. **Plan** 2 D5 et 5 C3.
5333507. de 10 h à minuit
t.l.j. V.

Les voûtes et les lambris d'une
charmante maison du XVIIIe siècle
attirent au Stadtbeisl de nombreux
touristes qui viennent, pour un
prix raisonnable, y déguster de
solides plats de porc ou de gibier.
Pour conclure sur une touche
sucrée, essayez les crêpes aux
fruits.

Kikkoman Hoshigaoka

Führichgasse 10. **Plan** 5 C4.
5122720. de 12 h à 14 h, de
18 h à 23 h du lun. au sam.
AE, DC, MC, V.

Touristes nippons souffrant du mal
du pays et habitants de la capitale

en quête d'exotisme se retrouvent
dans ce restaurant japonais, sans
doute le meilleur de Vienne, situé
près de l'Opéra. En complément
d'une carte très complète,
plusieurs menus à prix fixe
proposent *sashimi* et *tempura*
mais pas de *sushi*, réservés à des
options plus onéreuses.

SCHOTTENRING ET ALSERGRUND

Lokanta Sarikoç

Währinger Strasse 18. **Plan** 1 C4.
3199987. de 11 h à minuit
t.l.j. V

Il existe quantité de restaurants
grecs et turcs à Vienne mais celui-
ci est un des meilleurs et sa double
forme de service, en buffet ou à
table, le rend idéal aussi bien pour
un en-cas que pour un repas
complet. De très nombreux hors-
d'œuvre, une vaste sélection de
viandes grillées et quelques plats
végétariens satisferont tous les
palais. Le Sarikoç sert des portions
pour les enfants. Il faut venir le
mercredi soir pour la spécialité de
la maison : l'agneau à la broche.

Stomach

Seegasse 26. **Plan** 1 C3. 3102099.
de 16 h à minuit du mer. au sam., de
10 h à 22 h le sam. V

Sa cuisine simple et robuste, des
portions énormes et une jolie cour
intérieure transformée en jardin
valent au Stomach une grande
clientèle d'habitués. La carte
propose, en complément des
classiques viennois, un nombre
inhabituel de plats végétariens et
une large sélection de pâtes et de
risottos. Pour les accompagner : vins
servis au verre et excellentes bières.

LE QUARTIER DE L'HÔTEL DE VILLE

Glacis Beisl

Messepalast. **Plan** 3 C1 et 5 A5.
5266795. de 10 h à minuit
t.l.j. 21 déc. au 7 janv. V
AE, DC, V.

Caché tout au fond du Messepalast
(p. 117), cet établissement charmant
mérite les efforts nécessaires pour le
trouver. On y déjeune en hiver dans
une chaude salle lambrissée et en
été dans un jardin ombragé. La
cuisine manque de personnalité
mais le décor, les vins autrichiens
servis au verre et les saucisses
maison en font un endroit idéal
pour se détendre entre deux visites.

Witwe Bolte

Gutenberggasse 13. **Plan** 3 B1.
C 931450. ○ de 11 h 30 à minuit
t.l.j. **V** 🏃 🖹 🕭 jardin seulement.
MC, V. Ⓢ Ⓢ

Avec son atmosphère surannée, cet établissement est l'un des plus agréables du quartier piéton de Spittelberg (p. 124), en particulier en été quand le jardin est ouvert. Malgré quelques mets internationaux, sa solide cuisine viennoise en fait un bon endroit où arroser goulasch, plats de porc et salades de grandes lampées de bière.

Der Bauch von Wien

Breite Gasse 16. **Plan** 3 C1. **C** 5237447.
○ de 11 h à minuit t.l.j. ● les
3 dernières semaines d'août. 🍴 🕭
jusqu'au Bierwirtschaft. ★ Ⓢ Ⓢ Ⓢ

Bien qu'installé dans une maison du XVIIIe siècle, c'est une interprétation moderne de la cuisine viennoise que le Der Bauch von Wien propose dans trois salles très différentes : le Roter Salon, qui offre un cadre recherché à la dégustation de poissons ou de gibier préparés et présentés avec art ; le Bierwirtschaft, plus rustique, particulièrement adapté aux repas légers tels que le Gabelfrühstück (p. 215) mais où l'on sert également des mets traditionnels autrichiens ; et enfin le Theaterkeller plutôt destiné à l'accueil de groupes.

Kupferdachl

Schottengasse 7. **Plan** 5 B2.
C 533938114. ○ de 11 h 30 à
15 h, de 18 h à minuit du lun. au ven.,
de 18 h à minuit le sam. ● fin juil. et
début août. 🏃 🕭 🖹 AE, DC, MC, V.
Ⓢ Ⓢ Ⓢ

Occupant plusieurs salles voûtées et un jardin, cet établissement très apprécié propose, dans un décor à la fois rustique et martial, de solides spécialités telles que canard de Barbarie ou Ochsenmaulsalat (tranches de joue de bœuf en vinaigrette). Gardez un peu de place pour un somptueux dessert.

Schnattl

Lange Gasse 40. **Plan** 1 B5.
C 4053400. ○ de 11 h 30 à 14 h 30,
de 18 h à minuit du lun. au ven., de 18 h
à minuit le sam. 🍴 🕭 ★ 🖹 AE, DC.
Ⓢ Ⓢ Ⓢ

Peu d'endroits offrent en été un cadre plus agréable pour se restaurer que la cour intérieure couverte de ce restaurant très élégant. D'autant que Wilhelm Schnattl, le chef talentueux apporte une touche très personnelle, fraîche et novatrice, à de grands classiques viennois préparés à partir d'ingrédients d'excellente

qualité. Les desserts sont succulents et les prix raisonnables. Après un bon vin, terminez le repas sur une délicieuse eau-de-vie de fruit. Seul défaut : le service qui peut être terriblement lent.

Wiener Rathauskeller

Rathausplatz 1 (sous le Neues Rathaus, au coin de Felderstrasse). **Plan** 1 C5. **C**
4051219. ○ de 11 h 30 à 15 h, de 18 h
à 23 h 30 du lun. au sam. 🏃 🖹 AE,
DC, MC, V. Ⓢ Ⓢ Ⓢ

Plus que pour la nourriture, c'est pour l'atmosphère créée par les voûtes splendides de ses caves que les touristes se pressent au Rathauskeller. Un orchestre joue tous les soirs et, malgré une cuisine internationale, il y a d'excellents desserts autrichiens.

Grotta Azzurra

Babenbergerstrasse 5. **Plan** 5 B5.
C 58610440. ○ de 12 h à 15 h, de
18 h 30 à 23 h 30 t.l.j. 🍴 🏃 🕭 🖹
AE, DC, MC, V. Ⓢ Ⓢ Ⓢ ⚙

Ce spacieux et élégant restaurant installé dans un immeuble du XIXe siècle propose une cuisine italienne classique mais artistiquement présentée. Les entrées sont à recommander ainsi que les gnocchi et les spécialités à base de bœuf. La cave, bien fournie, ne compte que des crus de la péninsule.

**OPÉRA ET
NASCHMARKT**

Hunger-Künstler

Gumpendorfer Strasse 48. **Plan** 3 B2.
C 5879210. ○ de 18 h à 1 h du
matin t.l.j. **V** 🕭 🖹 MC. Ⓢ

Simple Beisl de quartier au plancher de bois, l'Unger-Künstler propose une sélection variée de mets autrichiens et italiens, et offre l'avantage d'être un des rares endroits ouverts tard le soir dans cette partie de la ville.

Hansy (Smutny)

Elisabethstrasse 8. **Plan** 4 D2 et 5 B5.
C 5871356. ○ de 10 h à minuit
t.l.j. 🏃 🕭 🖹 AE, DC, MC, V. Ⓢ Ⓢ

Officiellement connu sous le nom de Hansy bien que l'enseigne porte toujours celui de Smutny, cet établissement carrelé de vert, au décor démodé et criard, offre un contraste rafraîchissant avec la froideur raffinée de certains restaurants modernes. Une bière choisie parmi une large sélection accompagnera à merveille de solides recettes – de porc principalement – viennoises et tchèques.

**LE QUARTIER DU
BELVÉDÈRE**

Do & Co

Akademiestrasse 3. **Plan** 4 E1 et 6 D5.
C 5126474. ○ de 10 h 30 à 19 h 30,
du lun. au ven., de 9 h 30 à 14 h 30 le
sam. 🏃 🕭 🖹 AE, DC, MC, V. Ⓢ Ⓢ Ⓢ

Bien que directement lié à celui de l'Haas Haus (p. 211), ce Do & Co fonctionne sur une plus petite échelle et selon un principe différent. Couplé à une charcuterie fine, le restaurant sert en effet des repas légers et des snacks toute la journée. Sa cuisine marie avec audace traditions viennoises et italiennes, et les plats de poissons et les desserts à base de fruits sont particulièrement réussis. Vins et champagne sont disponibles au verre.

Korso

Hotel Bristol, Mahlerstrasse 2. **Plan** 4 D1
et 6 D5. **C** 51516546. ○ de 12 h à
14 h, de 19 h à 23 h t.l.j. ● 3 semaines
en août. 🍴 **V** 🏃 🕭 🖹 AE, DC,
MC, V. Ⓢ Ⓢ Ⓢ Ⓢ

En face de l'Opéra, le chef Reinhard Gerer préside aux destinées de ce restaurant prestigieux, l'une des meilleures tables de la capitale autrichienne. Il y propose une grande cuisine viennoise légère et moderne mettant l'accent sur la fraîcheur et la qualité des ingrédients plutôt que sur des recettes compliquées. La carte des vins est éblouissante (les prix s'en ressentent) et la salle spacieuse et confortable, pourtant le Korso manque souvent de chaleur et les serveurs pourraient se montrer moins guindés sans perdre de leur efficacité. Rien n'y interdit cependant de traîner longtemps après la fermeture de la cuisine.

Palais Schwarzenberg

Hotel im Palais Schwarzenberg,
Schwarzenbergplatz 9. **Plan** 4 E2. **C**
7984515. ○ de 12 h à 14 h 30, de
18 h à 23 h t.l.j. 🏃 🕭 🖹 AE, DC,
MC, V. Ⓢ Ⓢ Ⓢ Ⓢ Ⓢ

La salle à manger dominant le parc du palais Schwarzenberg est un des endroits les plus tranquilles de la ville pour dîner. Son chef affiche sans fausse pudeur un penchant pour le luxe avec un usage généreux d'ingrédients tels que truffes, caviar et champagne. Son inspiration demeure toutefois essentiellement viennoise en dehors de quelques recettes comme le cassoulet de pigeon au foie gras frais ou le homard sauce chablis. D'excellents vins autrichiens sont disponibles au verre.

EN DEHORS DU CENTRE

Bittdorfer Stub'n

Marxergasse 5. 7124208. de 9 h à 23 h 30 du lun. au ven., de 18 h à 23 h 30 le sam.

Ce restaurant de quartier sans prétention, envahi à midi par les employés de bureau, offre un bon choix de spécialités régionales telles que la salade de bœuf styrienne comprenant, en saison, des girolles (*Eierschwammerl*).

Zum Herkner

Dornbacher Strasse 123. 4854386. de 12 h à 21 h 30 du lun. au ven. août.

Plancher en bois, nappes en papier et couteaux et fourchettes de cuisine font partie du cachet de l'auberge qu'Heinz Herkner a su transformer en temple de la rusticité à l'orée de la forêt viennoise. Mieux vaut réserver pour goûter à son museau de veau (*Kalbsvögerl*) ou à la daube de chevreuil (*Rebragout*).

Eckel

Sieveringer Strasse 46. 323218. de 11 h 30 à 14 h 30, de 18 h à 22 h 30 du mar. au sam. 2 semaines en août et 2 semaines en janv. DC.

Peu d'endroits offrent en été un cadre plus agréable où manger que le jardin du Eckel. Toujours présentée avec style, la cuisine, variée mais de tradition viennoise, prend tout son intérêt dans les plats de poissons et de fruits de mer, notamment de homard. Toutefois, la carte propose aussi un large choix de spécialités de veau et de desserts. La cave est remarquable et comprend d'excellents vins servis au verre.

Vikerls Lokal

Würffelgasse 4. 8943430. de 11 h 30 à 15 h, de 18 h à 23 h du mar. au sam., de 12 h à 15 h le sam.

Malgré ses prix relativement élevés, cette auberge familiale située sur le Gürtel a su s'attacher la fidélité d'une clientèle d'habitués par la qualité des produits entrant dans les plats, la délicatesse des sauces, la générosité des portions et l'accueil de Frau Weidinger. Dans des salles lambrissées ou, en été, dans le jardin, on déguste des spécialités sophistiquées telles que le *Schmankerl von Kalb*, mélange de ris, de rognon et de rouelle de veau en sauce au thym et au romarin. Elles s'arrosent de bons vins servis au verre.

Gottfried

Untere Viaduktgasse 45. 7138257. de 12 h à 14 h, de 18 h à 23 h du lun. au ven., de 18 h à 23 h le sam. les jours fériés et sam. de fin mai à début sept. AE, V.

Il faut aller chercher derrière la station Wien Mitte l'un des meilleurs restaurants de la ville pour savourer sa cuisine viennoise moderne, toujours subtile, dans le cadre confortable d'une grande salle envahie de fleurs où officient des serveurs impeccables. Un repas à la carte reviendra cher mais la qualité des mets proposés, notamment des sauces, justifie ce prix. Une bonne sélection de vins servis au verre et de schnaps complète la carte.

Hietzinger Bräu

Auhofstrasse 1. 87770870. de 11 h 30 à 15 h, de 18 h à 23 h 30 t.l.j.

Son *Tafelspitz* justifie à lui seul l'excursion à Hietzing. La carte propose en effet le choix entre dix morceaux de bœuf différents. Malgré un ambiance parfois un peu compassée, le restaurant est confortable. La cave s'avère impressionnante.

Niky's Kuchlmasterei

Obere Weissgerberstrasse 6. 7129000. de 11 h 30 à minuit du lun. au sam. DC, V.

On déteste ou on adore ce restaurant qui présente de loin la décoration la plus exotique de Vienne. La carte propose un large choix de mets où figurent escargots, jambons séchés et crêpes. Les portions sont généreuses, les serveurs attentionnés et quelques recettes presque aussi élaborées que le décor. Avec environ 18 000 bouteilles, le Niky's Kuchlmasterei possède l'une des plus belles caves d'Autriche.

Vier Jahreszeiten

Hotel Inter-Continental, Johannesgasse 28. **Plan** 4 E1 et 6 E5. 711220143. de 12 h à 15 h, de 19 h à minuit du lun. au ven. AE, DC, MC, V.

Ce vaste établissement jouit, depuis des années, d'une excellente réputation, notamment pour son buffet du déjeuner varié et copieux. Les menus à prix fixe du dîner permettent en outre, tandis qu'un pianiste joue discrètement en arrière-fond, de choisir parmi un large éventail de plats internationaux. La carte change quatre fois par an au rythme des saisons. On mange également très bien (et moins cher) à la brasserie.

Vincent

Grosse Pfarrgasse 7. **Plan** 2 E3. 2141516. de 18 h à 0 h 30 du lun. au sam. juil.

Ce restaurant caché au cœur de Leopoldstadt expose sur ses murs les œuvres d'artistes autrichiens contemporains. Frank Gruber le dirige avec passion et il n'hésitera pas, si vous le souhaitez, à oublier la carte et à vous servir ce qu'il a de mieux en cuisine, accompagnant chaque plat, souvent exquis, toujours léger et subtil, d'un verre de vin différent. Il va sans dire que sa cave comprend d'excellents crus autrichiens.

Altwienerhof

Herklotzgasse 6. 892600. de 12 h à 14 h, de 18 h 30 à minuit du lun. au ven., de 18 h à minuit le sam. les 3 premières semaines de janv. AE, DC, MC, V.

Bougon mais chaleureux, le chef de l'Altwienerhof, Rudolf Kellner, a su marier avec imagination et une grande maîtrise les cuisines viennoise et française. Si les menus à prix fixe ne lésinent pas sur les produits de luxe tels que foie gras, homard, turbot et gibier, les portions restent modestes, même à la carte. Rien n'interdit de prendre un seul plat mais on vient plutôt à l'Altwienerhof pour savourer un repas complet. Celui-ci permettra d'ailleurs de découvrir d'excellents fromages autrichiens. La carte des vins est exceptionnelle, proposant plus de 1 000 crus, vieux bordeaux et bourgognes comme bonnes bouteilles autrichiennes ou italiennes. Le jardin intérieur offrira en été un cadre particulièrement agréable pour les déguster mais les salles à manger, bien qu'un peu solennelles, présentent une superbe décoration.

Steirereck

Rasumofskygasse 2. 7133168. de 12 h à 14 h 30, de 19 h à 23 h du lun. au ven. AE, V.

Dès l'entrée, le client du Steirereck sent qu'il va passer un grand moment. Les fleurs, le jardin d'hiver, la qualité de l'accueil et les amuse-gueule, amenés tout de suite à la table, font d'emblée une grande impression. Très vite, la richesse de la cave et l'amabilité du sommelier la confirment. Puis une cuisine originale, succulente, déploie avec art de fortes influences styriennes. Un *Gabelfrühstück (p. 215)* et un menu à midi permettent de la découvrir à un coût plus modique.

Repas légers et snacks

Ses habitants ayant l'habitude de manger à n'importe quelle heure de la journée, Vienne offre un large choix d'établissements où prendre un repas rapide pour une somme raisonnable. Nombre d'entre eux servent dès le matin tôt jusqu'aux environs de 22 h. Les *Kaffeehäuser* (p. 58-61) sont les plus connus mais si vous n'avez pas le temps de vous y installer, marchands de pizzas, stands de saucisses ou buffets attenants à un magasin d'alimentation permettent de se restaurer sans s'asseoir.

La ville compte également de nombreux débits de boissons : les fameux *Heurigen* de la périphérie où l'on déguste le vin nouveau mais aussi des caves à vin plus sophistiquées où passer la soirée et toutes sortes de bars. Certains sont animés par des orchestres et proposent également à manger. La plupart restent ouverts après minuit.

les fêtes comme Pâques ou Noël en confectionnant des friandises particulières pour les enfants, ses spécialités en ces occasions se montrent particulièrement imaginatives.

Parmi les autres bonnes adresses de Vienne, **Gerstner** sert en terrasse l'été et **Lehmann** vend les meilleures pâtisseries du Graben. Près du Neues Rathaus, essayez **Sluka,** qui confectionne notamment des pâtisseries pour diabétiques.

Tous ces établissements ferment vers 19 h, beaucoup servent des déjeuners légers et des canapés.

REPAS LÉGERS

Les cafés *(p. 58-61)* servent, en général, toute la journée des repas légers mais ceux-ci sont rarement économiques et, bien que moins confortables, mieux vaut choisir les snack-bars, en particulier ceux associés à de grandes charcuteries comme **Wild** sur le Neuer Markt. Près du Graben, le **Lukullus Bar** dépend de Julius Meinl, la chaîne d'épicerie la plus connue de Vienne. **Zum Schwarzen Kameel** propose de délicieux canapés, des assiettes de salade et de poisson fumé, quelques plats chauds et des vins vendus au verre provenant des meilleurs domaines. Il est rare de trouver à s'asseoir mais des comptoirs permettent de poser son assiette.

Les rues les plus animées de la ville ont vu s'ouvrir des pizzerias et des cafétérias. Parmi ces dernières, celles de la chaîne **Naschmarkt** pratiquent des tarifs raisonnables tandis que **Rosenberg Mart** propose un choix de plats étendu et comprend un café, un *Heuriger*, un bistrot et un restaurant.

Les buffets sont également très pratiques. Ses canapés savoureux et bon marché ont établi la réputation du plus célèbre, **Trzesniewski** sur la Dorotheergasse. En cas de petit creux, pensez également aux boucheries, elles possèdent souvent un ou

deux comptoirs où arroser d'un verre de bière des saucisses ou du poulet grillé.

Aux trois repas traditionnels, Vienne a ajouté le *Gabelfrühstück*, littéralement « petit déjeuner à la fourchette », servi par certains restaurants à partir de 10 h 30. Les recettes accommodent souvent des abats pour des résultats succulents dans des établissements comme Steirereck (p. 214) ou Der Bauch von Wien (p. 213).

GÂTEAUX ET CAFÉ

Salons de thé à la viennoise, les *Café-Konditoreien* se distinguent des *Kaffeehaüser* en ce qu'ils proposent un large choix de pâtisseries et, disposant généralement de moins de place, ils n'incitent pas les clients à s'attarder aussi longtemps. D'ailleurs, la sélection de journaux, quand il y en a, est nettement moindre. En revanche, gâteaux et café y sont parmi les meilleurs de la ville pour des prix légèrement inférieurs, en moyenne, à ceux pratiqués par les cafés.

Demel Konditorei, le plus réputé de ces établissements (y compris pour le manque d'obligeance de son personnel), est également le plus cher mais présente, dans un cadre historique, des gâteaux tous plus savoureux les uns que les autres. L'excellent **Heiner** possède deux succursales, toutes deux accueillantes, et si tous les *Café-Konditoreien* célèbrent

PLATS À EMPORTER

Pizzerias, fast-foods et snack-bars, y compris les plus chers, vendent des plats à emporter. Très répandus jusque dans les charcuteries et les magasins d'alimentation comme **Superimbiss Duran,** les canapés se composent de petites tranches de pain couvertes d'un large éventail d'ingrédients allant de coquillages frais à la viande fumée. Vous trouverez également partout du poulet frit, en particulier aux comptoirs de la chaîne **Wienerwald.**

Les stands installés dans la plupart des rues animées, et particulièrement nombreux et variés sur le Naschmarkt, restent toutefois le moyen le plus simple de combler un petit creux, en particulier les *Würstelstand* qui vendent saucisses grillées *(Bratwurst)* ou cuites à l'eau ainsi que quelques spécialités comme le *Leberkäse*, sorte de pâté servi chaud.

Tichy's figure parmi les meilleurs glaciers de Vienne.

BARS À VIN

À la différence des caves à vin, les bars à vin n'existent que depuis peu à Vienne. Les meilleurs, tel le **Vis-à-Vis,** tendent à être bondés mais servent un large assortiment d'excellents vins et des en-cas simples. Le **Wein-Comptoir** est aussi un restaurant. La plupart de ces établissements n'ouvrent que le soir.

Les caves à vin

L'Autriche abonde en beaux monastères baroques et la plupart possèdent de vastes vignobles. Presque tous possèdent également des bâtiments dans le quartier du Stephansdom sous lesquels s'étend une spacieuse cave à vin. Certaines sont devenues des lieux de restauration. Ce genre d'établissement ne sert pas une cuisine extraordinaire mais convient parfaitement à un repas pris sur le pouce avant un spectacle.

Près de l'Opéra, L'**Augustinerkeller** en offre un bon exemple : un copieux buffet permet d'y choisir en-cas de viande ou de fromage pour accompagner des vins provenant en majorité des domaines du couvent. Un orchestre joue certains soirs des airs populaires de *Schrammelmusik*. L'**Esterházykeller** fonctionne sur le même principe mais ses crus proviennent d'un domaine princier.

Les Heurige

Ces guinguettes n'existent qu'en Autriche. Au jardin, en été, ou dans des salles aux boiseries rustiques, on y sert les vins des dernières vendanges qui resteront *Heuriger* (littéralement « de l'année ») jusqu'à la Saint-Martin (le 11 novembre) de l'année suivant leur pressage.

C'est un décret impérial de 1784 qui établit les statuts des *Heurige* en donnant le droit aux vignerons des environs de Vienne d'utiliser leur domicile pour écouler leur production. L'initiative rencontra immédiatement un grand succès auprès des citadins. Ceux-ci continuent aujourd'hui à adorer ces estaminets où ils viennent se détendre en écoutant de la *Schrammelmusik* dans une atmosphère familiale et populaire.

De nombreux *Heurige*, toutefois, possèdent désormais une véritable licence de restaurant et il n'est plus possible, comme le voulait la coutume, d'y apporter sa propre nourriture. En revanche, les plus importants ouvrent pour le déjeuner, et non plus seulement dans l'après-midi, et ils offrent un choix de plats plus large que l'habituel buffet de charcuteries, de fromages et de salades. S'approvisionnant où bon leur semble, ils permettent en outre de goûter des crus d'origines différentes, au point, dans des quartiers très touristiques comme Grinzing *(p. 159)*, qu'il devient parfois difficile de déguster les vins locaux.

Si vous préférez plus d'authenticité, l'indication *Eigenbau* près de l'entrée signifie que l'établissement ne vend que le produit de ses propres vignobles. Une serveuse en *Dirndl*, le costume traditionnel, vous l'apportera à votre table (en bois et entourée de bancs) dans un verre ou un pichet d'un huitième de litre *(ein Achtel)*, d'un quart *(Viertel)*, d'un demi *(Halben)* ou d'un litre *(Liter)*. Méfiez-vous pourtant de l'apparente légèreté de ces vins nouveaux et fruités, mieux vaut les accompagner des nourritures solides proposées au buffet. Elles vous permettront, si vous le souhaitez, de faire un repas complet et consistant, en particulier si vous essayez les pâtes à tartiner sur un robuste pain noir.

Il existe près de 200 *Heurige* dans la périphérie de Vienne et si ceux de Grinzing *(p. 159)* et d'Heiligenstadt *(p. 182-183)* sont les plus connus, ils sont aussi les plus touristiques. Le **Martin Sepp** et le **Reinprecht** à Grinzing, et le **Zimmermann** et le **Mayer am Pfarrplatz** à Heiligenstadt restent néanmoins des adresses recommandables.

Les *Heurige* de Neusift sont particulièrement renommés pour la qualité de leurs crus, en particulier le Fuhrgassl-Huber, où vous buvez probablement ce qui se fait de mieux en vins nouveaux, et le **Zeiler am Hauerweg** qui possède un superbe jardin. Vous pouvez également essayer ceux de Stammersdorf. La nourriture y est moins variée et recherchée que dans leurs équivalents à Grinzing mais ils accueillent une clientèle locale. Des établissements comme le **Wieninger** servent d'excellents vins.

Traditionnellement, une branche de pin suspendue au-dessus de l'entrée signale que le *Heuriger* est ouvert.

Les bars

Des clubs très fermés où se retrouve l'aristocratie autrichienne aux caves enfumées ouvertes jusqu'au petit matin, Vienne propose un large éventail de bars où boire un verre, souvent se restaurer, et parfois passer la nuit. Ceux s'adressant à une clientèle de noctambules, tels le **Relax,** le **Kaktus,** le **Rasputin** et le **Krah Krah** ont toutefois tendance à n'avoir qu'une existence éphémère même si certains, en particulier dans le « Triangle des Bermudes » de l'ancien quartier juif *(p. 84)* sont en vogue depuis des années. Beaucoup organisent des concerts, notamment le **Roter Engel** qui propose tous les soirs rock, jazz ou blues, et le **Tunnel**, sur la Florianigasse, qui reçoit des groupes plusieurs fois par semaine. Sur la Seitenstettengasse, **Ma Pitom** sert de bonnes pizzas.

Récemment restauré, l'**American Bar** *(p. 105)* dessiné par Adolf Loos est probablement l'un des plus beaux bars d'Europe et sûrement l'un des plus élégants de Vienne. La direction n'encourage toutefois pas les visites touristiques et il faut sonner pour entrer. Le décor justifie le prix très élevé des consommations. Réputé pour ses plats de poissons et de fruits de mer, le **Demel's Vis-à-Vis,** sur le Kohlmarkt, offre de surcroît un cadre raffiné où siroter un verre de vin ou de mousseux en charmante compagnie.

Fréquentés par la bohème, les bars d'étudiants comme l'**Alt Wien** sur la Bäckerstrasse, présentent plus d'intérêt pour leur atmosphère animée, et même bruyante et enfumée, que pour leur décor ou leur cuisine.

CARNET D'ADRESSES

QUARTIER DU STEPHANSDOM

Café-Konditoreien
Aida
Rotenturmstrasse 24.
Plan 2 E5 et 6 E2.
[5331933.
Plusieurs succursales.

Gerstner
Kärntner Strasse 11–15.
Plan 4 D1 et 6 D4.
[5124963.

Heiner
Wollzeile 9.
Plan 2 E5 et 6 D3.
[51248380.
Kärntner Strasse 21-23.
Plan 4 D1 et 6 D4.
[51268630.

Snack-bars
Superimbiss Duran
Rotenturmstrasse 11.
Plan 2 E5 et 6 D3.
[5337115.

Wienerwald
Annagasse 3
Plan 4 D1 et 6 D4.
[5123766.
Plusieurs succursales.

Zum Schwarzen Kameel
(p. 212).
Plan 5 C3.
[5338967.

Caves à vin
Urbanikeller
Am Hof 12.
Plan 2 D5 et 5 C2.
[5339102.

Wiener Rathauskeller
(p. 213).
Plan 1 C5.
[4212190.

Zwölf Apostel Keller
Sonnenfelsgasse 3.
Plan 6 E3.
[5126777.

Bars à vin
Vis-à-Vis
Wollzeile 5.
Plan 2 E5 et 6 D3.
[5129350.

Wein-Comptoir
Bäckerstrasse 6.
Plan 2 E5 et 6 D3.
[5121760.

Bars
Alt Wien
Bäckerstrasse 9.
Plan 2 E5 et 6 D3.
[5125222.

Brahms und Liszt
Johannesgasse 12.
Plan 4 E1 et 6 D4.
[5122784.

Kaktus
Seitenstettengasse 5.
Plan 6 D2.
[5331938.

Krah Krah
Rabensteig 8.
Plan 6 D2.
[5338193.

Ma Pitom
Seitenstettengasse 5.
Plan 6 D2.
[5354313.

Oswald und Kalb
Bäckerstrasse 14.
Plan 2 E5 et 6 E3.
[5126992.

Rasputin
Seitenstettengasse 3.
Plan 6 D2.
[5353387.

Relax
Seitenstettengasse 5.
Plan 6 D2.
[5338506.

Roter Engel
Rabensteig 5.
Plan 6 D2.
[5354105.

QUARTIER DE LA HOFBURG

Café-Konditoreien
Demel Konditorei
Kohlmarkt 14.
Plan 2 D5 et 5 C3.
[5335516.

Lehmann
Graben 12.
Plan 2 D5 et 5 C3.
[5121815.

Oberlaa
Neuer Markt 16.
Plan 5 C4.
[5132936.

Snack-bars
Demel's Vis-à-Vis
Kohlmarkt 11.
Plan 2 D5 et 5 C3.
[5336020.

Lukullus Bar
Naglergasse 1. **Plan** 2 D5
et 5 C2. [5333245.

Trzesniewski
Dorotheergasse 1.
Plan 2 D5 et 5 C3.
[5123291.

Wild
Neuer Markt 10–11.
Plan 5 C4.
[5122179.

Cafétéria
Rosenberger Markt
Maysedergasse 2.
Plan 5 C4.
[5123458.

Caves à vin
Augustinerkeller
Augustinerstrasse 1.
Plan 4 D1 et 5 C4.
[5331026.

Esterházykeller
Haarhofgasse 1.
Plan 5 C3.
[5333482.

Bar
American Bar (Loos Bar)
Karntnerdurchgang 10.
Plan 4 D1 et 6 D3.
[5123283. *(p. 105.)*

SCHOTTENRING ET ALSERGRUND

Bar
Tunnel
Florianigasse 39
Plan 1 B5. [423465.

QUARTIER DE L'HÔTEL DE VILLE

Café-Konditorei
Sluka
Rathausplatz 8.
Plan 1 C5 et 5 A2.
[4057172.

OPÉRA ET NASCHMARKT

Snack-bars
Elsässer Gourmandisten Manufaktur
Naschmarkt 74-75.
Plan 4 D2.
[5878561.

Nordsee
Naschmarkt 1-5.
Plan 4 D2.
[5861420.

QUARTIER DU BELVÉDÈRE

Cafétéria
Naschmarkt
Schwarzenbergplatz 16.
Plan 4 E2.
[5053115.
Autres succursales dans la Schottengasse 1 et Mariahilfer Strasse 85-87.

EN DEHORS DU CENTRE

Glaciers
Tichy
Reumannplatz 13.
[6044446.

Heurige
Fuhrgassl-Huber
Neustift am Walde 68.
[4401405.

Herbert Schilling
Langenzersdorfer Strasse 54, Strebersdorf.
[2924189.

Martin Sepp
Cobenzlgasse 34, Grinzing.
[323233.

Mayer am Pfarrplatz
Pfarrplatz 2, Heiligenstadt.
[371287.

Reinprecht
Cobenzlgasse 22, Grinzing.
[321471.

Wieninger
Stammersdorfer Strasse 78, Stammersdorf.
[2924106.

Wolf-Köller
Langackergasse 11, Grinzing.
[323002.

Zeiler am Hauerweg
Rathstrasse 31, Neustift am Walde.
[4401318.

Zimmermann
Armbrustergasse 5, Heiligenstadt.
[372211.

Bar
Bluebox
Richtergasse 8.
Plan 3 A2.
[932682.

BOUTIQUES ET MARCHÉS

Même si Vienne n'offre pas le choix de grandes métropoles comme Paris, Londres ou New York, faire du lèche-vitrines s'y avère très agréable. Ville compacte, elle resserre dans un espace restreint ses rues commerçantes, souvent piétonnes et bordées de cafés accueillants, et le shopping s'y pratique au rythme de la promenade. Les boutiques les plus belles, et les plus chères, se trouvent aux alentours de la Kärntner Strasse, du Graben

Porcelaine d'Augarten

et du Kohlmarkt. De grande qualité, les produits autrichiens qu'elles proposent : verrerie, vêtements, artisanat ou aliments, tendent toutefois plus au classicisme qu'à l'originalité. De la brocante aux fruits exotiques, les jeunes visiteurs et les petits budgets trouveront sans doute plus facilement leur bonheur aux étals des marchés. Le *Carnet d'adresses* de la page 223 situe les principaux ainsi que quelques magasins.

LES MEILLEURS ACHATS

Vienne gâte tout particulièrement gastronomes et gourmands, et vous ne pouvez manquer de rapporter du café fraîchement torréfié (légèrement moins qu'en France) à partir des meilleurs grains du monde. Pour vos amis, ou pour ne pas vous encombrer, les plus grands *Café-Konditoreien* (p. 214) se chargeront de l'expédition de leurs pâtisseries et *Torten* (p. 206-207). Tous proposent notamment la célèbre *Sachertorte* qui présente l'avantage, entre autres, de très bien se conserver. Les fêtes religieuses offrent le prétexte à de délicieuses spécialités et en novembre et décembre, pour l'Avent, les bons boulangers préparent la *Stollen,* un pain de Noël saupoudré de sucre glace et farci aux fruits et aux noix. Vous les trouverez également dans les magasins **Julius Meinl**

(p. 221). Les chocolatiers méritent aussi une visite, autant pour l'originalité de leurs emballages que pour ce qu'ils mettent dedans. Doux, l'Eiswein vinifié à partir de raisins vendangés aux premières gelées accompagne à merveille desserts et sucreries. **Zum Schwarzen Kameel** *(p. 221)* en vend du rouge, une rareté.

Les amateurs de confort tasseront leur valise pour réussir à y glisser des vêtements en loden *(p. 221)* ou un douillet édredon en duvet. La broderie au petit point décorant des poudriers aux sacs à main est une tradition purement viennoise *(p. 220).*

Fabriquée depuis 1718, la porcelaine d'**Augarten** *(p. 220)* garde de nombreux adeptes, tout comme les objets en cristal, y compris des lustres, fabriqués par Swarovski. **Rasper & Söhne** offre un large choix aussi bien de porcelaine

que de verrerie. Les costumes traditionnels restent en Autriche d'actualité et les magasins spécialisés *(p. 221),* outre les fameux shorts en cuir, proposent chapeaux, tenues d'enfants, chemisiers, jupes, etc. **Gilhofer** *(p. 221)* vend estampes et cartes anciennes.

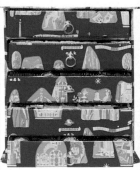

Boîte de chocolats chez Altmann & Kühne *(p. 221)*

HEURES D'OUVERTURE

En semaine, les commerces ouvrent pour la plupart à 8 h 30 ou à 9 h et ferment à 18 h ou 19 h. Un samedi par mois (en général le premier), ils ne ferment pas à midi (13 h pour certains magasins d'alimentation) mais restent ouverts jusqu'à 17 h. Tous les commerces restent fermés en ville les dimanches et jours fériés mais il demeure possible d'acheter produits d'épicerie, fleurs, pellicules photo, livres et journaux dans les principales gares. Le supermarché de l'aéroport ouvre sept jours sur sept.

La verrerie J & L Lobmeyr sur la Kärntner Strasse *(p. 220)*

Les boutiques du centre de Vienne restent ouvertes à l'heure du déjeuner et font nocturne le jeudi jusqu'à 20 h. Attention ! Tout, ou presque, est fermé le samedi après-midi. Ne vous laissez pas surprendre.

COMMENT PAYER ?

Les magasins les plus importants accepteront les Eurochèques (avec la carte) ou les principales cartes bancaires mais mieux vaut, par précaution, prévoir de pouvoir payer en liquide.

LES QUARTIERS COMMERÇANTS

La plupart des boutiques les plus chic de Vienne bordent les rues piétonnes autour du Graben, du Kohlmarkt et de la Kärntner Strasse. L'absence de voitures y rend le lèche-vitrines particulièrement agréable.

Très populaire auprès des Viennois pour ses grands magasins et ses articles ménagers bon marché, la Mariahilfer Strasse présente moins d'intérêt pour un touriste.

DROITS ET SERVICES

À condition de fournir une preuve d'achat, un objet défectueux donne en principe droit à un remboursement. Il n'en est pas toujours ainsi avec les articles achetés en solde et mieux vaut les examiner soigneusement avant de payer. De nombreuses boutiques se chargeront de l'emballage de vos acquisitions et de leur expédition.

EXEMPTION DE TAXES

Toutes les personnes ne résidant pas dans l'Union européenne ont droit à un remboursement de 13 % de la TVA, ou MWSt *(Mehrwertsteuer),* qui s'élève en général à 20 %. Pour cela, toutefois, il faut que le total des achats effectués dans un même magasin (mais il peut s'agir de plusieurs articles) s'élève au moins à 1 000 öS. Au moment de payer, présentez votre passeport et demandez au commerçant de

Le Kohlmarkt, l'une des rues commerçantes piétonnes de Vienne

remplir le formulaire ATS U 34 (Austria Tax-Free Shopping) qui devra porter son cachet. Le remboursement se fera par virement, chèque ou à l'aéroport.

Vous ne devrez pas utiliser les produits acquis avant de franchir et mieux vaut les ranger à part dans vos bagages afin de pouvoir les présenter aux douaniers qui doivent attester de leur exportation en tamponnant votre formulaire. Vous pourrez alors soit envoyer celui-ci au magasin, soit percevoir directement (en échange d'une commission) l'argent qui vous est dû. Les trains qui ne s'arrêtent pas à l'aéroport contiennent parfois une personne officielle

Manteaux en loden chez Resi Hammerer *(p. 221)*

habilité à apposer le cachet dont vous avez besoin. Si vous faites expédier vos achats chez vous par le magasin, celui-ci doit déduire directement la taxe de votre paiement.

LES SOLDES

Elles se déroulent en janvier et en juillet et concernent principalement la mode mais aussi les articles ménagers et l'appareillage électrique.

LES CENTRES COMMERCIAUX

Innovation relativement récente à Vienne, les centres commerciaux les plus modernes sont la superbe **Haas Haus** et le **Generali Centre.** Dans le palais Ferstel *(p. 108 et 110),* d'élégantes boutiques bordent le **passage Freyung** décoré dans le même style que le Café Central *(p. 58-61).*

ADRESSES

Generali Centre
Mariahilfer Strasse 77–79. **Plan** 3 A3.

Haas Haus
Stock-im-Eisen-Platz 4.
Plan 2 D5 et 5 C3.

Passage Freyung
Palais Ferstel 1, Freyung 2.
Plan 2 D5 et 5 B2.

Les boutiques

Même si Vienne ne présente pas une variété de magasins comparable à celles des grandes capitales européennes, quelques spécialités, cristallerie et lodens notamment, réjouiront les acheteurs par leur qualité ou leur prix. La beauté architecturale des rues commerçantes situées dans la ville intérieure transforme de toute manière le lèche-vitrines en superbe promenade, surtout lorsqu'elle vous conduit dans des établissements comme **Knize,** sur le Graben, dont Adolf Loos dessina la décoration intérieure.

BOUTIQUES SPÉCIALISÉES

Malgré la concurrence des importations italiennes, l'Autriche entretient une tradition du travail du cuir. **Novotny** possède ainsi sa propre manufacture et ses sous-traitants ne travaillent que pour lui, tandis que **Robert Horn** dessine et fabrique des bagages et accessoires de voyage qui conjuguent qualité et classicisme. Même lui, à l'en croire, n'a pu améliorer le modèle de valise utilisé par Metternich au congrès de Vienne et a dû se contenter de légèrement le moderniser.

Spécialité plus spécifiquement viennoise, la broderie au petit point déploie son charme délicat à **Petit Point,** où elle recouvre jusqu'à la poignée de la porte, et chez **Maria Stransky.** Plus surprenants dans une capitale férue de formalisme, les magasins de farces et attrapes tel **Zauberklingl** réjouiront petits et grands. **Witte,** près du Naschmarkt, propose en outre masques, déguisements élaborés et superbes guirlandes et décorations de fête. Les jouets vendus par **Kober** (*p. 230*), un magasin plus « sérieux », sont de grande qualité mais chers. Pour les petits cadeaux, **Metzger** vend bougies et chandeliers originaux ainsi que des articles tels que chocolats et gâteaux au miel.

MUSIQUE

Vienne ne pouvait manquer d'offrir un large choix aux mélomanes dans des magasins au personnel averti et apte à les conseiller. Les amateurs d'opérette et d'opéra trouveront notamment à **EMI** et **Gramola** une sélection impressionnante tandis qu'**Hi-Fi Schallplatten** propose en permanence des enregistrements historiques ou spécialisés effectués par de grands artistes autrichiens. Si le **Virgin Megastore** est bien pourvu en variétés internationales, les prix n'y sont pas inférieurs à ceux pratiqués ailleurs en Europe.

JOAILLERIE

La qualité de leur travail a depuis longtemps établi la réputation des joailliers viennois mais ceux-ci restent inventifs et, il y a quelques années, un bijou dessiné par **Schullin** remporta le prestigieux concours Diamonds International organisé par la multinationale De Beers. Une foule d'admiratrices se presse en général devant la petite vitrine pour admirer les dernières créations mais ne vous laissez pas impressionner : les premiers prix demeurent raisonnables. Il en va de même chez **Juwel** qui propose notamment une belle sélection de broches à motifs floraux et végétaux en pierres semi-précieuses. Celles-ci prêtent aussi leurs couleurs aux chaînes d'**Heldwein,** ancien fournisseur de la cour impériale à l'instar de **Köchert** dont la boutique, outre les réalisations de son atelier, propose des pièces anciennes.

VERRERIE

Aucune cristallerie au monde ne possède la notoriété de **J & L Lobmeyr,** maison fondée au XIXᵉ siècle et que dirige la cinquième génération de la famille. Ses lustres décorent aussi bien le Staatsoper de Vienne que le Metropolitan Opera de New York ou le Kremlin à Moscou. Réputée également pour son *Musselinglas,* un verre si fin qu'il se courbe presque au toucher, cette société a fait travailler de grands artistes, notamment Josef Hoffmann (*p. 56*), styliste de la Sécession dont les modèles sont toujours en fabrication.

Au premier étage, un petit musée, remarquable, retrace l'histoire de l'entreprise et de sa production. La boutique commercialise aussi la porcelaine hongroise de Herend, peinte à la main.

DÉCORATION INTÉRIEURE

Fondée en 1718, la manufacture de porcelaine **Augarten** est la deuxième plus ancienne d'Europe. Les Habsbourg la rachetèrent en 1744 et sa production porte depuis leurs armoiries. Chaque pièce, réplique de modèles originaux principalement rococo mais également baroques, Biedermeier, Art déco ou contemporains, est achevée et peinte à la main. On peut visiter l'atelier de fabrication, au **Schloss Augarten.** Pour de beaux cadeaux, **Rasper & Söhne** propose lui aussi de la porcelaine mais vend en outre de la verrerie et de l'argenterie.

Backhausen manufacture de luxueux tissus d'ameublement depuis 1849 mais depuis le tournant du siècle, sa réputation repose sur leurs motifs Jugendstil. Ses foulards en soie et ses sacs à main assortis sont aussi très appréciés, tout comme ses édredons et son linge de maison. **Gunkel et Gans** en proposent également, ainsi que de la literie. Gans a de surcroît ouvert une succursale à l'aéroport qui s'avère bien pratique pour les achats de dernière minute. En matière de linge de maison, **Zur Schwäbischen Jungfrau,** où il se commande sur mesure depuis 1720, demeure une véritable institution et un temple de la tradition même si le magasin vend aussi aujourd'hui des articles prêts à emporter.

Dans ce qui apparaît comme la plus petite boutique de Vienne, **Härtel** propose une extraordinaire sélection d'éléments décoratifs tels que rubans, galons, tresses, franges, passepoils, glands ou ganses.

ÉPICERIE FINE

Parmi les nombreux magasins d'alimentation de la capitale autrichienne, les deux plus renommés sont probablement **Zum Schwarzen Kameel** *(p. 212)* et **Wild.** Les caves de ce dernier, emplies d'excellents crus et sans doute de la plus belle collection d'eaux-de-vie de Vienne, s'étagent sur trois niveaux. La foie gras mérite à lui seule une visite de la boutique.

La chaîne de libres-services **Julius Meinl** possède des succursales dans toute la ville, et même dans tout le pays, mais la maison mère se trouve sur le Graben. Entrez par le Lukullus Bar *(p. 217)* sur la Naglergasse si vous voulez boire un verre et manger un en-cas.

Altmann & Kühne emballe ses chocolats faits main dans de superbes boîtes en forme de commodes, de livres, de chevaux ou d'anges.

CADEAUX

Successeurs des célèbres Wiener Werkstätten, les **Österreichische Werkstätten** proposent une sélection de produits presque exclusivement autrichiens, en particulier des bijoux émaillés réalisés par Michaela Frey, de la céramique, du verre soufflé, des bougies et, à partir de la fin de l'automne, des décorations de Noël. Les marchés artisanaux *(p. 222)* constituent également de bons terrains de chasse aux bibelots.

LIVRES

Grande librairie, **Georg Prachner** mérite presque autant une visite pour les habitués qui s'y retrouvent que pour son vaste choix d'ouvrages. **Kosmos** propose une bonne sélection de livres en français et

Taschenbuchladen de livres de poche. Bien qu'il en vende également des neuves, **Heck** est surtout réputé pour ses éditions anciennes. Pour des estampes et des cartes, essayez **Gilhofer.** Les anglophones se doivent de passer à l'excellente **British Bookshop.**

JOURNAUX ET MAGAZINES

La plupart des marchands de journaux de la ville intérieure vendent des quotidiens étrangers et les meilleurs cafés les tiennent gratuitement à disposition de leurs clients. Vous trouverez chez **Morawa** des journaux et des magazines dans pratiquement toutes les langues.

VÊTEMENTS ET ACCESSOIRES DE MODE

La confection viennoise tend à privilégier qualité et classicisme, et les vestes, manteaux et capes en loden (un tissu de laine imperméable) de **Resi Hammerer** ne font pas mentir cette règle même si des couleurs plus gaies complètent aujourd'hui les traditionnels bleu marine, gris et vert foncé. Simples mais toujours coupés dans des matériaux de premier choix, les robes et les complets de **Flamm** restent fidèles à eux-mêmes. Parmi les habits folkloriques *(Trachten)* vendus par **Tostmann,** les *Dirndl,* tenues féminines généralement brodées, et les ensembles pour enfants connaissent un grand succès. **Fürnkranz** a ouvert des succursales dans tout Vienne mais sa boutique la

plus élégante demeure celle de la Kärntner Strasse. Celle du Neuer Markt affiche un style plus sportif.

Ancien fournisseur de linge de maison de la cour impériale, **E. Braun & Co** vend désormais des vêtements. Sa cage d'ascenseur dorée justifie à elle seule d'entrer dans le magasin. Autre établissement célèbre dont la décoration mérite une visite, **Knize,** tailleur réputé du temps des Habsbourg, diffuse désormais du prêt-à-porter pour hommes et femmes. **Kettner** également, mais dans un style un peu plus décontracté.

Toutes les chaussures de **Bellezza** proviennent d'Italie mais sont d'excellente qualité tandis que le Français **Stéphane Kelian** a su imposer ses modèles, moins classiques.

Pour ceux qui préfèrent une mode plus actuelle, la Judengasse compte de nombreuses boutiques offrant un large choix de prix et de styles tandis que **Machu Picchu,** dirigée par un groupe de jeunes couturiers autrichiens, commercialise une large gamme de vêtements modernes et d'un coût raisonnable. **D. G. Linnerth** habille les hommes à partir de 16 ans.

Un opticien appelé **Erich Hartmann** a acheté en 1980 un magasin possédant un stock important de corne et de carapaces de tortue. Il vend aujourd'hui des lunettes, des chaînes et des peignes fabriqués à la main dans ces matières. Très connue dans la ville, sa boutique ressemble à un café.

TABLEAU DE CORRESPONDANCE DES TAILLES

Vêtements pour femmes

Autriche	36	38	40	42	44	46	48	50
France	36	38	40	42	44	46	48	50
Canada	8	10	12	14	16	18	20	22

Chaussures

Autriche	36	37	38	39	40	41	42	43
France	36	37	38	39	40	41	42	43
Canada	5	6	6½	7	7½	8	8½	9½

Chemises pour hommes

Autriche	36	38	39	41	42	43	44	45
France	36	38	39	41	42	43	44	45
Canada	14	15	15½	16	16½	17	17½	18

Antiquités, ventes aux enchères et marchés

Le Naschmarkt aux éventaires colorés, où se côtoient toutes les cultures d'Europe et d'Asie, n'est que l'un des nombreux marchés de Vienne où acheter aliments, fleurs, artisanat et produits importés ou d'occasion. Presque tous les arrondissements ont un marché et certains en comptent plusieurs. Ceux de Noël ont une atmosphère inimitable. Outre les boutiques spécialisées, les amateurs d'antiquités ou de brocante se doivent de visiter la principale salle des ventes de la ville.

LES ANTIQUITÉS

Vienne est à juste titre renommée pour ses magasins d'antiquités et de brocante, en particulier ceux installés dans le quartier du Stephansdom et sur la Schönbrunner Strasse. Si vous cherchez des bijoux anciens, la **Gallerie Rauhenstein** vend des pièces superbes (jusqu'aux années 40) mais vous pouvez également tenter votre chance au **Dorotheum** (*voir Les ventes aux enchères*), au **Kunst und Antikmarkt** et au **Flohmarkt** (*voir Les marchés d'artisanat*). Parmi les trouvailles à y faire figurent de surcroît les tableaux.

Bien pourvue en joaillerie mais également en argenterie, **Herbert Asenbaum** mérite aussi une visite. Solidement implantés et disposant de vastes espaces de vente, **Mario Perco**, sur la Spiegelgasse, ou **Reinhold Hofstätter**, sur la Bräunerstrasse, proposent d'intéressantes sélections de meubles anciens.

LES VENTES AUX ENCHÈRES

Fondée en 1707 sous le nom de *Armen Haus* (Maison des pauvres) pour offrir des prêts sur gages aux personnes en difficulté, la salle des ventes **Dorotheum** s'est installée en 1788 à l'emplacement d'une ancienne église conventuelle, la Dorotheerkirche, qui lui a laissé son nom. L'exposition, sur plusieurs étages, réunit mobilier, œuvres d'art, vêtements et bibelots, et certains articles peuvent s'acheter sans attendre une vente aux enchères. L'établissement possède d'autres succursales.

LES MARCHÉS D'ALIMENTATION

Même sans intention d'acheter, il faut aller se promener au **Naschmarkt** *(p. 136)*, entre la Linke et la Rechte Wienzeile. Ouvert toute l'année du lundi au samedi, il offre en effet le spectacle coloré d'un grand brassage de cultures et de nationalités. Plus on se rapproche du marché aux puces, s'éloignant des éventaires tenus en majorité par des Viennois de souche à proximité de la Karlsplatz, plus les prix baissent et plus les étals se chargent de fruits et de légumes exotiques, de thés et d'épices orientaux. Des Tchèques vendent des marionnettes, des Russes des poupées emboîtables, des Turcs d'immenses piles de vêtements scintillants. De nombreux stands ou de petits restaurants nourrissent vendeurs et clients mais aussi, aux premières heures du jour, les noctambules qui viennent s'y régaler d'en-cas relevés.

Si vous faites votre propre cuisine, en appartement ou au camping, ne manquez pas le marché paysan connu sous le nom de **Bauernmarkt.** Tous les mardis et jeudis, de mars à fin octobre, maraîchers et éleveurs viennent y vendre produits biologiques et du terroir.

LES MARCHÉS ARTISANAUX

Bien que les marchés d'artisanat et d'antiquités restent d'implantation récente à Vienne, le **Kunst und Antikmarkt** et le Flohmarkt (marché aux puces) qui prolonge le Naschmarkt *(p. 136)* ont su s'imposer comme terrains de chasse privilégiés des amateurs d'objets anciens ou d'occasion. Le marchandage fait partie des plaisirs qu'ils offrent et le prix affiché ne constitue généralement qu'une base de négociation.

Pour des cadeaux originaux et de bonne qualité, essayez le marché du Spittelberg *(p. 124)* près du Volkstheater. Les artisans y vendent en général leurs propres créations plutôt que des souvenirs fabriqués à la chaîne. Le quartier possède en outre beaucoup de charme et cafés et petites galeries y exposent les œuvres de jeunes artistes.

Dans une paisible cour intérieure, le marché d'art de l'**Heiligenkreuzerhof** *(p. 75)* ne comprend que quelques éventaires soigneusement sélectionnés proposant des articles faits main tels que bijoux et céramique. Un chanteur folklorique autrichien vêtu d'un costume traditionnel ajoute à l'ambiance en s'accompagnant à l'accordéon.

LES MARCHÉS DE FÊTE

Des nombreux marchés de Noël organisés à Vienne pendant l'Avent, le plus important, le **Christkindlmarkt** *(p. 64)*, se tient devant le Neues Rathaus. Les attractions qui l'animent varient chaque année mais comprennent toujours chanteurs, conteurs et ateliers pour enfants. Au milieu de sapins couverts de guirlandes, les éventaires proposent bougies artisanales, jouets, décorations peintes à la main... Les illuminations rendent l'atmosphère particulièrement magique la nuit. Sur la Freyung, l'**Alt Wiener Christkindlmarkt** *(p. 75)* entretient une ambiance plus traditionnelle.

La Freyung accueille également un marché de Pâques, deux semaines avant la fête chrétienne, où acheter des coquilles d'œufs gobés décorées à la main. En décembre, les marchés artisanaux du Spittelberg et de l'Heiligenkreuzerhof se transforment eux aussi en marchés de Noël.

CARNET D'ADRESSES

BOUTIQUES SPÉCIALISÉES

Kober
Graben 14–15. **Plan** 2 D5
et 5 C3. 53360180.

Maria Stransky
Hofburg Passage 2.
Plan 5 C4. 5336098.

Metzger
Stephansplatz 7. **Plan** 2 E5
et 6 D3. 5123433.
Autres succursales.

Novotny
Spiegelgasse 6. **Plan** 4 D1
et 5 C4. 5122336.

Petit Point
Kärntner Strasse 16.
Plan 4 D1 et 6 D4.
5124886.

Robert Horn
Bräunerstrasse 7.
Plan 5 C4. 5138294.

Witte
Linke Wienzeile 16.
Plan 3 A4. 5643050.

Zauberklingl
Führichgasse 4. **Plan** 5 C4.
5123976.

MUSIQUE

EMI
Kärntner Str 30. **Plan** 4 D1
et 6 D4. 5236750.

Gramola
Graben 16. **Plan** 2 D5 et
5 C3. 5335034.

Hi-Fi Schallplatten
Kärntner Strasse 29-31. **Plan**
4 D1 et 6 D4. 5125240.

Virgin Megastore
Mariahilfer Strasse 37–9.
Plan 3 B2. 588370.

JOAILLERIE

Heldwein
Graben 13.
Plan 5 C3. 5125781.

Juwel
Kohlmarkt 1. **Plan** 2 D5 et
5 C3. 5336021.

Köchert
Neuer Markt 15.
Plan 5 C4. 51258280.

Schullin
Kohlmarkt 7. **Plan** 2 D5 et
5 C3. 53390070.

VERRERIE

J & L Lobmeyr
Kärntner Str 26. **Plan** 2 D5
et 6 D4. 5120508.

DÉCORATION INTÉRIEURE

Augarten
Stock-im-Eisen-Platz 3-4.
Plan 2 D5 et 5 C3.
5121494. *Plusieurs succursales.*

Backhausen
Kärntner Strasse 33. **Plan**
4 D1 et 6 D4. 514040.

Gans
Brandstätte 1-3. **Plan** 4 D1
et 6 D3. 5333560.
Plusieurs succursales.

Gunkel
Tuchlauben 11. **Plan** 2 D5
et 5 C3. 53363010.

Härtel
Petersplatz 1. **Plan** 5 C3.
5330906. *Une des deux succursales.*

Rasper & Söhne
Graben 15. **Plan** 2 D5 et
5 C3. 534330.

Schloss Augarten
Obere Augartenstrasse 1.
Plan 2 E2. 211240.

Zur Schwäbischen Jungfrau
Graben 26. **Plan** 2 D5 et
5 C3. 5355356.

ÉPICERIE FINE

Altmann & Kühne
Graben 30. **Plan** 2 D5 et
5 C3. 5330927.
Une des deux succursales.

Julius Meinl
Graben 19. **Plan** 2 D5 et
5 C3. 53345860.
Plusieurs succursales.

Wild
Neuer Markt 10–11.
Plan 5 C4. 5122179.

Zum Schwarzen Kameel
Bognergasse 5.
Plan 5 C3. 5338125.

CADEAUX

Österreichische Werkstätten
Kärntner Str 6. **Plan** 4 D1
et 6 D4. 5122418.

LIVRES

British Bookshop
Weihburggasse 24-26. **Plan**
4 E1 et 6 D4. 5121945.

Georg Prachner
Kärntner Str 30. **Plan** 4 D1
et 6 D4. 51285490.

Gilhofer
Bognergasse 2. **Plan** 5 C3.
5334285.

Heck
Kärntner Ring 14. **Plan**
4 E2 et 6 D5. 5055152.

Kosmos
Wollzeile 16. **Plan** 2 E5 et
6 D3. 5127221.

Taschenbuchladen
Singerstrasse 7. **Plan** 4 E1
et 6 D3. 5124197.

JOURNAUX ET MAGAZINES

Morawa
Wollzeile 11. **Plan** 2 E5 et
6 D3. 515620.

VÊTEMENTS ET ACCESSOIRES DE MODE

Bellezza
Kärntner Str 45. **Plan** 4 D1
et 5 C5. 5121953.

E Braun & Co
Graben 8. **Plan** 2 D5 et
5 C3. 5125505.

Erich Hartmann
Singerstrasse 8.
Plan 6 D3. 5121489.

Flamm
Neuer Markt 12.
Plan 5 C4. 5122889.

Fürnkranz
Kärntner Str 39. **Plan** 6 D4
et 5 C5. 488440.
Plusieurs succursales.

Kettner
Seilergasse 12. **Plan** 5 C4.
51322390. *Plusieurs succursales.*

Knize
Graben 13. **Plan** 2 D5 et
5 C3. 51221190.

D G Linnerth
Lugeck 1-2. **Plan** 6 D3.
5125888.

Machu Picchu
Seilerstätte 7. **Plan** 4 E1 et
6 D4. 5124114.

Resi Hammerer
Kärntner Str 29-31. **Plan**
4 D1 et 5 C5. 5126952.

Stéphane Kelian
Bauernmarkt 8. **Plan** 6 D2.
5330460.

Tostmann
Schottengasse 3a.
Plan 5 B2. 53353310.

ANTIQUITÉS

Gallerie Rauhenstein
Rauhensteingasse 3.
Plan 6 D4. 5133009.

Herbert Asenbaum
Kärntner Str 28. **Plan** 4 D1
et 6 D4. 5122847.

Mario Perco
Spiegelgasse 11. **Plan** 4 D1
et 5 C4. 5135695.

Reinhold Hofstätter
Bräunerstrasse 12. **Plan** 5 C4.
5335069.

VENTE AUX ENCHÈRES

Dorotheum
Dorotheergasse 17. **Plan**
4 D1 et 5 C4. 51560.

MARCHÉS

Alt Wiener Christkindlmarkt
Freyung. **Plan** 2 D5 et 5 B2.
déc. : de 9 h 30 à 19 h 30 t.l.j.

Bauernmarkt
Freyung. **Plan** 2 D5 et 5 B2.
de mars à fin oct. : de
10 h à 18 h 30 mar. et jeu.

Christkindlmarkt
Au Neues Rathaus. **Plan** 1 C5
et 5 A2. de mi-nov. à fin
déc. : de 14 h à 18 h 30 du
lun. au ven., de 10 h à
18 h 30 les sam. et dim.

Heiligenkreuzerhof
Plan 2 E5 et 6 E3. d'avr.
à sept. : premiers sam. et
dim. de chaque mois ; de fin
nov. au 24 déc. : de 10 h à
19 h le sam., de 10 h à 18 h
le dim.

Kunst und Antikmarkt
Donaukanal-Promenade.
Plan 6 F2. de mai à fin
sept. : de 14 h à 20 h le sam.,
de 10 h à 20 h le dim.

Naschmarkt
Plan 3 C2. de 6 h à
18 h 30 du lun. au ven., de
6 h à 14 h le sam.

SE DISTRAIRE À VIENNE

C'est à la musique que la vie culturelle de la capitale doit surtout sa renommée, qu'il s'agisse des grands concerts classiques organisés au Musikverein *(p. 144)* et à la Konzerthaus *(p. 181)* ; des prestigieuses productions du Staatsoper *(p. 138-139)* ; ou de la dernière comédie musicale donnée au Theater an der Wien *(p. 136)*. Même les célèbres pur-sang lipizzans exécutent au Manège d'hiver leurs exercices en musique *(p. 98-99)*, tandis que les grands bals de la période du carnaval entretiennent la tradition de la valse viennoise.

Pipo au Ronacher (p. 228)

Et si vous préférez le rock et le jazz, clubs et bars de la ville intérieure vous permettront de vous distraire jusqu'au petit matin. Accompagner d'un dernier café une pâtisserie dans un *Kaffeehaus (p. 215-217)* avant d'aller regarder l'un des films projetés en version originale dans plusieurs cinémas de la ville conclura plus calmement la journée. Assister à une représentation théâtrale dans une salle dont le décor évoque les fastes impériaux est une expérience à ne pas manquer lors de votre séjour dans la capitale autrichienne.

Scène du Theater in der Josefstadt *(p. 116)*

RENSEIGNEMENTS PRATIQUES

Le principal office du tourisme de Vienne, le Wiener Fremdenverkehrsamt *(p. 237)*, publie un programme mensuel et gratuit. Des affiches placardées sur l'équivalent de nos colonnes Morris et à la réception de nombreux hôtels annoncent les grandes productions théâtrales et lyriques de la semaine. Les quatre quotidiens nationaux, *Die Presse, Kronenzeitung, Standard* et *Kurier (p. 239)* détaillent les manifestations du jour : spectacles, films, concerts et rencontres sportives.

RÉSERVER SA PLACE

Pour prendre vos places directement aux guichets des salles de spectacle ou les réserver par téléphone, consultez les carnets d'adresses des pages 227 et 228. Les quatre théâtres d'État, le Burgtheater *(p. 130)*, l'**Akademietheater** *(p. 228)*, le Staatsoper *(p. 138-139)* et le **Wiener Volksoper** *(p. 227)*, possèdent un bureau de réservation commun, le **Bundestheaterkassen** *(p. 227)*. En général, la mise en vente des billets et les réservations par

Colonne d'affichage

téléphone commencent respectivement une semaine et six jours avant la représentation. Les commandes de places par écrit doivent parvenir à l'Österreichische Bundestheater Verband (même adresse que les Bundestheaterkassen) au moins trois semaines à l'avance pour le Volksoper et le Staatsoper, et dix jours pour l'Akademietheater et le Burgtheater. Une heure avant le spectacle, les guichets mettent en vente des places debout (plus de 500 au Staatsoper et plus de 100 au Volksoper), ainsi que des places (en nombre très variable) réservées aux étudiants de moins de 27 ans. Ceux-ci les paient très bon marché et les revendent parfois (à un tarif plus élevé) à des touristes.

Un billet pour l'un des quatre théâtres d'État, le Theater an der Wien *(p. 136)* ou le **Raimund Theater** *(p. 227)* donne le droit de circuler sur les transports publics deux heures avant et deux heures après les représentations.

Si vous préférez éviter de vous déplacer jusqu'à la salle, adressez-vous à une agence de location comme **Reisebüro Mondial** *(p. 227)* ou demandez au concierge ou à un chasseur de l'hôtel. Vous paierez un supplément mais pourrez peut-être obtenir une place pour un spectacle affichant complet. Essayez sinon de rappeler le guichet, des réservations ont pu se libérer.

AU THÉÂTRE

Si vous achetez vos billets sur place, vous pourrez consulter le plan de la salle et faire votre choix en connaissance de cause. Pour les théâtres d'État, ce plan figure également sur la brochure mensuelle donnant leur programme. La réception de la plupart des hôtels devrait aussi pouvoir vous fournir le plan des principales salles de spectacle. Pensez-y si vous réservez par téléphone.

Sachez sinon qu'en règle générale le rez-de-chaussée se divise entre *Parkett* proche de la scène et *Parterre*. Parfois, cependant, les tout premiers rangs s'appellent *Orchestersitze*. Viennent ensuite, plus l'on monte et plus les prix baissent, l'*Erster Rang* (corbeille) et le

Casino Wien au palais Esterházy

Zweiter Rang (premier balcon). Le Burgtheater et le Staatsoper possèdent en outre deux niveaux supplémentaires, le *Balkon* et la *Galerie*.

Les baignoires *(Logen)* sont très chères même si les places de derrière s'avèrent un peu moins onéreuses. Le **Wiener Volksoper** *(p. 227)* renferme toujours des *Säulensitze*, sièges derrière un pilier masquant en partie la scène. Bon marché, ils intéressent les mélomanes plus concernés par la musique que par le spectacle. La salle abrite en outre quatre niveaux de baignoires : le *Parterre*, le *Balkon*, l'*Erster Rang* et le *Zweiter Rang*.

Tous les grands théâtres et opéras proposent un buffet

Musicien de rue sous la Pestsäule

permettant de se désaltérer (de boissons alcoolisées ou non) et de se restaurer. Le choix d'en-cas vendus peut varier mais comprend toujours un assortiment de canapés garnis, entre autres, d'œuf dur, de saumon fumé, de fromage, de salami ou même de caviar. Ils s'accompagnent traditionnellement d'un verre de mousseux, le Sekt. Ces buffets ouvrent jusqu'à une heure avant la représentation et restent relativement vides, ils constituent un bon endroit où manger un morceau ou boire un excellent café.

À moins d'être conduit à une baignoire, il n'est pas d'usage de donner un pourboire aux ouvreurs ou aux ouvreuses mais on peut arrondir le prix d'un programme. Manteaux et parapluies se laissent au vestiaire et la rémunération de ce service reste à l'appréciation du spectateur.

SPECTATEURS HANDICAPÉS

Un certain nombre de salles disposent de places accessibles en fauteuil roulant et de systèmes adaptés aux malentendants mais mieux vaut toujours préciser vos besoins en réservant.

Le Wiener Fremdenverkehrsamt *(p. 237)* publie une brochure intitulée *Wien für Gäste mit Handicaps* (Vienne pour les visiteurs handicapés) et

fournit des renseignements sur les aménagements des cinémas, musées, restaurants, cafés, bureaux de poste, etc.

LES TRANSPORTS PUBLICS

Autobus et tramways circulent jusqu'à 23 h et le métro jusqu'à minuit *(Circuler à Vienne p. 250-255).* Très appréciés, les bus de nuit ne fonctionnent que les week-ends et les veilles de jours fériés *(p. 65).* De minuit et demi à 4 h du matin, ils partent toutes les demi-heures de la Schwedenplatz. Vendu dans le véhicule, le ticket coûte en général 25 öS *(p. 255).*

Une file de taxis attend généralement devant les théâtres la fin des représentations. Vous pouvez rejoindre à pied l'une des stations installées à la plupart des coins de rue ou en commander un par téléphone. Si vous en hélez un dans la rue et qu'il ne s'arrête pas, c'est qu'il est déjà occupé.

LES CASINOS

Les casinos Austria sont devenus une référence dans le monde entier. Le **Casino Wien,** qui occupe le palais baroque Esterházy *(p. 80),* leur sert de somptueuse vitrine. Il comprend un bar, un restaurant et le **Black Jack Café,** typiquement viennois.

Casino Wien
Kärntner Strasse 41. **Plan** 4 D1. **Casino** ◐ de 15 h à 3 h du matin t.l.j. **Black Jack Café** ◐ de 1 h à minuit t.l.j. ▮ 5124836.

Le bal de l'Opéra *(p. 139)*

La musique à Vienne

L'Opéra de Vienne (p. 138-139), l'un des plus grands du monde, fonctionne, comme les trois autres théâtres nationaux, grâce à d'importantes subventions. Pendant la saison, de septembre à juin, le Wiener Philharmoniker s'y produit et accompagne les opéras, chantés pour la plupart dans leur langue originale, dans une salle à l'acoustique excellente – le célèbre chef d'orchestre Arturo Toscanini guida de ses conseils sa reconstruction après la dernière guerre. La ville entretient un autre grand orchestre, le Wiener Symphoniker, ainsi que plusieurs formations de chambre comme le quatuor Alban Berg. Les salles accueillent aussi des artistes internationaux, et les concerts donnés dans les églises sont souvent d'une grande qualité. Les amateurs de valses apprécieront celles interprétées au Stadtpark en été, saison où se déroule le festival de jazz (p. 63). Bars et clubs organisent des concerts de rock.

OPÉRAS ET OPÉRETTES

Mises en vente une semaine à l'avance, les places assises au Staatsoper coûtent entre 50 et 2 000 öS. Bien meilleur marché puisque les plus chères ne dépassent pas 20 öS, les places debout exigent cependant de faire une longue queue au guichet (parfois en vain) avant le spectacle. Si vous en obtenez une puis trouvez une place libre près d'une balustrade, marquer l'emplacement en nouant une écharpe vous laissera libre de vous déplacer. Lors de la représentation rituelle de *La Chauve-Souris* au Nouvel An, de prestigieux invités font traditionnellement une apparition au cours du deuxième acte.

Réputé pour ses opérettes, notamment de Strauss, Millöcker, Ziehrer, Lehár et Kalman, le **Wiener Volksoper** programme également des comédies musicales et de petits opéras de Mozart, Puccini et Bizet, chantés en allemand. Leurs interprètes se produisent également au Staatsoper. D'ailleurs, la saison du Wiener Volksoper coïncide avec celle de l'Opéra. Les places coûtent entre 50 et 800 öS.

Avant d'acquérir leur renommée internationale, de nombreux artistes lyriques tels Waldemar Kmentt, Eberhard Wächter et Walter Berry ont commencé leur carrière au **Wiener Kammeroper**, petite salle cachée dans une ruelle du quartier du Stephansdom qui propose aussi bien des œuvres de jeunesse de Rossini que des parodies ou des versions rock d'opéras fameux comme *Les Contes d'Hoffmann* et *Carmen*.

Théâtres privés faisant partie des Vereinigte Bühnen Wien, le Theater an der Wien (p. 136) et le spacieux **Raimund Theater,** spécialisés dans les comédies musicales à grand spectacle, accueillent en outre les compagnies invitées dans le cadre des Wiener Festwochen (p. 62) qui se tiennent en mai et en juin.

En juillet et en août, le Wiener Kammeroper donne en soirée des représentations d'opéras de Mozart tels que *Le Mariage de Figaro* et *Don Giovanni* au **Schönbrunner Schlosspark** (p. 170-171) tout en se produisant de mi-juillet à mi-août au Schönbrunner Schlosstheater (p. 63) dans le cadre du festival **Soirée bei Prinz Orlofsky.** Autre festival d'été, le **Seefestspiele Mörbisch** (p. 63) donne chaque week-end le lac de Neusiedl comme décor à des opérettes.

CONCERTS CLASSIQUES

La **Konzerthaus** et le **Musikverein** (p. 144), où la Brahmsaal vient d'être restaurée, sont les deux grands temples viennois de la musique classique mais des concerts ont aussi lieu à la Stadthalle (p. 229), dans de nombreux palais historiques et dans des lieux tels que Nussdorf (p. 183) où naquit Schubert.

Pour avoir une chance d'assister au concert du Nouvel An (p. 65) donné au Musikverein, il faut avoir commandé par écrit (par télégramme depuis l'étranger) son billet au **Wiener Philharmoniker** le 2 janvier (ni avant ni après) précédent.

D'octobre à mai, les mardis, jeudis et samedis, des vedettes du Volksoper viennent prêter leur talent à des valses et des airs d'opérettes interprétés au Musikverein, à la Konzerthaus et à la Neue Burg (p. 95). Cette dernière salle met également à l'honneur Mozart et Strauss les mercredis. Les billets étant vendus à un tarif unique, mieux vaut se présenter tôt pour choisir sa place. De grands festivals, tels les Wiener Festwochen au printemps (p. 62) et le Wiener Klassik en juillet (p. 63), offrent l'occasion d'assister à des productions prestigieuses.

MUSIQUE SACRÉE

Tous les quotidiens donnent le programme des concerts qui se tiennent dans des églises. Surveillez en particulier les messes dominicales de l'Augustinerkirche (p. 102), de la Minoritenkirche (p. 103), de la Karlskirche (p. 146), du Stephansdom (p. 76) et de la Michaelerkirche (p. 92), mais, en été, de nombreux récitals d'orgue ont lieu dans d'autres sanctuaires.

Les Petits Chanteurs de Vienne, ou Wiener Sängerknaben (p. 39), chantent la messe à la Burgkapelle (p. 103) à 9 h 15 tous les dimanches et jours de fêtes religieuses sauf de juillet à mi-septembre (billets en vente le vendredi précédent). Ils se produisent également à la **Konzerthaus** tous les vendredis à 15 h 30 pendant les mois de mai, juin, septembre et octobre. On peut se procurer les billets auprès du **Reisebüro Mondial.** Le prix des places varie entre 60 et 280 öS.

LES CAFÉS-CONCERTS

Un panneau à l'extérieur du **Konzert-Café Schmid Hansl** annonce « la maison du Lied viennois ». Hansl Schmid, le fondateur de ce petit café où l'on peut manger chaud jusqu'à la fermeture, était un excellent chanteur et des artistes renommés venaient parfois donner un récital ou se produire en duo avec lui. L'actuel propriétaire, son fils, ancien petit chanteur de Vienne, entretient la tradition et il n'est pas rare qu'une vedette de l'opéra vienne se produire à l'impromptu.

Autre endroit très apprécié pour écouter des chansons, anciennes et modernes, et des extraits des dernières comédies musicales : le **Kursalon Hübner** dont la terrasse domine le Stadtpark. Le soir et par mauvais temps, le concert a lieu à l'intérieur et se complète parfois d'un spectacle de danse.

ROCK, VARIÉTÉS ET JAZZ

Même si la scène musicale change souvent à Vienne, on danse toujours au son des années 60 et 70 à l'**Atrium**, la plus ancienne discothèque de la ville. Le **L A Disc-Club**, qui comprend un café et un bar à Sekt (mousseux), réserve les mardis et les jeudis au karaoké, et le **U4** change tous les jours de style de musique (de la techno au psychédélique) et organise une soirée gay le jeudi. Bien qu'appartenant au même propriétaire, le **Queen Anne** est plus calme que le **Brahms und Liszt** qui accueille régulièrement des concerts, à l'instar du **Roter Engel** (tous les soirs), du **Café Szene,** du **Chelsea** (le dimanche) ou du **Jazzland** (quatre à cinq soirs par semaine). Les amateurs de jazz apprécieront également les manifestations, certaines en plein air, du Jazzfest *(p. 63)* qui se tient en juillet.

On peut entendre les tendances musicales les plus récentes aux cinq bars du **Disco P1.** Le **Nachtwerk** donne un spectacle à minuit et le **Move** accorde l'entrée gratuite aux étudiants les lundis et mercredis. Avec plusieurs pistes de danse, le **Tanzcafé Volksgarten** attire beaucoup de monde, tout comme le **Scotch Club** et le **Take Five.**

CARNET D'ADRESSES

OPÉRA ET OPÉRETTES

Bundestheater-kassen
Bureau central des réservations. Hanuschgasse 3, A-1010. **Plan** 5C4.
Réservations : (5131513.
◯ *de 8 h à 18 h du lun. au ven., de 9 h à 12 h les sam., dim. et jours fériés.*

Raimund Theater
Wallgasse 18, A-1060.
(5997727.

Reisebüro Mondial
Faulmanngasse 4.
Plan 4 D2.
(58804141.

Schönbrunner Schlosspark
Schönbrunner Schloss Strasse, A-1130.
(811131238.

Seefestspiele Mörbisch
Mörbisch am Neusiedlersee, Burgenland. (0268 82320 (juil. et août).

Soirée bei Prinz Orlofsky
Schönbrunner Schloss-theater, Schönbrunn.
(5136072.

Wiener Kammeroper
Fleischmarkt 24, A-1010. **Plan** 2 E5 et 6 D2.
(5130851.

Wiener Volksoper
Währinger Strasse 78, A-1090. **Plan** 1 B2.
(514443318.

CONCERTS CLASSIQUES

Musikverein
Bösendorferstrasse 12.
Plan 4 E2 et 6 D5.
(5058190.

Wiener Hofburg-Örchester
Margaretenstrasse 3.
Plan 4 D2. (5872552.

Wiener Philharmoniker
Bösendorferstrasse 12, A-1010.
Plan 4 E2 et 6 D5.
(50565250.

MUSIQUE SACRÉE

Konzerthaus
Lothringerstrasse 20, A-1030.
Plan 4 E2 et 6 E5.
(7121211.

Raimund Theater
Voir Opéra et opérette.

CAFÉS-CONCERTS

Konzert-Café Schmid Hansl
Schulgasse 31. **Plan** 1 A2.
(4063658. ◯ *de 9 h à 16 h du mar. au sam.*

Kursalon Hübner
Johannesgasse 33, A-1010. **Plan** 4 F2 et 6 E5.
(7132181.
◯ *d'avr. à oct. : de 16 h à 18 h, de 20 h à 23 h t.l.j.*

ROCK, VARIÉTÉS ET JAZZ

Atrium
Schwartzenbergplatz 10.
Plan 4 E2.
(5053594.

Brahms un Liszt
Johannesgasse 12.
Plan 4 E1 et 6 D4.
(5122784.

Café Szene
Hauffgasse 26.
(743341.

Chelsea
Piaristengasse 1. **Plan** 1 B5.
(4079309.

Disco P1
Rotgasse 9. **Plan** 2 E5.
(5359995.

Jazzland
Franz-Josefs-Kai 29.
Plan 2 E5 et 6 E2.
(5332575.

L A Disc-Club
Himmelpfortgasse 21.
Plan 4 E1 et 6 D2.
(5138302.

Move
Daungasse 1. **Plan** 1 A4.
(433278.

Nachtwerk
Dr-Gonda-Gasse 9.
(6168880.

Queen Anne
Johannesgasse 12.
Plan 4 E1 et 6 D4.
(5120203.

Roter Engel
Rabensteig 5.
Plan 2 E5 et 6 D2.
(5354105.

Scotch Club
Parkring 10.
Plan 4 E1 et 6 E4.
(5129417.

Take Five
Annagasse 3a.
Plan 4 D1 et 6 D4.
(5129277.

Tanzcafé Volksgarten
Burgring/Heldenplatz.
Plan 3 C1 et 5 B4.
(5330518.

U4
Schönbrunner Strasse 222.
Plan 3 A4.
(8158307.

Le théâtre et le cinéma

Les amateurs d'art dramatique germanophones pourront apprécier à Vienne aussi bien des œuvres du répertoire classique que des pièces d'avant-garde. Pour les autres, les troupes françaises en tournée se produisent au Studio Molière de l'Institut culturel, et l'English Theatre programme des pièces en anglais. Certains théâtres, tels le Theater in der Josefstadt *(p. 116)* ou le Ronacher récemment restauré, méritent presque une visite rien que pour leur architecture. Quelques cinémas projettent des films en version originale. *Le Troisième Homme* (Vienne occupée) passe quasiment en permanence.

Le **Kabarett und Komödie am Naschmarkt** et le **Kabarett Simpl** récemment réouvert font partie des plus réputés.

L'**English Theatre,** en anglais, et le **Studio Molière,** en français, n'ont pas de programmation régulière mais les compagnies qu'ils accueillent sont parfois de renom international. Récemment restauré, le **Ronacher,** l'une des plus belles salles de Vienne, est redevenu un théâtre de variétés comme à la grande époque du music-hall où Joséphine Baker s'y produisait. Après la Seconde Guerre mondiale, il avait remplacé le Burgtheater endommagé.

LES THÉÂTRES

Théâtre national, le Burgtheater *(p. 130)* est le plus important des théâtres viennois et même si on comprend peu l'allemand, ses mises en scène de pièces classiques ou modernes restent des spectacles de choix. Une deuxième salle, l'**Akademietheater,** propose une programmation tout aussi éclectique.

Quand les lumières s'éteignent au Josefstadt Theater *(p. 116),* les lustres en cristal paraissent prêts à se mettre à dériver au gré d'un souffle d'air. Outre d'excellentes productions d'œuvres autrichiennes et étrangères, ce théâtre propose de temps à autre des comédies

musicales. Une salle plus petite, la **Kammerspiele,** présente des créations de moindre envergure, souvent des satires. Fondé à l'origine pour permettre au peuple de se distraire des comédies légères interdites de cité au Burgtheater, le **Volkstheater** a aujourd'hui une programmation plus sérieuse, riche notamment en pièces contemporaines et d'avant-garde.

Vienne renferme également beaucoup de petites salles indépendantes où passent en particulier des spectacles de *Kabarett.* Il ne s'agit toutefois pas de cabaret dans le sens où nous l'entendons mais de divertissements satiriques qui exigent une bonne connaissance de la langue allemande pour être appréciés.

LES CINÉMAS

Le **De France,** le **Burg Kino** et le **Top Kino** projettent les derniers films étrangers, y compris français, en version originale, tandis que l'**Apollo Center** s'enorgueillit de posséder le plus grand écran d'Autriche. Pour voir des classiques, anciens ou actuels, ou un cinéma plus inhabituel, essayez l'**Österreichisches Filmmuseum,** le **Star Kino,** le **Filmhaus Stöbergasse,** le **Filmcasino** et le **Votiv-Kino** (qui organise une projection au petit déjeuner le dimanche).

CARNET D'ADRESSES

THÉÂTRES

Akademie-theater
Lisztstrasse 1, A-1010.
Plan 4 E2.
Réservations :
Hanuschgasse 3.
Plan 5 C4.
☎ 514440.

English Theatre
Josefsgasse 12,
A-1080.
Plan 1 B5.
☎ 4021260.

Studio Molière
Liechtensteinstrasse 37.
Plan 1 B1 et 5 B1.
☎ 319650305.

Kabarett und Komödie am Naschmarkt
Linke Wienzeile 4,
A-1060.
Plan 4 D2.
☎ 5872275.

Kabarett Simpl
Wollzeile 36,
A-1010.
Plan 2 E5 et 6 E3.
☎ 5124742.

Kammerspiele
Rotenturmstrasse 20,
A-1010.
Plan 2 E5 et 6 E2
☎ 5332833.

Ronacher
Seilerstätte 9,
A-1010.
Plan 4 E1 et 6 D4.
☎ 514102.

Volkstheater
Neustiftgasse 1, A-1070.
Plan 3 B1. ☎ 932776.

CINÉMAS

Apollo Center
Gumpendorfer Strasse 63.
Plan 3 A4 et 5 B5.
☎ 5879652.

Burg Kino
Opernring 19.
Plan 4 D1 et 5 B5.
☎ 5878406.

De France
Schottenring 5.
Plan 2 D4 et 5 B1.
☎ 345236.

Filmcasino
Margaretenstrasse 78.
Plan 3 C3. ☎ 5879062.

Filmhaus Stöbergasse
Stöbergasse 11–15.
Plan 3 B5.
☎ 466630.

Österreichisches Filmmuseum
Augustinerstrasse 1.
Plan 4 D1 et 5 C4.
☎ 5337054.

Star Kino
Burggasse 71. **Plan** 3 A1.
☎ 5234683.

Top Kino Center
Rahlgasse 1.
Plan 3 C2 et 5 A5.
☎ 5875557.

Votiv-Kino
Währinger Strasse 12.
Plan 1 C4 ☎ 343571.

Le sport et la danse

Un séjour à Vienne offre une excellente occasion d'apprendre la valse et la ville compte de nombreuses écoles où acquérir la maîtrise qui vous permettra de vous lancer dans le tourbillon des grands bals organisés pendant la saison du carnaval *(p. 65)*. Celle-ci est également la plus propice au patinage sur glace. Si vous préférez les courses hippiques, le Prater abrite deux hippodromes. Le plus grand stade de football de la capitale s'y trouve également. Bien équipée, la **Stadthalle** accueille les rencontres de sports d'intérieur comme la boxe et comprend un bowling, une patinoire et une piscine.

PATINAGE

Les Viennois adorent patiner et l'Eislaufanlage Engelmann et la Wiener Eislaufverein *(p. 232)*, deux patinoires à ciel ouvert, connaissent une grande popularité.

NATATION

Il fait en général chaud à Vienne en été et la ville compte plusieurs piscines en plein air, notamment la **Schönbrunner Bad** dans le parc de Schönbrunn *(p. 170-171)*. La **Krapfenwaldbad** commande une vue superbe sur la cité et la **Schafbergbad** organise des séances de gymnastique aquatique les mardis et jeudis. Les enfants apprécieront. On peut les laisser sous la surveillance d'animateurs au Kinderfreibad Augarten *(p. 232)*. Pour

prendre des bains d'eau sulfureuse, la **Thermalbad Oberlaa** propose un bassin couvert et trois bassins en extérieur.

Les plages de l'Alte Donau ont été aménagées et vous pourrez louer cabines et bateaux à la **Strandbad Gänsehäufel** ou à la **Strandbad Alte Donau.** Sur la **Donauinsel**, desservie les week-ends par un bus de nuit, les baigneurs disposent en outre de barbecues et du plus grand toboggan du monde.

FOOTBALL

Pour satisfaire ses habitants, grands amateurs de ballon rond, la ville compte deux stades couverts : l'**Ernst Happl Stadion** (48 000 places) au Prater et le **Hanappi Stadion** (20 000 places) à Hütteldorf.

Parmi les nombreux aménagements sportifs du Prater *(p. 160-161)* figurent deux champs de courses, le **Freudenau** et le **Krieau.**

DANSE ET ÉCOLES DE DANSE

Comme au temps de l'impératrice Élisabeth, la saison du carnaval *(p. 65)* donne toujours lieu à Vienne à de grands bals. Si le plus prestigieux demeure celui de l'Opéra *(p. 139)* qu'ouvre une représentation du corps de ballet (pas besoin d'invitation, il suffit d'acheter un billet), beaucoup d'autres sont aussi très populaires, notamment celui donné à la Neue Burg pour le Nouvel An *(p. 65 et 95)* et ceux organisés au Neues Rathaus *(p. 128)* ou au Musikverein *(p. 227)*. L'office du tourisme de Vienne, le Wiener Fremdenverkehrsamt *(p. 237)*, en publie le calendrier. Si avant de vous élancer vous éprouvez le besoin de prendre quelques leçons de valse, il existe de nombreuses écoles auxquelles vous pouvez vous adresser. **Elmayer-Vestenbrugg** enseigne également l'étiquette. Un festival de danse *(p. 63)* a lieu en juillet et en août.

CARNET D'ADRESSES

OMNISPORTS

Stadthalle
Vogelweidplatz. 14. *Piscine*
℡ 981000. ◷ de 8 h à 21 h 30 les lun. mer. et ven., de 6 h 30 à 21 h 30 les mar. et jeu., de 7 h à 18 h les dim. et jours fériés.

NATATION

Donauinsel
U1 arrêt Donauinsel

Krapfenwaldbad
Krapfenwaldgasse 65-73
℡ 321501. ◷ de mai à

sept. : de 9 h à 20 h lun. au ven. et de 8 h à 20 h les sam. et dim.

Schafbergbad
Josef-Redl-Gasse 2.
℡ 4791593.

Schönbrunner Bad
Schlosspark Schönbrunn.
℡ 8150132.

Strandbad Alte Donau
Strandbad Alte Donau 22, Arbeiterstrandbadstrasse 91.
℡ 235364.

Strandbad Gänsehäufel
Moissigasse 21.
℡ 2035392.

Thermalbad Oberlaa
Kurbadstrasse 14.
℡ 681611252.
◷ de 8 h 45 à 22 h du mar. au ven., de 8 h 45 à 21 h les lun. et sam., de 7 h 45 à 22 h le dim.

FOOTBALL

Ernst Happl Stadion
Meiereistrasse 7.
℡ 72808540.

Hanappi Stadion
Kaisslergasse 6.
℡ 91434900.

HIPPISME

Freudenau Prater : flat racing
Freudenau 65.
℡ 72895350.
(p. 62 et 161).

Krieau Prater : trot
Nordportalstrasse 247.
℡ 7296910
(renseignements). (p. 64 et 160).

DANSE ET ÉCOLE DE DANSE

Elmayer-Vestenbrugg
Bräunerstrasse 13.
Plan 5 C4. ℡ 5127197
(de 15 h à 20 h).

La Vienne des enfants

Les Viennois ont longtemps eu la réputation de préférer les chiens aux enfants mais le baby boom des années soixante a grandement modifié leur comportement. Quelques restaurants servent ainsi des portions enfant et certains parmi les plus chers proposent un menu à moitié prix pour le déjeuner du dimanche. Le cadre le plus familial pour un repas reste cependant l'*Heuriger*, d'autant plus qu'on peut s'installer au jardin en été. La ville compte en outre de nombreux terrains de jeu et quelques musées distrayants. Les parents trouveront en périphérie de grands parcs, un zoo, des piscines et des patinoires. Les marchés de Noël sont féeriques.

Les enfants paient demi-tarif dans les trams

CONSEILS PRATIQUES

Les voitures roulent parfois vite à Vienne et les conducteurs ne s'arrêtent pas systématiquement aux passages protégés. Mieux vaut donc traverser aux feux… et ne jamais oublier de surveiller les pistes cyclables.

Si pendant les vacances d'été (de fin juin à fin août), toutes les personnes de moins de 18 ans dotées d'une pièce d'identité prennent gratuitement les transports en commun, ce privilège n'est accordé qu'aux moins de 6 ans le reste du temps. De 6 à 14 ans, les enfants paient demi-tarif. Pensez à garder de la petite monnaie pour les toilettes publiques, généralement propres.

VISITER AVEC DES ENFANTS

Dans les musées, ne laissez pas vos enfants s'approcher trop près des pièces exposées sous peine de mettre en émoi le personnel de surveillance. Maints panneaux *Bitte nicht betreten* (pelouse interdite) rappellent dans les parcs que l'herbe y est destinée à la décoration et non à la course à pied ou aux galipettes. Les terrains de jeu sont plutôt bien équipés mais celui de la Karlsplatz pourrait être mieux entretenu.

LES BOUTIQUES POUR ENFANTS

Quelques enfants sont habillés encore en Autriche avec des tenues traditionnelles que vous pourrez acheter à **Lanz Trachtenmodem,** notamment, pour les garçons, le short de cuir *(Lederhosen),* et pour les filles, la jupe *(Dirndl)* qui se porte avec un corsage blanc lacé et un tablier. Le magasin propose aussi toutes sortes de tricots multicolores et des chaussons brodés tyroliens.

Pour des tenues plus modernes, **Dohnal** habille la jeune génération jusqu'à l'âge de 16 ans de vêtements fabriqués en Autriche tandis que les succursales de grandes chaînes internationales comme **O12 Benetton** et **Jacadi** proposent une gamme pour enfants de bonne qualité.

Haas & Haas vend des jouets en bois et des marionnettes, et

Visite de la Josefsplatz à la Hofburg

le décor de serre de son salon de thé en fait un endroit idéal pour un déjeuner ou un goûter en famille *(p. 207).* Le **Wiener Spielzeugschachtel** vend également des jouets en bois, mais aussi des livres. Le plus beau (et le plus cher) magasin

Déguisé pour la Maxim Kinderfest pendant le Fasching *(p. 65)*

de jouets demeure cependant **Kober,** sur le Graben.

O12 Benetton
Goldschmiedgasse 9. **Plan** 5 C3.
[5339005. *Plusieurs succursales.*

Dohnal
Kärntner Strasse 12. **Plan** 4 D1 et 6 D4.
[5128275. *Plusieurs succursales.*

Haas & Haas
Teehandlung, Stephansplatz 4.
Plan 2 E3 et 6 D3. [51272470.

Jacadi
Trattnerhof 2. **Plan** 5 C3.[5331037.

Kober
Graben 14–15. **Plan** 2 D5 et 5C3.
[5336019.

Lanz Trachtenmoden
Kärntner Strasse 10. **Plan** 4 D1 et 6 D4. [5122456.
Wiener Spielzeugschachtel

Le Vienna Marriott propose aux familles un tarif spécial le dimanche midi

Rauhensteingasse 5. **Plan** 6 D4.
📞 5124494.

MANGER AU RESTAURANT

Pour manger dehors avec de jeunes enfants, la plupart des Viennois vont au **McDonald's** ou dans des pizzerias comme **Pizza Paradies**. Ce dernier établissement célèbre les anniversaires avec une énorme crème glacée. Spécialisés dans le poulet frit, les restaurants de la chaîne **Wienerwald** proposent un menu enfant. Certains, comme celui de la Freyung, possèdent un jardin. Adapté lui aussi à une jeune clientèle, **Lustig Essen** reste ouvert jusqu'à 23 h 30.

Quelques restaurants de grands hôtels pratiquent des tarifs familiaux le dimanche midi. Le plus intéressant est sans doute celui du Marriott *(p. 207)*, les enfants de moins de 6 ans y mangent gratuitement, et ceux de moins de 12 à moitié prix. En outre, une salle de jeu surveillée permet aux parents de prendre

leur temps à table. Une offre similaire existe au **SAS Palais Hotel.**

Moment de moindre affluence, l'ouverture constitue le meilleur moment pour se rendre en famille dans un *Heuriger.* Zimmermann *(p. 217)* a un petit zoo où l'on peut caresser les animaux.

Lustig Essen
Salvatorgasse 4. **Plan** 2 E5 et 6 D2.
📞 5333037.
McDonald's

Singerstrasse 4. **Plan** 4 E1 et 6 D3.
📞 5139279. *Plusieurs succursales.*

Pizza Paradies
Mariahilfer Strasse 85. **Plan** 3 A2.
📞 5876306.

SAS Palais Hotel
Parkring 6. **Plan** 4 E1.
📞 515170.

Wienerwald
Annagasse 3. **Plan** 4 D1 et 6 D4.
📞 5123766.
Freyung 5, Schottenkeller.
Plan 2 D5 et 5 B2. 📞 5331420.
Plusieurs autres succursales.

GARDE D'ENFANTS

Les portiers de la plupart des hôtels vous trouveront une baby-sitter mais vous pouvez aussi contacter directement l'**Akademischer Gästedienst.** À partir de 23 h, vous devrez payer leur trajet en taxi. Association sans but lucratif, **Babysitter-Zentrale** est aussi fiable et moins chère. De faibles frais de transport s'ajoutent au tarif horaire. Ces deux agences imposent un forfait minimal de trois heures qui reste exigible si vous annulez à la dernière minute. Mieux vaut réserver le plus tôt possible et en tout cas avant le vendredi après-midi pour le week-end. Il vous faudra peut-être laisser un message sur un répondeur.

Akademischer Gästedienst
📞 5873525.

Babysitter-Zentrale
📞 5233924. *(Parle anglais.)*

Famille à vélo, un spectacle courant au Prater

Elephant au Tiergarten Schönbrunn *(p. 170-171)*

ZOOS, PARCS ET RÉSERVES NATURELLES

Le parc de Schönbrunn *(p. 170-171)* abrite le zoo de Vienne et les parents admireront le cadre baroque où vivent les animaux. Les jardins du château comprennent de surcroît une serre à papillons et des aires de jeu.

Dans la forêt viennoise, l'ancienne chasse impériale du Lainzer Tiergarten *(p. 169)* est devenue une réserve naturelle et les enfants peuvent y voir daims, sangliers et chevaux. Vous trouverez un café et une exposition sur la nature à la villa Hermès.

À Gänserndorf, les visiteurs du **Safari und Abenteuerpark** donnent à manger aux éléphants et aux girafes par les vitres de leur voiture. Dans d'autres parties du parc, les enfants peuvent caresser les animaux et assister à un numéro de dressage d'otaries.

Safari und Abenteuerpark
Siebenbrunnerstrasse Gänserndorf.
📞 02282 702610. **Safaripark**
🕐 de fin mars à fin oct. : de 9 h à 16 h
du lun. au ven., de 9 h à 16 h 30 sam.
et dim. **Abenteuerpark** 🕐 fin mars à
fin oct. : de 9 h 30 à 18 h 30 t.l.j.

FÊTES FORAINES

Cadre traditionnel de sorties en famille, le Prater offre aux enfants, outre la fête foraine du Volksprater *(p. 160-161)*, un vaste espace où se dépenser et trouver bacs à sable, aires de jeu, étangs et ruisseaux. Monter sur la grande roue est encore plus magique la nuit.

Plus petite, la fête foraine du **Böhmische Prater** jouit du cadre champêtre de la Laaerwald.

Böhmische Prater
Laaerwald, Favoriten. 📞 6898193.

SPORTS

Les enfants de moins de 6 ans ne payent pas l'entrée des piscines viennoises telles que la Krapfenwaldbad *(p. 229)*. Le **Kinderfreibad Augarten** est quant à lui d'accès gratuit jusqu'à 15 ans.

En été, la Donau Insel offre 40 km de plage où se baigner et, en hiver, les sources chaudes de la Thermalbad Oberlaa *(p. 229)* donnent l'occasion de vivre une expérience amusante.

D'octobre à mars, après avoir bien patiné à la **Wiener Eislaufverein** ou à l'**Eislaufanlage Engelmann**, rien ne vaut un chocolat chaud dans un établissement de la Ringstrasse comme le Café Prückel *(p. 58-61)* ou le Café Schwarzenberg *(p. 60-61)*.

PATINAGE

Eislaufanlage Engelmann
Syringgasse 6–8. 📞 4051425. 🕐 de
la 3e semaine d'oct. à la 1re semaine
de mars : de 9 h à 18 h le lun., de 9 h
à 21 h 30 les mar., jeu. et ven., de 9 h
à 19 h les mer., sam. et dim.

Wiener Eislaufverein
Lothringerstrasse 28. **Plan** 4 E2.
📞 71363530. 🕐 d'oct. à mars : de
9 h à 21 h les mar., jeu. et ven., de 9 h
à 20 h du sam. au lun., de 9 h à 22 h
le mer.

Patinage à la Wiener Eislaufverein

NATATION

Kinderfreibad Augarten
Entrée Karl-Meissl-Gasse, Augarten
Park.
Plan 2 E1. 📞 3324258.
🕐 de 10 h à 18 h du lun. au ven.

La grande roue, célèbre attraction du Volksprater *(p. 160-161)*

SE DISTRAIRE

Même sans comprendre l'allemand, les spectacles de marionnettes du **Märchenbühne der Apfelbaum** ou du Lilarum transportent en musique et en chansons jusqu'au monde magique des fées et des lutins.

Six fois par an, le samedi ou le dimanche après-midi, la **Wiener Konzerthaus** donne des concerts *Für Kinder und Kenner* (pour les enfants et les connaisseurs). En novembre et en décembre, l'Opéra *(p. 138-139)* et le Wiener Volksoper *(p. 227)* programment des créations spécifiquement destinées à un jeune public *(Kinderzyklus)*, notamment *La Flûte enchantée* de Mozart et *Hansel et Gretel* d'Engelbert Humperdink. En janvier, pendant le Fasching *(p. 65)*, la Maxim Kinderfest est une grande fête déguisée.

Plusieurs cinémas, en ville, projettent des films étrangers en version originale. Pour plus de renseignements sur les programmes, voir *Se distraire à Vienne p. 224-229*.

Lilarum
Philipsgasse 8. ☎ 8942103.

Märchenbühne der Apfelbaum
Burggasse 28-32.
Plan 3 B5.
☎ 5231729.

Wiener Konzerthaus
Lothringerstrasse 20.
Plan 4 E2 et 6 E5.
☎ 7121211.

ACTIVITÉS PARTICULIÈRES ET ATELIERS

Le Rathaus *(p. 128)* organise une fois par mois des activités pour enfants (se renseigner sur place) et propose à partir de la mi-novembre, pendant le marché de Noël *(p. 222-223)*, des ateliers, notamment de pâtisserie, ouverts de 9 h à 18 h (19 h les week-ends) dans la Volkshalle. Au marché, les parents peuvent en outre offrir à leurs enfants un tour dans le petit train ou une promenade en poney.

Stand du marché de Noël du Rathaus *(p. 128)*

MUSÉES

Beaucoup d'enfants sont sensibles au charme suranné des musées de Vienne mais les jeunes visiteurs du musée d'Histoire naturelle *(p. 126-127)* y apprécient surtout les reconstitutions de squelettes de dinosaures. Autres monstres, mais bien vivants ceux-ci, les crocodiles, piranhas et requins de l'**Haus des Meeres** (l'aquarium de Vienne) qui présente, dans une tour de défense antiaérienne de la Seconde Guerre mondiale, plus de 3 000 créatures aquatiques. Leur repas a lieu à 15 h. Le Landesmuseum *(p. 94)* propose une belle exposition sur la faune autrichienne.

Attacus atlas au musée d'Histoire naturelle *(p. 126-127)*

Plus exotiques, les collections du Musée ethnographique *(p. 95)* comprennent des trésors aztèques, et la **Kunsthaus Wien** dessinée par Friedensreich Hundertwasser a un sol qui ondule. Les enfants de moins de 13 ans entrent gratuitement dans cette petite galerie privée.

Le **Wiener Strassenbahn-museum** (musée du Tramway) possède le plus riche ensemble de vieux tramways et bus du monde. Les bureaux de renseignements de la Karlsplatz et de la Westbahnhof *(p. 237)* vous donneront les horaires des visites guidées et des promenades dans un tramway

des années vingt. Ne manquez pas non plus le petit musée des Poupées et des Jouets *(p. 86)* et le **Zirkus und Clownmuseum.**

Maison de poupées au musée des Poupées et des Jouets *(p. 86)*

Haus des Meeres
Esterházypark. **Plan** 3 B2.
☎ 5871417. ⏰ de 9 h à 18 h t.l.j.

Kunsthaus Wien
Untere Weissgerberstrasse 13.
☎ 7120491. ⏰ de 10 h à 19 h t.l.j.

Wiener Strassenbahn-museum
Erdbergstrasse 109. ☎ 7909 44903.
⏰ du 7 mai à oct. : de 7 h 30 à 15 h 30 les sam., dim. et jours fériés.

Zirkus und Clownmuseum
Karmelitergasse 9. **Plan** 2 E4 et 6 E1. ☎ 921106-02127. ⏰ de 17 h 30 à 19 h le mer., de 14 h 30 à 17 h le sam., de 10 h à 12 h le dim.

Parure de plumes de Montezuma au Musée ethnographique *(p. 95)*

RENSEIGNEMENTS PRATIQUES

VIENNE MODE D'EMPLOI

Malgré la neige et le verglas qui apparaissent à partir de novembre, marcher à pied reste le meilleur moyen de se déplacer dans le centre de Vienne. Si vous prenez les transports publics, veillez à vous munir du ticket ou de l'abonnement approprié *(voir* Aller à Vienne *p. 248-251,* Circuler à Vienne *p. 252-257, et le plan de la dernière page).* Les personnes âgées et les étudiants bénéficient d'une réduction. Il en va de même dans les musées. Ceux-ci connaissent régulièrement des réaménagements, mieux vaut téléphoner pour éviter de trouver porte close. Les magasins ferment le samedi après-midi (sauf le premier samedi du mois) et le dimanche, les banques tout le week-end. La liste des ambassades des principaux pays francophones figure en page 239.

Logo d'information touristique

Locations de billets de théâtre

INFORMATION TOURISTIQUE

Avant de partir, n'hésitez pas à entrer en contact avec l'Office du tourisme autrichien de votre pays, il pourra vous fournir cartes, plans et brochures d'information. L'**Österreich Werbung** possède également un bureau à Vienne où ces documents sont disponibles et qui vous aidera, entre autres, à organiser une excursion hors de la ville *(p. 174-175).* Pour tout ce qui concerne la cité proprement dite, vous pouvez aussi vous adresser au **Wiener Fremdenverkehrsamt** (Office du tourisme de Vienne).

D'autres centres d'information touristique, installés à l'aéroport de Schwechat, aux sorties d'autoroutes *(voir Carnet d'adresses)* et dans les gares **Westbahnhof** et **Südbahnhof,** permettent d'effectuer des réservations hôtelières. Tous distribuent également des plans gratuits de la ville qui situent les principaux monuments et donnent le plan du métro et des trains de banlieue *(voir aussi le plan des transports en dernière page).* Parmi les autres endroits où obtenir des renseignements figurent les bureaux d'Austrian Airlines *(p. 247).*

Les jeunes en quête d'une chambre en auberge de jeunesse ou de billets pour un concert de rock trouveront des interlocuteurs polyglottes et des brochures en français, anglais, allemand, italien et hongrois au **Jugendinformation Wien.**

CONSEILS DE VISITE

Vienne compte environ 70 musées dont le prix d'entrée varie de 20 à 110 öS. Les grandes expositions temporaires donnent lieu à un supplément mais les enfants paient, à peu de chose près, demi-tarif et les personnes âgées et les étudiants bénéficient de réductions. En revanche, il n'existe pas d'abonnement hebdomadaire ou mensuel, juste un abonnement à l'année qui coûte 500 öS. Pour éviter la foule, mieux vaut planifier ses visites en semaine. Beaucoup de musées ferment le lundi mais il est préférable de vérifier les horaires d'ouverture dans ce guide ou dans la brochure, mise à jour chaque année, disponible gratuitement auprès des offices du tourisme. Si un doute subsiste, n'hésitez pas à téléphoner.

Pour réserver une place à l'Opéra, au Burgtheater, à l'Akademietheater et au Volksoper, le meilleur moyen consiste à passer par le Bundestheaterkassen *(p. 227).* Les billets pour les Petits Chanteurs de Vienne se prennent (de quatre à huit semaines à l'avance) directement à la Burgkapelle *(p. 103)* ou auprès de Reisebüro Mondial *(p. 227).* Il existe beaucoup d'autres agences de location mais les commissions qu'elles prélèvent sont parfois très élevées.

Bus utilisé par une grande compagnie de visites guidées

VISITES GUIDÉES ET EXCURSIONS

L e tramway offre le moyen le moins coûteux de découvrir la Ringstrasse et présente en outre l'avantage de permettre de s'arrêter à sa guise. Parmi les organisateurs de visites guidées en autocar figurent **Vienna Sightseeing** et **Cityrama**.

La compagnie de navigation **DDSG Shipping Co** offre un vaste choix de croisières sur le Danube et son canal, entre autres jusqu'aux écluses d'Otto Wagner à Nussdorf ou jusqu'à la centrale de chauffage de Spittelau décorée par Friedensreich Hundertwasser.

Il existe en été plus de 50 visites à pied guidées en anglais, français ou italien, et, de mai à septembre, les adeptes peuvent profiter des circuits proposés par **Vienna Bike** ou **Pedal Power**

Une visite guidée dans le quartier de la Hofburg *(p. 96-101)*

(promenades de 3 à 4 h) ou la société de location de vélos **Radverleih Salztorbrücke**, sous le pont Salztor. La promenade sur le canal, qui dure 2 h, débute à 16 h.

Un tramway d'époque effectue un parcours à travers la ville, organisé par **Oldtimer Tram**, comprenant la découverte du musée du Tramway. Départ devant les pavillons d'Otto Wagner de la Karlsplatz et renseignements et billets auprès des *Verkehrsbetriebe* de la place.

LES USAGES

L a galanterie reste d'usage à Vienne et, parfois, le baisemain. Titres et statuts gardent également de l'importance et vous aurez peut-être la surprise de voir une *Frau Doktor* (souvent juste l'épouse d'un diplômé) servie en premier dans une boutique. N'oubliez pas d'appeler le serveur *Herr Ober*, et lors d'un repas avec des Autrichiens, attendez que tous lèvent leur verre pour un *Prost* avant d'entamer votre vin.

LES AMÉNAGEMENTS POUR HANDICAPÉS

Le chapitre *Vienne quartier par quartier* de ce guide indique pour chaque monument s'il est accessible en fauteuil roulant mais mieux vaut vérifier par téléphone que les installations répondent à vos besoins. Cet appel vous permettra également de demander, en particulier dans les musées, une assistance à votre arrivée. Aucun aménagement n'existe dans les bus et les trams pour en faciliter l'accès en fauteuil roulant et l'équipement des stations de métro varie grandement. Vous pouvez demander un élévateur dans les gares. Pour plus de renseignements, consultez la brochure *Wien für Gäste mit Handicaps* (Vienne pour les visiteurs handicapés) diffusée par les offices du tourisme. Une agence de voyages spécialisée dans les séjours pour handicapés, **Egnatia Tours,** vous aidera à trouver un hébergement adapté.

LES ÉTUDIANTS

Une carte d'étudiant internationale donne droit à des réductions sur les billets de train, les transports urbains, certains vols, les manifestations sportives et l'entrée des musées. Il vous faudra en outre votre carte universitaire pour profiter des places debout (ou des réservations libérées) vendues à prix cassés par la plupart des grands théâtres juste avant la représentation. Pour les spectacles les plus populaires, il faut toutefois faire souvent plusieurs

Bureau d'information pour les jeunes et les étudiants

heures de file d'attente.

Tous les offices du tourisme vous fourniront des renseignements sur les pensions et les hôtels les moins chers de la ville ainsi que la liste des auberges de jeunesse, les *Jugendherbergen* (p. 193).

L'HEURE VIENNOISE

À l'instar de Paris ou Bruxelles, Vienne a une heure d'avance sur l'heure GMT. De la fin mars à la fin septembre, période où l'heure d'été est appliquée, cette avance passe, comme en France, à deux heures.

HEURES D'OUVERTURE

Vous trouverez dans le chapitre *Vienne quartier par quartier* de ce guide les horaires d'ouverture de chaque monument. Les bureaux et les administrations travaillent en général de 8 h à 16 h mais s'arrêtent souvent plus tôt le vendredi après-midi.

En dehors de ceux du centre qui restent en majorité ouverts à midi, la plupart des magasins ouvrent en semaine de 8 h 30 à 18 h avec une interruption d'une ou deux heures pour le déjeuner. Ils ferment à 13 h le samedi – sauf le premier du mois où on peut faire des achats jusqu'à 17 h – et n'ouvrent ni le dimanche ni les jours fériés.

LES TOILETTES PUBLIQUES

Il en existe 330 à Vienne, payantes (il faut prévoir des pièces de monnaie de 1 ou 5 öS) mais généralement propres et ouvertes de 9 h à 19 h. Celles du Graben, dessinées par Adolf Loos, méritent une visite. Vous en trouverez notamment dans l'Opernpassage et le Rathaus Park, en face du Burgtheater, ainsi que dans toutes les stations de métro.

DOUANE ET IMMIGRATION

Pour un séjour de moins de trois mois, les ressortissants français, belges ou suisses n'ont besoin que d'une carte d'identité en cours de validité. Un certificat de vaccination antirabique (datant de plus d'un mois et de moins d'un an) accompagné d'une traduction en allemand légalisée est exigé pour les animaux domestiques. Il faut une carte verte pour entrer dans le pays avec un véhicule.

Enseignes de toilettes pour femmes (en haut) et pour hommes

Des droits de douane s'appliquent aux alcools telles que l'Eiswein

FRANCHISE DE DOUANE

On peut entrer en Autriche avec 200 cigarettes (ou 250 g de tabac ou 50 cigares) ; 2 l de vin ; 1 l de spiritueux et des cadeaux d'une valeur totale inférieure à 400 öS. Les objets réservés à l'usage personnel peuvent comprendre du matériel de sport, des bijoux, des vélos, des appareils photo, des jumelles, un caméscope, une télévision portable et un instrument de musique.

MÉDIAS

La radio et la télévision sont administrées par l'Österreichische Rundfunk, en abrégé ORF. Celle-ci gère deux chaînes de télévision, ORF1 et ORF2, et a aussi le monopole des ondes avec trois radios qui émettent en Autriche : Ö1, Ö2 et Ö3. Dans la plupart des hôtels, vous pouvez choisir entre l'ORF, les chaînes allemandes (ARD, ZDF, Bayern), helvétiques, italiennes, américaine (CNN), anglaise (MTV), Eurosport et RTL. Ö1, plutôt pédagogique, diffuse un bref bulletin d'information en français et en anglais à 8 h. Ö2 est la station de la musique traditionnelle et des variétés autrichiennes. Ö3 est de tonalité plus jeune. De langue anglaise, The Blue Danube Radio émet de 6 h à 1 h du matin sur 92,9 MHz. Des bulletins réguliers renseignent sur les conditions de circulation et les journaux d'information couvrent largement les actualités internationales et les nouvelles locales, notamment culturelles. C'est un hebdomadaire, *Falter*, qui donne le programme le plus complet des spectacles et manifestations sportives à Vienne mais les deux principaux quotidiens, *Die Presse* et *Standard*, publient chaque jour la liste des films de cinéma. Les journaux

Prise électrique autrichienne

s'achètent dans un *Tabak Trafik*, un kiosque ou, le dimanche, à certains coins de rue (vous laissez l'argent dans une boîte). Les deux principaux cinémas projetant des films en version originale sont le Burg Kino et le De France *(p. 228)*.

Les kiosques du centre-ville vendent des quotidiens en français dont *Le Monde* et *Libération*. Pour des livres en français, passez à Kosmos, et pour des ouvrages en anglais à Gerold & Co ou à British Bookshop.

ADAPTATEURS ÉLECTRIQUES

Si le courant en Autriche est, comme en France, de 220 V, emporter un adaptateur (ils sont difficiles à trouver sur place) peut s'avérer très utile selon le diamètre des broches de vos appareils électriques. Ceux que les grands hôtels mettent en général à disposition de leurs clients ne concernent que les rasoirs.

Journaux étrangers en vente dans un kiosque

Santé et sécurité

Enseigne de pharmacie

Comparée à maintes capitales européennes, Vienne connaît peu de délinquance et vous ne courez presque aucun risque d'être confronté à de la violence. Contacter les services de police et d'urgence ne présente de toute façon aucune difficulté. Pour leurs petits ennuis de santé, les Autrichiens commencent en général par demander l'avis de leur pharmacien. Des associations telles que **SOS Sida,** les **Alcooliques anonymes** vous aideront à affronter des problèmes particuliers.

Poste d'urgence d'un quai de métro

NUMÉROS D'URGENCE

Alcooliques anonymes
[7995599.

Ambulance
[144.

Befrienders
[7133374.

Dentiste
[5122078.
Garde de nuit et week-ends.

Dépannage sur l'autoroute
[120.

Médecins de garde
[141.

Pompiers
[122.

Police
[133.

Service médical d'urgence de Vienne
[40144.

SOS Sida
[4086186.

LA SÉCURITÉ DES BIENS ET DES PERSONNES

Vienne est une ville sûre de jour comme de nuit, y compris dans le métro. Même à la station Karlsplatz, connue pour les trafics de drogue qui s'y déroulent, vous courez peu de risques d'être inquiété. L'atmosphère qui y règne, une fois le soir tombé, justifie peut-être cependant que vous l'évitiez. En cas de problème, ou plus probablement d'accident, il existe dans toutes les stations des postes d'urgence d'où appeler le personnel de surveillance. Pensez, si vous sortez le soir, que la dernière rame est souvent bondée de passagers parfois turbulents.

Le Prater et sa fête foraine attirent la nuit des pickpockets et il arrive que des bagarres y éclatent. Sans être vraiment dangereux, les environs des grandes gares ne sont pas toujours très bien famés, notamment la partie du Gürtel entre la Westbahnhof et la Südbahnhof où racolent des prostituées.

Deux précautions restent néanmoins de mise : évitez de laisser des objets précieux dans votre voiture et d'avoir sur vous de grosses sommes en liquide (les chèques de voyage constituent la forme la plus sûre). En cas de vol ou d'agression, adressez-vous au poste de police le plus proche, et contactez votre ambassade si vous avez perdu votre passeport.

Croix-Rouge

SOINS MÉDICAUX ET ASSURANCE

Une convention de réciprocité entre la France et l'Autriche permet d'obtenir la gratuité de la plupart des soins. Il faut pour cela retirer avant le départ auprès de sa caisse d'assurance maladie le formulaire SE 110-07 (Autriche) et l'échanger sur place contre un certificat, le *Krankenschein.* Souscrire une assurance médicale, prévoyant notamment la prise en charge d'un éventuel rapatriement, n'en demeure pas moins une sage précaution.

La plupart des Autrichiens et des résidents étrangers sont vaccinés contre la méningo-encéphalite de printemps transmise par les tiques dans les zones plantées d'arbres à feuilles caduques. Cette vaccination n'est cependant pas exigée des touristes

Policier motocycliste

Agent de police

Camion de pompiers

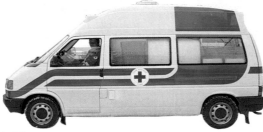
Voiture de police

Ambulance

CARNET D'ADRESSES

EN CAS DE PROBLÈMES

Bureau des objets trouvés
Wasagasse 22. **Plan** 3 C1.
📞 313472158.
🕐 du lun. au ven. de 8 h à 13 h.

Pharmacies de garde
📞 1550.

Hôpital Général de Vienne
Währinger Gürtel 18–20.
Plan 1 C4 et 5 A1. 📞 40400.

PHARMACIES

Internationale Apotheke
Kärntner Ring 17. **Plan** 4 E2 et 6 D5. 📞 5122825.

Schweden-Apotheke, Pharmacie Internationale
Schwedenplatz 2.
Plan 2 E2 et 6 E2. 📞 53329110.

Zum Heiligen Geist
Operngasse 16. **Plan** 4 D2.
📞 5877367.

Zur Universität
Universitätsstrasse 10.
Plan 1 C4 et 5 A1.
📞 40252980.

(il faut la faire un mois à l'avance) dans la mesure où le risque est très faible : une tique *(Zecke)* sur environ 80 000 transmet la maladie. En cas de piqûre, par exemple lors d'une promenade dans le Lobau, le Lainzer Tiergarten ou la forêt viennoise, n'essayez pas d'arracher l'insecte mais consultez un pharmacien ou le service externe d'un hôpital. Situé dans le 9e arrondissement, l'Hôpital Général est le plus grand d'Europe. Pour une urgence, appelez une ambulance *(Rettungsdienst)* ou un **médecin de garde.**

LES PHARMACIES

Pour les ennuis de santé sans gravité, demandez conseil dans une pharmacie *(Apotheke)* sur le traitement à suivre. Vous la reconnaîtrez au « A » rouge qui les signale. Si elle est fermée, un panneau vous indiquera la plus proche où vous adresser. Vous pouvez également appeler le **service des pharmacies de garde.**

Agent de police   Pompier

Une pharmacie

En cas de problème sérieux, contactez le **service médical d'urgence de Vienne.**

LES OBJETS PERDUS

Si vous avez oublié ou perdu quelque chose dans le train ou le Schnellbahn, adressez-vous à la Westbahnhof entre 8 h et 15 h du lundi au vendredi. Signalez toute perte au poste de police le plus proche et essayez le bureau des objets trouvés.

Banques et monnaie

**Logo de la
Creditanstalt**

En dessous de 100 000 öS (à l'exportation), l'Autriche n'impose pas de contrôle des changes. Bien qu'il existe de nombreux distributeurs de billets à Vienne, l'usage des cartes bancaires n'est pas aussi répandu qu'en France ; mieux vaut garder du liquide sur soi.

CHANGER OU RETIRER DE L'ARGENT

S'il s'avère parfois plus pratique de changer de l'argent auprès d'une agence de voyages ou à l'hôtel, les banques proposent de meilleurs taux. La plupart ouvrent de 8 h à 12 h 30 et de 14 h 30 à 16 h 30 (17 h 30 le jeudi) du lundi au jeudi. Quelques-unes, telle la Creditanstaltbank sur la Schottengasse, ne ferment pas à midi, et certaines, en particulier à l'aéroport et dans les grandes gares *(voir Carnet d'adresses)*, restent ouvertes plus tard le soir. Changer une grosse somme en une fois plutôt qu'en plusieurs est avantageux compte tenu du prélèvement d'une commission minimale.

De nombreux magasins, restaurants et hôtels acceptent les Eurochèques (sur présentation de la carte) mais n'oubliez pas qu'une commission importante est prélevée au moment du débit sur votre compte. Les principales cartes bancaires vous permettront de payer

**Enseigne
d'un point de change**

dans les établissements les plus importants. Même si leur usage se répand, il reste conseillé de garder du liquide sur soi ou de s'assurer, avant de dîner au restaurant par exemple, que celle avec laquelle vous comptez régler est acceptée. Ces cartes permettent en outre de retirer directement de l'argent autrichien aux distributeurs automatiques de billets.

Vienne compte également quelques changeurs automatiques acceptant les coupures étrangères. Une notice en allemand, français, anglais et parfois suédois, italien et espagnol donne leur mode d'emploi.

Les chèques de voyage constituent un moyen très sûr de transporter de l'argent. Vous pourrez notamment vous en procurer auprès de l'American Express sur la Kärntner Strasse.

AVOIR UN COMPTE EN AUTRICHE

Bien que la réputation du système bancaire helvétique soit mieux établie

dans ce domaine, l'Autriche permet également d'ouvrir des comptes anonymes, à mot de passe plutôt qu'à numéro comme en Suisse. Le désir de participer à la lutte internationale menée contre le blanchiment de l'argent a toutefois conduit les autorités à durcir leur politique, et les étrangers déposant de grosses sommes en liquide se voient aujourd'hui obligés de révéler leur identité.

CARNET D'ADRESSES

POINTS DE CHANGE OUVERTS LE SOIR

City Air Terminal (Hilton)
Plan 4 F1 et 6 F4. ☐ de 8 h à 12 h 30, de 14 h à 18 h 30 t.l.j.

Opera-Karlsplatz Passage
Plan 4 D1 et 5 C5.
☐ de 8 h à 19 h t.l.j.

Südbahnhof
Plan 4 F4. ☐ de 6 h 30 à 22 h t.l.j.

Aéroport Wien-Schwechat
☐ de 6 h 30 à 23 h t.l.j.

Westbahnhof
☐ de 7 h à 22 h t.l.j.

CHANGEURS AUTOMATIQUES

Die Erste Bank, Graben 21.
Plan 2 D5 et 5 C3.

Creditanstalt, Kärntner Strasse 7.
Plan 4 D1 et 6 D3.

Creditanstalt, Mariahilfer Strasse 54. Plan 3 B2.

Bank Austria, Stephansplatz 2.
Plan 1 D5 et 6 D3.

DISTRIBUTEURS AUTOMATIQUES DE BILLETS

Creditanstalt, Schottengasse 6.
Plan 1 C4 et 5 B2.

Creditanstalt, Schubertring 14.
Plan 4 E2 et 6 D5.

AMERICAN EXPRESS

Kärntner Strasse 21-23.
Plan 4 D1 et 6 D4. ☎ 51540.

**Distributeur automatique
de billets**

**Changeur automatique
de coupures étrangères**

LA MONNAIE

L'unité monétaire est le Schilling autrichien (öS, ATS ou Sch) qui se divise en 100 Groschen. Les billets valent de 5 000 öS à 20 öS, et les pièces de 20 öS à 2 Groschen. Les commerçants n'acceptent pas volontiers celles de 2, 5 et 10 Groschen. Ils n'ont pas non plus toujours la monnaie des grosses coupures. Un franc français vaut environ 2 Schillings et la conversion est donc facile à effectuer : il suffit de diviser les prix autrichiens par deux.

Un célèbre monument viennois orne souvent l'une des faces des billets autrichiens

Les billets
Il existe des billets de 5 000 öS, 1 000 öS, 500 öS, 100 öS, 50 öS et 20 öS.

5 000 öS

1 000 öS

500 öS

100 öS

50 öS

20 öS

Les pièces
Représentées ici grandeur nature, les pièces ont des valeurs de 20 öS, 10 öS, 5 öS et 1 öS. Les plus petites valent 50, 10, 5 et 2 Groschen.

20 öS

10 öS

5 öS

1 öS

50 Groschen

10 Groschen

5 Groschen

2 Groschen

Le téléphone à Vienne

L es bureaux de poste de Vienne ont une enseigne jaune. Ils possèdent des cabines permettant de téléphoner en réglant au guichet. Il s'avère parfois difficile de joindre l'étranger aux heures de pointe mais les postes et télécommunications autrichiennes, gérées par la même compagnie, entreprennent d'importants travaux pour moderniser le réseau. Il en résulte que de nombreux numéros changent dans la capitale. Si vous n'arrivez pas à obtenir votre correspondant, appelez les renseignements *(voir ci-dessous)*.

Appels d'urgence gratuits

Cabine à pièces   **Téléphone à carte**

LE TÉLÉPHONE

T éléphoner depuis sa chambre d'hôtel, en particulier à l'étranger, peut s'avérer extrêmement coûteux et mieux vaut utiliser les téléphones publics. Ceux-ci portent en général des instructions rédigées en français et fonctionnent soit avec des cartes vendues dans les bureaux de poste et chez les marchands de journaux, soit avec des pièces de 20 öS, 10 öS, 5 öS et 1 öS. Si vous utilisez des pièces, n'oubliez pas que les communications coûtent cher en Autriche. Un tarif réduit est toutefois en vigueur de 18 h à 6 h du lundi au vendredi et le dimanche toute la journée. Pour un appel en PCV (avec un supplément), passez par un bureau de poste.

Les cabines téléphoniques
Vous en trouverez partout à Vienne et notamment dans toutes les postes. Vous disposerez d'annuaires en bon état, ceux des cabines en ville étant parfois très abîmés. Un panneau signale les téléphones fonctionnant avec des cartes. Les appels d'urgence sont gratuits.

UTILISER UN TÉLÉPHONE À CARTE

1 Décrochez le combiné.

2 Insérez la carte en respectant le sens de la flèche et attendez la tonalité.

3 Composez le numéro.

4 Raccrochez à la fin de la communication et récupérez votre carte.

Les cartes téléphoniques ont une valeur de 50 öS, 100 öS ou 200 öS

UTILISER UN TÉLÉPHONE À PIÈCES

1 Décrochez le combiné.

2 Insérez des pièces (minimum 1 öS). Attendez la tonalité.

3 Composez le numéro. Si nécessaire, ajoutez des pièces pendant la communication.

4 Raccrochez le combiné et récupérez les pièces inutilisées. Un écran affiche le crédit restant.

1 öS   **5 öS**   **10 öS**   **20 öS**

OBTENIR LE BON NUMÉRO

• Pour les renseignements en Autriche, composez le 1611.
• Pour envoyer un télégramme, composez le 190.
• Pour des renseignements sur le service des télégrammes, composez le 5333455.
• Les renseignements internationaux s'obtiennent au 1612 pour l'Allemagne, au 1613 pour les autres pays européens et au 1614 pour le reste du monde.

• Le service de réveil téléphonique se joint au 18.
• Pour téléphoner à l'étranger, l'indicatif est :
   Pour la **France** : le 0033
   Pour la **Belgique** : le 0032
   Pour la **Suisse** : le 0041
   Pour le **Luxembourg** : le 00352
   Pour le **Canada** : le 001.
• Les premières pages de l'annuaire des lettres A à H donnent les indicatifs de tous les pays et le coût d'une minute de communication.

Les services postaux

Timbre de collection

Enseigne d'un bureau de poste

D ans toutes les postes, vous pourrez envoyer des télégrammes, des courriers recommandés et des paquets ; acheter des cartes téléphoniques et des timbres *(Briefmarken),* y compris de collection ; encaisser des Eurochèques ou des chèques postaux d'un montant inférieur ou égal à 2 500 öS ; vous faire adresser de la correspondance en poste restante *(Post Restante* ou *Postlagernd).* Pour la retirer, il vous faudra présenter une pièce d'identité, par exemple un passeport. Il existe également un service de courrier express *(Eilbriefe)* mais il est beaucoup plus coûteux pour un gain de temps qui, le plus souvent, n'excède pas une journée. Certaines postes permettent de changer de l'argent et la plupart disposent de télécopieurs.

horaires d'ouverture.

Hors exception, le personnel prend sa tâche avec un grand sérieux et l'envoi d'une lettre, exigeant pesage, vérification du format, etc., demande parfois plus de temps qu'il ne semblerait nécessaire. L'affranchissement d'une carte postale de taille standard pour l'Europe coûte 6 öS, celui d'une lettre de moins de 20 g 7 öS, celui d'un aérogramme pour le continent américain 13 öS et celui d'un courrier recommandé 25 öS.

Les timbres s'achètent aux guichets, auprès des marchands de journaux ou aux distributeurs automatiques installés à l'extérieur des postes.

Timbre-poste de 1 öS

Timbre-poste de 5 öS

Timbre pour une lettre envoyée en Europe

ENVOYER UNE LETTRE

E n règle générale, les bureaux de poste ouvrent du lundi au vendredi de 8 h à midi et de 14 h à 18 h mais

Horaire des levées

Boîte aux lettres

Les arrondissements de Vienne
Cette carte présente la division de Vienne en 23 arrondissements, ou Bezirke, *et la partie couverte par les plans 1, 2, 3 et 4 des pages 262-265 de ce guide. Les deux chiffres centraux du code postal de chaque arrondissement (A-1230 pour le 23ᵉ) correspondent à son numéro.*

leurs services financiers s'arrêtent à 17 h. La poste principale de chaque arrondissement assure les services postaux le samedi matin de 8 h à 10 h. Il y a des bureaux de poste ouverts 24 h sur 24 dans le 1ᵉʳ arrondissement et les gares **Westbahnhof** et **Südbahnhof** mais elles n'offrent qu'un service restreint hors des horaires normaux. La poste de l'aéroport est ouverte tous les jours de 7 h à 20 h. Un panneau, à l'entrée de chaque bureau de poste, précise ses

POSTES OUVERTES 24 H/24

Poste principale
Fleischmarkt 19. **Plan** 2 E5 et 6 D2.
515090.

Südbahnhof
Wiedner Gürtel 10. **Plan** 4 F4.
501810.

Westbahnhof
Gasgasse 2.
891150.

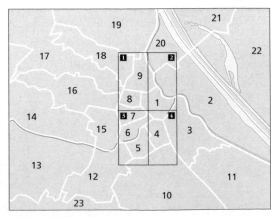

ALLER À VIENNE

Austrian Airlines et les grandes compagnies aériennes internationales assurent des liaisons régulières entre les principales capitales européennes et Vienne, ville touristique et important foyer d'échanges avec les pays de l'ancien bloc de l'Est. Il existe également des liaisons ferroviaires directes mais, hormis si l'on bénéficie de réductions pour jeunes ou pour étudiants, le chemin de fer s'avère

Un avion d'Austrian Airlines

rarement beaucoup plus avantageux que l'avion. En voiture (1 300 km depuis Paris, 1 200 depuis Nice), songez, si vous hésitez entre deux itinéraires, que les autoroutes sont chères en Suisse et gratuites en Allemagne. Si vous passez par ce pays, n'oubliez pas en entrant en Autriche que la vitesse sur les autoroutes y est limitée à 130 km/h. L'autocar est le mode de transport en général le plus économique.

ARRIVER EN AVION

Air France, Sabena, Austrian Airlines et Swissair (ces deux compagnies partagent souvent les mêmes bureaux) assurent, tous les jours, plusieurs liaisons directes entre la capitale autrichienne et Paris, Bruxelles, Genève et Zurich, ainsi que trois vols par semaine au départ de Nice. Depuis le Canada, il n'existe qu'un vol direct hebdomadaire, par Air Canada, au départ de Toronto.

Toutes ces compagnies offrent, sous certaines conditions, des tarifs promotionnels (APEX, billets Jeunes…). Renseignez-vous directement auprès d'elles afin de connaître le plus avantageux pour vous. Des

À L'AÉROPORT WIEN-SCHWECHAT

Après d'importants travaux achevés en 1994, l'aéroport international de Vienne est devenu l'un des plus modernes d'Europe. Situé à 19 km au sud-est de la ville et bien desservi par le réseau routier, il renferme des restaurants, un supermarché, des boutiques duty-free, des banques et des guichets d'information touristique.

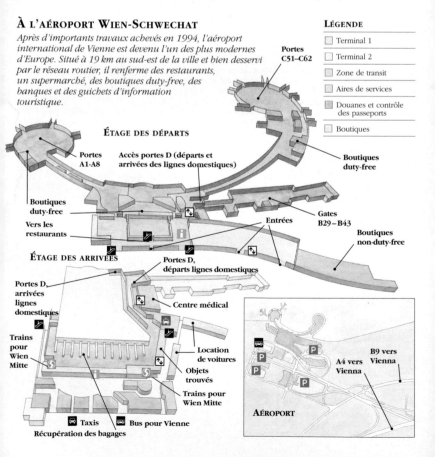

LÉGENDE

☐ Terminal 1
☐ Terminal 2
☐ Zone de transit
☐ Aires de services
☐ Douanes et contrôle des passeports
☐ Boutiques

Portes C51–C62

ÉTAGE DES DÉPARTS

Portes A1-A8

Accès portes D (départs et arrivées des lignes domestiques)

Boutiques duty-free

Boutiques duty-free

Vers les restaurants

Gates B29–B43

Entrées

Boutiques non-duty-free

ÉTAGE DES ARRIVÉES

Portes D, départs lignes domestiques

Portes D, arrivées lignes domestiques

Centre médical

Trains pour Wien Mitte

Location de voitures

Objets trouvés

Trains pour Wien Mitte

Taxis   Bus pour Vienne

Récupération des bagages

B9 vers Vienna

A4 vers Vienna

AÉROPORT

L'aéroport international Wien-Schwechat présente un aspect ultra-moderne

parmi bien d'autres, Access Voyages, Nouvelles Frontières ou, au Québec, Tourbec, proposent souvent des prix encore plus intéressants. Ils correspondent à deux types de billets : des places sur des avions charters ou des places « bradées » sur des lignes régulières. Certains forfaits comprenant des nuits d'hôtel sont particulièrement économiques.

Zone de transit de l'aéroport Wien-Schwechat

L'AÉROPORT WIEN-SCHWECHAT

L'aéroport Wien-Schwechat est situé à 19 km du centre-ville et bien desservi en train ou bus (20 à 25 mn de trajet depuis le City Air Terminal situé dans le bâtiment du Vienna Hilton). Les Viennois y viennent souvent, juste pour faire des courses au supermarché ouvert 7 jours sur 7 (y compris les jours fériés) de 7 h 30 à 19 h.

REJOINDRE LE CENTRE-VILLE

Prendre un taxi constitue le moyen le plus simple, mais le plus coûteux, de rejoindre le centre de Vienne. Pour en trouver un, il vous suffira de suivre les panneaux après votre passage en douane, plusieurs attendent toujours à la sortie. La course jusqu'à la ville intérieure prend environ 20 mn.

Entre 6 h 30 et 23 h 30, un bus assure, toutes les 20 mn, une navette entre l'aéroport et le City Air Terminal qui se trouve dans l'immeuble du Vienna Hilton, à proximité de la station de Schnellbahn et du métro Wien-Mitte. La nuit, entre 23 h 30 et 6 h 30, les navettes ne partent que toutes les demi-heures.

Toutes les 30 mn également, entre 8 h 40 et 17 h 40, des bus quittent l'aéroport à destination des gares Westbahnhof et Südbahnhof, plus éloignées du centre. De 17 h 40 à 20 h 30, et de 3 h 30 à 7 h 40, ces bus ne partent plus qu'environ toutes les heures.

Le trajet, y compris le transport des bagages, coûte 60 öS et le ticket se prend à bord. Il y a toujours des taxis en attente au City Air Terminal.

Le sous-sol de Wien-Schwechat abrite une station de Schnellbahn, le moyen le plus économique de rejoindre la ville, mais il n'y a qu'un train par heure. Il met environ 30 mn pour atteindre Wien Mitte et s'arrête à Praterstern-Wien Nord.

CARNET D'ADRESSES

Air Canada
Krugerstrasse 4.
Plan 6 D5. 5155537.
Aéroport 711103170.

Air France
Kärntner Strasse 49.
Plan 4 D1 et 6 D5. 5141818.
Aéroport 711102065.

Delta
Airport 711103315.

Austrian Airlines - Swissair
Kärntner Ring 18.
Plan 4 E2 et 6 D5. 5055757.
Aéroport 711102510.

Sabena
Opernring 9.
Plan 4 D1 et 5 C5. 589506.

Renseignements de Wien-Schwechat
711102231 ou 711102232.

City Air Terminal
Am Stadtpark. **Plan** 4 F1 et 6 F4.
Renseignements sur les bus
580035404 (de 8 h à 18 h).
Renseignements 24 h/24
580033369.

Access Voyages
6, rue Pierre-Lescot, 75001 Paris.
01 44 76 84 50.

Nouvelles Frontières
87, bd de Grenelle, 75015 Paris.
08 03 33 33 33.
Bruxelles (02) 513 76 36.
Genève (022) 732 03 52.

Tourbec
3419, rue St-Denis, Montréal H2X 3L2.
(514) 288 44555.

Galerie marchande de l'aéroport Wien-Schwechat

ARRIVER EN TRAIN

À l'instar de Paris, Vienne possède plusieurs grandes gares. Trois d'entre elles servent aux liaisons internationales : la Westbahnhof, terminus des trains en provenance d'Europe de l'Ouest et d'une partie de ceux venant de Budapest ; la Südbahnhof, où arrivent les trains du sud et du sud-est, en particulier ceux transportant les Français du pourtour méditerranéen passés par Padoue en Italie ; et la Franz-Josefs-Bahnhof où aboutissent les lignes qui traversent, au nord, la République tchèque (*voir ci-contre* Les principales gares ferroviaires et routières de Vienne).

Peu avant Vienne, la voie ferrée passe au pied de l'abbaye de Melk *(p. 177)*

Panneau à la Westbahnhof indiquant le chemin de la sortie, du Regionalbahn, du Schnellbahn, des distributeurs de billets et de l'arrêt du Regionalbus

Agence de voyages *(Reisebüro)* de la Westbahnhof

Le Schnellbahn et plusieurs lignes de bus et de tramways desservent la Südbahnhof et la Westbahnhof. Cette dernière renferme une station de métro (lignes U3 et U6). Le Schnellbahn et le tram D, qui mène à la Ringstrasse, passent par la Franz-Josefs-Bahnhof. Les trois gares possèdent une station de taxis.

L'agence de voyages *(Reisebüro)* de la Westbahnhof est ouverte tous les jours de 7 h à 22 h. Vous pourrez y obtenir des renseignements et réserver une chambre d'hôtel. L'agence de la Südbahnhof offre les mêmes services de 8 h à 19 h entre mai et octobre tous les jours et de 8 h à 13 h le samedi. À défaut de pouvoir discuter avec un interlocuteur parlant français, vous pourrez obtenir des informations en anglais auprès du service des renseignements téléphoniques des chemins de fer autrichiens. Attention, un supplément est en général exigé sur les trains Eurocity si vous réservez moins de 48 h à l'avance. Pour tous renseignements depuis la France, consultez sur Minitel le 3615 SNCF.

Renseignements ferroviaires
📞 1717.

La Franz-Josefs-Bahnhof où arrivent les trains en provenance de Prague et du nord de l'Autriche

ARRIVER EN AUTOCAR

C'est à Wien Mitte qu'arrivent les autocars venant d'Autriche orientale mais également ceux en provenance de l'étranger, en particulier les véhicules d'Eurolines, la principale compagnie de liaisons

Autocar d'Eurolines

routières internationales. Les lignes domestiques desservant le Sud et le Sud-Ouest *(p. 255)* arrivent à Südbahnhof.

ARRIVER PAR LA ROUTE

Pour entrer en Autriche, les conducteurs doivent être munis de leur permis de conduire, des papiers du véhicule et de la carte verte d'assurance. Un permis de conduire international n'est exigé que de ceux rédigés dans une langue nationale s'écrivant dans un alphabet autre que latin.

Les enfants de moins de 12 ans ou de moins de 1,5 m n'ont pas le droit de s'asseoir sur le siège avant si celui-ci ne dispose pas d'un équipement spécial. Les autoroutes sont gratuites sauf dans certaines

Panneau sur le Gürtel donnant la direction du centre

zones très montagneuses.

Si vous arrivez par le sud, vous emprunterez l'A2 et l'A23 *(Südautobahn)*, par le nord, l'A22, ou autoroute du Danube *(Donauuferautobahn)*, par l'ouest, l'A1 *(Westautobahn)*, et par l'est, y compris si vous venez de l'aéroport Wien-Schwechat, l'A4 *(Ostautobahn)*. Des panneaux marqués « Zentrum » *(voir ci-dessus)* indiquent la direction du centre.

Vous trouverez sur l'A1 (aire de Wien-Auhof) et sur l'A2 (sortie Zentrum) des bureaux

de l'Office du tourisme viennois (Wiener Tourismus-verband) où effectuer notamment des réservations hôtelières. Toutes les autoroutes aboutissent au Gürtel, un boulevard périphérique à deux, trois ou quatre voies que les automobilistes viennois ont tendance à prendre pour un circuit de course automobile.

ARRIVER EN BATEAU

D'avril à octobre, vous pouvez emprunter le Danube en bateau depuis la Wachau *(p. 176-177)*,

Bratislava ou Budapest, et arriver au débarcadère de la Donau-dampfschiffsgesellschaft (DDSG) au pont Reichsbrücke *(p. 237)* proche du métro Vorgartenstrasse (ligne U1). Le bureau de renseignement de la DDSG distribue des plans de la ville.

Panneau indiquant la direction de l'embarcadère des ferries

Un ferry-boat de la DDSG en provenance d'Europe de l'Est arrive à Vienne

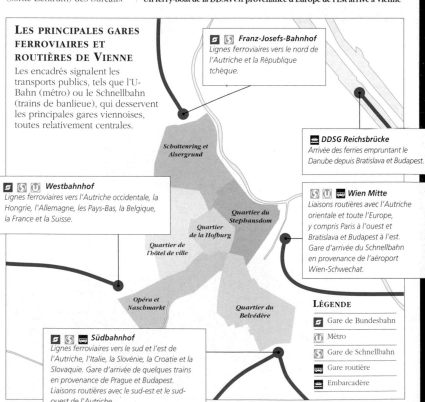

LES PRINCIPALES GARES FERROVIAIRES ET ROUTIÈRES DE VIENNE

Les encadrés signalent les transports publics, tels que l'U-Bahn (métro) ou le Schnellbahn (trains de banlieue), qui desservent les principales gares viennoises, toutes relativement centrales.

Franz-Josefs-Bahnhof — Lignes ferroviaires vers le nord de l'Autriche et la République tchèque.

DDSG Reichsbrücke — Arrivée des ferries empruntant le Danube depuis Bratislava et Budapest.

Westbahnhof — Lignes ferroviaires vers l'Autriche occidentale, la Hongrie, l'Allemagne, les Pays-Bas, la Belgique, la France et la Suisse.

Wien Mitte — Liaisons routières avec l'Autriche orientale et toute l'Europe, y compris Paris à l'ouest et Bratislava et Budapest à l'est. Gare d'arrivée du Schnellbahn en provenance de l'aéroport Wien-Schwechat.

Südbahnhof — Lignes ferroviaires vers le sud et l'est de l'Autriche, l'Italie, la Slovénie, la Croatie et la Slovaquie. Gare d'arrivée de quelques trains en provenance de Prague et Budapest. Liaisons routières avec le sud-est et le sud-ouest de l'Autriche.

Schottenring et Alsergrund · Quartier du Stephansdom · Quartier de la Hofburg · Quartier de l'hôtel de ville · Opéra et Naschmarkt · Quartier du Belvédère

LÉGENDE
- Gare de Bundesbahn
- Métro
- Gare de Schnellbahn
- Gare routière
- Embarcadère

CIRCULER À VIENNE

Les restrictions apportées au stationnement et un système compliqué de zones piétonnes et de rues à sens unique rendent la conduite automobile frustrante dans le centre de Vienne. Celui-ci n'en est que plus agréable pour les cyclistes et les piétons, d'autant qu'il y a d'innombrables sites à découvrir et que si l'on est fatigué, ou en cas de petit creux, il se trouve toujours un café ou une *Konditorei* à quelques pas

Fiacre viennois

qui permettront de reprendre des forces. Si vous vous lassez de rejoindre à pied les monuments, un service de minibus circule dans le centre-ville.

Tout le réseau de transports urbains est d'ailleurs très pratique et facile d'emploi. Autobus, tramways et métros circulent de 5 h 30 à minuit et demi mais mieux vaut vérifier, pour chaque trajet, les horaires affichés. Ils sont précis et respectés.

VIENNE À PIED

Si marcher est probablement le moyen le plus agréable de découvrir la ville, il faut prendre toutefois quelques précautions. Les conducteurs s'arrêtent rarement aux passages protégés et mieux vaut les emprunter avec prudence. Sur la Ringstrasse, les tramways circulent dans le sens opposé au trafic, ce qui oblige à regarder des deux côtés en traversant. Utilisez si possible les passages souterrains. À un carrefour doté de feux de circulation, traverser malgré un signal « Attendez » allumé est passible d'une amende, que des voitures approchent ou non. Les Viennois considèrent de toute manière ce genre de comportement comme irresponsable et vous laisseraient clairement percevoir leur réprobation.

Attendez

Le trottoir se partage parfois avec les vélos et ceux-ci risquent d'avoir du mal à vous éviter si vous pénétrez brusquement dans la partie cyclable (généralement matérialisée par de la peinture rouge foncé).

Traversez

En été, il existe au moins 50 visites guidées à pied,

notamment en français, autour de thèmes tels que les époques baroque ou Biedermeier. Pour plus de renseignements, adressez-vous au Wiener Fremdenverkehrsamt *(p. 237)*.

VIENNE EN FIACRE

Les *Fiaker* viennois offrent un moyen pittoresque de se promener en ville. Vous en trouverez à la Stephansplatz, à l'Heldenplatz et à l'Albertinaplatz. Pour éviter une mauvaise surprise, mettez-vous d'accord avant le départ sur le parcours et le prix (généralement autour de 800 öS pour une promenade, mais 4 à

Signal lumineux pour les cyclistes

Piste cyclable

6 personnes peuvent prendre place dans un fiacre).

VIENNE À VÉLO

Parcourir Vienne à vélo est un plaisir grâce aux pistes cyclables qui permettent d'éviter voitures et tramways. Celle de la Ringstrasse, en particulier, longue de 7 km, passe par de nombreux monuments. D'autres mènent à la Hundertwasser haus *(p. 162)* et au Prater *(p. 160)*. Un livret vendu dans les librairies et intitulé *Rad Wege* en donne tous les itinéraires.

Des vélos peuvent se louer dans certaines gares pour 90 öS la journée avec un billet de train et 150 öS sans. Il faut laisser une pièce d'identité en garantie. De mai à septembre,

Sur une piste cyclable au Prater

·Anfang·

·Ende·

Début de la zone de stationnement interdit

Fin de la zone de stationnement interdit

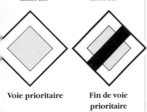

Voie prioritaire

Fin de voie prioritaire

des visites guidées partent du Radverleih Salztorbrücke *(p. 273)*.

VIENNE EN VOITURE

L es conducteurs viennois se montrent volontiers agressifs et n'hésitent pas, entre autres, à couper la route aux autres véhicules. Restez vigilant. Sauf sur les voies prioritaires, la règle de la priorité à droite s'applique mais vous devez céder le passage aux tramways, aux bus, aux voitures de police, aux camions de pompiers et aux ambulances. En cas de dépassement de la vitesse limite de 50 km/h, la police dressera un procès-verbal sur-le-champ. Conduire avec un taux d'alcoolémie de plus de 0,8 mg par litre (environ un demi-litre de bière ou deux verres de vin) est passible d'une amende d'au moins 8 000 öS et d'un retrait de permis.

Appartenir à un Automobile Club reconnu par celui d'Autriche, l'ÖAMTC, vous donnera droit au dépannage gratuit. La station Blue Danube Radio diffuse régulièrement des bulletins d'information sur les conditions de circulation. Seuls le gazole et le carburant sans plomb sont partout disponibles.

STATIONNER

H ormis le samedi après-midi et le dimanche, quand les magasins sont fermés, chercher à se garer dans le centre-ville peut faire

perdre beaucoup de temps. Il semble qu'il y ait partout des panneaux *Anfang* et *Ende* entre lesquels le stationnement est interdit. Méfiez-vous, le panneau *Ende* se trouve parfois caché par le coin de la rue ou tourné dans le mauvais sens. Si un sabot immobilise votre voiture, ou si elle part en fourrière, contactez la police.

Il est possible maintenant de se garer dans les arrondissements 1, 4, 5, 6, 7, 8, et 9 *(p. 245)*. Pour cela, vous devez acheter des disques de parking. Vous pouvez vous les procurer auprès des marchands de journaux *(Tabak Trafiken)* et dans certaines banques et stations-service. Dans les autres arrondissements, une ligne bleue signale les zones de stationnement autorisé. Il reste payant et limité à 2 h. Se garer reste toujours très cher à Vienne.

Signal de parking

LOUER UNE VOITURE

P our louer un véhicule, il vous faut avoir au moins 21 ans et présenter une pièce d'identité et un permis de conduire de plus d'un an.

Les agences internationales ont une succursale à l'aéroport ouverte en soirée et le week-end.

LES TAXIS

S ignalés par une lanterne, sur le toit, qui s'allume lorsqu'ils sont libres, on trouve les taxis plus facilement aux stations qu'en cherchant à les héler dans la rue. On peut également en commander un au 31300, au 40100 ou au 60160, il arrivera au bout de quelques minutes. L'opérateur, au téléphone, vous précisera combien de temps il devrait mettre afin que vous l'attendiez car il risque de repartir en ne vous voyant pas. Une petite course coûtera entre 50 et 100 öS mais se faire conduire jusqu'à l'aéroport peut revenir à 400 öS. Bagages, passagers supplémentaires et trajets de nuit ou le week-end donnent lieu à des suppléments.

L'usage veut que l'on complète le prix de la course d'un pourboire d'environ 10 % ou qu'on l'arrondisse au multiple de 5 öS ou de 10 öS supérieur.

Taximètre

Course   Supplément

Les taxis viennois, souvent de marque Mercedes, sont en général confortables

LES TITRES DE TRANSPORT

Forfait de 72 h

Un ticket simple, permettant d'utiliser l'ensemble des transports publics pour se rendre partout dans Vienne (zone 100) coûte 17 öS. Il n'est valable que pour un trajet mais autorise tous les changements nécessaires (entre lignes de métro, du métro au bus, au tram ou au Schnellbahn, etc.). Il existe également des forfaits valables 24 h (45 öS), 72 h (115 öS) ou une semaine. Il faut fournir une photo d'identité pour l'abonnement (125 öS). On vous délivre une carte strictement personnelle qui est valable du lundi 9 h au lundi 9 h. Bien qu'apparemment plus chère (265 öS), l'*Umwelt-Streifennetzkarte* est plus adaptée à un emploi du temps touristique. Cette carte se compose en effet de huit bandes qui, une fois validées, donnent chacune droit à une

Ticket de 4 trajets (en haut)

Une *Umwelt-Streifennetzkarte* (en haut), et un abonnement d'une journée (en bas)

Carte de transport d'une semaine

journée de circulation sur l'ensemble du réseau. En couple, en famille ou en groupe, il suffit d'en valider le nombre correspondant aux personnes se déplaçant ensemble. Attention à toujours commencer par 1 et suivre l'ordre numérique sinon les autres bandes de chiffres

inférieurs ne sont plus valables.
Sur le même principe, il existe également des billets valables 24 ou 72 heures (50 öS ou 130 öS). Tickets et cartes s'achètent chez les marchands de journaux *(Tabak Trafik)*, aux guichets des stations et à des distributeurs automatiques.

1 Indiquez la zone où vous voulez circuler.

2 Choisissez un type de ticket.

Distributeur automatique de titres de transport

3 Insérez pièces ou billets de banque.

Glissez votre ticket dans le sens de la flèche jusqu'à ce que le bruit du compostage vous indique qu'il a été validé.

4 Prenez votre ticket et votre monnaie.

Composteur

CARNET D'ADRESSES

LOCATION DE VÉLOS

Westbahnhof
📞 580032985.
🕐 de 6 h à minuit t.l.j.

Bahnhof Wien Nord (Praterstern)
📞 580034817.
🕐 de 7 h à 15 h t.l.j.

Radverleih City, Vienna Hilton
Landstrasser Haupt-strasse 2.
Plan 4 F1 et 6 F4.
📞 7139395.
🕐 de 10 h à 19 h t.l.j.

Südbahnhof
Plan 4 F4.
📞 580035886.
🕐 de 6 h à 22 h t.l.j.

Radverleih City, Hundertwasserhaus
Kegelgasse 43.
📞 7139395. 🕐 d'avr. à oct. : de 10 h à 16 h t.l.j.

LOCATION DE VOITURE

Avis City
Opernring 3-5. **Plan** 5 B5 et 4 D1. 📞 5876241.
Aéroport 📞 711102700.

Budget City
City Air Terminal
(au Vienna Hilton).

Plan 4 F1 et 6 F4.
📞 7146565.
Aéroport 📞 711102711.

Hertz City
Kärntner Ring 17. **Plan** 4 D1 et 5 C5. 📞 5128677.
Aéroport 📞 711102661.

PARCS DE STATIONNEMENT

Wollzeile 7.
Plan 2 E5 et 6 D3.

Am Hof.
Plan 2 D5 et 5 C2.

Morzinplatz.
Plan 2 E4 et 6 D2.

Dr-Karl-Lueger-Ring.
Plan 1 C5 et 5 A2.

Börsegasse.
Plan 2 D4 et 5 C1.

Les plans de l'Atlas des rues (p. 262-267) signalent d'autres parkings.

STATION-SERVICE OUVERTE 24H/24

Börsegasse 11.
Plan 2 D4 et 5 C1.

TAXIS

Radio-taxis
📞 31300, 40100 et 60160.

Limousines
Flughafen-Taxi
📞 3192511.

Circuler en métro

Symbole du U-Bahn

L e métro de la capitale autrichienne, l'U-Bahn, est un des plus modernes d'Europe et sa construction, commencée en 1969, continue à ce jour. Plus que pour de petits déplacements dans la ville intérieure, il s'avère particulièrement pratique pour circuler d'un bout à l'autre du centre de Vienne ou effectuer des visites en périphérie. Ses cinq lignes sont numérotées de U1 à U6 (la ligne U5 n'est encore qu'en projet). La ligne U2 court parallèlement à la Ringstrasse.

manuellement et il ne faut pas hésiter à forcer sur les poignées.

Le réseau du U-Bahn est sûr *(p. 240)* mais vous trouverez des postes d'urgence sur la plupart des quais. Fumer y est interdit de même que dans les trams et dans les bus.

Poste d'urgence sur un quai du métro

MODE D'EMPLOI DU MÉTRO

À l'intérieur des rames, un panneau au-dessus des portes indique les stations de la ligne et les correspondances qu'elles permettent, y compris avec les tramways et les bus.

Un emplacement, signalé par un idéogramme, est réservé aux poussettes. Les cyclistes peuvent également transporter leur vélo mais seulement dans quelques wagons et à des moments déterminés. Les portes s'ouvrent

PRENDRE LE MÉTRO

1 Repérez votre destination sur un plan du métro pour savoir quelles lignes emprunter. Chacune se reconnaît à sa couleur et son code (U1, U2…). Notez les stations où vous devrez changer. Le plan indique aussi les correspondances avec les autres modes de transports publics.

2 Glissez votre ticket – acheté chez un marchand de journaux, au guichet d'une station ou à un distributeur automatique – dans un composteur. Après le bruit signalant qu'il a été validé, suivez les panneaux portant la couleur et le code de votre ligne pour atteindre le bon quai.

3 Sur le quai, vérifiez la destination des rames sur le panneau électronique.

4 Une flèche sur le plan de la ligne indique le sens dans lequel les rames entrent dans la station.

5 Arrivé à destination, suivez les panneaux *Ausgang* pour atteindre la sortie.

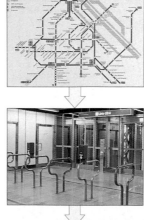

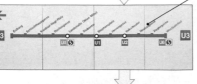

Tirez la poignée pour ouvrir la porte

La porte coulisse

Ce plan de la ligne U3 précise quelles stations permettent des correspondances

6 Aux stations ayant plus d'une sortie, consultez le plan du quartier pour décider de celle qui vous convient le mieux.

**Tramway
viennois**

Circuler en tram

Vienne ne se ressemblerait plus tout à fait sans les tramways rouge et blanc qui sillonnent ses rues, et pour ses habitants, ce sont leurs chauffeurs qui signalent que l'hiver est vraiment là en plaçant aux portes les écrans de cuir destinés à les protéger des courants d'air glacés. Malgré son petit côté nostalgique et démodé, ce moyen de transport n'en demeure pas moins très pratique et fort agréable pour se déplacer dans le centre-ville.

Tramways dans une rue de Vienne

PRENDRE LE TRAM

Pour monter ou descendre, il faut presser un bouton placé à côté des portes. Dans la voiture, des distributeurs automatiques permettent d'acheter un ticket de trajet unique mais il est presque toujours plus avantageux d'acheter un des différents abonnements vendus par les marchands de journaux et aux guichets des stations de métro et de Schnellbahn *(p. 252).*

Un plan indique le parcours de la ligne et tous les arrêts. Ceux-ci sont annoncés

**Ouverture des
portes (sortie)**   **Ouverture des
portes (entrée)**

par une voix enregistrée comme dans les bus et le métro.

SE PROMENER EN TRAM

Prendre les lignes 1 et 2, qui suivent la Ringstrasse, offre un moyen pittoresque et peu coûteux de découvrir les majestueux édifices du XIXᵉ siècle qui la bordent. Le

Arrêt de tramway

musée du Tramway (Wiener Strassenbahnmuseum) organise des visites de la ville (comprenant celle du musée lui-même) dans de vieux trams des années 20. Le point de départ se trouve devant les pavillons d'Otto Wagner de la Karlsplatz *(p. 144)* et des brochures sont disponibles dans tous les bureaux d'information touristique. Des groupes peuvent également louer des trams d'époque pour se rendre au Prater, dans un *Heuriger* ou simplement pour se promener.

Musée du Tramway
7121201.

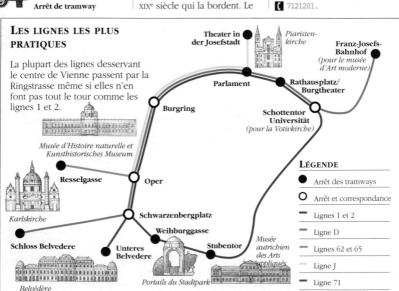

LES LIGNES LES PLUS PRATIQUES

La plupart des lignes desservant le centre de Vienne passent par la Ringstrasse même si elles n'en font pas tout le tour comme les lignes 1 et 2.

Musée d'Histoire naturelle et Kunsthistorisches Museum

Karlskirche

Resselgasse

Schloss Belvedere

Belvédère

**Unteres
Belvedere**

Portails du Stadtpark

Oper

Schwarzenbergplatz

Weihburggasse

Stubentor

Musée autrichien des Arts appliqués

**Theater in
der Josefstadt**

*Piaristen-
kirche*

**Franz-Josefs-
Bahnhof**
*(pour le musée
d'Art moderne)*

Parlament

**Rathausplatz/
Burgtheater**

Burgring

**Schottentor
Universität**
(pour la Votivkirche)

LÉGENDE

● Arrêt des tramways

○ Arrêt et correspondance

— Lignes 1 et 2

— Ligne D

— Lignes 62 et 65

— Ligne J

— Ligne 71

Circuler en bus

De nombreux bus municipaux sillonnent le centre-ville, arborant les mêmes couleurs (rouge et blanc) que les trams. Comme pour les trams, ces couleurs aident également à reconnaître leurs arrêts. Les bus qui desservent la périphérie et les banlieues partent notamment du Prater et de la Ringstrasse.

Arrêt d'autobus

Un autobus urbain

PRENDRE LE BUS

Comme dans le tram, vous pourrez acheter votre ticket à un distributeur automatique une fois à bord mais cette solution sera presque toujours moins économique par rapport aux abonnements vendus par les marchands de journaux et aux guichets des stations de métro et de Schnellbahn (p. 252). Comme dans les trams ou le métro, il faut valider le billet dans un des composteurs prévus à cet effet, à moins d'avoir entamé votre trajet sur un autre véhicule. Les bus assurent un service réduit pendant les vacances et le jour de Noël. À l'instar des autres transports publics, ils circulent en revanche toute la nuit pour le réveillon du Nouvel An.

2 Insérez les pièces

1 Choisissez votre ticket

3 Prenez votre ticket et votre monnaie

Distributeur de tickets

LES AUTOCARS

Wien Mitte (p. 248-249) est la principale gare routière de Vienne et celle où vous pourrez prendre les autocars fédéraux (Bundesbusse), de couleur orange, desservant l'Autriche orientale. Ceux à destination des autres régions du pays partent de la Südbahnhof (p. 248). En vous promenant dans la capitale, vous remarquerez certainement, surtout en été, les véhicules de Cityrama, Vienna Sightseeing Tours et Vienna Line (p. 237), les principales compagnies de visites guidées de la cité et de ses alentours.

LES BUS DE NUIT

Les week-ends et veilles de jours fériés, à partir de minuit et demi, 8 bus partent toutes les 30 mn de la Schwedenplatz vers la périphérie. Depuis le bureau de la Schwedenplatz, vous pouvez demander qu'un taxi vous attende à l'arrêt où vous descendrez.

N1–Kagran-Leopoldau
N2–Floridsdorf-Grossjedlersdorf
N3–Währing-Döbling
N4–Penzing-Ottakring-Hernals
N5–Meidling-Hietzing
N6–Meidling-Erlaa
N7–Favoriten-Wienerfeld
N8–Simmering-Kaiserebersdorf

Arrêt des bus de nuit

Circuler en train

Les chemins de fer autrichiens (ÖBB ou Bundesbahn), au logo orange, assurent des liaisons directes avec tous les pays européens (p. 248) et leurs lignes domestiques permettent de rejoindre des destinations touristiques comme Salzbourg ou Innsbruck. Dans l'agglomération viennoise et ses alentours (p. 156-177), le réseau du Bundesbahn complète celui du Schnellbahn.

Logo du Schnellbahn

Logo du Bundesbahn

À l'image du RER parisien, le Schnellbahn viennois (S-Bahn en abrégé), identifié par un logo bleu, dessert la périphérie et partage plusieurs correspondances avec le métro et les transports urbains. Les trains de banlieue des chemins de fer nationaux complètent le réseau. Afin d'éviter les confusions avec les grandes lignes, ils apparaissent souvent sur les horaires ou les plans sous le nom de Regionalbahn plutôt que sous celui de Bundesbahn. Vous pourrez consulter ces horaires et ces plans dans toutes les gares, et dans les bureaux de renseignements.

Un Schnellbahn

ATLAS DES RUES

Les références cartographiques indiquées pour chaque site, monument, hôtel, restaurant, magasin ou salle de spectacle décrits dans ce guide se rapportent aux plans de l'atlas. Vous trouverez des pages 258 à 261 un répertoire complet des rues et lieux indiqués sur ces plans qui couvrent tout le centre de Vienne *(voir carte ci-contre)*. Outre les sites d'intérêt touristique, ce découpage inclut salles de spectacle, restaurants et hôtels importants.

Dans l'*Index,* comme dans le *Répertoire des noms de rues,* les noms des voies et des places sont en allemand. *Platz* et *Hof* placés à la fin d'un nom indiquent qu'il s'agit d'une place ou d'une cour. *Strasse* correspond à une avenue et *Gasse* à une rue. Dans les adresses, le numéro figure après la rue.

**Les toits de Vienne
vus depuis Am Hof
*(p. 87)***

LÉGENDE DE L'ATLAS DES RUES

▪	Site exceptionnel
▪	Site intéressant
▪	Édifice intéressant
Ⓤ	Station de métro
🚆	Gare
⤢	Arrêt de Badner Bahn
Ⓢ	Station de Schnellbahn
🚌	Gare routière
P	Parc de stationnement
i	Centre d'information touristique
✚	Hôpital de garde
🚔	Poste de police
✝	Église
✡	Synagogue
⊠	Bureau de poste
=	Voie ferrée
→	Rue à sens unique
—	Rue piétonne

ÉCHELLE DES PLANS
1 à 4 ET 5 à 6 RESPECTIVEMENT

0 ————— 250 m

1 : 12 000

0 ————— 125 m   **1 : 7 000**

**La fontaine Austria (1846)
par Schwanthaler et la
Schottenkirche dominent
la Freyung *(p. 110)***

0 ————— 1 km

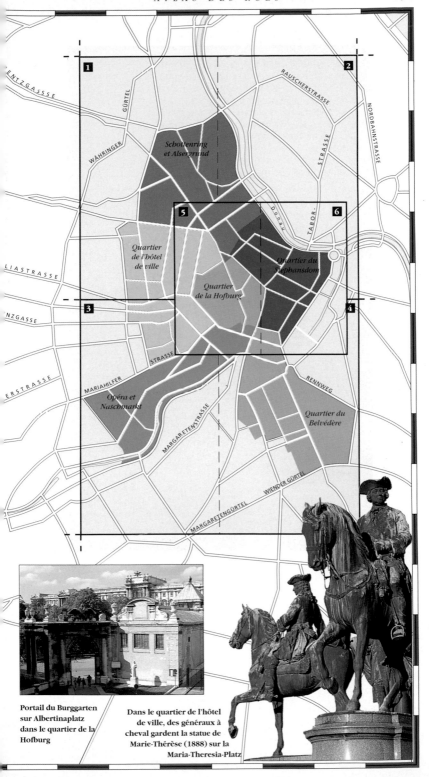

1
2
5
6
3
4

RAUSCHERSTRASSE
NORDBAHNSTRASSE
ENTZGASSSE
GÖRTEL
WÄHRINGER
STRASSE
LIASTRASSE
NZGASSE
ERSTRASSE
STRASSE
MARIAHILFER
MARGARETENSTRASSE
RENNWEG
MARGARETENGÜRTEL
WIENER GÜRTEL
TABOR-
DONAU

Schottenring et Alsergrund

Quartier de l'hôtel de ville

Quartier du Stephansdom

Quartier de la Hofburg

Opéra et Naschmarkt

Quartier du Belvédère

Portail du Burggarten sur Albertinaplatz dans le quartier de la Hofburg

Dans le quartier de l'hôtel de ville, des généraux à cheval gardent la statue de Marie-Thérèse (1888) sur la Maria-Theresia-Platz

Répertoire des noms de rues

L es noms de rues et de places à Vienne s'écrivent en général en un seul mot finissant par un nom tel que *-platz*, *-strasse* ou *-kirche* ou *-gasse* (Essiggasse par exemple). Les différents mots qui les composent peuvent toutefois rester séparés comme dans Alser Strasse. Ce répertoire n'utilise que deux abréviations : Dr, comme dans Doctor-Ignaz-Seipel-Platz, et St, comme pour Sankt Josef Kirche. En cas de double référence cartographique, la deuxième renvoie aux plans plus détaillés des quartiers du Stephansdom et de la Hofburg.

LEXIQUE	
Gasse	rue
Strasse	avenue
Platz	place
Hof	cour
Kirche	église
Kapelle	chapelle
Dom	cathédrale
Denkmal	monument
Markt	marché (souvent un ancien marché)
Brücke	pont

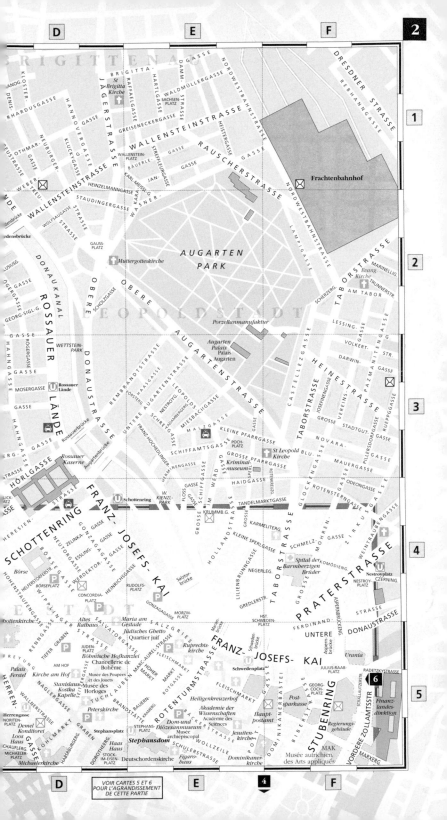

1

2

3

4

5

Frachtenbahnhof

BRIGITTA GASSE

St Brigitta Kirche

WALLENSTEINSTRASSE

RAUSCHERSTRASSE

NORDWESTBAHNGASSE

DRESDNER STRASSE

TABORSTRASSE

AUGARTEN PARK

Muttergotteskirche

OBERE AUGARTENSTRASSE

Evang. Kirche

AM TABOR

ROSSAUER LÄNDE

DONAUSTRASSE KANAL

WETTSTEIN PARK

Rossauer Lände

Porzellanmanufaktur

Augarten Palais Augarten

HEINESTRASSE

LESSING GASSE

VOLKERT.

DARWIN

TABORSTRASSE

Rossauer Kaserne

St Leopold Kirche

Kriminalmuseum

HAIDGASSE

MAUERGASSE

ODEONGASSE

HÖRLGASSE

FRANZ- JOSEFS- KAI

Schottenring

W. KIENZL-PLATZ

KRUMMB. G.

TANDELMARKTGASSE

ROTENSTERNGASSE

SCHOTTENRING

Börse

Salztor-brücke

KARMELITERG.

Spital der Barmherzigen Brüder

PRATERSTRASSE

Nestroyplatz

NESTROY PLATZ

CZERNIN.

CONCORDIA-PLATZ

RUDOLFS-PLATZ

MORZIN-PLATZ

TABORSTRASSE

HST. SCHWEDEN-PLATZ

FERDINAND

UNTERE

DONAUSTRASSE

Urania

Altes Rathaus

Maria am Gestade

Jüdisches Ghetto

Quartier juif

Böhmische Hofkanzlei

Chancellerie de Bohême

Ruprechts-kirche

Schwedenbrücke

Aspern-brücke

Palais Ferstel

Kirche am Hof

Musée des Poupees et des Jouets

Académie des Sciences

Schwedenplatz

FRANZ- JOSEFS- KAI

JULIUS-RAAB-PLATZ

RADETZKYSTRASSE

6

Finanz-landes-direktion

Stanislaus Kostka Kapelle

Musée des Horloges

FLEISCHMARKT

Postsparkasse

STUBENRING

Regierungs-gebäude

VORDERE ZOLLAMTSTR.

Demel Konditorei Loos Haus

Peterskirche

Stephansplatz

Haas Haus

Heiligenkreuzerhof

Dom-und Diözesanmuseum

Musée archiepiscopal

Jesuiten-kirche

Hauptpostamt

MAK Musée autrichien des Arts appliqués

VORDERE MARKERG.

Michaelerkirche

Stephansdom

Deutschordenskirche

Figaro-haus

Dominikaner-kirche

VOIR CARTES 5 ET 6 POUR L'AGRANDISSEMENT DE CETTE PARTIE

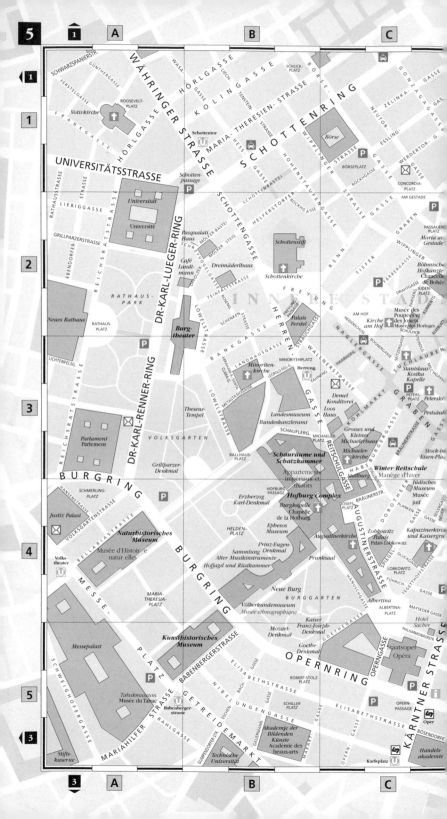

W.-KIENZL-PARK

FRANZ-JOSEFS-KAI

DONAUKANAL

OBERE DONAUSTRASSE

KRUMMBAUMGASSE

GROSSE SPERLGASSE

KLEINE SPERLGASSE

LITERGASSE

KARME.

CARMELITERGASSE

SCHMELZGASSE

KLEINE MOHRENGASSE

WERTRAUBENG.

HOLLANDSTRASSE

HAMMER-PURGSTALL-G.

NEGERLEGASSE

LILIENBRUNNGASSE

SCHOLLENRING

KLEINE PFARRGASSE

TABORSTRASSE

Zum Heiligen Joseph

KARMELITER-PLATZ

MOHRENGASSE

KOMÖDIEN.

ZIRKUS

Jobann-Nepomuk-Kirche

Spital der Barmberzigen Brüder

Nestroyplatz

NESTROY-PLATZ

INRICHSGASSE

RUDOLFS-PLATZ

SALZTORG.

MORZIN-PLATZ

GREDLERSTRASSE

DONAUSTRASSE

GROSSE

PRATERSTRASSE

ASPERNBRÜCKENG.

STRASSE

FERDINAND-

UNTERE DONAUSTRASSE

GOLSDOR

GONZAGAGASSE

ALZGRIES

SALZTORG.

MARC-AUREL-STRASSE

MARIENBRÜCKE

FRANZ-JOSEFS-KAI

SCHWEDEN-BRÜCKE

DONAUKANAL

PROMENADE

ASPERNBRÜCKE

Urania

JULIUS-RAAB-PLATZ

URANIASTR.

BIBERSTR.

REICHSKAI

Altes Rathaus

SALVATORGASSE

STERN

VORLAUFSTR.

Jüdisches Ghetto Quartier juif

RUPRECHTS-PLATZ

Ruprechtskirche

SEITENSTETTEN

FLEISCH

RABEN.

Griechische Kirche

SALZGRIES

St-Georgs

HAFNERSTEIG

Kammerspiele

Griechische Kirche Ste-Trinité

WIESINGERSTRASSE

Postsparkasse

GEORG-COCH-PLATZ

ROSENBURSEN

Regierungsgebäude

STUBENRING

MARXERG.

RASSE

HOHER MARKT

LUEGENSTETTEN

WILDPRETMARKT

LANDSKRONGASSE

BAUERNMARKT

BAUERNMARKT

ROTGASSE

MARKT

LAURENZERBERG

KOLLNERG.

GRASHOFG.

POSTGASSE

Hauptpostamt

DOMINIKANERBASTEI

FALKE.

Heiligenkreuzhof

SONNENFELSG.

SCHÖNLATERNG.

BARBARAG.

FLEISCHMARKT

LUGECK

LICHTENSTEG

BÄCKER.

RANDSTÄTTE

KRAMER

BAUERNMARKT

Musée archiepiscopal

Dom- und Diözesan-museum

STEPHANS-PLATZ

Stephansdom

Haas Haus

DR-IGNAZ-SEIPEL-PLATZ

SCHULER

Akademie der Wissenschaften Académie des sciences

Jesuitenkirche

Dominikaner-kirche

BIBERSTR.

PREDIGERG.

FALKE - STRASSE

Museum für Angewandte Kunst Musée autrichien des Arts appliqués

OSKAR-KOKOSCHKA-PLATZ

STUBENRING

VORDERE ZOLLAMTSSTRASSE

WIEN FLUSS

Figarohaus

Deutschordenskirche

American Bar

STRASSE

SINGER

BURGG.

KUMPFG.

DOMGASSE

WOLLZEILE

POST.

ZEDLITZGASSE

RIEMERGASSE

STUBEN

Autobus Bahnhof

STELZHAMERG.

DIESSELBRG.

SPARERHOMG.

WEISKIRCHNERSTR.

Wien Mitte Landstrasse

KÄRNTNER STRASSE

WEIHBURGGASSE

RAUHENSTEINGASSE

BALLGASSE

FRANZISKANER-PLATZ

Franziskanerkirche

GRÜNANGERGASSE

BALLGASSE

JAKOBERGASSE

LIEBENBERGGASSE

Stubentor

DR-KARL-LUEGER-PLATZ

LANDSTRASSER HAUPTSTRASSE

City Air Terminal

STÄTTE

STÄTTE

WEIHBURGGASSE

COBURG BASTEI

GARTENBAUPROM.

PARKRING

DONNERG.

HIMMELPFORT-

Bundesministerium für Finanzen Palais d'hiver du prince Eugène

Malteserkirche St Johannes Baptist

Ursulinen-kirche

Annakirche

JOHANNES-

SEILER-

ANNAGASSE

Ronacher Fernsehteater

STADTPARK

AM STADTPARK

FLUSS

INVALIDENSTR.

Münzamt

MÜNZGASSE

KRUGERSTRASSE

WALFISCHGASSE

MAHLERSTRASSE

STRASSE

KÄRNTNER RING

SCHWARZENBERGSTRASSE

SCHUBERTRING

SCHELLINGGASSE

HEGELGASSE

FICHTEG.

FICHTE.

CHRISTINENGASSE

PESTALOZZIGASSE

CANTG.

LOTHRINGERSTRASSE

Bundes-Lehr und Versuchsanstalt

Johann-Strauss-Denkmal

Kursalon

JOHANNESGASSE

Stadtpark

WIEN

Beethoven-Denkmal

Wiener Eislaufverein

Konzerthaus

HEUMARKT

AM

REISNER-

LINKE

BEATRIXGASSE

RECHTE BAHNGASSE

BEATRIXGASSE

SALESIANERG.

BAYERNGASSE

Imperial Hotel

DUMBASTR.

CANONG.

Instlerhaus

STRASSE

Index

Remerciements

L'Éditeur remercie les organismes, les institutions et les particuliers suivants dont la contribution a permis la préparation de cet ouvrage.

AUTEUR
Stephen Brook est né à Londres. Après ses études à Cambridge, il a été éditeur à Boston et à Londres. Il se consacre à l'écriture depuis 1982 et parmi ses nombreux ouvrages figurent *New York Days, New York Nights, Honkytonk Gelato, The Double Eagle, Prague* et *L. A. Lore*. Il a aussi écrit plusieurs livres sur le vin et publie régulièrement des articles sur l'œnologie et les voyages dans de nombreux journaux.

COLLABORATEURS
Gretel Beer, Caroline Bugler, Dierdre Coffey, Fred Mawer.

CORRECTEUR
Diana Vowles.

COLLABORATION ARTISTIQUE ET ÉDITORIALE
Ros Angus, Maggie Crowley, Carey Combe, Sally Gordon, Alistair Gunn, Elaine Harries, Melanie Hartzell, Joanne Lenney, Alice Peebles, Robert Purnell, Ella Milroy, Nicki Rawson, Simon Ryder, Andrew Szudek, Samia Tadros, Susannah Wolley Dod.

ILLUSTRATIONS D'APPOINT
Kevin Jones, Gilly Newman, John Woodcock, Martin Woodward.

CARTOGRAPHIE
Colourmap Scanning Limited, Contour Publishing, Cosmographics, European Map Graphics, plans de l'atlas des rues : ERA Maptech Ltd (Dublin).

RECHERCHE CARTOGRAPHIQUE
Jan Clark, Caroline Bowie, Claudine Zante.

PHOTOGRAPHIE D'APPOINT
DK Studio/Steve Gorton, Poppy, Steve Shott, Clive Streeter.

Marion Telsnig et Ingrid Pollheimer-Stadtlober à l'Office autrichien du tourisme de Londres ; Frau Preller à l'Heeresgeschichtliches Museum ; Frau Wegscheider au Kunsthistoriches Museum ; Frau Stillfried et Mag Czap à la Hofburg ; Herr Fehlinger au Museum der Stadt Wien ; Mag Schmid au musée d'Histoire naturelle ; Mag Dvorak a l'Österreichicher Bundestheaterverband ; Dr Michael Krapf et Mag Grabner à l'Österreichiche Galerie ; Robert Tidmarsh et Mag Weber-Kainz au Château de Schönbrunn

AUTORISATIONS DE PHOTOGRAPHIER
L'Editeur remercie les entreprises, les institutions et les organismes suivants d'avoir accordé leur autorisation de photographier :

Alte Backstube, Bestattungsmuseum, Schloss Belvedere, Bundesbaudirektion, Deutschordenskirche et Trésors, Dom und Diözesanmuseum, Sigmund Freud Gesellschaft, Josephinum Institut für Geschichte der Medzin der Universität Wien, Kapuzinerkirche, Pfarramt St. Karl, Stift Klosterneuburg, Wiener Kriminalmuseum, Niederösterreichisches Landesmuseum, Österreichischer Bundestheaterverband, Österreichische Postsparkasse (P. S. K.), Puppen- und Spielzeugmuseum, Dombausekretariat Sankt Stephan, Spanische Reitschule, Österreichisches Tabakmuseum et Museum für Volkskunde. L'Editeur remercie également tous les magasins, cafés, restaurants, hôtels, églises et services publics, trop nombreux pour être cités individuellement, qui ont apporté leur assistance à la réalisation de cette ouvrage.

CRÉDITS PHOTOGRAPHIQUES
h = en haut ; hg = en haut à gauche ; hc = en haut au centre ; hd = en haut à droite ; chg = centre haut à gauche ; ch = centre haut ; chd = centre haut à droite ; cg = centre gauche ; c= centre ; cd = centre droit ; cbg = centre bas à gauche ; cb = centre bas ; cbd = centre bas à droite ; bg = bas à gauche ; b = en bas ; bc = bas au centre ; bd = bas à droite ; (d) = détail.

Malgré tout le soin que nous avons apporté à dresser la liste des propriétaires des droits photographiques publiée dans ce guide, nous demandons à ceux qui auraient été involontairement oubliés ou omis de bien vouloir nous en excuser. Cette erreur serait corrigée à la prochaine édition de l'ouvrage.

Les œuvres d'art ont été reproduites avec l'autorisation des organismes suivants :
© DACS 1994 : 34cbd, 90c, 105c, 153h; © THE HENRY MOORE FOUNDATION: 142b.

L'Éditeur remercie les particuliers, les organismes ou les agences de photos suivants qui l'ont autorisé à reproduire leurs clichés :

GRAPHIC SAMMLUNG ALBERTINA, Wien : 26-27; ANCIENT ART AND ARCHITECTURE COLLECTION : 24b(d), 25h, 29ch; ARCHIV FÜR KÜNST UND GESCHICHTE, Berlin : 8-9, 16(d), 17h, 19hc(d), 19bd(d), 21b, 22b, 22-23, 24h, 24-25, 25cb, 25bg, 26ch, 26bd(d), 27h, 28h, 28c, 28bd(d), 29h, 28-29, 29cg, 29bg, 30h(d), 30cg, 32cg, 32bd, 33b, 34bd, 36hg, 38bd,

55b(d), 67 médaillon, 87b(d), 98cgh, 110b(d), 147ch, 150cb, 170b, 235 médaillon ; Erich Lessing 38cb, 39cd, 98cgh ; AUSTRIAN AIRLINES : 246h ; AUSTRIAN ARCHIVES : 35hg.

BILDARCHIV PREUSSISCHER KULTURBESITZ, Berlin : 23bg, 35cbg, 92h ; CASA EDITRICE BONECHI, Firenze : 165ch ; CHRISTIAN BRANDSTÄTTER VERLAG, Wien : 20ch, 31c(d), 33hg, 34bg, 83h, 99c ; BRIDGEMAN ART LIBRARY, London : 131b(d), Academie der Bilden Künst, Wien 46bg ; Albertina, Wien 46bd ; Bonhams, London 24ch ; British Library, London 4h(d), 19bg(d) ; Kunsthistorisches Museum, Wien 19hd(d), 46cd ; Museum der Stadt Wien 33hd, 38chd(d), 38bcg, 39cg ; Österreichische Galerie 35hd ; HOTEL BRISTOL : 190cd ; BUNDESMINISTERIUM FÜR FINANZEN : 27cb(d) ; BURGHAUPTMANNSCHAFT IN WIEN : 101ch, 101cb, 101b.

ARCHÄOLOGISCHER PARK CARNUNTUM : 21hd ; CASINOS AUSTRIA : 225c ; CEPHAS PICTURE LIBRARY : Mick Rock 159b, 208hg ; Wine Magazine 238bd ; CONTRAST PHOTO : Milenko Badzic 65h ; Franz Hausner 166b ; Michael Himml/Transglobe 150hd, 174 ; Hinterleitner 225h ; Peter Kurz 63b, 139hg, 231b ; Boris Mizaikoffl/Transglobe 63h ; Tappeiner/Transglobe 232c ; H Valencak 176b.

DDSG-DONAUREISEN GMBH : 249c.

ET ARCHIVE, London : 38bd ; Museum für Gestaltung, Zurich 34cg ; Museum der Stadt Wien 26bg, 31hg, 38chg ; EUROLINES (UK) Ltd : 248cb ; MARY EVANS PICTURE LIBRARY, London : 18hg, 18bg, 18bd, 19hg, 22c, 25bd, 27bd, 30cd, 30bg, 30bd, 32h, 35b, 38h, 39h, 76hd, 173b, 189 médaillon.

F. A. HERBIG VERLAGSBUCHHANDLUNG GMBH, München : 98bg 98bd, 99bg, 99bd.

ROBERT HARDING PICTURE LIBRARY : Larsen Collinge International 42cb, 232h ; Adam Woolfitt 62h, 135h, 148h, 176h, 254hg ; HEERESGESCHICHTLICHES MUSEUM, Wien : 47b, 164h, 164b, 165h, 165cb, 165b ; HISTORISCHES MUSEUM DER STADT WIEN : 17b, 20h, 21ch, 21cbd, 26h, 28cb, 32cd, 32bg, 33ch, 33cb, 43h, 47hg, 49c, 139hc, 139hd, 143ch, 167h ; HULTON-DEUTSCH COLLECTION : 28bg, 36hd(d), 38bcd(d), 166ch ; HUTCHISON LIBRARY : John G Egan 202h.

THE IMAGE BANK, London : GSO Images 11b ; Fotoworld 41bg.

JOSEFSTADT THEATRE : 224c.

WILHELM KLEIN : 23h, 26cb ; KUNSTHAUS WIEN : Peter Strobel 48h ; KUNSTHISTORISCHES MUSEUM, Wien :

24cb, 41cbd, 46cg, 48b, 56c, 95h, 95b, 99h, 100 tout, 118-119 tout, 120-121 tout, 122-123 tout, 173hg.

J & L LOBMEYR, Wien : 49h.

MAGNUM PHOTOS : Erich Lessing 18hd, 20c, 20bg, 20bd, 21hg, 21cbg, 22cb, 23chg, 26c, 29bd, 30-31, 31b ; MANSELL COLLECTION, London : 9 médaillon ; MARRIOTT HOTELS : 194h, 231h.

NARODNI MUSEUM, Praha : 18bc ; NATURHISTORISCHES MUSEUM, Wien : 46h, 126-127 sauf 127bd, 233cb.

ÖSTERREICHISCHE BUNDESBAHNEN : 248h, 255b ; ÖSTERREICHISCHE GALERIE, Wien : 47ch, 47cb, 152c, 153 tout, 154bg, 155 tout ; ÖSTERREICHISCHE MUSEUM FÜR ANGEWANDTE KUNST, Wien : 28ch, 41bd, 47hg, 56h, 57c, 82-83 tout sauf 83h ; ÖSTERREICHISCHE NATIONALBANK : 243chg, 243chc ; ÖSTERREICHISCHE NATIONALBIBLIOTHEK, Wien : 20cb, 22h, 23cb, 36c ; ÖSTERREICH WERBUNG : 5bg, 27ch, 31hc, 31hd, 34ch, 44b, 98cbg, 101h, 138b, 161cb, 161b, 170h, 177b, 203h, 230cd.

POPPERFOTO : 37hc.

RAIFFEISENBANK WIEN : Gerald Zugman 34cd ; RETROGRAPH ARCHIVE, London : Martin Ranicar-Breese 191bd ; REX FEATURES, London : Action Press 36bd, Adolfo Franzo 37hg, Sipa Press 37bg(d), Sokol/Sipa Press 125b ; GEORG RIHA : 77h ; RONACHER VARIETY THEATRE/CMM : Velo Weger 224h.

HOTEL SACHER : 192h ; SCHLOSS SCHÖNBRUNN KULTUR-UND BETRIEBS GESMBH, Wien : Professor Gerhard Trumler 170c, 171 tout sauf 171b, 172 tout, 173hd; SCIENCE PHOTO LIBRARY, London : Geospace 10h ; SYGMA : Habans/Orban 37hd, Viennareport 37ca.

TRAVEL LIBRARY : Philip Entiknapp 66-67, 219h, 250h.

WERNER FORMAN ARCHIVE : Museum der Stadt Wien 60c ; St Stephens Cathedral Museum 23chd, WIENER SÄNGERKNABEN : 5cbd, 39b, 64b ; WIENER STADT-UND LANDESBIBLIOTHEK, Wien : 36hc, 36bg ; WIGAST AG : 194c, 194b.

VIENNASLIDE : Harald A Jahn 230b ; Karl Luymair 230cg ; MUSEUM FÜR VÖLKERKUNDE, Wien : 49b, 233b ; VOTAVA, Wien : 161h.

ZEFA : 151c ; Anatol 98-99 ; Damm 248b ; G Gro-Bauer 177h ; Havlickek 175b ; Sibelberbauer 62b ; Streichan 37cb ; Studio Mike 206h ; V Wentzel 41cbc.

Lexique

EN CAS D'URGENCE

Au secours !	Hilfe !	hilf-e
Arrêtez !	Halt!	halt
Appelez un médecin	Holen Sie einen Arzt	holeu'n zi aïne'n artst
Appelez une ambulance	Holen Sie einen Krankenwagen	holeu'n zi aïne'n krank'n-varg'n
Appelez la police	Holen Sie die Polizei	holeu'n zi di pol-its-aï
Appelez les pompiers	Holen Sie die Feuerwehr	holeu'n zi di foï-eur-vèr
Où est le téléphone le plus proche ?	Wo finde ich ein Telefon in der Nähe ?	vo finn-dé ich aïn tél-é-fonn inn der nè-e
Où est l'hôpital le plus proche ?	Wo ist das nächstgelegene Krankenhaus ?	vo ist dass next-g'lè-g'ne krank'n-haous ?

L'ESSENTIEL

Oui	Ja	ïa
Non	Nein	naïn
S'il vous plaît	Bitte	bitt-e
Merci	Danke vielmals	danké fil-mals
Excusez-moi	Gestatten	g'chtatt'n
Bonjour	Grüss Gott	grouss got
Au revoir	Auf Wiedersehen	aouf vid-eur-zèï-eun
Bonsoir	Gute Nacht	goutt-e narrt
matin	Vormittag	for-mitt-ag
après-midi	Nachmittag	Nar-mitt-ag
soir	Abend	âb'nt
hier	Gestern	guest'n
aujourd'hui	Heute	hoït-e
demain	Morgen	morg'n
ici	hier	hir
là	dort	dort
Quoi ?	Was ?	vass ?
Quand ?	Wann ?	vann ?
Pourquoi ?	Warum ?	var-roum ?
Où ?	Wo/Wohin ?	vô/vo-hïn ?

QUELQUES PHRASES UTILES

Comment allez-vous ?	Wie geht es Ihnen ?	vi guétt ess în'n
Très bien, merci.	Sehr gut, danke	zér goutt, danke
Ravi de faire votre connaissance.	Es freut mich sehr, Sie kennenzulernen	ess froït mich zér, zî kèn'n-tsou-lèrn'n
A bientôt.	Bis bald/bis gleich	biss balt/biss glaïch
C'est parfait.	Sehr gut	zér goutt
Où est ...?	Wo befindet sich ...?	vô b'find't zich ...?
Où sont ...?	Wo befinden sich ...?	vô b'find'n zich ...?
A quelle distance est-ce ...?	Wie weit ist ...?	vî vaïtt ist ...,
Comment aller à ...?	Wie komme ich zu ...?	vî kommcu ich tsou ...?
Parlez-vous français ?	Sprechen Sie französisch ?	chpréch'n zî fran-tseu-zich ?
Je ne comprends pas.	Ich verstehe nicht	ich fér-chtè-e nicht
Pourriez-vous parler plus lentement, SVP ?	Bitte sprechen Sie etwas langsamer ?	bitt-e chpréch'n zî ett-vass lang-zam-èr ?
Pardon ?	Es tut mir leid/Verzeihung	ess toutt mîr leït/fér-tsaï-oung

QUELQUES MOTS UTILES

gros	gross	gross
petit	klein	klaïn
chaud	heiss	haïss
froid	kalt	kalt
bon	gut	goutt
mauvais	schlecht	chlècht
assez	genug	g'nouk
bien	gut	goutt
ouvert	auf/offen	aout/off'n
fermé	zu/geschlossen	tsou/g'chloss'n
à gauche	links	lïnks
à droite	rechts	rèchts
tout droit	geradeaus	g'râ-de-aoss
près	in der Nähe	in der nè-e
loin	weit	vaït
en haut	auf, oben	aout, obe'n
en bas	ab, unten	ap, ount'n
tôt	früh	frou
tard	spät	chpâte
entrée	Eingang/Einfahrt	aïne-gang/aïne-fart
sortie	Ausgang/Ausfahrt	aous-gang/aous-fart

les toilettes	WC/Toilette	vé-cé/toï-lett-e
libre	frei	fraï
gratuit	frei/gratis	fraï/grâ-tis

AU TÉLÉPHONE

Je voudrais l'interurbain.	Ich möchte ein Ferngespräch machen	ich meu-chte aïne fèrn-g'chpréch marr'n
Je voudrais téléphoner en P.C.V.	Ich möchte ein Rückgespräch (Collectgespräch) machen	ich meu-chte aïn ruk-g'chpréch (coll-ect-g'chpréch) marr'n
appel local	Ortsgespräch	orts-g'chpréch
Je rappellerai plus tard.	Ich versuche es noch einmal etwas später	ich fèr-zourr-e ess norr aïn-mall ett-vass chpè-teur
Puis-je laisser un message ?	Kann ich etwas ausrichten ?	kann ich ett-vass aos-richt'n ?
Ne quittez pas.	Haben Sie etwas Geduld	harbn zi ett-vass g'doult
Pourriez-vous parler plus fort SVP ?	Bitte sprechen Sie etwas lauter ?	bitt-er chpréch'n zî ett-vass laout-eur ?

À L'HÔTEL

Avez-vous une chambre libre ?	Haben Sie ein Zimmer frei ?	hab'n zi aïne tsimm-eur fraï ?
une chambre pour deux personnes à deux lits	ein Doppel-zimmer mit Doppelbett	aïne dopp'l-tsimm-eur mitt dopp'l-bett
une chambre à lit double	ein Doppel-zimmer	aïne dopp'l-tsimm-eur
une chambre individuelle	ein Einzelzimmer	aïne-ts'l-tsimm-eur
chambre avec bains/douche	Zimmer mit Bad/Dusche	tsimm-eur mitt bat/douch-e
portier	Gepacktrager/Concierge	g'pèk-trè-gueur/konn-si-èrch
clé	Schlüssel	schlouss'l
J'ai réservé.	Ich habe ein Zimmer reserviert	ich hab-e aïne tsimm-eur rèz-er-vîrt

LE TOURISME

bus	der Bus	dér bouss
tram	die Strassenbahn	di stra-ssen-bahn
train	der Zug	dér tsoug
galerie d'art	Galerie	gall-eur-î
terminus de bus	Busbahnhof	bouss-bahn-hofe
arrêt de bus (tram)	die Haltestelle	di hal-te-chtél-e
château	Schloss, Burg	chloss, bourg
palais	Palais	pall-aï
bureau de poste	die Postamt	di pôss-tâmt
cathédrale	Dom	dome
église	Kirche	kîrch-e
jardin	Garten, Park	gart'n, park
bibliothèque	Bibliothek	bib-lio-tek
musée	Museum	mou-zé-oum
bureau d'information	Informationsbüro	inn-for-matt-sî-on-zbu-ro
Fermé les jours fériés	Feiertags geschlossen	faïeur-tagz g'chloss'n

LES ACHATS

Combien cela coûte-t-il ?	Wieviel kostet das ?	vî-fîl kost't dass ?
Je voudrais...	Ich hätte gern...	ich hett-e gérn...
Avez-vous...?	Haben Sie ...?	hab'n zi ...?
Je ne fais que regarder.	Ich schaue nur an	ich chao-e nour ann
Acceptez-vous les cartes bancaires ?	Kann ich mit einer Kreditkarte bezahlen	kann ich mitt aïn-eur kréd-itt-kar-te b'tsâl'n ?
A quelle heure ouvrez-vous ?	Wann machen Sie auf ?	vann marr'n zî aof ?
A quelle heure fermez-vous ?	Wann schliessen Sie ?	vann chlîss'n zî ?
celui-ci	dieses	dîz-es
cher	teuer	toï-eur
bon marché	billig	bill-igg
taille	Grösse	greurs-e
blanc	weiss	vaïss
noir	schwarz	chvarts
rouge	rot	rôtt
jaune	gelb	guelp
vert	grün	grune
bleu	blau	blao

LES MAGASINS

antiquaire	Antiquitäten-geschäft	eun-tik-vi-**taït**'n g'**chéft**
boulangerie	Bäckerei	bek-eur-**aï**
banque	Bank	bank
librairie	Buchladen/ Buchhandlung	**bourr**-lard'n/ **bourr**-hand-loung
boucherie	Fleischerei	flaï-ché-**aï**
pâtisserie	Konditorei	kon-ditt-or-**aï**
pharmacie	Apotheke	ap-o-**té**-ke
droguerie	Drogerie	drog-e-**rî**
grand magasin	Warenhaus, Warengeschäft	**vår**'n-haoss **vår**'n-g'**cheft**
charcuterie fine	Feinkost (geschäft)	**faïnn**-kost (g'**cheft**)
poissonnerie	Fischgeschäft	fich-g'**cheft**
boutique de cadeaux	Geschenke(laden)	g'**chenk**-e(**lâd**'n)
marchand de fruits et légumes	Obst und Gemüse	**ôbst** ount g'**mu**-ze
épicerie	Lebensmittel-geschäft	**léb**'nz-mitt'l g'**cheft**
coiffeur	Friseur/Frisör	frizz-**eur**/frizz-**eur**
marché	Markt	**markt**
marchand de journaux/débit de tabac	Tabak Trafik	tab-**ak** tra-fîk
agence de voyages	Reisebüro	**raï**-ze-bu-ro
café	Cafe, Kaffeehaus	kaff-**é**, kaff-**é**-haos

AU RESTAURANT

Avez-vous une table pour ... personnes ?	Haben Sie einen Tisch für ... Personen ?	hab'n zî aïne'n tich fur... pèr-**zôn**'n
J'aimerais réserver une table.	Ich möchte einen Tisch bestellen	ich **meu**-chte aïne'n tich b'**chtèl**'n
L'addition s'il vous plaît.	Zahlen, bitte	**tsal**'n **bitt**-e
Je suis végétarien.	Ich bin Vegetarier	ich binn vegg-e-**tâ**-rî-eur
serveuse/garçon	Fräulein/Herr Ober	**froï**-laïnn/hèrr ô-bèr
carte	die Speisekarte	dî **chpaïze**-e-kart-e
menu à prix fixe	das Menü	dass men-**u**
supplément couvert	Couvert/Gedeck	**kou**-vèr/g'**dèk**
carte des vins	Weinkarte	**vaïn**-kart-e
verre	Glas	glas
bouteille	Flasche	**flach**-e
couteau	Messer	**mess**-er
fourchette	Löffel	**leuffl**'l
petit déjeuner	Frühstück	**fru**-chtuk
déjeuner	Mittagessen	**mit**-tahg-ess'n
dîner	Abendessen/ Dinner	**ahb**'nt-ess'n-dîn-nèr
plat principal	Hauptspeise	**haopt**-chpaïz-e
entrée	Vorspeise	**for**-chpaïz-e
plat du jour	Tageskarte	**tahg**-ez-kart-e
guinguette (Heurige)	Heuriger	**hoï**-rigg'
saignant	englisch	**èng**-glich
à point	medium	**maï**-dî-oum
bien cuit	durch	**dourch**

LIRE LE MENU

Voir aussi p. 204-209

Apfel	**apf**'l	pomme
Almdudler	âlm-**doud**-leur	limonade aux plantes
Banane	bah-**nah**-ne	banane
Ei	**aï**	œuf
Eis	**aïss**	crème glacée
Fisch	**fich**	poisson
Fisolen	fi-**sol**'n	haricots verts
Fleisch	**flèch**	viande
Garnelen	gar-**naïl**'n	crevettes
gebacken	g'**bak**'n	cuit
gebraten	g'**braht**'n	rôti
gekocht	g'**korrt**	bouilli
Gemüse	g'**muz**-e	légumes
vom Grill	fom **grill**	grillé
Gulasch	**gou**-lach	ragoût
Hendl/Hahn/ Huhn	**hend**'l/**harn**/ **houn**	poulet
Kaffee	kaf-**fé**	café
Kartoffel/Erdäpfel	kar-**toff**'l/**èr**-dapf'l	pommes de terre
Käse	**kèz**-e	fromage
Knoblauch	**k'nob**-laorr	ail
Knödel	**k'neud**'l	boulette de pâte
Kotelett	kot-**lett**	côtelette
Lamm	**lamm**	agneau
Marillen	mâ-**ril**'n	abricot
Meeresfrüchte	**mèr**-esz-fruch-té	fruits de mer

Mehlspeise	**mél**-chpaïze	dessert
Milch	**mîlch**	lait
Mineralwasser	minn-er-**ahl**-vass-eur	eau minérale
Obst	**ôbst**	fruit frais
Öl	**eul**	huile
Oliven	o-**lîv**'n	olives
Orange	o-**ranch**-e	orange
frischgepresster Orangensaft	**frich**-g'press-ter o-**ranch**'n-zaft	jus d'orange frais
Paradeissalat	pa-ra-**daïce**-sa-lâd	salade de tomates
Pfeffer	**pfeff**-er	poivre
pochiert	poch-**îrt**	poché
Pommes frites	pomm-**fritt**	frites
Reis	**raïss**	riz
Rind	**rinnt**	bœuf
Rostbraten	rôst-**braht**'n	steak
Rotwein	**rôt**-vaïne	vin rouge
Salz	**zalts**	sel
Sauce/Saft	**zôss**-e/zaft	sauce
Schalentiere	**chahl**'n-tî-re	crustacé
Schinken/Speck	**chink**'n/chpeck	jambon
Schlag	**chlâgg**	crème
Schnecken	**chnek**'n	escargots
Schokolade	chok-o-**lahd**-e	chocolat
Schwein	**chvaïne**	porc
Semmel	**zem**'l	petit pain
Senf	**zenf**	moutarde
Serviettenknödel	ser-vî-**et**'n-k'neud'l	tranche de pâte
Sulz	**zoults**	fromage de tête
Suppe	**zoup**-e	soupe
Tee	**té**	thé
Topfenkuchen	**topf**'n-**kourr**'n	gâteau au fromage blanc
Torte	**tort**-e	gâteau
Wasser	**vass**-eur	eau
Weinessig	**vaïne**-ess-igg	vinaigre
Weisswein	**vaïss**-vaïn	vin blanc
Wurst	**vourst**	saucisse (fraîche)
Zucker	**tsouk**-er	sucre
Zwetschge	**tsvetch**-gue	quetsche
Zwiebel	**tsvîb**'l	oignons

LES NOMBRES

0	**null**	noul
1	**eins**	**aï**'ns
2	**zwei**	tsvaï
3	**drei**	draï
4	**vier**	fir
5	**fünf**	founf
6	**sechs**	zex
7	**sieben**	**zîb**'n
8	**acht**	ârrt
9	**neun**	noïn
10	**zehn**	tsénn
11	**elf**	elf
12	**zwölf**	tsveulf
13	**dreizehn**	**draï**-tsén
14	**vierzehn**	**fir**-tsén
15	**fünfzehn**	**founf**-tsén
16	**sechszehn**	**zex**-tsén
17	**siebzehn**	**zîp**-tsén
18	**achtzehn**	**ârrt**-tsén
19	**neunzehn**	**noïn**-tsén
20	**zwanzig**	**tsvann**-tsig
21	**einundzwanzig**	**aïn**-ount-tsvann-tsig
22	**zweiundzwanzig**	**tsvaï**-ount-tsvann-tsig
30	**dreissig**	**draï**-ssig
40	**vierzig**	**fir**-tsig
50	**fünfzig**	**founf**-tsig
60	**sechzig**	**zech**-tsig
70	**siebzig**	**zîp**-tsig
80	**achtzig**	**ârrt**-tsig
90	**neunzig**	**noïn**-tsig
100	**einhundert**	aïne **hound**'t
1 000	**eintausend**	aïne **taouz**'nt

LE JOUR ET L'HEURE

une minute	eine Minute	**aïn**-e min-**out**-e
une heure	eine Stunde	**aïn**-e **chtound**-e
une demi-heure	eine halbe Stunde	**aïn**e **hal**-be chtound-e
lundi	Montag	mone-tahg
mardi	Dienstag	**dîn**-stahg
mercredi	Mittwoch	**mitt**-vorr
jeudi	Donnerstag	**donn**-eor-stahg
vendredi	Freitag	**fraï**-tahg
samedi	Samstag	**zam**-stahg
dimanche	Sonntag	**zonn**-tahg

Le réseau de transports publics de Vienne

Cinq lignes de métro (U-Bahn) identifiées par un numéro sillonnent la ville. Le Schnellbahn (train express) dessert avant tout la périphérie, et les trains du Bundesbahn (chemin de fer) relient la capitale autrichienne au reste du pays et à l'Europe. Depuis son terminus en face de l'Opéra, le Badner Bahn conduit à Baden. Pour plus de détails, voir *Circuler à Vienne* en pages 250-255.

Heiligensta

Oberdöbling

Krottenbachstrasse

Gersthof

Nussdorfer Strasse

S40

Franz-Josefs Bahnhof

Währinger Strasse Volksoper

Schottenring o Alsergrund

Hernals

Michelbeuern Allgem. Krankenhaus

Alser Strasse

Le quartier de l'hôtel de ville

Ottakring

U3

Josefstädter Strasse

Rathaus

Her

Thaliastrasse

Lerchenfelder Strasse

Volkstheater

Burggasse Stadthalle

de

Baben-bergerstra

Johnstrasse

Neubaugasse
Ziegler-gasse

Kettenbrücken gasse

Breitensee

Schweglerstrasse

Westbahnhof

Opéra et Naschmarkt

Paulaner

S3, S50

Penzing

Gumpendorfer Strasse

Mayerhof
Pilgramgasse

Braunschweig-gasse

Johan Strauss-Gas

U4

Margaretengürtel

Hietzing

Schönbrunn

Längenfeldgasse

Laurenzgasse

Kliebergasse

Meidling Hauptstrasse

Eichenstrasse

Niederhofstrasse

Matz

Wolfganggasse

U6

S3
Meidling

S3

Philadelphiabrücke

Schedifka Platz

Wienerbergstrasse

S1, S2

Hetzendorf